高等职业教育系列教材

电机与拖动基础

主 编 周渊深
参 编 孙 晋 宋永英

机械工业出版社

本书从电机及其电力拖动应用的角度出发，简明、扼要地介绍了常用的直流电机、交流电机和变压器的结构及其工作原理、铭牌参数、电机与变压器的磁场和绕组电动势，分析了其等效电路、电磁关系和运行特性。在分析电动机机械特性和工作机械负载特性的基础上，重点介绍了电动机的起动、调速和制动问题。此外，还简要介绍了一些其他种类的电机。为强化高等职业教育的实践技能培养，本书介绍了基于 MATLAB 图形化仿真技术的电机及电力拖动系统仿真实验内容，安排了实验研究等实训内容。本书的特色是较为详细地介绍了仿真实验和相应实物实验的方法，这将有利于加强读者实践能力的培养。全书内容深入浅出、简明扼要、实用性较强。

本书可作为高职高专、民办本科、高职本科和应用型本科电类专业学生的教材，也可供从事电机及电力拖动技术工作的电气工程技术人员参考。

本书配套授课电子教案，需要的教师可登录 www.cmpedu.com 免费注册、审核通过后下载，或联系编辑索取（QQ：1239258369，电话：010-88379739）。

图书在版编目（CIP）数据

电机与拖动基础/周渊深主编. —北京：机械工业出版社，2013.11（2024.2重印）

高等职业教育系列教材

ISBN 978-7-111-42752-0

Ⅰ.①电… Ⅱ.①周… Ⅲ.①电机-高等职业教育-教材 ②电力传动-高等职业教育-教材 Ⅳ.①TM3②TM921

中国版本图书馆 CIP 数据核字（2013）第 117355 号

机械工业出版社（北京市百万庄大街22号　邮政编码100037）
责任编辑：李文轶　版式设计：常天培
责任校对：李锦莉　责任印制：李　昂
北京捷迅佳彩印刷有限公司印刷
2024年2月第1版·第9次印刷
184mm×260mm·19印张·470千字
标准书号：ISBN 978-7-111-42752-0
定价：49.90元

封底无防伪标均为盗版

电话服务　　　　　　　网络服务
客服电话：010-88361066　　机 工 官 网：www.cmpbook.com
　　　　　010-88379833　　机 工 官 博：weibo.com/cmp1952
　　　　　010-68326294　　金　书　网：www.golden-book.com
　　　　　　　　　　　　　机工教育服务网：www.cmpedu.com

高等职业教育系列教材
电子类专业编委会成员名单

主　　任　曹建林

副 主 任　张中洲　张福强　董维佳　俞　宁　杨元挺　任德齐
　　　　　　华永平　吴元凯　蒋蒙安　祖　炬　梁永生

委　　员　（按姓氏笔画排序）
　　　　　　于宝明　尹立贤　王用伦　王树忠　王新新　任艳君
　　　　　　刘　松　刘　勇　华天京　吉雪峰　孙学耕　孙津平
　　　　　　孙　萍　朱咏梅　朱晓红　齐　虹　张静之　李菊芳
　　　　　　杨打生　杨国华　汪赵强　陈子聪　陈必群　陈晓文
　　　　　　季顺宁　罗厚军　胡克满　姚建永　钮文良　聂开俊
　　　　　　夏西泉　袁启昌　郭　勇　郭　兵　郭雄艺　高　健
　　　　　　曹　毅　章大钧　黄永定　曾晓宏　谭克清　戴红霞

秘 书 长　胡毓坚

副秘书长　蔡建军

出 版 说 明

《国务院关于加快发展现代职业教育的决定》指出：到2020年，形成适应发展需求、产教深度融合、中职高职衔接、职业教育与普通教育相互沟通，体现终身教育理念，具有中国特色、世界水平的现代职业教育体系，推进人才培养模式创新，坚持校企合作、工学结合，强化教学、学习、实训相融合的教育教学活动，推行项目教学、案例教学、工作过程导向教学等教学模式，引导社会力量参与教学过程，共同开发课程和教材等教育资源。机械工业出版社组织国内80余所职业院校（其中大部分是示范性院校和骨干院校）的骨干教师共同规划、编写并出版的"高等职业教育系列教材"，已历经十余年的积淀和发展，今后将更加紧密结合国家职业教育文件精神，致力于建设符合现代职业教育教学需求的教材体系，打造充分适应现代职业教育教学模式的、体现工学结合特点的新型精品化教材。

在本系列教材策划和编写的过程中，主编院校通过编委会平台充分调研相关院校的专业课程体系，认真讨论课程教学大纲，积极听取相关专家意见，并融合教学中的实践经验，吸收职业教育改革成果，寻求企业合作，针对不同的课程性质采取差异化的编写策略。其中，核心基础课程的教材在保持扎实的理论基础的同时，增加实训和习题以及相关的多媒体配套资源；实践性课程的教材则强调理论与实训紧密结合，采用理实一体的编写模式；实用技术型课程的教材则在其中引入了最新的知识、技术、工艺和方法，同时重视企业参与，吸纳来自企业的真实案例。此外，根据实际教学的需要对部分内容进行了整合和优化。

归纳起来，本系列教材具有以下特点：

1）围绕培养学生的职业技能这条主线来设计教材的结构、内容和形式。

2）合理安排基础知识和实践知识的比例。基础知识以"必需、够用"为度，强调专业技术应用能力的训练，适当增加实训环节。

3）符合高职学生的学习特点和认知规律。对基本理论和方法的论述容易理解、清晰简洁，多用图表来表达信息；增加相关技术在生产中的应用实例，引导学生主动学习。

4）教材内容紧随技术和经济的发展而更新，及时将新知识、新技术、新工艺和新案例等引入教材。同时注重吸收最新的教学理念，并积极支持新专业的教材建设。

5）注重立体化教材建设。通过主教材、电子教案、配套素材光盘、实训指导和习题及解答等教学资源的有机结合，提高教学服务水平，为高素质技能型人才的培养创造良好的条件。

由于我国高等职业教育改革和发展的速度很快，加之我们的水平和经验有限，因此在教材的编写和出版过程中难免出现疏漏。我们恳请使用这套教材的师生及时向我们反馈质量信息，以利于我们今后不断提高教材的出版质量，为广大师生提供更多、更适用的教材。

机械工业出版社

前　言

近年来，随着电力电子技术、可编程序控制技术和电力传动技术的发展，电机及其电力拖动设备的数量急剧增长，技术日益复杂，生产一线迫切需要大量具有一定理论基础和较高实践技能的工程技术人员对其进行操作和维护。为适应社会和经济发展对电机及其电力拖动设备应用性技能型人才培养的需求，编者编写了本教材。

"电机与拖动基础"是一门理论性和实践性都很强的专业基础课程。针对高等职业教育的读者对象，教材对课程所涉及的理论知识进行了精心组织，简明扼要地介绍了其有关内容，同时在实践内容方面给予了更多的关注，书中有关实践的内容达到了 1/3 以上。编者运用面向电气原理结构图的图形化仿真技术，对书中所介绍的变压器、电机及其拖动系统进行了仿真实验，并在此基础上进行了实物实验。书中介绍的 MATLAB 图形化仿真技术对学生更好地掌握电机与拖动知识、提高其应用能力具有重要作用。在计算机上就可以达到类似于实物实验的效果，这在一定程度上弥补了教学实验设备短缺的不足和进入实验室的不方便，对提高教学效果起到了事半功倍的作用。本书内容涵盖了课堂教学和实验教学等重要教学环节，特别是强调了实践能力的培养。

本书除"绪论"外，第 1 章介绍了直流电机的结构、工作原理、铭牌数据、电机的磁场、感应电动势和电磁转矩的计算，以及直流电动机和发电机运行的基本关系式以及它们的运行特性。第 2 章在介绍了他励式直流电动机固有机械特性、人为机械特性以及生产机械负载特性的基础上，重点分析了他励式直流电动机的起动、调速和制动工作状态。第 3 章介绍了变压器的结构、工作原理、型号与额定参数、变压器空载运行和负载运行情况，分析了变压器的基本方程式、绕组折算方法、等效电路和相量图等，重点介绍了变压器的运行特性、三相变压器的联结组别和并联运行问题。第 4 章介绍了三相异步电动机的结构、工作原理、铭牌数据、三相异步电动机的定子磁场和感应电动势，分析了三相异步电动机的电磁关系、功率和转矩方程以及三相异步电机的工作特性和参数测定。第 5 章介绍三相异步电动机的固有机械特性和人为机械特性，分析了三相异步电动机的起动、调速和制动问题。第 6 章介绍了电力拖动系统中电动机的种类、型式、额定电压与额定转速的选择问题。第 7 章简要介绍了单相异步电动机、三相同步电动机及其伺服电动机、测速发电机、自整角机、步进电动机等控制电机。第 8 章运用 MATLAB 仿真技术进行了变压器、电机特性及其拖动系统的仿真。第 9 章介绍了变压器、电机及其拖动系统的实物实验，使读者通过实践，加深对课程的认识。

全书按 48～56 个理论教学课时编写。仿真实验可在课后或校内专业实习中完成；实验实训可结合课程教学进行安排，复杂和大型实验则可安排在实习中进行。

本书由周渊深教授任主编，并编写了绪论和第 1、2、3、4、5、8 章，孙晋副教授编写了第 6、7 章，宋永英高级实验师编写了第 9 章。朱希荣参加了校稿工作。周玉琴绘制了全书插图。全书由周渊深教授统稿。在编写本书的过程中，编者参阅和利用了部分院校的教材，对原作者一并致谢。

由于时间仓促，书中难免存在不妥之处，请读者原谅，并提出宝贵意见。

编　者

目 录

出版说明
前言
绪论 ··· 1
第1章 直流电机 ································ 7
1.1 直流电机的基本原理 ····················· 7
1.1.1 直流电动机的基本工作原理 ······ 7
1.1.2 直流发电机的基本工作原理 ······ 8
1.2 直流电机的结构和电枢绕组 ············ 8
1.2.1 直流电机的结构 ······················ 8
1.2.2 直流电机的电枢绕组 ··············· 11
1.3 直流电机的铭牌数据和主要系列 ···· 14
1.3.1 直流电机的铭牌数据 ··············· 14
1.3.2 直流电机的主要系列 ··············· 15
1.4 直流电机的磁场 ····························· 16
1.4.1 直流电机的励磁方式 ··············· 16
1.4.2 直流电机的空载磁场 ··············· 17
1.4.3 直流电机的电枢反应及负载磁场 ································· 18
1.5 电枢绕组的感应电动势和电磁转矩的计算 ······················· 20
1.5.1 电枢绕组的感应电动势计算 ···· 20
1.5.2 电枢绕组的电磁转矩计算 ······· 21
1.6 直流电动机的运行原理 ·················· 21
1.6.1 他励式直流电动机稳态运行时的基本关系式 ······················· 22
1.6.2 他励式直流电动机的工作特性 ··· 23
1.6.3 其他励磁形式直流电动机的工作特性 ································ 24
1.7 直流发电机的运行原理 ·················· 26
1.7.1 直流发电机稳态运行时的基本关系式 ··································· 26
1.7.2 他励式直流发电机的运行特性 ··· 27
1.7.3 并励式直流发电机的运行特性 ··· 28
1.7.4 复励式直流发电机的运行特性 ··· 29
1.8 小结 ··· 29
1.9 思考题和习题 ······························· 30
第2章 直流电动机的电力拖动 ············ 33
2.1 电力拖动系统 ······························· 33
2.1.1 电力拖动系统运动方程式 ······· 33
2.1.2 运动方程式中转矩的正负号分析 ·································· 33
2.2 生产机械的负载机械特性 ·············· 34
2.2.1 恒转矩负载机械特性 ·············· 34
2.2.2 泵类负载机械特性 ················· 34
2.2.3 恒功率负载机械特性 ·············· 34
2.3 他励式直流电动机的机械特性 ········ 35
2.3.1 他励式直流电动机的机械特性方程式 ································ 35
2.3.2 他励式直流电动机的固有机械特性 ·································· 35
2.3.3 他励式直流电动机的人为机械特性 ·································· 36
2.3.4 他励式直流电动机机械特性的绘制 ······························ 37
2.3.5 电力拖动系统的稳定运行条件 ··· 37
2.4 他励式直流电动机的起动 ·············· 38
2.4.1 电枢回路串电阻分级起动 ······· 38
2.4.2 他励式直流电动机起动电阻的计算 ···································· 39
2.4.3 他励式直流电动机降电压起动 ··· 41
2.5 他励式直流电动机的过渡过程 ······· 41
2.5.1 机械过渡过程方程式 ·············· 41
2.5.2 机电时间常数 ························ 43
2.5.3 过渡过程持续时间的计算 ······· 43
2.5.4 缩短过渡过程持续时间的方法 ··· 44
2.6 他励式直流电动机的调速 ·············· 44
2.6.1 调速指标 ······························ 44
2.6.2 电枢回路串电阻调速 ·············· 45
2.6.3 降低电源电压的调速 ·············· 46

2.6.4 弱磁调速 ………………………… 46
2.7 直流电动机的制动 ……………………… 47
　2.7.1 能耗制动 ………………………… 47
　2.7.2 反接制动 ………………………… 48
　2.7.3 回馈制动（再生制动） ………… 51
2.8 小结 …………………………………… 52
2.9 思考题和习题 ………………………… 53

第3章 变压器 ………………………………… 58

3.1 变压器的工作原理、分类及基本结构 ………………………………… 58
　3.1.1 变压器的工作原理 ……………… 58
　3.1.2 变压器的分类 …………………… 58
　3.1.3 变压器的基本结构 ……………… 59
　3.1.4 变压器的型号与额定参数 ……… 60
3.2 变压器的空载运行 …………………… 61
　3.2.1 空载运行时的物理情况 ………… 61
　3.2.2 空载运行时的电动势、电流及漏电抗 …………………………… 62
　3.2.3 空载运行时的电动势平衡方程式、相量图及等效电路 ………… 64
3.3 变压器的负载运行 …………………… 65
　3.3.1 负载运行时的基本方程式 ……… 66
　3.3.2 负载运行时的绕组折算法 ……… 67
　3.3.3 负载运行时的等效电路 ………… 68
　3.3.4 负载运行时的相量图 …………… 69
　3.3.5 理想变压器 ……………………… 71
3.4 变压器参数的测定 …………………… 71
　3.4.1 空载试验 ………………………… 71
　3.4.2 短路试验 ………………………… 72
3.5 变压器的运行特性 …………………… 73
　3.5.1 变压器的电压变化率及外特性 …… 73
　3.5.2 变压器的效率 …………………… 74
3.6 三相变压器的联结组别 ……………… 77
　3.6.1 三相变压器绕组的联结方式 …… 77
　3.6.2 三相变压器的联结组别 ………… 78
3.7 变压器的并联运行 …………………… 82
　3.7.1 变压器并联运行的理想情况和条件 ……………………………… 82
　3.7.2 联结组别对并联运行的影响 …… 83
　3.7.3 电压比不等时的并联运行 ……… 83
　3.7.4 短路阻抗相对值不等时的并联运行 ……………………………… 83

3.8 自耦变压器与互感器 ………………… 84
　3.8.1 自耦变压器 ……………………… 84
　3.8.2 互感器 …………………………… 85
3.9 小结 …………………………………… 87
3.10 思考题和习题 ………………………… 88

第4章 三相异步电动机 …………………… 92

4.1 三相异步电动机的基本结构、额定数据 ……………………………… 92
　4.1.1 三相异步电动机的基本结构 …… 92
　4.1.2 三相绕组 ………………………… 93
　4.1.3 三相异步电动机的额定数据 …… 98
4.2 三相异步电动机的基本原理 ………… 100
4.3 三相异步电动机的定子磁场 ………… 101
　4.3.1 单相绕组的磁通势——脉振磁通势 …………………………… 101
　4.3.2 三相绕组的磁通势——旋转磁通势 …………………………… 103
4.4 三相异步电动机的感应电动势 ……… 105
　4.4.1 交流绕组的电动势 ……………… 105
　4.4.2 三相绕组的电动势 ……………… 107
4.5 三相异步电动机转子静止时的电磁关系 ………………………………… 107
　4.5.1 转子绕组开路时的情况 ………… 107
　4.5.2 转子绕组短路和转子堵住不转时的情况 ……………………… 107
4.6 三相异步电动机转子旋转时的电磁关系 ………………………………… 110
　4.6.1 基本方程式 ……………………… 110
　4.6.2 频率折算 ………………………… 110
　4.6.3 等效电路和相量图 ……………… 111
4.7 三相异步电动机的功率和转矩 ……… 113
　4.7.1 功率平衡方程式 ………………… 113
　4.7.2 转矩平衡方程式 ………………… 114
　4.7.3 电磁转矩公式 …………………… 115
4.8 三相异步电动机的工作特性和参数测定 ……………………………… 115
　4.8.1 三相异步电动机的工作特性 …… 115
　4.8.2 三相异步电动机的参数测定 …… 116
4.9 小结 …………………………………… 118

4.10 思考题和习题 ┄┄┄ 119

第5章 三相异步电动机的电力拖动 ┄┄┄ 123
5.1 三相异步电动机的机械特性 ┄┄┄ 123
　5.1.1 三相异步电动机机械特性的3种表达式 ┄┄┄ 123
　5.1.2 三相异步电动机的固有机械特性和人为机械特性 ┄┄┄ 127
5.2 三相笼型异步电动机的起动 ┄┄┄ 129
　5.2.1 直接起动 ┄┄┄ 129
　5.2.2 降压起动 ┄┄┄ 130
5.3 三相绕线转子异步电动机的起动 ┄┄┄ 133
　5.3.1 转子回路串电阻起动 ┄┄┄ 134
　5.3.2 转子回路串频敏变阻器起动 ┄┄┄ 135
5.4 三相异步电动机的调速 ┄┄┄ 135
　5.4.1 变极调速 ┄┄┄ 136
　5.4.2 变频调速 ┄┄┄ 138
　5.4.3 变转差率调速 ┄┄┄ 138
5.5 三相异步电动机的制动 ┄┄┄ 142
　5.5.1 能耗制动 ┄┄┄ 142
　5.5.2 反接制动 ┄┄┄ 143
　5.5.3 回馈制动 ┄┄┄ 146
5.6 小结 ┄┄┄ 147
5.7 思考题和习题 ┄┄┄ 149

第6章 电力拖动系统电动机的选择 ┄┄┄ 153
6.1 电动机种类、型式、额定电压与额定转速的选择 ┄┄┄ 153
　6.1.1 电动机种类的选择 ┄┄┄ 153
　6.1.2 电动机结构型式的选择 ┄┄┄ 153
　6.1.3 电动机额定电压的选择 ┄┄┄ 153
　6.1.4 电动机额定转速的选择 ┄┄┄ 154
6.2 电动机发热和冷却过程、绝缘等级及电动机工作制的分类 ┄┄┄ 154
　6.2.1 电动机的发热过程 ┄┄┄ 154
　6.2.2 电动机的冷却过程 ┄┄┄ 155
　6.2.3 电动机的绝缘等级 ┄┄┄ 155
　6.2.4 电动机工作制的分类 ┄┄┄ 156
6.3 连续工作制电动机的选择 ┄┄┄ 157
　6.3.1 常值负载下电动机额定功率的选择 ┄┄┄ 157
　6.3.2 变化负载下电动机额定功率的选择 ┄┄┄ 158
　6.3.3 校核发热的方法 ┄┄┄ 159
　6.3.4 过载能力的校验 ┄┄┄ 161
6.4 短时工作制电动机的选择 ┄┄┄ 162
　6.4.1 为连续工作制设计的电动机 ┄┄┄ 162
　6.4.2 专为短时工作制设计的电动机 ┄┄┄ 163
6.5 断续周期工作制电动机的选择 ┄┄┄ 163
6.6 选择电动机功率的统计法和类比法 ┄┄┄ 164
6.7 小结 ┄┄┄ 164
6.8 思考题和习题 ┄┄┄ 165

第7章 单相异步、三相同步及其控制电机 ┄┄┄ 167
7.1 单相异步电动机 ┄┄┄ 167
　7.1.1 单相异步电动机的结构和工作原理 ┄┄┄ 167
　7.1.2 单相异步电动机的主要类型和起动方法 ┄┄┄ 169
7.2 三相同步电动机 ┄┄┄ 170
　7.2.1 三相同步电动机的基本结构和额定值 ┄┄┄ 170
　7.2.2 三相同步电动机的工作原理 ┄┄┄ 171
　7.2.3 三相同步电动机的电动势方程式和相量图 ┄┄┄ 173
　7.2.4 同步电动机的功率、转矩和功角特性 ┄┄┄ 176
　7.2.5 同步电动机的V形曲线 ┄┄┄ 178
　7.2.6 同步电动机的起动 ┄┄┄ 179
7.3 控制电机 ┄┄┄ 179
　7.3.1 伺服电动机 ┄┄┄ 179
　7.3.2 测速发电机 ┄┄┄ 183
　7.3.3 自整角机 ┄┄┄ 185
　7.3.4 步进电动机 ┄┄┄ 187
7.4 小结 ┄┄┄ 188
7.5 思考题和习题 ┄┄┄ 190

第8章 电机与拖动系统的MATLAB仿真 ┄┄┄ 192
8.1 电机与拖动系统的MATLAB仿真概述 ┄┄┄ 192
8.2 基于编制M文件方法的电动机机械

特性和工作特性的仿真 ………… 192
　8.2.1 直流电动机机械特性和工作特性的
　　　　MATLAB 仿真 ………… 192
　8.2.2 交流电动机机械特性的 MATLAB
　　　　仿真 ………………………… 196
8.3 面向电气原理结构图的直流电
　　动机拖动系统仿真 …………… 199
　8.3.1 直流电动机拖动系统的起动
　　　　仿真 ………………………… 199
　8.3.2 直流电动机拖动系统的调速
　　　　仿真 ………………………… 208
　8.3.3 直流电动机拖动系统的制动
　　　　仿真 ………………………… 212
8.4 面向电气原理结构图的交流
　　电动机拖动系统仿真 ………… 222
　8.4.1 交流电动机拖动系统的起动
　　　　仿真 ………………………… 222
　8.4.2 交流电动机拖动系统的调速
　　　　仿真 ………………………… 234
　8.4.3 交流电动机拖动系统的制动
　　　　仿真 ………………………… 236
8.5 面向电气原理结构图的变压器

　　运行仿真 ……………………… 243
　8.5.1 单相变压器的运行仿真 ……… 243
　8.5.2 三相变压器的运行仿真 ……… 250
　8.5.3 三相变压器的联结组别仿真 …… 254

第9章 电机与拖动基础实验指导书 …… 262
9.1 电机实验的基本要求 ………… 262
9.2 实验安全操作规程 …………… 263
9.3 实验指导书 …………………… 263
　9.3.1 实验1 电机认识实验 ……… 263
　9.3.2 实验2 并励式直流电动机实
　　　　　　　验 …………………… 267
　*9.3.3 实验3 他励式直流电动机机械
　　　　　　　特性实验 …………… 269
　9.3.4 实验4 直流发电机实验 …… 273
　9.3.5 实验5 单相变压器实验 …… 276
　9.3.6 实验6 三相变压器实验 …… 281
　9.3.7 实验7 三相异步电动机的机械
　　　　　　　特性实验 …………… 286
　9.3.8 实验8 三相异步电动机的起动与
　　　　　　　调速(综合性实验) …… 289

参考文献 ……………………………… 293

*为选学内容

绪　　论

1. 本课程的学习内容

电机与拖动基础课程主要学习电机学（包括电动机、变压器和控制电机）和电力拖动（电气传动）基础等课程的基本内容。

电机是利用电磁原理工作的机械，电机的功能是进行机电能量（或信号）的转换和传递。电机按其用途不同可分为发电机、电动机、变压器和控制电机4类。发电机是将机械能转换为电能。将机械能转换为直流电能的为直流发电机，将机械能转换为交流电能的为交流发电机。现代广泛应用的电能，几乎全部是由火电厂或水电站的交流发电机所发出的交流电能。电动机将交流或直流电能转换为机械能，用做拖动各种生产机械的动力，是应用最多的动力机械，也是最主要的用电设备。变压器是将一种电压的交流电能转换为另一种电压的交流电能，在进行远距离输电时，输电线路上将产生较大的电压降落和能量损耗，输电质量和经济性都无法保证，为此，在电厂或电站，需用变压器将电压升高，在输送功率不变的情况下，使输电线路中的电流明显减小。在用电地点，再用变压器将电压降低到用电设备的电压等级，以保证用电的安全。控制电机主要用于信号的变换与传递，在自动控制系统中作为多种控制元器件使用。

电力拖动是指用电动机作为原动机拖动各种生产机械，例如，金属切削机床、轧钢机、风机、水泵、起重机械和电力机车等。电力拖动比起其他拖动方法（如风力拖动、水力拖动、内燃机拖动等）具有许多优点，最主要的优点是起动、调速、制动和反转等都比其他方法容易实现，为生产过程的自动化提供了十分有利的条件。

2. 本课程的性质

本课程是电气信息类学科自动化专业和电气工程及其自动化专业及以电为主的机电一体化专业的一门重要专业基础课，对应用型技术人才的培养起着重要的作用。加强学生在学习电力拖动控制系统中应用能力的培养是本课程的主要任务之一。随着电力电子技术、可编程序控制器技术和自动控制理论的发展及交流电机调速等控制技术的普及，电机在机电一体化工业中的作用更显得重要。可以说，无先进的电机控制及电力拖动系统，就不可能有当今机电一体化的高科技工业。

3. 本课程的任务

本课程的基本任务是要熟悉常用的直流发电机、交/直流电动机、变压器及控制电机的基本结构、工作原理、运行特性及应用；掌握交、直流电动机的机械特性，起动、调速、制动方法；具备使用电力拖动系统所必需的基本知识和能力；了解电机与电力拖动的发展方向，为学习交、直调速系统、工厂电气控制技术、PLC控制技术及工厂供电等课程准备必要的基础知识。本课程主要分析电机与电力拖动的基本规律，同时从工作机械的运行要求出发，分析电动机运行的基本规律、常用控制电机的应用等问题。

4. 本课程的学习方法

本课程的特点是理论性强，实践性也强。分析电机与电力拖动的工作原理要用电学、磁学和动力学的基础理论，既要有时间概念，又要有空间概念，所以理论性较强；而在用理论分析各种电机和电力拖动的实际问题时，必须结合电机的具体结构，采用工程观点和工程分析方法，除要掌握基本理论以外，还应注意培养实验操作技能和计算能力，所以实践性也较强。鉴于以上原因，学习本门课程应该特别注意理论联系实际，必须有一个良好的学习方法，才能学好这门课程。

（1）掌握分析问题的方法

在本课程中，所涉及电机的类型较多，电力拖动也有直流拖动和交流拖动之分，如果将每一种电机，每一种拖动系统都作为一个独立的、新的内容来学，就会感到学习任务太重。如果在学习过程中能够掌握分析问题的方法，找出各类电机和各种拖动系统的共性及个性问题，就会使学习过程变得轻松自如。例如，三相异步电动机原理的分析与变压器分析过程类似，变压器的电磁关系实际上是不转的电动机电磁关系，只要掌握了分析问题的方法，就可比较容易地掌握这两部分的内容。交流电动机的拖动与直流电动机一样，都是分析其机械特性、原理、起动方法、制动方法，故这两种电动机的分析有很多相同之处，只要加以对比，就可掌握其规律。本课程的公式较多，单独地去记忆不同公式所表达的各物理量之间的数量关系不是一件容易的事，但如果理解了公式所表达的物理概念，记忆起来就容易多了。如直流电机的感应电动势公式 $E = C_e \Phi n$，电磁转矩公式 $T_e = C_T \Phi I_a$，这两个公式看起来简单，记忆也较容易，但时间长了却很容易混淆。如果理解了公式所表示的物理意义，即电动势是导体在磁场中切割磁力线所产生的，必然与磁场和切割速度成正比；电磁转矩是载流导体在磁场的作用下所产生的力矩，其大小必定与磁场的强弱和电流的大小成正比，就很容易记住公式各物理量以及它们之间的相互关系了。

（2）掌握重点

对自动化、电气工程及其自动化等专业的学生来说，学习本课程的目的是为了更好地使用电机，因此在学习过程中，要从应用电机的角度出发，着眼于电机运行的特性，要将重点放在电机的机械特性与负载转矩的配合上以及电动机起动、制动、调速的方法和原理上，为今后分析和应用电力拖动系统打下良好基础。而对电机的工作原理以够用为度，对电机内部结构只要一般了解就可以了。

5. 本课程常用的电磁定律与公式

（1）电流的磁效应

电流在其周围产生磁场，这就是电流的磁效应，即所谓"电生磁"。例如，电流通过一根直的导体，在导体周围产生的磁场用磁力线描写时，磁力线是以导体为轴线的同心圆，磁力线的方向可根据电流的方向由右手螺旋定则确定，即将右手四指轻握作螺旋状，大拇指伸直，若大拇指指向为电流方向，则弯曲的四指所指方向即为磁力线方向，如图 0-1a 所示。如果是电流通过导体绕成的线圈，那么产生的磁场磁力线方向仍可用右手螺旋定则确定，这时，若使弯曲的四指方向与电流方向一致，则大拇指的方向即为线圈内磁力线的方向，如图 0-1b 所示。

（2）磁路的几个基本物理量

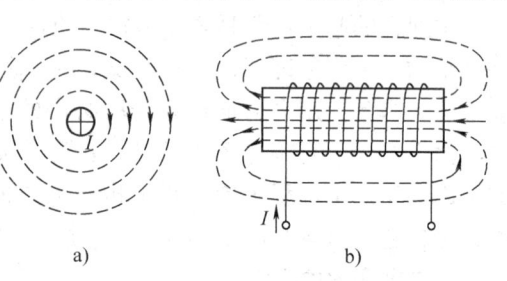

图 0-1 电流磁场磁力线的方向示意图

1）磁感应强度 B。磁场中任意一点的磁感应强度 B 的方向为过该点磁力线的切线方向，磁感应强度 B 的大小为过该点与 B 垂直的单位面积上的磁力线的数目。磁感应强度 B 的单位为 T，工程上常用高斯（Gs）为单位，其换算关系为

$$1\text{T} = 10^4 \text{Gs}$$

2）磁感应通量 Φ。穿过某一截面 S 的磁感应强度 B 的通量，即穿过某截面 S 的磁力线的数目称为磁感应通量，简称为磁通，即

$$\Phi = \int_S \boldsymbol{B} \cdot \mathrm{d}S$$

设磁场均匀且与截面垂直时，上式可简化为

$$\Phi = BS$$

由上式可知，当磁场均匀、且磁场与截面垂直时，磁感应强度的大小可用下式表示，即

$$B = \frac{\Phi}{S}$$

为此，磁感应强度 B 又称为磁通密度。

3）磁场强度 H

磁场强度 H 是为建立电流与其产生的磁场之间的数量关系而引入的物理量，其方向与 B 相同，其大小与 B 之间相差一个导磁介质的磁导率 μ，即

$$H = \frac{B}{\mu} \text{ 或 } B = \mu H$$

磁导率 μ 是反映导磁介质导磁性能的物理量，磁导率 μ 越大的介质，其导磁性能越好。磁导率的单位是 H/m。真空中的磁导率为

$$\mu_0 = 4\pi \times 10^{-7} \text{H/m}$$

其他导磁介质的磁导率通常用 μ_0 的倍数来表示，即

$$\mu = \mu_r \mu_0$$

式中，$\mu_r = \dfrac{\mu}{\mu_0}$，为导磁介质的相对磁导率。

铁磁性材料的相对磁导率 $\mu_r = 2\,000 \sim 6\,000$，但不是常数，非铁磁性材料的相对磁导率 $\mu_r \approx 1$，且为常数。磁场强度的单位为安每米（A/m），工程上常沿用安每厘米（A/cm）为单位。

(3) 全电流定律

磁场中沿任一闭回路的磁场强度 H 的线积分等于该闭回路所包围的所有导体电流的代数和，即

$$\oint_l \boldsymbol{H} \mathrm{d}l = \sum I$$

这就是全电流定律。当导体电流的方向与积分路径的方向符合右螺旋关系时为正，如图 0-2 中所示的 I_1 和 I_3，反之则为负，如图中所示的 I_2。

(4) 磁路的欧姆定律

磁力线流通的路径称为磁路。工程上在将全电流定律用于磁路时，通常把磁路分成若干段，使每一段的磁场强度 H 为常数，则线

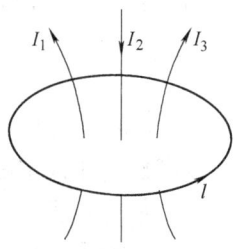

图 0-2 全电流定律

积分可用和式 $\sum H_k l_k$ 替代，全电流定律可以表示为

$$\sum H_k l_k = \sum I$$

式中，H_k 为第 k 段的磁场强度；l_k 为第 k 段的磁路长度。

对图 0-3 所示的无分支磁路，$\sum H_k l_k = H_1 l_1 + H_2 l_2$，$\sum I = NI$，$N$ 为线圈匝数，I 为线圈中的电流，则有

$$H_1 l_1 + H_2 l_2 = NI$$

将 $H = \dfrac{B}{\mu}$ 和 $B = \dfrac{\Phi}{S}$ 代入上式即得

$$\frac{\Phi}{\mu_1 S_1} l_1 + \frac{\Phi}{\mu_2 S_2} l_2 = \Phi R_{m1} + \Phi R_{m2} = NI = F$$

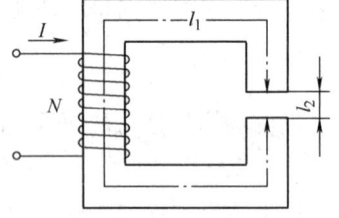

图 0-3　无分支磁路

式中，$R_{m1} = \dfrac{l_1}{\mu_1 S_1}$，$R_{m2} = \dfrac{l_2}{\mu_2 S_2}$ 分别为第 1、2 段磁路的磁阻；ΦR_{m1}，ΦR_{m2} 分别为第 1、2 段的磁压降；$F = NI$ 为磁路的磁通势。

一般情况下，当磁路被分为 n 段时，则有

$$\Phi R_{m1} + \Phi R_{m2} + \cdots + \Phi R_{mn} = F$$

$$\Phi = \frac{F}{R_{m1} + R_{m2} + \cdots + R_{mn}} = \frac{F}{R_m}$$

此式称为磁路欧姆定律，表明无分支磁路中的磁通 Φ 与磁通势 F 成正比，与磁路中总的磁阻 R_m 成反比。

根据磁阻 $R_{mk} = \dfrac{l_k}{\mu_k S_k}$ 可知，各段磁路的磁阻与磁路的长度成正比，与磁路的截面积成反比。此外，还与磁路导磁介质的磁导率成反比。由于铁磁性材料的磁导率比真空等非铁磁性材料大得多，所以前者的磁阻比后者小得多。同时，由于铁磁性材料的磁导率 μ 不是常数，所以磁阻 R_m 也不是常数。在分析磁路时，有时不用磁阻 R_m 而采用磁导 λ_m，它们互为倒数关系，即

$$\lambda_m = \frac{1}{R_m}$$

（5）电磁感应定律

磁场变化会在线圈中产生感应电动势，即所谓"磁变生电"，感应电动势的大小和线圈匝数 N 与磁通的变化率 $\dfrac{\mathrm{d}\Phi}{\mathrm{d}t}$ 成正比，这就是电磁感应定律。当按惯例设定电动势的正方向与磁通的正方向之间符合右手螺旋关系时，感应电动势的公式为

$$e = -N \frac{\mathrm{d}\Phi}{\mathrm{d}t} = -\frac{\mathrm{d}\psi}{\mathrm{d}t}$$

式中，$\psi = N\Phi$ 为线圈交链的总磁链。

按楞次定律确定的感应电动势的实际方向与按惯例规定的感应电动势的正方向正好相反，所以感应电动势公式右边总加一负号。

电机中的感应电动势，根据其产生的具体原因的不同，可以分为以下几种类型。

1) 变压器电动势。线圈与磁通之间没有相对切割关系，仅由线圈匝链的磁通发生变化

而引起的感应电动势称为变压器电动势。变压器电动势又分自感电动势和互感电动势两种。

①自感电动势 e_L。当线圈中流过交流电流 i 时，由 i 产生的与线圈自身匝链的交变磁通在本线圈中感应产生的电动势称为自感电动势，用 e_L 表示，则其公式为

$$e_L = -N\frac{d\Phi_L}{dt} = -\frac{d\psi_L}{dt}$$

式中，Φ_L 为自感磁通；$\psi_L = N\Phi_L$ 为自感磁链。

线圈中流过单位电流所产生的自感磁链称为线圈的自感系数 L，即

$$L = \frac{\psi_L}{i}$$

当自感系数 L 为常数时，自感电动势的公式可改为

$$e_L = -\frac{d\psi_L}{dt} = -L\frac{di}{dt}$$

②互感电动势 e_M。在相邻的两个线圈中，当线圈1中的电流 i_1 交变时，由它产生并与线圈2相匝链的磁通 Φ_{21} 发生变化，由此在线圈2产生的感应电动势称为互感电动势，用 e_M 表示，则其公式为

$$e_{M2} = -N_2\frac{d\Phi_{21}}{dt} = -\frac{d\psi_{21}}{dt}$$

式中，e_{M2} 为线圈2中产生的互感电动势；$\psi_{21} = N_2\Phi_{21}$ 为线圈1产生而与线圈2匝链的互感磁链。

如果引入线圈1和2之间的互感系数 M，那么互感电动势的公式就可改为

$$e_{M2} = -M\frac{di_1}{dt}$$

2）切割电动势。如果磁场恒定不变，当导体或线圈与磁场的磁力线之间有相对切割时，在线圈中产生的感应电动势称为切割电动势，又称为速度电动势。当磁力线、导体与切割运动方向三者互相垂直时，则由电磁感应定律的电动势公式可以推导出切割电动势的公式为

$$e = Blv$$

式中，B 为磁场的磁感应强度；l 为导体切割磁力线部分的有效长度；v 为导体切割磁力线的线速度。

切割电动势的方向可用右手定则确定，即将右手掌摊平，四指并拢，大拇指与四指垂直，让磁力线指向手掌心，大拇指指向导体切割磁力线的运动方向，则四个手指的指向就是导体中感应电动势的方向，如图0-4所示。

（6）电磁力定律

载流导体在磁场中会受到电磁力的作用，当磁力线、导体与切割运动方向三者互相垂直时，载流导体所受电磁力的公式为 $f = BlI$。式中，f 为载流导体所受的电磁力；B 为载流导体所在处的磁感应强度；l 为载流导体处在磁场中的有效长度；I 为载流导体中流过的电流。这就是电磁力定律，反映了"电磁生力"的规律。

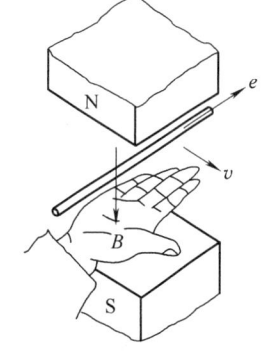

图0-4 右手定则

电磁力的方向可用左手定则确定，即将左手掌摊平，四指并拢，大拇指与四指垂直，让磁力线指向手掌心，四指指向导体中电流的方向，则大拇指的指向就是导体受力的方向，如图 0-5 所示。

综上所述，电磁作用原理基本上包括以下 3 个方面。

1) 有电流必定产生磁场，即"电生磁"，方向由右手螺旋定则确定，大小关系符合全电流定律的公式 $\oint_l \boldsymbol{H} \mathrm{d} l = \sum I$。

2) 磁场变化会在导体或线圈中产生感应电动势，即"磁变生电"。变压器电动势的方向由楞次定律确定，大小关系符合电磁感应定律的基本公式 $e = -N \dfrac{\mathrm{d}\Phi}{\mathrm{d}t} = -\dfrac{\mathrm{d}\psi}{\mathrm{d}t}$；切割电动势的方向用右手定则确定，计算其大小的公式为 $e = \boldsymbol{B}lv$。

3) 载流导体在磁场中要受到电磁力的作用，即"电磁生力"。电磁力的方向由左手定则确定，计算其大小的公式为 $f = \boldsymbol{B}ll$。

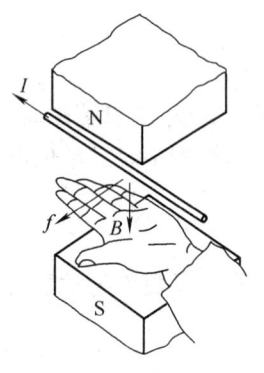

图 0-5　左手定则

以上 3 点可以简单地概括为"电生磁，磁变生电，电磁生力"，这是分析各种电机工作原理的共同的理论基础。

第1章 直流电机

直流电机包括直流电动机和直流发电机。直流电动机将直流电能转换为机械能,直流发电机将机械能转换为直流电能。

直流电动机的优点是起动性能和调速性能好,过载能力大。主要用于对起动和调速性能要求较高的生产机械,如电力机车、轧钢机、造纸机和纺织机械等。直流发电机主要用做直流电源,提供直流电动机、电解和电镀等设备所需的直流电能。

直流电机的主要缺点是结构和生产工艺复杂,价格贵,不能在恶劣环境中使用。

1.1 直流电机的基本原理

1.1.1 直流电动机的基本工作原理

图1-1所示是一个最简单的直流电动机的工作原理图。在两个空间固定的磁极N极和S极之间,有一个由硅钢片叠成的圆柱体,这个圆柱体称为电枢铁心,铁心表面被固定一个用绝缘导体构成的电枢绕组 abcd,将绕组的两端分别接到相互绝缘的两个弧形铜片上,弧形铜片称为换向片,它们的组合体称为换向器,在换向器上放置固定不动而与换向片滑动接触的电刷 A 和 B,绕组 abcd 通过换向器和电刷接通外电路。电枢铁心、电枢绕组和换向器构成的整体称为电枢,电枢铁心与磁极之间的间隙称为气隙。

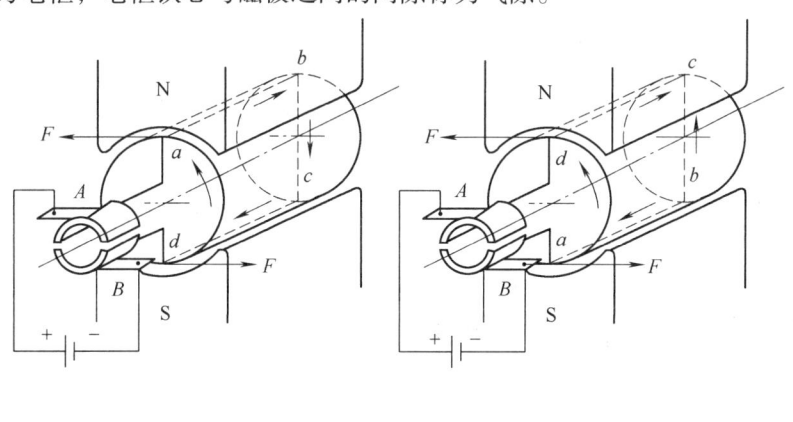

图1-1 直流电动机的工作原理图

当图1-1所示的模型作为直流电动机运行时,将直流电源加于电刷 A 和 B,在绕组 abcd 中流过电流,如图1-1a所示。在导体 ab 中,电流由 a 流向 b;在导体 cd 中,电流由 c 流向 d。载流导体 ab 和 cd 均处于 N、S 极之间的磁场中,受到电磁力的作用(电磁生力)而形成一个转矩,这个转矩称为电磁转矩。用左手定则可知这个转矩的方向为逆时针方向,使整个电枢逆时针方向旋转。当电枢旋转180°时，导体 cd 转到 N 极下，ab 转到 S 极下，如图 1-1b 所示。由于电流仍从电刷 A 流入，使 cd 中的电流变为由 d 流向 c，而 ab 中的电流由 b 流向 a，从电刷 B 流出，所以用左手定则判别可知，电磁转矩的方向仍是逆时针方向。

由此可见，借助于换向器和电刷的作用，加于直流电动机上的直流电源，变换为绕组中流过的方向交变的电流，从而使电枢产生的电磁转矩的方向不变，确保直流电动机朝同一方向连续旋转。同时，在电枢绕组中必然产生感应电动势（磁变生电），这个感应电势为反电势，使电枢绕组电流不致过大。这就是直流电动机的基本工作原理。

实际直流电动机的电枢圆周上被均匀地嵌放许多绕组，相应地换向器由许多换向片组成，使电枢绕组所产生的总的电磁转矩足够大，并且比较均匀，因此，电动机的转速也就比较均匀。

1.1.2 直流发电机的基本工作原理

当图 1-1 所示的模型作为直流发电机运行时，用原动机拖动电枢逆时针方向旋转。直流发电机的工作原理如图 1-2 所示，这时导体 ab 和 cd 分别切割 N 极和 S 极下的磁力线，感应产生电动势（磁变生电）。电动势的方向用右手定则确定，ab 中电动势的方向由 b 指向 a，cd 中电动势的方向由 d 指向 c，电刷 A 为正极性，B 为负极性。当电枢旋转180°时，导体 cd 转至 N 极下，电动势方向由 c 指向 d，电刷 A 与 d 所连的换向片接触，仍为正极性；导体 ab 转至 S 极下，电动势的方向变为 a 指向 b，电刷 B 与 a 所连的换向片接触，仍为负极性。可见，直流发电机电枢绕组中的感应电动势的方向是交变的，而通过换向器和电刷的作用，在电刷 A、B 两端输出的电动势是方向不变的直流电动势。如果在电刷 A、B 之间

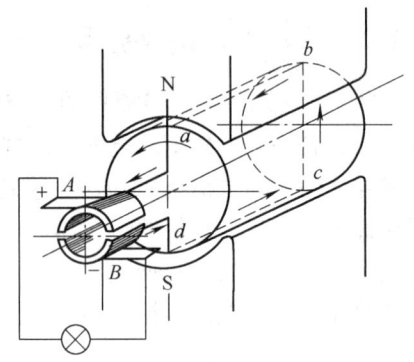

图 1-2 直流发电机的工作原理图

接上负载，发电机就能向负载供给直流电能。同时，电枢的载流导体在磁场中受电磁力的作用，产生一个反转矩，使转速得以稳定运行。这就是直流发电机的基本工作原理。

一台直流电机原则上既可以作为电动机运行，也可以作为发电机运行，取决于外界不同的条件。

1.2 直流电机的结构和电枢绕组

1.2.1 直流电机的结构

图 1-3 所示是直流电机的剖面图，图 1-4 是其横截面示意图。直流电机主要由定子和转子两大部分组成。下面分别进行简单介绍。

1. 定子部分

定子包括主磁极、换向极、机座、端盖和轴承等。静止的电刷装置也被固定在定子上。

1) 主磁极。作用是建立气隙磁场。主磁极由主磁极铁心和励磁绕组两部分组成，如图 1-5 所示。铁心用 0.5~1.5mm 厚的钢板冲片叠压铆紧而成，励磁绕组用绝缘铜线绕制而

成，先将励磁绕组套在极身上，再将整个主磁极用螺钉固定在机座上。

2）换向极。相邻两主磁极之间的小磁极叫做换向极，如图1-4所示。作用是改善换向，减小火花。换向极由换向极铁心和换向极绕组组成，如图1-6所示。换向极的数目与主磁极相等。

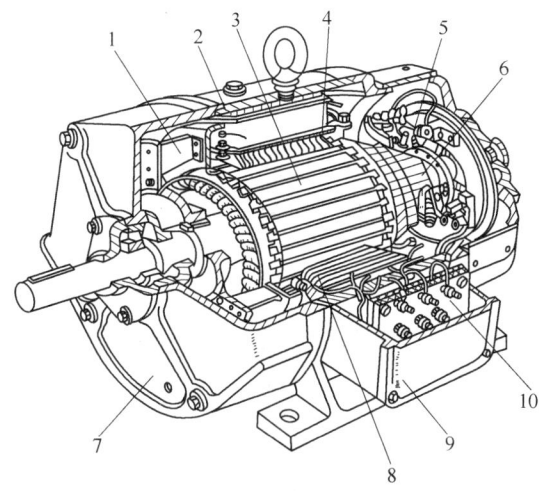

图1-3　直流电机的剖面图

1—风扇　2—机座　3—电枢　4—主磁极　5—刷架　6—换向器　7—端盖　8—换向极　9—出线盒　10—接线板

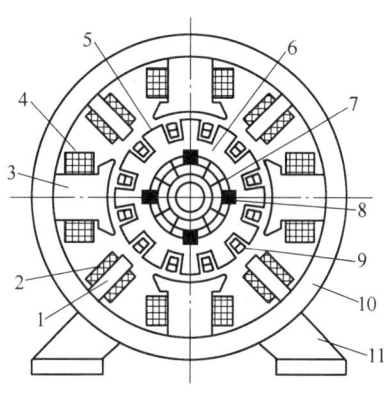

图1-4　直流电机的横截面示意图

1—换向极铁心　2—换向极绕组　3—主磁极铁心　4—励磁绕组　5—电枢齿　6—电枢铁心　7—换向器　8—电刷　9—电枢绕组　10—机座　11—底脚

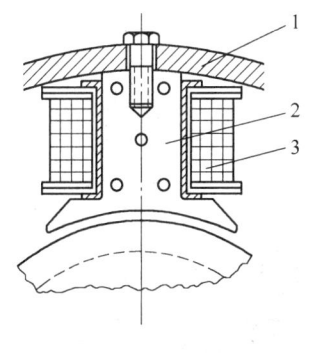

图1-5　主磁极

1—机座　2—主磁极铁心　3—励磁绕组

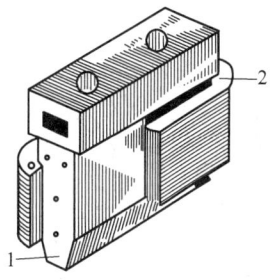

图1-6　换向极

1—换向极铁心　2—换向极绕组

3）机座。电机定子部分的外壳称为机座，如图1-3中的标识2所示。机座起整个电机的支撑和固定作用，也是磁路的一部分。一般为铸钢件或由钢板焊接而成。

4）电刷装置。直流电机电枢绕组和电流均通过电刷装置与外电路相接，用以引入或引出直流电流。电刷是由石墨做成的导电块，放在刷握内；刷握再被装在刷架上。根据电流大小的不同，每个刷架上装有一个电刷或一组并联的电刷，同极性刷架上的电流汇集到一起后，引向接线板，再通向机外，如图1-7所示。电刷顶部有细铜丝编织成的引线（称为刷辫），以便引出电流。在将电刷装于刷握中时，还要压以弹簧，以保证电枢转动时电刷与换向器表面有良好的接触。对弹簧的压力可以进行调节。

2. 转子（电枢）部分

转子部分包括电枢铁心、电枢绕组、换向器、风扇、转轴和轴承。直流电机的转子如图1-8所示。

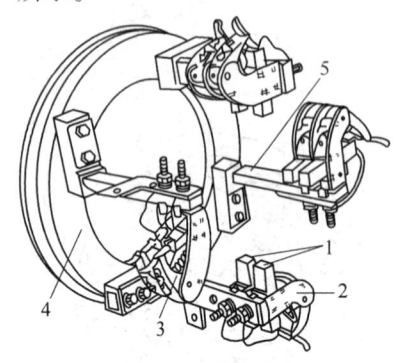

图1-7 电刷装置
1—电刷 2—刷握 3—弹簧压板
4—刷架座 5—刷杆

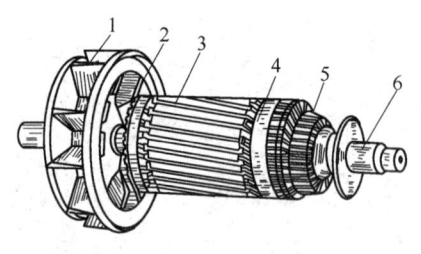

图1-8 直流电机的转子
1—风扇 2—绕组 3—电枢铁心
4—绑带 5—换向器 6—转轴

1）电枢铁心。是主磁通磁路的主要部分，同时用以嵌放电枢绕组。电枢铁心用0.5mm厚的硅钢片叠压而成，硅钢片形状如图1-9所示。叠成的铁心固定在转轴或转子支架上，铁心的外圆开有电枢槽，槽内嵌放电枢绕组。

2）换向器。普通换向器是由许多换向片组成的圆柱体，换向片之间用云母片绝缘，如图1-10所示。

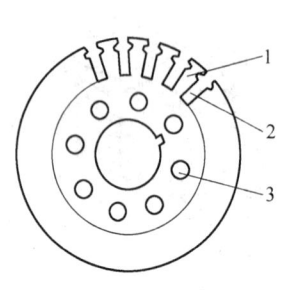

图1-9 电枢铁心冲片的硅钢片形状
1—齿 2—槽 3—轴向通风孔

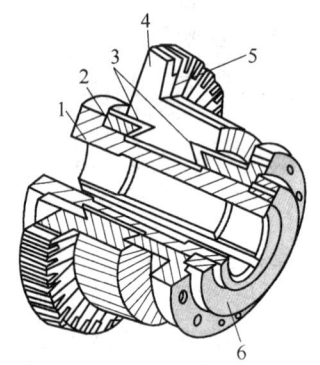

图1-10 普通换向器
1—套筒 2—压圈 3—V形云母环
4—换向片 5—云母片 6—压圈

3）转轴。起转子旋转的支撑作用，需有一定的机械强度和刚度，一般用圆钢加工而成。

4）电枢绕组。作用是产生电磁转矩和感应电动势，它是直流电机进行能量变换的关键部件。电枢绕组由许多线圈按一定规律连接而成。线圈边被嵌放在铁心槽内，如图1-11所示。

1.2.2 直流电机的电枢绕组

电枢绕组由许多线圈（以下称元器件）按一定规律连接而成。按照连接规律的不同，可分为单叠绕组和单波绕组等多种形式（本书只分析单叠绕组，其他绕组请参考有关电机学教材）。本节先介绍元器件的基本特点，再以单叠绕组为例阐述电枢绕组的构成原理和连接规律。

1. 电枢绕组元器件

电枢绕组元器件由绝缘铜线绕制而成，每个元器件有两个嵌放在电枢槽中的有效边，元器件的槽外部分称为端接部分，如图 1-12 所示。每个元器件的一个元器件边被嵌放在某一槽的上层，称为上层边，以实线表示；另一个元器件边被嵌放在另一槽的下层，称为下层边，以虚线表示。每个元器件有两个出线端，称为首端和末端，均与换向片相连，如图 1-12 所示。

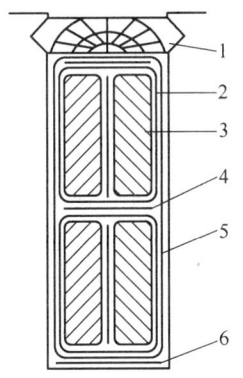

图 1-11 电枢槽内绝缘
1—槽楔 2—线圈绝缘 3—导体 4—层间绝缘 5—槽绝缘 6—槽底绝缘

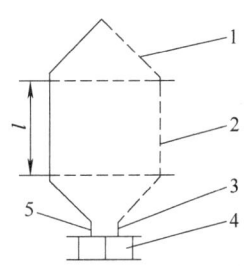

图 1-12 电枢单叠绕组元器件
1—端接部分 2—有效边 3—末端 4—换向片 5—首端

由于每片换向片接一个元器件的上层边和另一个元器件的下层边，所以元器件数 S 等于换向片数 K，即

$$S = K \tag{1-1}$$

由于每个电枢槽分上下两层被嵌放两个元器件边，所以元器件数 S 又等于槽数 Z，即

$$S = K = Z \tag{1-2}$$

2. 节距

表征电枢绕组元器件本身和元器件之间连接规律的数据为节距，直流电机电枢绕组的节距有以下 4 种。

1）第一节距 y_1。将同一元器件的两个元器件边在电枢圆周上所跨的距离用槽数表示，称为第一节距 y_1，如图 1-13 所示。一个磁极在电枢圆周上所跨的距离称为极距 τ，当用槽数表示时，极距的表达式为

$$\tau = \frac{Z}{2p} \tag{1-3}$$

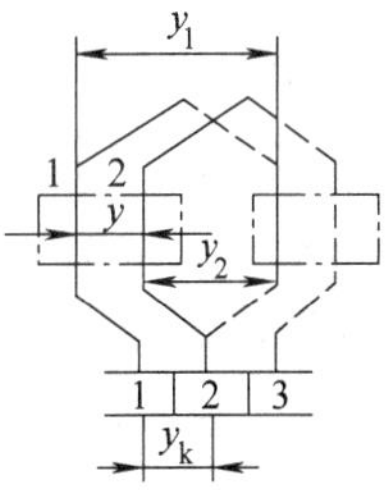

图 1-13 单叠电枢绕组的节距

式中，p 为磁极对数。

为使每个元器件的感应电动势最大，第一节距 y_1 应等于一个极距 τ，但 τ 不一定是整数，而 y_1 必须是整数，为此，一般取第一节距

$$y_1 = \frac{Z}{2p} \mp \varepsilon = 整数$$

式中，ε 为小于 1 的分数。

将 $y_1 = \tau$ 的元器件称为整距元器件，绕组称为整距绕组；$y_1 < \tau$ 的元器件称为短距元器件，绕组称为短距绕组。

2) 第二节距 y_2。将第一个元器件的下层边与直接相连的第二个元器件的上层边之间在电枢圆周上的距离用槽数表示，称为第二节距 y_2，如图 1-13 所示。

3) 合成节距 y。将直接相连的两个元器件的对应边在电枢圆周上的距离用槽数表示，称为合成节距 y，如图 1-13 所示。

4) 换向器节距 y_k。将每个元器件的首、末两端所接的两片换向片在换向器圆周上所跨的距离用换向片数表示，称为换向器节距 y_k。由图 1-13 可见，换向器节距 y_k 与合成节距 y 是相等的，即

$$y_k = y$$

3. 单叠绕组

后一元器件的端接部分紧叠在前一元器件的端接部分上，这种绕组称为叠绕组。当叠绕组的换向器齿距 $y_k = 1$ 时，称为单叠绕组，如图 1-13 所示。

下面举例说明单叠绕组的连接规律和特点。

【例 1-1】 一台直流电机，已知 $Z = S = K = 16$，$2p = 4$，接成单叠绕组。试分析绕组的连接规律和特点。

解：第 1 步：计算节距

第一节距 $y_1 = \frac{Z}{2p} \mp \varepsilon = \frac{16}{4} = 4$

换向器节距和合成节距 $y_k = y = 1$

第二节距，由图 1-13 可见，对于单叠绕组 $y_2 = y_1 - y = 4 - 1 = 3$。

第 2 步：绘制绕组展开图

假想把电枢从某一齿的中间沿轴向切开展成平面，所得绕组连接图称为绕组展开图，如图 1-14 所示。绘制直流电机单叠绕组展开图的步骤如下所述。

1) 画 16 根等长、等距的平行实线代表 16 个槽的上层，在实线旁画 16 根平行虚线代表 16 个槽的下层。一根实线和一根虚线代表一个槽，编上槽号。$Z = 16$、$2p = 4$ 单叠绕组展开图如图 1-14 所示。

2) 按节距 y_1 连接一个元器件。例如，将 1 号元器件的上层边放在 1 号槽的上层，其下层边应放在 $1 + y_1 = 1 + 4 = 5$ 号槽的下层。用左右对称的端接部分连成 1 号元器件。注

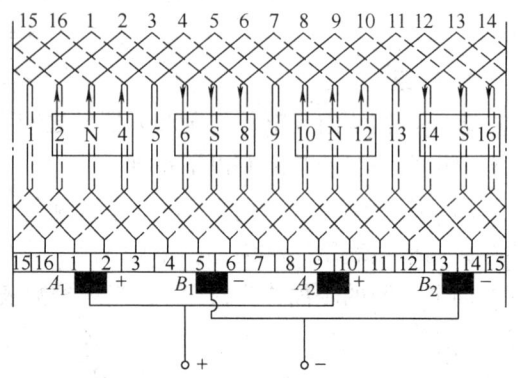

图 1-14　$Z = 16$、$2p = 4$ 单叠绕组展开图

意,在首端和末端之间相隔一片换向片宽度($y_k=1$),为使图形规整起见,取换向片宽度等于一个槽距,从而画出与 1 号元器件首端相连的 1 号换向片和相邻的与末端相连的 2 号换向片,并依次画出 3~16 号换向片。显然,元器件号、上层边所在槽号和该元器件首端所连换向片的编号相同。

3) 画 1 号元器件的平行线,可以依次画出 2~16 号元器件,从而将 16 个元器件通过 16 片换向片连成一个闭合的回路。

为便于理解绕组的工作原理和确定电刷位置,一般在展开图上还应画出磁极和电刷。

4) 画磁极。本例有 4 个主磁极,在圆周上应该均匀分布。设某时刻 4 个磁极中心分别对准 3、7、11、15 槽,并让磁极宽度约为极距的 0.6~0.7,画出 4 个磁极,如图 1-14 所示。依次标上极性 N_1、S_1、N_2、S_2(对应图中的 N、S、N、S),一般假设磁极在电枢绕组的上面。

5) 画电刷。电刷数(也就是刷杆数等于极数,本例中为 4)必须均匀分布在换向器表面的圆周上,相互间隔 4 片换向片。为使被电刷短路的元器件中感应电动势最小,正负电刷之间引出的电动势最大,当元器件左右对称时,电刷中心线应对准磁极中心线。图中设电刷宽度等于一片换向片的宽度。

设此电机工作在电动机状态,并欲使电枢绕组向左移动,根据左手定则可知电枢绕组各元器件中电流的方向应如图 1-14 所示,为此,应将电刷 A_1、A_2 并联起来作为电枢绕组的"+"端,接电源正极;将电刷 B_1、B_2 并联起来作为"-"端,接电源负极。如果工作在发电机状态,设电枢绕组的转向不变,那么电枢绕组各元器件中感应电动势的方向用右手定则确定可知,与电动机状态时的电流方向相反,因而电刷的正负极性不变。

第 3 步:画单叠绕组联结顺序表

绕组展开图比较直观,但画起来比较麻烦,为简便起见,绕组联结规律也可用联结顺序表来表示。本例单叠绕组联结顺序表如图 1-15 所示。表中上排数字同时代表上层元器件边的元器件号、槽号和换向片号,下排带"′"的数字代表下层元器件边所在的槽号。

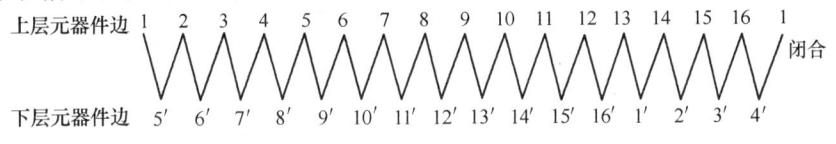

图 1-15 单叠绕组联结顺序表

第 4 步:画单叠绕组的并联支路图

保持图 1-14 中各元器件的联结顺序不变,将此瞬间不与电刷接触的换向片省去不画,可以得到图 1-16 所示的并联支路图。对照图 1-16 和图 1-14,可以看出单叠绕组的联结规律是将同一磁极下的各个元器件串联起来组成一条支路。所以,单叠绕组的并联支路对数 a 总等于极对数 p,即

$$a = p$$

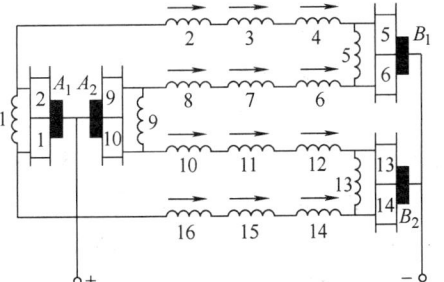

图 1-16 图 1-14 所示的瞬间绕组并联支路图

第 5 步:总结单叠绕组的特点

1) 将位于同一磁极下的各元器件串联起来组

成一条支路,并联支路对数等于极对数,即 $a=p$。

2)当元器件形状左右对称、电刷在换向器表面的位置对准磁极中心线时,正、负电刷间的感应电动势最大,被电刷短路的元器件中的感应电动势最小。

3)电刷刷杆数等于极数。

单波绕组的分析方法类似。单叠绕组与单波绕组的主要区别在于并联支路对数的多少,单叠绕组适用于低电压、大电流的电机;单波绕组适用于小电流、较高电压的电机。

1.3 直流电机的铭牌数据和主要系列

1.3.1 直流电机的铭牌数据

每一台直流电机上都有一个铭牌,上面标明电机的额定数据。铭牌上的数据是使用和选择电机的依据,因此,使用前一定要详细了解。当电机恰好运行于额定容量时,称为满载运行或额定运行状态。若运行时的输出容量超过额定容量,则称为过载运行。过载会使电机过热,降低电机的使用寿命,甚至损坏电机,因此过载的程度和时间应严格控制。若电机的输出容量比额定容量小时,则称为轻载运行。轻载对设备和能量都是一种浪费,降低了电机的效率,故应尽量避免。

某型号的直流电动机铭牌如表1-1所示,其数据含义如下所述。

表1-1 某型号的直流电动机铭牌

直流电动机			
型号	Z3-95	产品编号	7001
结构类型		励磁方式	他励式
功率	30kW	励磁电压	220V
电压	220V	工作方式	连续
电流	160.5A	绝缘等级	定子B 转子B
转速	750r/min	重量	685kg
标准编号	JB1104—68	出厂日期	年 月

1. 型号 Z3-95

型号中Z表示直流电动机,3表示第三次改型设计;第一个数字9表示机座号,第二个数字5表示铁心长度。

2. 额定功率 P_N 和单位 W(或 kW)

额定功率是指在铭牌规定的额定运行条件下的输出功率。对发电机,额定功率是指出线端所输出的电功率;对电动机,额定功率是指轴上输出的机械功率。

3. 额定电压 U_N 和单位 V

额定电压是指在额定运行状况下,直流发电机的输出电压或直流电动机的输入电压。直流电机的额定电压一般不高。我国生产的中小型直流电动机的额定电压多为110V、220V、440V;发电机的额定电压为115V、230V、460V;大型直流电机的额定电压约为1000V。

4. 额定电流 I_N 和单位 A

额定电流是指电机在额定电压下运行，当输出功率为额定功率时流过出线上的线路电流。直流电机的额定电流可由下式计算

直流发电机的额定电流 $$I_N = \frac{P_N \times 10^3}{U_N} \tag{1-4}$$

直流电动机的额定电流 $$I_N = \frac{P_N \times 10^3}{U_N \eta_N} \tag{1-5}$$

式中，η_N 为电动机在额定状况下运行时的效率；I_N 的单位为 A。P_N 的单位为 kW，U_N 的单位为 V。

5. 额定转速 n_N 和单位 r/min

额定转速是指在额定电压下运行，当输出功率为额定功率时转子的转速。

6. 额定励磁电压 U_f 和单位 V

额定励磁电压是指电机在额定工况下励磁绕组两端的电压。

此外，铭牌上还标有绝缘等级、工作方式等参数。

还有一些额定值，如额定效率、额定转矩和额定温升等，一般不将这些额定值标在铭牌上，可从手册中查阅或计算。

1）额定效率 η_N。额定效率是电机在额定工况下，输出功率与输入功率之比的百分数。

2）额定励磁电流 I_f。额定励磁电流是指电机在额定工况下励磁绕组中的电流。

3）额定转矩 T_{2N}。其大小为

$$T_{2N} = \frac{P_N}{\Omega_N} = \frac{P_N}{2\pi n_N/60} = 9.55 \frac{P_N}{n_N} \tag{1-6}$$

式中，P_N 的单位为 W；n_N 的单位为 r/min；T_{2N} 的单位为 N·m。若当 P_N 的单位为 kW 时，则系数 9.55 应改为 9550。

【例 1-2】 一台直流电动机的额定值为 $P_N = 160\text{kW}$，$U_N = 220\text{V}$，$n_N = 1500\text{r/min}$，$\eta_N = 90\%$，求该电机的额定输入功率 P_{1N}、额定电流 I_N、额定输出转矩 T_{2N}。

解：额定输入功率 P_{1N} 为 $P_{1N} = \dfrac{P_N}{\eta_N} = \dfrac{160}{0.9}\text{kW} = 177.8\text{kW}$

额定电流 I_N 为 $I_N = \dfrac{P_{1N}}{U_N} = \dfrac{177.8 \times 10^3}{220}\text{A} = 808.2\text{A}$

额定输出转矩 T_{2N} 为 $T_{2N} = 9.55 \dfrac{160 \times 10^3}{1500}\text{N·m} = 1018.67\text{N·m}$

或 $T_{2N} = 9550 \dfrac{P_N}{n_N} = 9550 \dfrac{160}{1500}\text{N·m} = 1018.67\text{N·m}$

1.3.2 直流电机的主要系列

为了满足各行各业对电机的不同要求，将电机制成不同型号的系列。所谓系列就是结构和形状基本相似，而容量按一定比例递增的多种电机。它们的电压、转速、机座号和铁心长都有一定的等级。现将常用的直流电机系列简介如下。

1. Z、ZF、ZD 系列

Z、ZF、ZD 系列是电磁式小型直流发电机和直流电动机,其额定功率范围为 25~400W,额定转速范围为 1500~4000r/min,适合于小型机械传动。

2. Z4、ZO2 系列

Z4、ZO2 系列是一般用途的中型电动机,适用于机床、造纸、水泥和冶金等行业,其额定转速范围为 320~1500r/min。

3. ZJF、ZJD 系列

ZJF、ZJD 系列为大型直流发电机和直流电动机,适用于大型轧钢机、卷扬机及重型机械设备,其额定功率范围为 1000~5350kW。

4. S、SZ、SY 系列

S、SZ、SY 系列是直流伺服电动机,S 系列为老产品,SY 系列为永磁式直流伺服电动机,其功率很小,多用于仪表伺服系统。

5. ZCF、CYD、ZYS 和 CY 系列

ZCF、CYD、ZYS 和 CY 系列是直流测速发电机,其中 ZCF 系列为他励式直流测速发电机;CYD 系列为永磁式低速直流测速发电机;ZYS 系列为普通永磁式直流测速发电机,它的额定输出电压较高,为 55V 或 110V;CY 系列是直流永磁式测速发电机,可供小功率系统作测速反馈元器件,它的输出电压较低,其电动势为 5V/(1000r/min)。

1.4 直流电机的磁场

磁场是直流电机进行能量转换的媒介。为此,必须对直流电机中磁场的大小及分布规律等情况有所了解。

1.4.1 直流电机的励磁方式

在主磁极上励磁绕组通以直流励磁电流而产生的磁通称为励磁磁通,又称为主磁通。励磁绕组的供电方式称为励磁方式。按励磁方式的不同,直流电机(以直流电动机为例)可以被分为以下 4 类。

1. 他励式直流电机

励磁绕组由其他直流电源供电,与电枢绕组之间没有电的联系,如图 1-17a 所示。

2. 并励式直流电机

并励式直流电机的励磁绕组与电机的电枢绕组并联,电枢电压等于励磁电压,如图 1-17b 所示。

以上两类电机的励磁电流只有电机额定电流的 1%~5%,故励磁绕组的导线细而匝数多。

3. 串励式直流电机

串励式直流电机的励磁绕组与电枢串联,电枢电流与励磁电流相等。电枢电流同时也是它本身的励磁电流,故励磁绕组的导线粗而匝数较少,如图 1-17c 所示。

4. 复励式直流电机

复励式直流电机有两部分励磁绕组,一部分与电枢并联,一部分与电枢串联,如图 1-17d 所示。两个绕组产生的磁通势方向相同时称为积复励,相反时称为差复励。通常采用积复励方式。

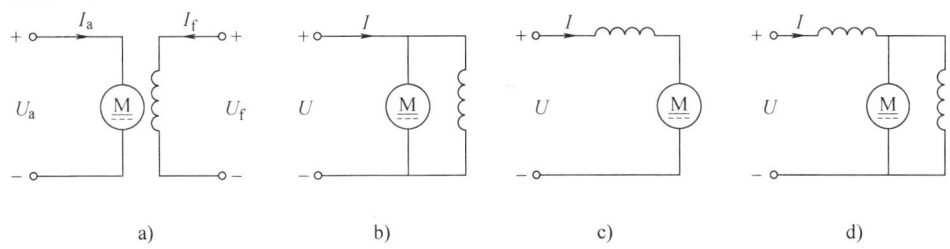

图 1-17 直流电机的分类图
a) 他励直流电机 b) 并励直流电机 c) 串励直流电机 d) 复励直流电机

直流电机的励磁方式不同,运行特性和适用场合也不同。

1.4.2 直流电机的空载磁场

因为直流电机在空载运行时的电枢电流为零或近似等于零,所以空载磁场是指主磁极励磁磁通势单独产生的磁场,亦称主磁场。一台 4 极直流电机空载磁场的分布示意图如图 1-18 所示(图中只画了一半)。

1. 主磁通和漏磁通

在图 1-18 中所示同时与励磁绕组和电枢绕组相匝链的磁通称为主磁通,用 Φ_0 表示。主磁通经过的路径称为主磁路,由主磁极、气隙、电枢齿、电枢磁轭和定子磁轭 5 部分组成。另一部分仅与励磁绕组匝链的磁通称为漏磁通,以 Φ_s 表示。漏磁通比主磁通小得多。

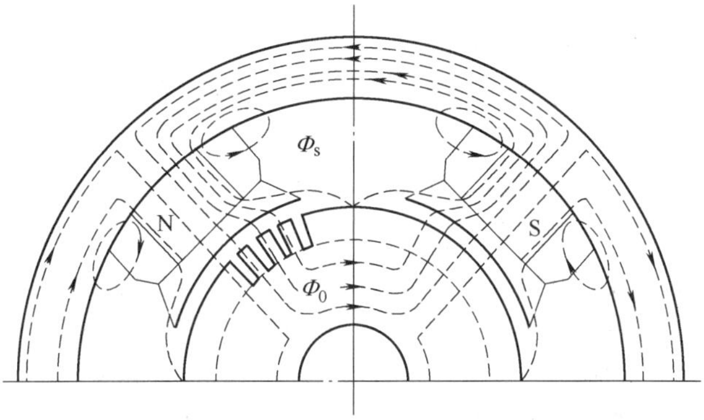

图 1-18 一台 4 极直流电机空载磁场的分布示意图

2. 直流电机的空载磁化特性

当直流电机运行时,要求气隙磁场每个极下有一定数量的主磁通,这个主磁通叫做每极磁通 Φ,当励磁绕组的匝数 W_f 一定时,每极磁通 Φ 的大小主要决定于励磁电流 I_f。空载时,每极磁通 Φ_0 与空载励磁电流 I_{f0} 的关系 $\Phi_0 = f(I_{f0})$ 或 $\Phi_0 = f(F_{f0})$ 称为电机的空载磁化特性。由于构成主磁路的 5 部分当中有 4 部分是铁磁性材料,所以空载磁化特性 $\Phi_0 = f(I_{f0})$ 在 I_{f0} 较大时会出现饱和现象,如图 1-19 所示。为充分利用铁磁性材料,电机的工作点一般选在磁化特性开始转弯处,即磁路开始饱和的部分(图中 A 点附近)。

3. 空载磁场气隙磁感应强度的分布曲线

主磁极的励磁磁通势主要消耗在气隙上,当近似地忽略主磁路中铁磁性材料的磁阻时,空载气隙磁通密度分布为一礼帽形的平顶波,如图 1-20 下部图形所示。由图 1-18 可以看到,在一个极距范围内磁通分布是不均匀的。这是因为在极靴范围内气隙较小,在极靴以外气隙长度显著增加。即使在极靴面下,受电枢槽的影响,气隙也是不均匀的。若不考虑电枢表面齿和槽的影响,在一个极距范围内,电机气隙中主磁场磁感应强度 B 分布近似为梯形曲线,如图 1-20 所示。在极靴范围内,气隙磁感应强度可看做是均匀的;在极靴范围以外,气隙磁感应强度减小得很快;而在两极之间的几何中性线上,磁感应强度等于零。

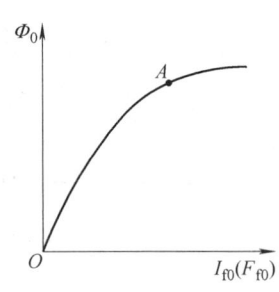
图1-19 空载磁化特性图

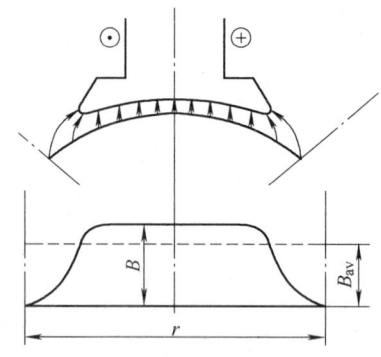
图1-20 空载时气隙磁感应强度分布图

1.4.3 直流电机的电枢反应及负载磁场

1. 直流电机的电枢反应

负载时，电枢绕组流过电枢电流I_a，产生电枢磁通势F_a，与励磁磁通势F_f共同建立负载时的气隙合成磁场，使原来的气隙磁感应强度的分布发生变化。通常把电枢磁通势对气隙磁场磁感应强度分布的影响称为电枢反应。

下面，先分析电枢磁通势单独作用时在电机气隙中产生的电枢磁场，再将电枢磁场与空载磁场合起来就可得到负载磁场，与空载气隙磁场相比较，可以了解电枢反应的影响。

2. 直流电机的电枢磁场

电枢电流的分布以电刷轴线为分界线，电枢磁通势的轴线与电刷轴线相重合。一台两极直流电机电枢磁通势单独作用产生的电枢磁场分布如图1-21所示。

如果假设图1-21所示的电枢绕组只有一个整距元器件，其轴线与磁极轴线相垂直，如图1-22a所示。该元器件有W匝，元器件中电流为i_a，每个元器件的磁通势为i_aW安匝，由该元器件建立的磁场的磁力线路径分布如图1-22a所示。如果假想将此电机从几何中性线处切开展平，就可得到一个整距元器件产生的磁通势的分布图，如图1-22b所示，这是一个以两个极距2τ为周期、幅值为$\frac{1}{2}i_aW$的矩形波。

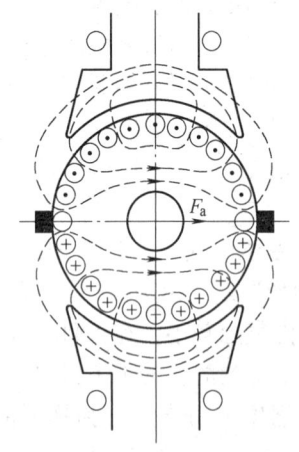

图1-21 电枢磁场分布图

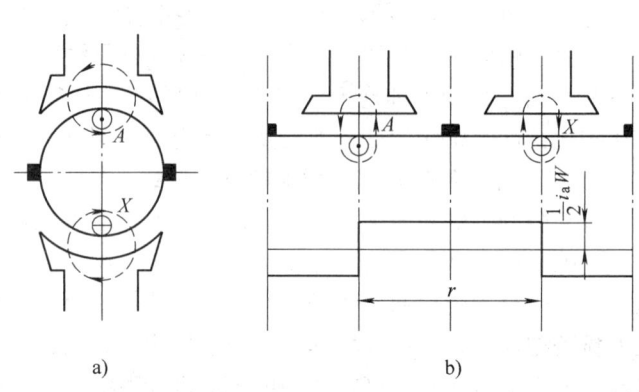

图1-22 一个绕组元器件的磁通势
a) 磁力线路径分布图　b) 磁通势的空间分布图

当电枢绕组有许多整距元器件均匀分布于电枢表面时，每一个元器件产生的磁通势仍是幅值为 $\frac{1}{2}i_aW$ 的矩形波，把这许多个矩形波磁通势叠加起来，就可知电枢磁通势 F_{ax} 在空间的分布是一个以两个极距 2τ 为周期的多级阶梯形波，如图1-23所示。

为分析简便起见，可以近似地认为电枢磁通势 F_{ax} 空间分布为一个三角形波，如图1-24中的曲线2所示。如果忽略铁心中的磁阻，认为电枢磁通势全部消耗在气隙上，那么根据磁路的欧姆定律，可得电枢磁场磁感应强度的表达式为

$$B_{ax} = \mu_0 \frac{F_{ax}}{\delta} \tag{1-7}$$

式中，F_{ax} 为气隙中 x 处的磁通势；B_{ax} 为气隙中 x 处的磁感应强度；μ_0 为气隙磁导率；δ 为气隙长度。

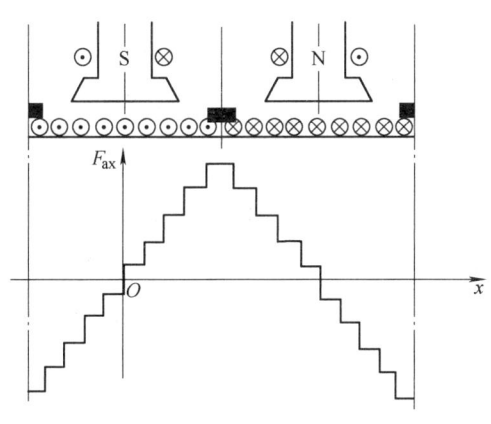

图1-23 电刷在几何中性线上时电枢磁通势的阶梯波形

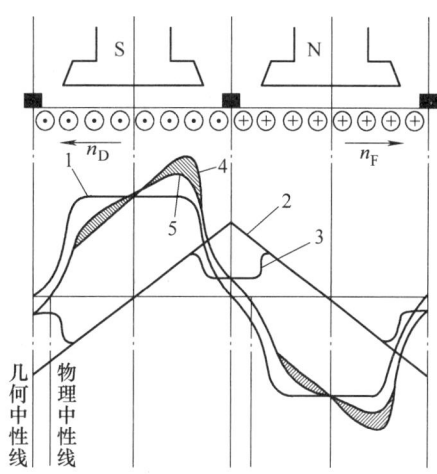

图1-24 直流电机的电枢反应

由于在磁极下气隙 δ 较小且变化不大，而在极间的几何中性线附近气隙较大，超过 F_{ax} 增加的程度，使 B_{ax} 反而减小，所以电枢磁场磁感应强度分布波形为马鞍形，如图1-24中的曲线3所示。

3. 负载时的气隙合成磁场

当不考虑磁路饱和时，可利用叠加原理，将空载磁场的气隙磁感应强度分布曲线1和电枢磁场的气隙磁感应强度分布曲线3相加，即得负载时气隙合成磁场的磁感应强度分布曲线，如图1-24中的曲线4所示。对照曲线1和4可见，电枢反应的影响使气隙磁场发生畸变，使半个磁极下的磁场加强，磁通增加，另半个极下的磁场减弱，磁通减少。但增加和减少的磁通量相等，每极总磁通 Φ 维持不变。由于磁场发生畸变，所以使电枢表面磁感应强度等于零的物理中性线偏离了几何中性线，如图1-24所示。

当考虑磁路饱和影响时，磁场增强的半个极下所增加的磁通比不饱和时少，磁场减弱的半个极下所减少的磁通与不饱和时相近，故每极总磁通会略有所减小。

可见，电刷放在几何中性线上时电枢反应的影响如下所述。

1) 使气隙磁场发生畸变。半个极下的磁场削弱，半个极下的磁场加强。气隙磁场的畸

变使物理中性线偏离几何中性线。

2）当磁路饱和时，还有去磁作用，这是因为当磁路饱和时，半个极下增加的磁通小于另半个极下减少的磁通，使每个极下总的磁通有所减小。

1.5 电枢绕组的感应电动势和电磁转矩的计算

1.5.1 电枢绕组的感应电动势计算

电枢绕组的感应电动势是指直流电机正负电刷之间的感应电动势，也就是电枢绕组一条并联支路的电动势。当电枢旋转时，电枢绕组元器件边内的导体切割气隙合成磁场，产生感应电动势，由于气隙合成磁感应强度在一个极下的分布不均匀（如图 1-25 所示），所以导体中感应电动势的大小是变化的。

为分析推导方便起见，可把磁感应强度看成是均匀分布的，取一个磁极下气隙磁感应强度的平均值 B_{av}，可得一根导体在一个极距范围内切割气隙磁感应强度产生的电动势的平均值 e_{av}，其表达式为

$$e_{av} = B_{av} l v \tag{1-8}$$

式中，l 为电枢导体的有效长度（槽内部分）；v 为电枢表面的线速度。

B_{av} 为每一个磁极下的平均磁感应强度，它等于每极磁通 Φ 除以每极的面积 τl，即

$$B_{av} = \frac{\Phi}{\tau l} \tag{1-9}$$

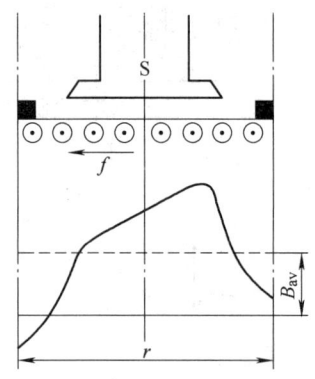

图 1-25 气隙合成磁场磁感应强度的分布和平均磁感应强度

式中，τ 是极距；l 是磁极的轴向长度，也就是线圈边的有效长度。

若电枢半径为 R，由于电枢的周长为 $2\pi R = 2p\tau$，所以 $R = \frac{p\tau}{\pi}$，则有

$$v = \frac{n}{60} 2\pi R = \frac{n}{60} 2\pi \frac{p\tau}{\pi} = \frac{2pn\tau}{60} \tag{1-10}$$

因而，一根导体感应电动势的平均值为

$$e_{av} = \frac{\Phi}{\tau l} l \frac{n}{60} 2p\tau = \frac{2p}{60} \Phi n \tag{1-11}$$

设电枢绕组总的导体数为 N，共有 a 对并联支路，则每一条并联支路总的串联导体数为 $\frac{N}{2a}$，因而电枢绕组的感应电动势为

$$E_a = \frac{N}{2a} e_{av} = \frac{N}{2a} \frac{2p}{60} \Phi n = \frac{pN}{60a} \Phi n = C_e \Phi n \tag{1-12}$$

式中，$C_e = \frac{pN}{60a}$ 称为直流电机的电动势常数。当每极磁通 Φ 的单位用 Wb（韦伯）、转速单

位用 r/min 时，电动势 E_a 的单位为 V。

式（1-12）表明，对已制成的电机，电枢电动势 E_a 与每极磁通 Φ 和转速 n 成正比。

1.5.2 电枢绕组的电磁转矩计算

一根导体所受电磁力的大小为 $f_x = B_x l i_a$，其平均值为 $f_{av} = B_{av} l i_a$，该电磁力形成的电磁转矩为

$$T_{av} = f_{av} \frac{D}{2} \tag{1-13}$$

式中，D 为电枢直径。而

$$D = 2R = 2\frac{p\tau}{\pi} \tag{1-14}$$

设电枢总电流为 I_a，共有 $2a$ 条并联支路，则每条支路电流为 $i_a = \frac{I_a}{2a}$。该支路电流也是流过每一根导体的电流。

电枢表面共有 N 根导体，全部导体所受的电磁力将产生同样方向的转矩，故总的电磁转矩为

$$T_e = N T_{av} = N B_{av} l i_a \frac{D}{2} = N \frac{\Phi}{\tau l} l \frac{I_a}{2a} \frac{1}{2} \frac{2p\tau}{\pi} = \frac{pN}{2\pi a} \Phi I_a = C_T \Phi I_a \tag{1-15}$$

式中，C_T 为转矩常数，它由电机的结构形式决定。如果每极磁通 Φ 的单位为 Wb，电枢电流 I_a 的单位为 A，那么电磁转矩 T_e 的单位就为 N·m。

式（1-15）表明，电磁转矩 T_e 与每极磁通 Φ 和电枢电流 I_a 成正比。

电动势常数 C_e 与转矩常数 C_T 之间的关系为

$$C_T = \frac{60a}{2\pi a} C_e = 9.55 C_e \quad \text{或} \quad C_e = \frac{2\pi a}{60a} C_T = 0.105 C_T \tag{1-16}$$

【例 1-3】 已知一台 10kW、4 极、2800r/min 的直流发电机，电枢绕组是单叠绕组，整个电枢总导体数为 380。当发电机发出的电动势 $E_a = 250$V 时，求这时气隙每极磁通量 Φ 是多少？

解： 已知这台直流电机的极对数 $p = 2$，单叠绕组的并联支路对数 $a = p = 2$，于是可以计算出系数为

$$C_e = \frac{pN}{60a} = \frac{2 \times 380}{60 \times 2} = 6.33$$

根据感应电动势公式（1-12），气隙每极磁通 Φ 为

$$\Phi = \frac{E_a}{C_e n} = \frac{250}{6.33 \times 2800} \text{Wb} = 14.105 \times 10^{-3} \text{Wb}$$

1.6 直流电动机的运行原理

按励磁方式的不同，直流电动机可分为 4 类。由于后续直流调速技术课程中的调速用电动机主要是他励直流电动机，所以本节以分析他励式直流电动机为重点。

1.6.1 他励式直流电动机稳态运行时的基本关系式

他励式直流电动机在稳态运行时各物理量及其正方向如图 1-26 所示。由此可得稳态运行时的基本方程式如下。注意：M 代表直流电动机，其等效电路为反电势 E_a 与电枢电阻 R_a 串联电路。

1. 电压平衡方程式

$$U_a = E_a + I_a R_a \tag{1-17}$$

式中，R_a 为电枢回路电阻，包括电刷和换向器之间的接触电阻；E_a 为电枢反电势。

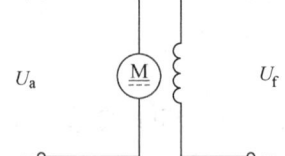

图 1-26　他励式直流电动机在稳态运行时各物理量及其正方向

2. 转矩平衡方程式

稳态运行时的转矩平衡关系式为拖动转矩等于总的制动转矩，即

$$T_e = T_L + T_0 \tag{1-18}$$

式中，T_L 为负载转矩（也等于电动机轴上的输出转矩，下同）；T_0 为空载转矩。

3. 功率平衡方程式

将电压平衡方程式两边均乘以电枢电流 I_a，得

$$U_a I_a = E_a I_a + I_a^2 R_a \tag{1-19}$$

可以写成

$$P_1 = P_{em} + p_{Cua} \tag{1-20}$$

式中，$P_1 = U_a I_a$，为电动机从电源吸收的电功率；$P_{em} = E_a I_a$ 为电磁功率；$p_{Cua} = I_a^2 R_a$，为电枢回路的铜耗。

电磁功率为

$$P_{em} = E_a I_a = \frac{pN}{60a}\Phi n I_a = \frac{pN}{2\pi a}\Phi I_a \frac{2\pi n}{60} = T_e \Omega \tag{1-21}$$

式中，$\Omega = \frac{2\pi n}{60}$ 为电动机的机械角速度，单位为 rad/s（弧度/秒）。

由式 (1-21) 可知，电磁功率既具有电功率性质，又具有机械功率性质，其实质是因为电磁功率是电机由机械能转换为电能的那一部分功率。

将转矩平衡方程式两边乘以机械角速度 Ω，得

$$T_e \Omega = T_L \Omega + T_0 \Omega \tag{1-22}$$

可写成

$$P_{em} = P_2 + p_0 = P_2 + p_{mec} + p_{Fe} \tag{1-23}$$

式中，$P_{em} = T_e \Omega$ 为电磁功率；$P_2 = T_L \Omega$ 为轴上输出的机械功率；$p_0 = T_0 \Omega$ 为空载损耗，包括机械损耗 p_{mec} 和铁损耗 p_{Fe}。

1) 机械损耗 p_{mec} 包括轴承摩擦损耗、电刷摩擦损耗、定转子与空气的摩擦及通风的风摩擦损耗。

2) 铁心损耗 p_{Fe} 是由于电枢转动时主磁通在电枢铁心内交变而引起齿部及电枢铁轭中的磁滞损耗和涡流损耗。

由此可以绘出他励直流电动机的功率流程图，如图 1-27 所示。图中，p_{Cuf} 为励磁损耗，

他励时,由其他直流源供给。

他励式直流电动机的功率平衡方程式为

$$P_1 = P_2 + p_{Cua} + p_{Fe} + p_{mec} = P_2 + \sum p \tag{1-24}$$

式中,$\sum p$ 为他励式直流电动机的总损耗。

1.6.2 他励式直流电动机的工作特性

直流电动机的稳态运行特性包括两大类,即工作特性和机械特性。下面,先介绍其工作特性,在下一章再介绍其机械特性。

他励式直流电动机的运行特性是指在外加电压为额定值(即 $U_a = U_N$)、励磁电流为额定值(即 $I_f = I_{fN}$)、电动机带有机械负载条件下电动机的转速 n、电磁转矩 T_e、效率 η 与电枢电流 I_a 的关系,即 n、T_e、η 与 I_a 的关系。

关于直流电动机的额定励磁电流是这样规定的:当对直流电动机加上额定电压 $U_a = U_N$、带上负载,且电枢电流、转速、输出的机械功率都达到额定值时,电动机的励磁电流为额定励磁电流,即 $I_f = I_{fN}$。

图 1-28 所示是他励式直流电动机的工作特性,下面说明它们的变化规律。

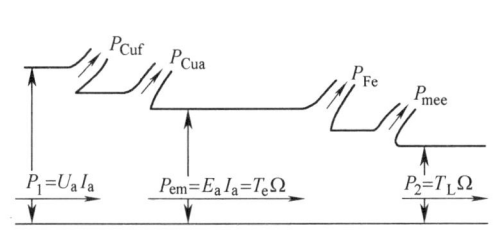

图 1-27 他励式直流电动机的功率流程图

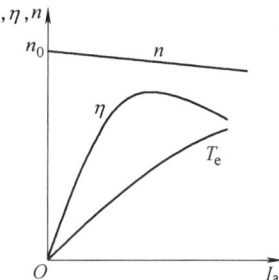

图 1-28 他励式直流电动机的工作特性图

(1) 转速特性 $n = f(I_a)$。

根据直流电动机的电动势平衡方程式,可得转速特性为

$$n = \frac{U_a - I_a R_a}{C_e \Phi} = \frac{U_a}{C_e \Phi} - \frac{I_a R_a}{C_e \Phi} = n_0 - \Delta n \tag{1-25}$$

从式(1-25)可见,当电枢电流 I_a 增加时,如气隙磁通不变,转速 n 就将随 I_a 的增加而直线下降。一般他励式直流电动机电枢回路电阻 R_a 的值很小,转速下降不多。如果考虑去磁的电枢反应,Φ 就会变小,转速下降就会更小些,如图 1-28 所示。

(2) 转矩特性 $T_e = f(I_a)$。

由 $T_e = C_T \Phi I_a$ 可知,当气隙磁通不变时,电磁转矩 T_e 与电枢电流 I_a 成正比,转矩特性应是直线关系。实际上,随着电枢电流 I_a 的增加,气隙磁通必略有减少。因此,转矩特性略有减小,如图 1-28 所示。

(3) 效率特性 $\eta = f(I_a)$。

当电流较小时,$\sum p = p_{Cua} + p_{Fe} + p_{mec}$ 随电流 I_a 增加较小,效率 η 增加较快;当电流 I_a 较大时,$\sum p$ 随电流 I_a 增加较大,效率 η 增加变慢。在 I_a 为某一定值时,η 达到最大值,之后随电流 I_a 增加,效率 η 反而减小,如图 1-28 所示。

在额定负载时,小容量电动机的效率约为 0.75~0.85;中、大容量电动机的效率在 0.85~0.94。

1.6.3 其他励磁形式直流电动机的工作特性

1. 并励式直流电动机的工作特性

并励式直流电动机在稳态运行时各物理量及其正方向如图 1-29 所示。

(1) 转速特性 $n = f(I_a)$

由 $E_a = C_e \Phi n$ 和 $U = E_a + I_a R_a$ 可得转速特性公式

$$n = \frac{U_N}{C_e \Phi_N} - \frac{R_a}{C_e \Phi_N} I_a \tag{1-26}$$

若忽略电枢反应的去磁作用,则 $\Phi = \Phi_N$ 不变,当 I_a 增加时,n 下降,但因 R_a 一般很小,所以 $n = f(I_a)$ 为一条稍稍向下倾斜的直线,如图 1-30 中的曲线 1 所示。当负载较重 I_a 较大时,电枢反应的去磁作用有可能使 Φ 减小,因而使转速特性出现上翘现象,如图 1-30 中的虚线所示。

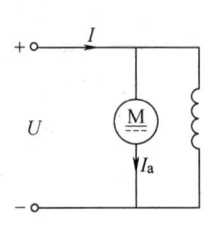

图 1-29 并励式直流电动机在稳定
运行时各物理量及其正方向

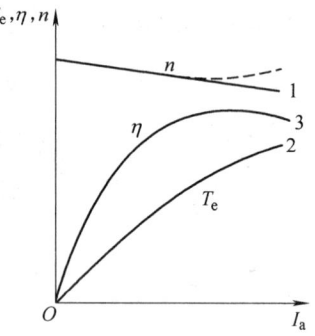

图 1-30 并励式电动机的工作特性图
1—转速特性 2—转矩特性 3—效率特性

(2) 转矩特性 $T_e = f(I_a)$

当 $U = U_N$、$I_f = I_{fN}$($\Phi = \Phi_N$)时,$T_e = f(I_a)$ 称为转矩特性。

由 $T_e = C_T \Phi I_a$ 可知,若不考虑电枢反应影响,则 T_e 与 I_a 成正比,转矩特性为过原点的直线;若考虑电枢反应的去磁作用,则当 I_a 增大时,转矩特性略为向下弯曲,如图 1-30 中的曲线 2 所示。

(3) 效率特性 $\eta = f(I_a)$

当 $U = U_N$、$I_f = I_{fN}$ 时的 $\eta = f(I_a)$ 称为效率特性。

并励直流电动机的效率为

$$\eta = \frac{P_2}{P_1} \times 100\% = \left(1 - \frac{\sum p}{P_1}\right) \times 100\% = \left(1 - \frac{p_{Fe} + p_{mec} + p_{Cuf} + p_{Cua}}{U(I_a + I_f)}\right) \times 100\% \tag{1-27}$$

直流电机的损耗分两大类:一类是不变损耗,包括 p_{Fe}、p_{mec} 和 p_{Cuf};另一类是可变损耗,即电枢铜耗 p_{Cua}。当电枢电流 I_a 开始由零增大时,可变损耗增加缓慢,总损耗变化小,效率 η 明显上升;由 $d\eta/dI_a = 0$ 可求得当 I_a 增大到电动机的不变损耗等于可变损耗时,电动机的效率达到最高。

当 I_a 进一步增大时,可变损耗明显上升,使效率 η 反而略有下降。效率特性如图 1-30

中的曲线 3 所示。一般电动机在负载为额定值的 75% 左右时效率最高。

2. 串励式直流电动机的工作特性

图 1-31 所示是串励式直流电动机的原理接线图。其特点是励磁绕组与电枢绕组相串联，$I_f = I_a = I$。

（1）转速特性

转速特性即 $U = U_N$ 时的 $n = f(I_a)$。串励式直流电动机的电压平衡方程式为

$$U_N = E_a + I_a R_a + I_a R_f = E_a + I_a(R_a + R_f) = E_a + I_a R_a' \tag{1-28}$$

式中，R_a' 为电枢回路的总电阻；R_f 为串励绕组的电阻。

将 $E_a = C_e \Phi n$ 代入上式，可得

$$n = \frac{U_N}{C_e \Phi} - \frac{R_a' I_a}{C_e \Phi} \tag{1-29}$$

当 $I_f = I_a$ 较小时，磁路没有饱和，$\Phi = k_f I_f = k_f I_a$，代入上式可得

$$n = \frac{U_N}{C_e k_f I_a} - \frac{R_a' I_a}{C_e k_f I_a} = \frac{U_N}{C_e' I_a} - \frac{R_a'}{C_e'} \tag{1-30}$$

式中，$C_e' = k_f C_e$，为常数；k_f 为磁通与励磁电流的比例系数。

可见，当电枢电流不大时，转速特性具有双曲线函数的性质，转速随电枢电流增大而迅速降低；当电枢电流较大时，磁路趋于饱和，磁通近似为常数，转速特性与并励时相似，为稍稍向下倾斜的直线，如图 1-32 中的曲线 1 所示。

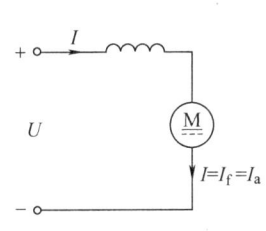

图 1-31 串励式直流电动机
的原理接线图

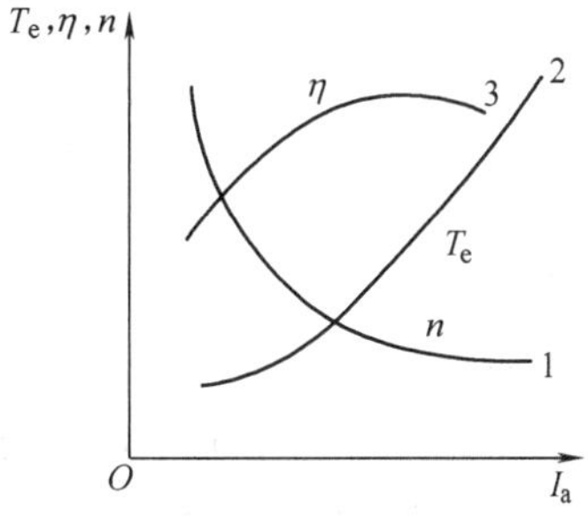

图 1-32 串励式电动机的工作特性图
1—转速特性　2—转矩特性　3—效率特性线

要注意的是，当电枢电流较小时，电动机的转速将升得很高，会导致转子损坏，故串励式直流电动机不允许在空载或轻载下运行。

（2）转矩特性 $T_e = f(I_a)$

串励时，$T_e = C_T \Phi I_a = C_T k_f I_a^2 = C_T' I_a^2$。当 I_a 较小时，磁路不饱和，C_T' 为常数，则电磁转矩与电枢电流的平方成正比；当 I_a 较大时，磁路饱和，Φ 为常数，T_e 与 I_a 成正比，转矩特性如图 1-32 中的曲线 2 所示。这一特性使串励式直流电动机在同样电流限值（一般为额定电流的 2 倍左右）下具有比他励式直流电动机大得多的起动转矩和最大转矩，适用于起动能力或过载能力要求较高的场合，如拖动闸门、电力机车等负载。

（3）效率特性

串励式直流电动机的效率特性与并励式直流电动机相同。

3. 复励式直流电动机的工作特性

图 1-33 所示是复励式直流电动机的接线图。一般采用积复励，其转速特性介于并励式

电动机和串励式电动机之间,如图1-34中的曲线2所示,既有较高的起动能力和过载能力,又可允许空载或轻载运行。

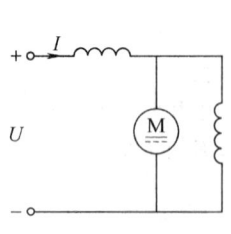

图1-33 复励式直流电动机的接线图

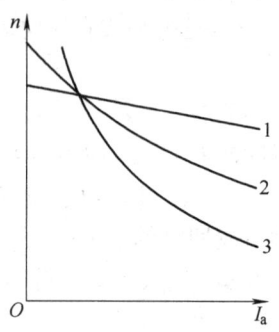

图1-34 复励式直流电动机的转速特性图
1—并励式 2—积复励式 3—串励式

1.7 直流发电机的运行原理

根据励磁方式的不同,直流发电机可以分为他励式发电机、并励式发电机、串励式发电机和复励式发电机。直流发电机按励磁方式不同的分类图如图1-35所示。励磁方式不同,其特性也不同。

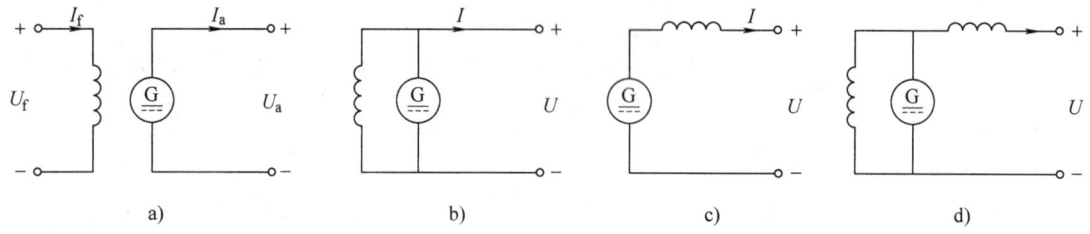

图1-35 直流发电机按励磁方式不同的分类图
a) 他励式发电机 b) 并励式发电机 c) 串励式发电机 d) 复励式发电机

1.7.1 直流发电机稳态运行时的基本关系式

他励式直流发电机在稳定运行时的物理量及其正方向如图1-36所示。由此可得电动势平衡方程式、转矩平衡方程式和功率平衡方程式。

1. 电动势平衡方程式

$$U_a = E_a - I_a R_a \tag{1-31}$$

2. 转矩平衡方程式

$$T_1 = T_e + T_0 \tag{1-32}$$

式中,T_1为原动机的拖动转矩;T_e为电磁转矩;T_0为空载损耗转矩。

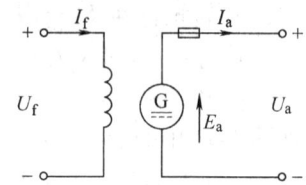

图1-36 他励式直流发电机在稳定运行时的物理量及其正方向

3. 功率平衡方程式

将式(1-32)两边同乘以电枢机械角速度Ω,可得

$$T_1 \Omega = T_e \Omega + T_0 \Omega \tag{1-33}$$

还可以写成
$$P_1 = P_{em} + p_0 \tag{1-34}$$

式中，$P_1 = T_1\Omega$，为原动机输入给发电机的机械功率，即输入功率；$P_{em} = T_e\Omega$ 为发电机的电磁功率；$p_0 = T_0\Omega$ 为发电机的空载损耗功率，它包括 p_{mec} 和 p_{Fe} 两部分。电磁功率为

$$P_{em} = T_e\Omega = \frac{pN}{2\pi a}\Phi I_a \frac{2\pi n}{60} = \frac{pN}{60a}\Phi n I_a = E_a I_a \tag{1-35}$$

可见，直流发电机的电磁功率也是既具有机械功率的性质，又具有电功率的性质，是机械能转换为电能的那一部分功率。

将电动势方程式两边乘以电枢电流 I_a，得
$$E_a I_a = U_a I_a + I_a^2 R_a \tag{1-36}$$
即
$$P_{em} = P_2 + p_{Cua} \tag{1-37}$$

式中，$P_2 = U_a I_a$ 为发电机输出的电功率；$p_{Cua} = I_a^2 R_a$ 为电枢回路铜损耗。

可见，电磁功率 P_{em} 扣除电枢回路铜损耗 p_{Cua} 后余下部分为输出电功率 P_2。

综合以上功率关系，可得功率平衡方程式为
$$P_1 = P_{em} + p_0 = P_2 + p_{Cua} + p_{mec} + p_{Fe} = P_2 + \sum p \tag{1-38}$$

他励式直流电动机的功率流程图如图 1-37 所示。

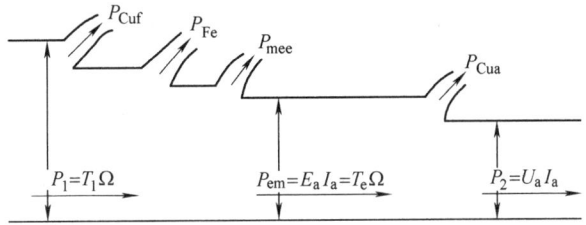

图 1-37 他励式直流发电机的功率流程图

考虑到励磁损耗，直流发电机的总损耗为
$$\sum p = p_{Cua} + p_{Cuf} + p_{Fe} + p_{mec} \tag{1-39}$$

直流发电机的效率为
$$\eta = \frac{P_2}{P_1} \times 100\% = \left(1 - \frac{\sum p}{P_2 + \sum p}\right) \times 100\% \tag{1-40}$$

1.7.2 他励式直流发电机的运行特性

当直流发电机运行时，转速一般保持为额定值不变。因此，运行特性就是当 U_a、I_f、I_a 这 3 个物理量保持其中一个不变时，另外两个物理量之间的关系曲线。

1. 空载特性

当 $n = n_N$、$I_a = 0$ 时，$U_{a0} = f(I_f)$ 称为空载特性。他励式直流发电机的空载特性如图 1-38 所示。由于铁磁性材料的磁滞现象，所求特性的上升分支 1 和下降分支 3 不重合，所以一般取其平均值作为他励式直流发电机的空载特性，如图中曲线 2 所示。一般情况下，他励式直流发电机的额定电压处于空载特性曲线开始弯曲的线段上，即图中 A 点附近。图中 $I_f = 0$ 时的 $U_{a0} = E_r$ 为剩磁电压，约为额定电压的 $2\% \sim 4\%$。

应在电机的额定转速下测出空载特性。如果转速不是额定值，那么空载特性就应按转速成正比地上升或下降。并励式和复励式直流发电机的空载特性形状与图1-38所示相同。

2. 外特性

当 $n=n_N$、$I_f=I_{fN}$ 时的 $U_a=f(I_a)$ 称为外特性。他励式直流发电机的外特性如图1-39所示，它是一条稍稍向下倾斜的曲线。使端电压 U_a 下降有两个原因：一是当 I_a 增大时，电枢回路电阻上压降 I_aR_a 增大，使 U_a 下降；二是当 I_a 增大时，电枢反应的去磁作用使 Φ 减小，E_a 减小，从而使 U_a 下降。

他励式直流发电机端电压随负载电流增大而降低的程度用电压变化率来表示，即

$$\Delta U = \frac{U_{a0} - U_N}{U_N} \times 100\%$$

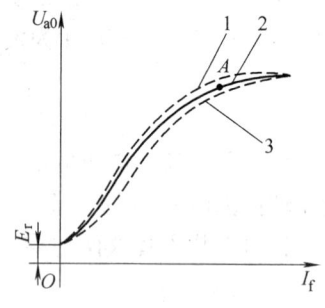

图1-38　他励式直流发电机的空载特性图

ΔU 是衡量发电机运行性能的一个重要数据，一般他励式发电机的 ΔU 约为 5～10%。

3. 调节特性

当 $n=n_N$、$U_a=$ 常数时的 $I_f=f(I_a)$ 称为调节特性。他励式直流发电机的调节特性如图1-40所示。由图可见，调节特性是随负载电流增大而上翘的。

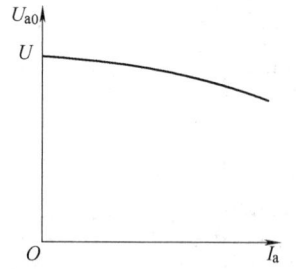

图1-39　他励式直流发电机的外特性图

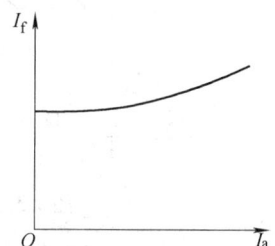

图1-40　他励式直流发电机的调节特性图

1.7.3　并励式直流发电机的运行特性

并励式直流发电机在稳定运行时的物理量及其正方向如图1-41所示。

1. 空载特性

并励式直流发电机空载特性的形状与他励式直流发电机相同。

2. 外特性

当 $n=n_N$、$R_f=$ 常数时，端电压 U 与负载电流 I 之间的关系称为并励式直流发电机的外特性。

并励式直流发电机的外特性如图1-42中曲线1所示，图中曲线2为他励时的外特性。可见，并励式直流发电机的外特性向下倾斜的程度超过他励直流发电机，因为当并励式直流发电机的负载电流增大时，除他励时电枢回路电阻压降和电枢反应去磁作用使端电压下降外，端电压下降时还必将引起励磁电流减小，这会使每极磁通和感应电动势减小，从而使端电压进一步降低。这就使端电压随负载电流增大而下降的原因由两个变为三个，故并励式直

流发电机的电压变化率比他励时大，一般可达10%~15%，有时还可达30%。

3. 并励式直流发电机的调节特性

由于并励式直流发电机负载电流增大时的电压下降较多，为维持电压恒定所需增加的励磁电流也就较大，所以调节特性的上翘程度超过他励，如图1-43中的曲线1所示，图中曲线2为他励时的调节特性。

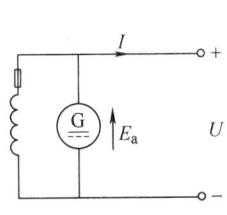

图1-41 并励式直流发电机在稳定运行时的物理量及其正方向

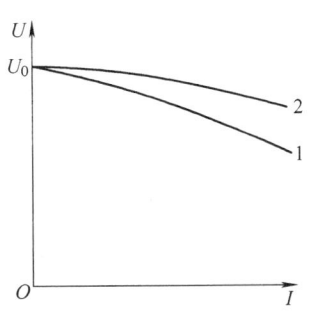

图1-42 并励式直流发电机的外特性图
1—并励式 2—他励式

1.7.4 复励式直流发电机的运行特性

在复励式直流发电机主磁极上同时套有并励绕组和串励绕组。一般采用积复励，且由并励绕组起主要作用，产生的磁通维持产生空载额定电压；串励绕组起辅助作用，产生的磁通随负载电流自动变化，以补偿电枢反应的去磁作用和电枢回路电阻压降的影响，使复励直流发电机的端电压在一定负载范围内基本稳定。根据串励绕组补偿程度不同，复励直流发电机又分为平复励、过复励和欠复励，它们的外特性分别如图1-44中的曲线2、1、3所示。一般采用平复励，它适用于要求电压基本恒定不变的场合。

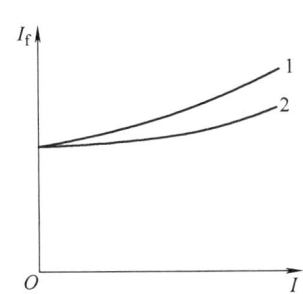

图1-43 并励式直流发电机的调节特性图
1—并励 2—他励

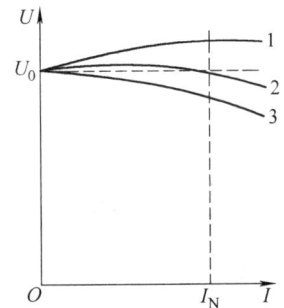

图1-44 复励式直流发电机的外特性图
1—过复励 2—平复励 3—欠复励

1.8 小结

直流电机巧妙地利用了"电生磁、磁变生电、电磁生力"的电磁作用原理，分析时应能熟练地应用右手螺旋定则、右手定则和左手定则，确定有关物理量的方向；在直流电动机中，换向器和电刷的作用是将正负电刷引入的直流电流变换为电枢绕组元器件中的交变电流，从而保证电枢绕组所受电磁转矩的方向恒定不变，使电动机得以连续旋转；在直流发电机中，换向器和电刷的作用是将在电枢绕组元器件中产生的交变电动势变换为正负电刷引出的直流电动势。

旋转电机均由定子和转子两部分组成。直流电机的定子部分包括主磁极、换向极、机座和电刷装置等，其主要作用是建立磁场；转子部分包括电枢铁心、电枢绕组、换向器和转轴等，其主要作用是产生电磁转矩和感应电动势，是直流电机进行能量转换的枢纽，故直流电机的转子又称为电枢。

直流电机的额定值包括额定功率、额定电压、额定电流、额定转速和额定励磁电流等，它们是正确选择和使用直流电机的依据。为此，应充分理解每个额定值的涵义。

电枢绕组是直流电机进行能量变换的枢纽，由若干个相同的元器件通过换向器的换向片以一定规律联结成为闭合绕组。根据元器件及联结规律的不同，分为叠绕组和波绕组两类。单叠绕组的联结规律是把上层边位于同一极下的所有元器件串联起来构成一条支路，所以并联支路对数等于极对数，即 $a=p$。单波绕组的联结规律是把上层边位于同一极性各磁极下的所有元器件串联起来构成一条支路，所以并联支路对数恒等于1，即 $a=1$，与极对数 p 无关。单叠绕组适用于电压较低而电流较大的电机，单波绕组适用于电压较高而电流较小的电机。电刷的数目等于极数，电刷的位置应使被电刷短路的元器件的电动势最小，正负电刷间的电动势最大。当元器件端部左右对称时，电刷的中心线应对准磁极的中心线。

磁场是直流电机进行能量变换的媒介。当直流电机空载时，只有励磁绕组励磁磁通势建立的励磁磁场，又称为主磁场，其每极磁通为 Φ_0；当负载时，电枢绕组流过电流，产生电枢磁通势，电枢磁通势对主磁场的影响称为电枢反应。当电刷被放在几何中性线上时，电枢反应为交轴电枢反应，使磁场发生畸变，半个极下磁场增强，半个极下磁场减弱，物理中性线偏离几何中性线，当磁路饱和时，有去磁作用，使每极磁通 Φ 小于空载时的每极磁通 Φ_0。

无论直流电机作为电动机还是发电机运行，电枢绕组都产生感应电动势和电磁转矩。电枢绕组的电动势 $E_a = \dfrac{pN}{60a}\phi n = C_e \phi n$，与每极磁通 Φ 和转速 n 成正比；电磁转矩 $T = \dfrac{pN}{2\pi a}\phi I_a = C_T \phi I_a$ 与每极磁通 Φ 和电枢电流 I_a 成正比。

直流电机的励磁方式分为他励式和自励式两种，自励式又分为并励式、串励式和复励式3种。采用的励磁方式不同，电机的特性也不同。

1.9 思考题和习题

思 考 题

1. 直流电机主要由哪些部件组成？它们各起什么作用？
2. 为什么直流电机能发出直流电？如果没有换向器，直流电机能不能发出直流电流？
3. 在直流发电机中，为了把交流电动势转变成直流电压而采用了换向器装置；但在直流电动机中，加在电刷两端的电压已是直流电压，那么换向器起什么作用？

4. 指出直流电机中以下哪些量方向不变，哪些量是交变的？

（1）励磁电流；（2）电枢电流；（3）电枢感应电动势；（4）电枢元器件感应电动势；（5）电枢导条中的电流；（6）主磁极中的磁通；（7）电枢铁心中的磁通。

5. 试判断在下列情况下，电刷两端的电压是交流还是直流？

（1）磁极固定，电刷与电枢同时旋转；（2）电枢固定，电刷与磁极同时旋转。

6. 主磁通既链着电枢绕组，又链着励磁绕组，为什么只在电枢绕组中有感应电动势，而在励磁绕组中不感应电动势？

7. 试述直流发电机和直流电动机主要额定参数的异同点。

8. 直流电机空载时气隙磁感应强度是如何分布的？

9. 何谓电枢反应？电枢反应对气隙磁场有什么影响？对电机运行有何影响？

10. 如何判断直流电机运行于发电机状态还是电动机状态？它们的功率关系有何不同？

11. 在直流发电机中是否有电磁转矩？如有，那么电磁转矩的方向与电枢旋转方向相同还是相反？直流电动机工作时电枢回路是否有感应电动势产生？如有，那么电动势的方向与电枢电流的方向相同还是相反？

12. 把他励直流发电机转速升高20%，此时空载端电压升高多少？如果是并励直流发电机，那么电压变化前者大还是后者大？

13. 怎样改变并励式、串励式和复励式直流电动机的旋转方向？

14. 试比较串励式直流电动机的特性与并励式直流电动机有何不同？为什么传统电力机车大都采用串励式直流电动机？

15. 在各种不同励磁方式的电机里，电机的输入、输出电流与电枢电流和励磁电流有什么关系？

16. 串励式直流电动机的转速特性与他励式直流电动机的转速特性有何不同？为什么串励式直流电动机不允许空载运行？

习 题

1. 一台直流电动机，其额定数据如下：$P_N = 160\text{kW}$，$U_N = 220\text{V}$，$\eta_N = 90\%$，$n_N = 1500\text{r/min}$。求该电动机的额定电流。

2. 一台直流发电机数据如下：额定功率 $P_N = 12\text{kW}$，额定电压 $U_N = 230\text{V}$，额定转速 $n_N = 1450\text{r/min}$，额定效率 $\eta_N = 83.5\%$。试求：

（1）额定电流 I_N；（2）额定负载时的输入功率 P_{1N}。

3. 某直流电机，$P_N = 4\text{kW}$、$U_N = 110\text{V}$、$n_N = 1000\text{r/min}$ 以及 $\eta_N = 0.8$。若是直流发电机，则试计算额定电流 I_N；若是直流电动机，则计算 I_N。

4. 一台直流电机，已知极对数 $p = 2$，槽数 Z 和换向片数 K 均等于22，采用单叠绕组。

（1）计算绕组各节距。

（2）画出绕组展开图、主磁极和电刷的位置。

（3）求并联支路数。

5. 一台直流电机，极数 $2p = 6$，电枢绕组总的导体数 $N = 400$，电枢电流 $I_a = 10\text{A}$，气隙每极磁通 $\Phi = 0.21\text{Wb}$。试求采用单叠绕组时电机的电磁转矩为多大？

6. 一台直流发电机，$2p = 4$，$a = 1$，$Z = 35$，每槽内有10根导体，若要在1450r/min下产生230V电势，则每极磁通应为多少？

7. 一台直流电机，$2p = 4$，$S = 120$，元器件电阻为 0.2Ω，当转速为 $n = 1000\text{r/min}$ 时，元器件平均电势为10V，问当电枢绕组为单叠时，电刷端电压和电枢绕组的电阻为多少？

8. 一直流发电机数据 $2p = 6$，总导体数 $N = 780$，并联支路数 $2a = 6$，运行角速度 $\omega = 40\pi\text{rad/s}$，每极磁

通为 0.0392Wb，试计算如下：

（1）发电机感应电动势。

（2）当速度为 900r/min 且磁通不变时发电机的感应电动势。

（3）当磁通为 0.0435Wb 且 $n=900$r/min 时电机的感应电动势。

（4）若每一线圈电流的允许值为 50A，在前第（3）题情况下运行时，发电机的电磁功率为多少？

9. 一台并励式直流电动机的额定数据如下：$U_N=220$V，$I_N=92$A，$R_a=0.08\Omega$，$R_f=88.7\Omega$，$\eta_N=0.86$，试求在额定运行时：

（1）输入功率。

（2）输出功率。

（3）总损耗。

（4）电枢回路铜损耗。

（5）励磁回路铜损耗。

（6）机械损耗与铁损耗之和。

10. 一台并励式直流发电机 $P_N=16$kW，$U_N=230$V，$I_N=69.6$A，$n_N=1600$r/min，电枢回路电阻 $R_a=0.128\Omega$，励磁回路电阻 $R_f=150\Omega$，额定效率 $\eta_N=85.5\%$。试求额定工作状态下的励磁电流、电枢电流、电枢电动势、电枢铜耗、输入功率和电磁功率。

11. 一台他励式直流发电机，额定转速为 1000r/min，当满载时电压为 220V，电枢电流为 10A，励磁电流保持为 2.5A。已知在 $n=750$r/min 时的空载特性如下表所列：

I_f/A	0.4	1.0	1.6	2.0	2.5	2.6	3.0	3.6	4.4
E_a/V	33	78	120	150	176	180	194	206	225

试求：

（1）转速为额定、励磁电流保持 2.5A 时的空载电动势。

（2）如果将发电机改为并励式，且 $n=n_N$，那么要保持同样的空载电动势，磁场回路的电阻应为多少？

（3）如果保持磁场回路电阻不变，电机为并励式，那么此时能够自励建压的临界转速为多少？

（4）如果保持 $n=n_N$，电机为并励式，那么此时能够自励建压的临界电阻为多少？

12. 一台他励式直流电机并于 220V 电网上运行，已知 $a=1$，极对数 $p=2$，总导体数 $N=372$，$n_N=1500$r/min，每极气隙磁通 $\Phi=0.011$Wb，$R_a=0.208\Omega$，铁耗 $P_{Fe}=362$W，机械损耗 $P_{mec}=362$W，试求：

（1）此电机是电动机还是发电机？

（2）电磁转矩、输入功率和效率各为多少？

13. 一台他励式直流电动机数据如下：$P_N=54$kW，$U_N=220$V，$I_N=270$A，$n_N=1150$r/min，$\eta_N=0.925$，试求：

（1）额定运行时电势 E_a。

（2）额定运行时电磁转矩 T_{eN}、轴上输出额定转矩 T_2 和空载转矩 T_0。

（3）理想空载转速 n_0。

14. 一台并励式直流电动机在某负载转矩时的转速为 1000r/min，$I_a=40$A，$R_a=0.045\Omega$，$U_N=110$V，当负载转矩增大到原来的 4 倍时，电枢电流及转速各为多少（忽略电枢反应）？

第 2 章 直流电动机的电力拖动

2.1 电力拖动系统

用电动机作为原动机带动生产机械的工作机构运转,以完成一定的生产任务的拖动工作称为电力拖动。电力拖动系统通常由电动机、传动机构、工作机构、控制设备和电源等 5 部分组成。

2.1.1 电力拖动系统运动方程式

电力拖动系统的运动方程式为

$$T_e - T_L = J\frac{d\Omega}{dt} \tag{2-1}$$

式中,T_e 为拖动系统的电磁转矩;T_L 为阻转矩或称负载转矩;$J\frac{d\Omega}{dt}$ 为惯性转矩;式(2-1)的单位为 N·m。

通常将转动惯量 J 用飞轮矩 GD^2 来表示,它们之间的关系为

$$J = \frac{GD^2}{4g} \tag{2-2}$$

式中,G 为转动部分的重量(N);D 为惯性直径(m);$g = 9.81$(m/s²),为重力加速度。

再将机械角速度 Ω 用转速 n 表示,则可得运动方程式的实用形式,为

$$T_e - T_L = \frac{GD^2}{375}\frac{dn}{dt} \tag{2-3}$$

式中,GD^2 为飞轮矩(N·m²)。

电动机的工作状态可由运动方程式判断:

1)当 $T_e = T_L$ 时,$\frac{dn}{dt} = 0$,n 等于 0 或常值,电动机静止或等速旋转,电力拖动系统稳定运行。

2)当 $T_e > T_L$ 时,$\frac{dn}{dt} > 0$,电力拖动系统加速运行。

3)当 $T_e < T_L$ 时,$\frac{dn}{dt} < 0$,电力拖动系统减速运行。

2.1.2 运动方程式中转矩的正负号分析

根据电动机运转状态和生产机械负载类型的不同,电动机电磁转矩 T_e 和负载转矩 T_L 都有方向变化带来的正负号问题。一般先规定电动机某一转动方向为 n 的正方向,则转矩 T_e

的方向与 n 方向一致为正，反之为负；负载转矩 T_L 的方向与此方向相反为正，相同为负。$\dfrac{\mathrm{d}n}{\mathrm{d}t}$ 的大小及正负符号由 T_e 及 T_L 的代数和来决定。

2.2 生产机械的负载机械特性

负载转矩 T_L 与转速 n 的关系曲线 $T_L = f(n)$ 称为生产机械的负载机械特性。生产机械品种繁多，特性各不相同，但大多数生产机械的机械特性可以归纳为以下 3 种类型。

2.2.1 恒转矩负载机械特性

1. 反抗性恒转矩负载机械特性

T_L 的大小恒定不变，方向总是与运动方向相反。其机械特性在第一和第三象限，如图 2-1 所示。例如金属的压延和机床的平移机构等。

2. 位能性恒转矩负载机械特性

T_L 的大小和方向均与转速无关，不随 n 变化，其机械特性在第一和第四象限，如图 2-2 所示。例如重物的提升与下放等。

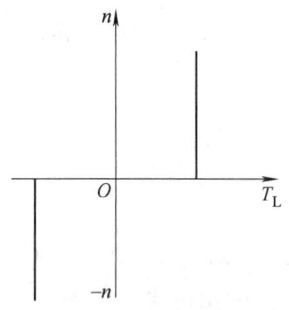

图 2-1 反抗性恒转矩负载机械特性图

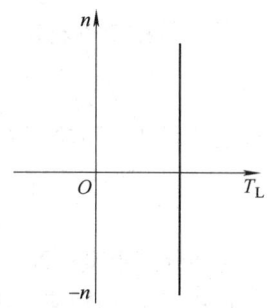

图 2-2 位能性恒转矩负载机械特性图

2.2.2 泵类负载机械特性

T_L 的大小基本上与转速 n 的平方成正比，即

$$T_L = kn^2 \tag{2-4}$$

式中，k 为比例常数。

通风机负载机械特性如图 2-3 所示，例如风机、泵等。

2.2.3 恒功率负载机械特性

T_L 的大小基本上与转速 n 成反比，即 $T_L = \dfrac{k}{n}$。恒功率负载机械如图 2-4 所示。切削机床的负载属于此类。

这时负载功率为

$$P_L = T_L\Omega = T_L\frac{2\pi n}{60} = \frac{T_L n}{9.55} = \frac{k}{9.55}$$

式中，P_L 为常数。

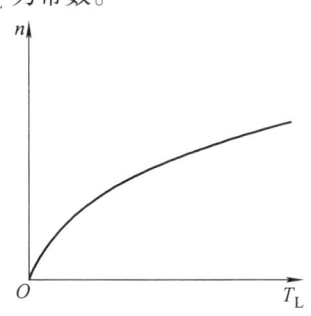

图 2-3 通风机负载机械特性图

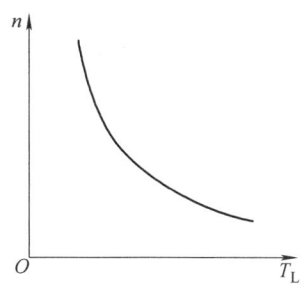

图 2-4 恒功率负载机械特性图

一般说来，实际生产机械的负载转矩特性可能是以上几种典型特性的综合。

2.3 他励式直流电动机的机械特性

通常，直流电力拖动系统较多采用他励式直流电动机。为此，下面以他励式直流电动机的机械特性为重点进行介绍。电动机的电磁转矩 T_e 与转速 n 的关系曲线 $n = f(T_e)$ 称为电动机的机械特性。

2.3.1 他励式直流电动机的机械特性方程式

由基本公式 $T_e = C_T\Phi I_a$；$E_a = C_e\Phi n$；$U_a = E_a + I_a R$ 得

$$n = \frac{E_a}{C_e\Phi} = \frac{U_a - I_a R}{C_e\Phi} = \frac{U_a}{C_e\Phi} - \frac{R}{C_e\Phi}I_a = \frac{U_a}{C_e\Phi} - \frac{RT_e}{C_e C_T\Phi^2} = n_0 - \beta T_e \quad (2-5)$$

式中，$R = R_a + R_{as}$。R_{as} 为电枢回路串接的附加电阻；$n_0 = \frac{U}{C_e\Phi}$ 称为理想空载转速；$\beta = \frac{R}{C_e C_T\Phi^2}$ 称为机械特性的斜率；$\Delta n = \beta T_e = \frac{R}{C_e C_T\Phi^2}T_e$ 称为负载时的转速降。

当 U_a、R、Φ 为常数时，$n = f(T_e)$ 为一条向下倾斜的直线，如图 2-5 所示。

2.3.2 他励式直流电动机的固有机械特性

他励式直流电动机的固有机械特性指的是，当 $U_a = U_N$、$\Phi = \Phi_N$、电枢回路不串电阻时的机械特性。其方程式为

$$n = \frac{U_N}{C_e\Phi_N} - \frac{R_a}{C_e C_T\Phi_N^2}T_e = n_0 - \beta_N T_e \quad (2-6)$$

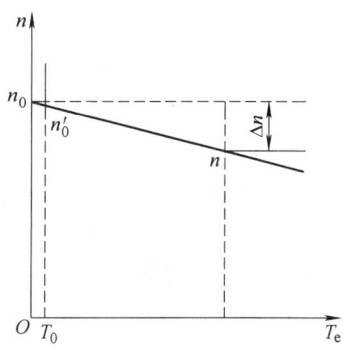

图 2-5 他励式直流电动机的机械特性图

由于 R_a 较小，特性的斜率 β_N 较小，所以他励式直流

电动机的固有机械特性是一条稍稍向下倾斜的直线，如图 2-5 所示，斜率小的特性称为硬特性。其额定转速变化率为

$$\Delta n_N \% = \frac{n_0 - n_N}{n_0} \times 100\% \tag{2-7}$$

式中，Δn_N 一般为 10% 左右。

2.3.3 他励式直流电动机的人为机械特性

1. 电枢串接电阻时的人为机械特性

电枢串接电阻时的人为机械特性指的是，当 $U_a = U_N$、$\Phi = \Phi_N$、$R = R_a + R_{as}$ 时的 $n = f(T_e)$ 关系，其方程式为

$$n = \frac{U_N}{C_e \Phi_N} - \frac{R_a + R_{as}}{C_e C_T \Phi_N^2} T_e \tag{2-8}$$

可见，n_0 不变，斜率随 R_{as} 的增大而增大，转速降也随串联电阻加大而增加。电枢串接电阻时的人为机械特性如图 2-6 所示。图中 $R_{as1} < R_{as2}$。

2. 降低电压时的人为机械特性

考虑到电动机的绝缘，改变电压时常采用降压方式，降低电压时的人为机械特性指的是，当 $\Phi = \Phi_N$、$R_{as} = 0$ 时的机械特性，其方程式为

$$n = \frac{U_a}{C_e \Phi_N} - \frac{R_a}{C_e C_T \Phi_N^2} T_e \tag{2-9}$$

特性的斜率 β 不变，n_0 与 U_a 成正比变化。降低电压时的人为机械特性如图 2-7 所示。

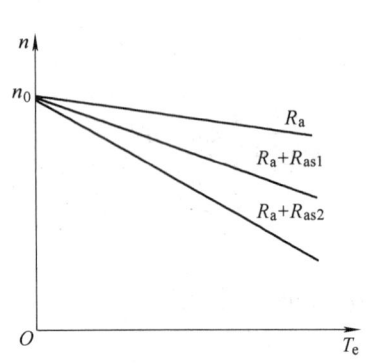

图 2-6 电枢串联电阻时的人为
机械特性图

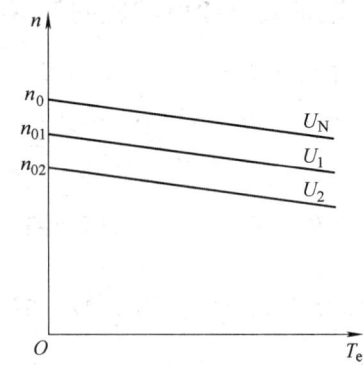

图 2-7 降低电压时的人为机械
特性（$U_2 < U_1 < U_N$）

3. 减弱磁通时的人为机械特性

考虑到他励式直流电动机铁心的磁饱和，改变磁通时常采用弱磁方式。减弱磁通时的人为特性指的是，当 $U_a = U_N$，$R_{as} = 0$ 时的机械特性，其方程式为

$$n = \frac{U_N}{C_e \Phi} - \frac{R_a}{C_e C_T \Phi^2} T_e \tag{2-10}$$

随着磁通 Φ 减弱，n_0 增大，斜率 β 也增大。减弱磁通时的人为机械特性如图 2-8 所示。

2.3.4 他励式直流电动机机械特性的绘制

1. 固有机械特性的绘制

两点决定一条直线,只要设法求得机械特性上的两个点,就可以绘制出固有机械特性。一般选择理想空载点($T_e=0$,n_0)和额定运行点(T_{eN},n_N)较为方便。n_N是知道的,只要求出n_0和T_{eN}即可。

(1)求n_0

$$n_0 = \frac{U_N}{C_e \Phi_N} \quad (2\text{-}11)$$

式中,$C_e \Phi_N = \frac{E_N}{n_N} = \frac{U_N - I_N R_a}{n_N}$;而$R_a$可用下式估算,即

$$R_a = \left(\frac{1}{2} \sim \frac{2}{3}\right) \frac{U_N I_N - P_N}{I_N^2} \quad (2\text{-}12)$$

(2)求T_{eN}

$$T_{eN} = C_T \Phi_N I_N = 9.55 C_e \Phi_N I_N \quad (2\text{-}13)$$

2. 人为机械特性的绘制

只需将相应的参数值代入人为机械特性方程式中,即可计算并绘制各种人为机械特性。

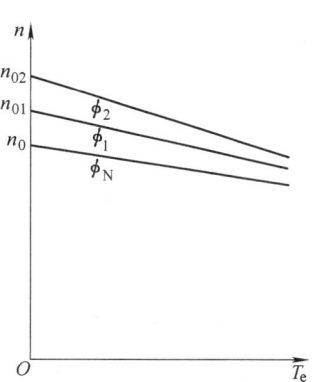

图 2-8 减弱磁通时的人为机械特性($\phi_2 < \phi_1 < \phi_N$)

2.3.5 电力拖动系统的稳定运行条件

只有负载的机械特性和电动机的机械特性配合恰当,电力拖动系统才能稳定运行。

在图 2-9 中,曲线 1 为一台他励式直流电动机的机械特性,$n=f(T_e)$,曲线 2 为一恒转矩负载的机械特性,$n=f(T_L)$。

1)系统稳定运行的必要条件是,曲线 1 和曲线 2 必须有交点,即$T_e=T_L$,如图 2-9 中的 A 点所示。

2)系统稳定运行的充分条件是,电力拖动系统在受到某种干扰(例如电源电压波动、加负载、减负载、起动、制动和调速等)时能否移到新的工作点稳定运行,在干扰消失时能否回到原来的工作点稳定运行。若能,则系统是稳定的;反之,则是不稳定的。

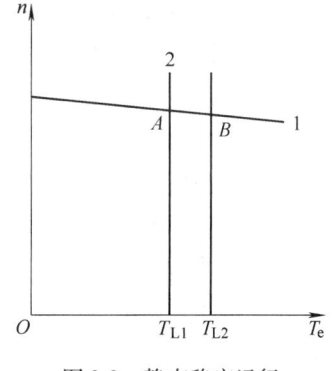

图 2-9 静态稳定运行

对图 2-9 中的 A 点分析如下。

1)如果负载转矩突然由T_{L1}增大到T_{L2},那么在机械惯性的作用下,转速和电磁转矩不能突变,因而$T_e = T_{L1} < T_{L2}$,$T_e - T_{L2} = \frac{GD^2}{375} \frac{dn}{dt} < 0$,$\frac{dn}{dt} < 0$,系统开始减速,随着转速下降,电枢电动势$E_a = C_e \Phi n$随之下降,电枢电流$I_a = \frac{U_a - E_a}{R_a}$上升,电磁转矩$T_e = C_T \Phi I_a$增大,当增大到$T_e = T_{L2}$时,系统进入新的工作点 B,以较低转速稳定运行。

2)如果干扰消失,T_L就又从T_{L2}恢复到T_{L1},由于转速和电磁转矩不能突变,所以$T_e =$

$T_{L2} > T_{L1}$，系统加速，E_a 上升，I_a 下降，T_e 下降，到 $T_e = T_{L1}$ 时又回到原来的 A 点运行，所以在 A 点系统运行是稳定的。

如果直流电动机的机械特性出现上翘现象，如图 2-10 中的曲线 1 所示，与负载的机械特性曲线 2 就交于上翘部分 C 点。分析过程如下。

1）如果负载转矩由 T_L 突然上升，那么 $T_e < T_L$，转速 n 下降，电动机的电磁转矩 T_e 将下降，使转速进一步下降；反之，如果 T_L 稍有下降，那么 $T_e > T_L$，n 上升，T_e 增大，使转速进一步上升。因此，在 C 点，虽然 $T_e = T_L$，满足稳定运行的必要条件，但负载转矩受干扰会稍有上升或下降，当干扰消失时，拖动系统也无法恢复到原来的运行点 C，故在 C 点运行不满足稳定运行的充分条件，运行是不稳定的。

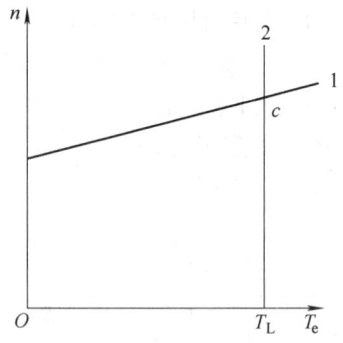

图 2-10 静态不稳定运行

2）他励式直流电动机由于电枢反应的去磁作用使机械特性上翘，以致引起系统不稳定，有时在主磁极上加一个匝数很少的串励绕组，会使其磁通势补偿电枢反应磁通势，从而克服电枢反应的去磁作用。此时仍属于他励式直流电动机，所加串励绕组根据其作用称为稳定绕组。

只有不同负载的机械特性与他励式直流电动机的机械特性配合恰当，电力拖动系统才能稳定运行。稳定运行的充要条件是，在 $T = T_L$ 处，若满足 $\dfrac{dT_e}{dn} < \dfrac{dT_L}{dn}$，则系统是稳定的；否则系统是不稳定的。

2.4 他励式直流电动机的起动

当接通电动机电源时，电动机由静止状态开始加速到某一稳定转速的过程称为起动过程，简称为起动。如果将额定电压直接加至电动机电枢两端进行起动，就称为直接起动。直接起动存在的问题是，当起动时，$n = 0$，$E_a = 0$，起动电流 $I_{st} = \dfrac{U_a - E_a}{R_a} = \dfrac{U_a}{R_a}$ 可能达到额定电流的 10～30 倍，换向火花严重，冲击转矩很大。

工程上一般不允许直接起动他励式直流电动机。只有功率很小的直流电动机，相对来说 R_a 较大，加上电机惯性小，起动快，才可以采用直接起动。为使他励式直流电动机的起动电流 $I_{st} \leq 2I_N$，可以采用电枢回路串接电阻或降低加到电枢上的电源电压两种起动方法。

2.4.1 电枢回路串电阻分级起动

电枢回路串电阻 3 级起动电路如图 2-11 所示。

图中 KM_1、KM_2、KM_3 分别为控制用接触器 KM_1、KM_2、KM_3 的主触点，R_{st1}、R_{st2}、R_{st3} 为电枢回路串入的 3 段起动电阻，通过 KM_1、KM_2、KM_3 分 3 次切除，称为 3 级起动。图 2-12 为电枢回路串电阻 3 级起动的机械特性图。图中 I_{st} 为限定的起动电流，通常取 $I_{st} \leq 2I_N$，相应地起动过程中的最大转矩 $T_{st} \leq 2T_N$；I_2 为起动过程中电流的切换值，通常取 I_2 为 $(1.1 \sim 1.2) I_N$ 或 $(1.2 \sim 1.5) I_L$，式中 I_L 为起动时电动机所带负载所对应的电枢电流，I_2

对应的转矩 T_2 称为切换转矩。显然，$T_2 = (1.1 \sim 1.2) T_N$ 或 $T_2 = (1.2 \sim 1.5) T_L$，假定起动过程中负载转矩 T_L 大小不变。

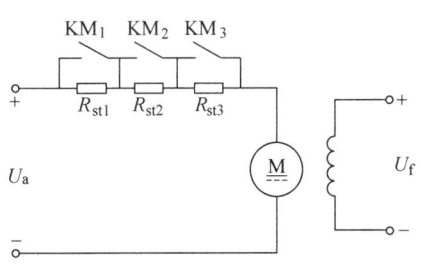

图 2-11 电枢回路串电阻 3 级起动电路图

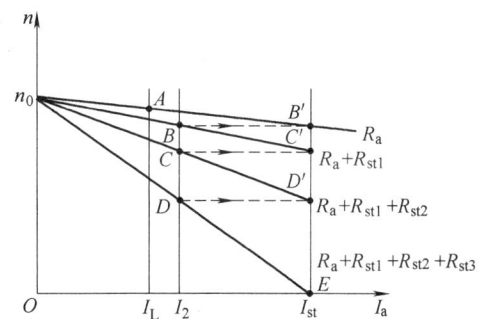

图 2-12 电枢回路串电阻 3 级起动的机械特性图

当开始起动时，先加励磁，使 $I_f = I_{fN}$，$\Phi = \Phi_N$；若接通电枢电源，则起动电流 $I_{st} = \dfrac{U_N}{R_3}$，其中，$R_3 = R_a + R_{st1} + R_{st2} + R_{st3}$。此时起动转矩 $T_{st} > T_L$，电动机沿 E—D 机械特性升速，随着转速 n 上升，感应电动势 E_a 增大，电枢电流 I_a 下降，转矩 T_e 下降，加速度变小。当 I_a 下降到 I_2 时，转矩降到切换转矩 T_2，加速度变小，为加速起动，使接触器 KM_3 的主触点闭合，将电阻 R_{st3} 短接，电枢回路电阻由 R_3 降为 $R_2 = R_a + R_{st1} + R_{st2}$，由于转速不能突变，工作点由 D 平移至 D'，如果电阻配置恰当，那么 D' 点相应的转矩就又上升为最大转矩 T_{st}，电动机沿机械特性 D'—C 上升，加速度增至最大，转速迅速上升，I_a 及 T_e 又下降。当 I_a 降至 I_2、T_e 又降为 T_2 时，让接触器 KM_2 的主触点闭合，R_{st2} 切除，电阻由 R_2 降为 $R_1 = R_a + R_{st1}$，工作点由 C 平移至 C'，电动机沿机械特性 C'—B 上升，I_a 及 T_e 下降。到 B 点时，使 KM_1 闭合，起动电阻全部切除，工作点由 B 平移至固有机械特性上的 B' 点，然后沿固有机械特性 $B'An_0$ 继续升速，直至稳定负载转速 n_L 工作于固有机械特性与负载机械特性的交点 A，起动过程结束。

这种方法可以限制起动电流不超过限值，而起动性能决定于所选的起动级数，级数越多，起动转矩的平均值越大，起动越快，平稳性越好，但是自动切除各级起动电阻的控制设备也就越复杂，初投资高，维护工作量也大，为此一般空载起动时取 m 为 $1 \sim 2$，重载起动时取 m 为 $3 \sim 4$。电枢回路串电阻起动的优点是方法简单，操作方便；缺点是能量损耗较大，经济性较差。它适用于容量不大，对起动性能要求不太高的场合。

2.4.2 他励式直流电动机起动电阻的计算

（1）举例说明

以图 2-11 为例，在他励式直流电动机起动过程中，

1）当切除第一段电阻时，工作点由 D 平移至 D'，此时 $n_D = n_{D'}$，故有 $E_D = E_{D'}$。

在 D 点：
$$I_2 = \frac{U_N - E_D}{R_3}$$

在 D' 点：
$$I_{st} = \frac{U_N - E_{D'}}{R_2}$$

考虑 $E_D = E_{D'}$，两式相除得

$$\frac{I_{st}}{I_2} = \frac{R_3}{R_2}$$

2）同理，工作点由 C 平移至 C' 时，可得

$$\frac{I_{st}}{I_2} = \frac{R_2}{R_1}$$

当工作点由 B 平移至固有机械特性的 B' 点时，可得

$$\frac{I_{st}}{I_2} = \frac{R_1}{R_a}$$

3）当 3 级起动时，有

$$\frac{I_{st}}{I_2} = \frac{R_3}{R_2} = \frac{R_2}{R_1} = \frac{R_1}{R_a}$$

4）推广到 m 级起动时

$$\frac{I_{st}}{I_2} = \frac{R_m}{R_{m-1}} = \frac{R_{m-1}}{R_{m-2}} = \cdots = \frac{R_2}{R_1} = \frac{R_1}{R_a} = \lambda$$

式中，$\frac{I_{st}}{I_2} = \lambda \left(\frac{T_{st}}{T_2} = \lambda \right)$，称为起动电流比（起动转矩比）。

5）各级电枢电路总电阻的计算公式为

$$R_1 = \lambda R_a$$
$$R_2 = \lambda R_1 = \lambda^2 R_a$$
$$\vdots$$
$$R_m = \lambda R_{m-1} = \lambda^m R_a$$

由此可得 $\lambda = \sqrt[m]{\frac{R_m}{R_a}}$。若给定 λ，需求 m，则 $m = \frac{\lg \frac{R_m}{R_a}}{\lg \lambda}$

6）分段电阻值为

$$R_{st1} = R_1 - R_a = (\lambda - 1) R_a$$
$$R_{st2} = R_2 - R_1 = (\lambda^2 - \lambda) R_a = \lambda R_{st1}$$
$$\vdots$$
$$R_{st(m-1)} = R_{m-1} - R_{m-2} = (\lambda^{m-1} - \lambda^{m-2}) R_a = \lambda^{m-2} R_{st1}$$
$$R_{stm} = R_m - R_{m-1} = (\lambda^m - \lambda^{m-1}) R_a = \lambda^{m-1} R_{st1}$$

（2）具体计算时的两种情况

在具体计算分级起动电阻时，有以下两种情况需要考虑。

1）起动级数 m 未定情况：①初选 $\lambda \to$ 得 $R_m = \lambda^m R_a \to$ 求 m；②取整数 $m \to$ 计算 λ 值 $\to$ 计算各级电阻或各分段电阻。

2）起动级数 m 已定情况：选定 $I_{st} \to R_m = \frac{U_N}{I_{st}} \to$ 计算 λ 值 $\to$ 计算各级电阻或分段电阻。

2.4.3 他励式直流电动机降电压起动

虽然串电阻起动操作简单、可靠，但起动电阻要消耗大量电能，故效率较低。当直流电源电压可调时，可以采用降电压方法起动。他励式直流电动机降电压起动如图2-13所示。

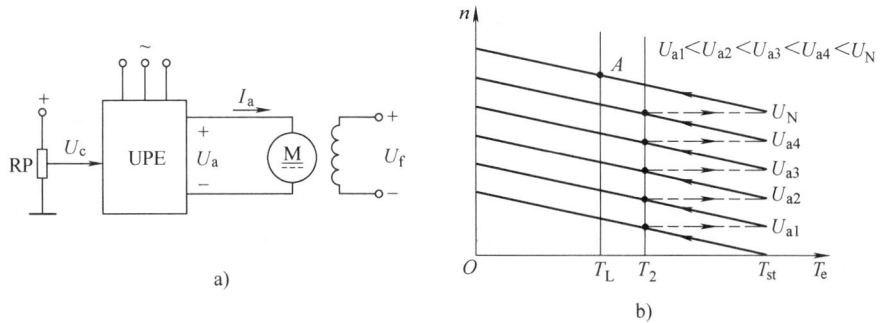

图2-13 他励式直流电动机降电压起动
a) 基于电力电子器件的可控整流器供电系统原理图 b) 降电压起动的机械特性图

起动时，可采用降低电源电压 U_a 的方法，将起动电流限制在允许的范围内。此时起动电流为 $I_{st} = \dfrac{U_a}{R_a}$。随着他励式直流电动机转速的上升，反电动势逐渐增大，再逐渐升高电源电压，直至升到额定电源电压 U_N 为止。电动机在 A 点以转速 n_A 稳定运行。注意每次电压的提高必须使电枢电流不超过允许值。

他励式直流电动机降电压起动的机械特性如图2-13b所示。图中所示为恒转矩负载，起动电流对应的电磁转矩为 T_{st}，电压切换点的电磁转矩 $T_2 = (1.1 \sim 1.2) T_L$。降电压起动需要可调的直流电源，这里可采用基于电力电子器件的可控整流器（UPE）供电系统原理向直流电动机供电，如图2-13a所示。其控制原理是通过改变控制电压 U_c，使UPE的输出电压 U_a 连续变化，从而使他励式直流电动机的转速逐步增加到稳态值。采用降电压起动的方法，可使整个起动过程既快又平稳，同时能量损耗也小。此外，可控直流电源还可用于调速，因而在电力拖动系统中得到广泛应用。

2.5 他励式直流电动机的过渡过程

电力拖动系统从一个稳定工作状态过渡到另一个稳定工作状态的过程称为过渡过程。在过渡过程前后的两个稳定状态中，电动机的电枢电流 I_a、电磁转矩 T_e 和转速 n 一般是不相同的。过渡过程的研究内容就是分析 I_a、T_e 和 n 在这一过程中随时间变化的规律。

产生电力拖动系统过渡过程的外因是系统受到外部干扰，例如起动、制动、反转、调速及负载突变等；内因则是系统本身的惯性，即机械惯性和电磁惯性，实际上这两种惯性同时存在，但电磁惯性的影响远小于机械惯性，为分析方便起见，忽略电磁惯性的影响，只考虑机械惯性，这种过渡过程称为机械过渡过程。

2.5.1 机械过渡过程方程式

图2-14所示为他励式直流电动机串固定电阻全压起动原理图和机械特性图。

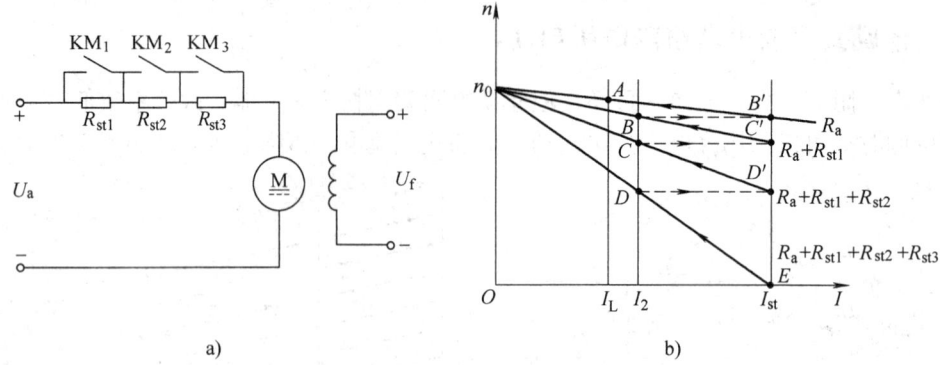

图 2-14 他励式直流电动机串固定电阻全压起动原理图和机械特性图
a）原理图 b）机械特性图

忽略电枢反应的影响，$\Phi = \Phi_N =$ 常数，
其电压方程式为

$$U_a = E_a + I_a R = C_e \Phi_N n + I_a R \tag{2-14}$$

则

$$n = \frac{U_a - I_a R}{C_e \Phi_N} \tag{2-15}$$

$$\frac{dn}{dt} = -\frac{R}{C_e \Phi_N} \frac{dI_a}{dt} \tag{2-16}$$

代入运动方程式 $T_e - T_L = \frac{GD^2}{375} \frac{dn}{dt}$，得

$$T_e = T_L - \frac{GD^2}{375} \frac{R}{C_e \Phi_N} \frac{dI_a}{dt} \tag{2-17}$$

两边同时除以 $C_T \Phi_N$，可得

$$I_a = I_L - \frac{GD^2}{375} \frac{R}{C_e C_T \Phi_N^2} \frac{dI_a}{dt} = I_L - T_M \frac{dI_a}{dt} \tag{2-18}$$

式中，$I_L = \frac{T_L}{C_T \Phi_N}$，为负载转矩对应的负载电流；$T_M = \frac{GD^2 R}{375 C_e C_T \Phi_N^2}$，为机电时间常数。

微分方程式（2-18）的解为

$$I_a = I_L + k e^{-\frac{t}{T_M}} \tag{2-19}$$

式中，k 为由初始条件决定的常数。

以起动为例，当 $t = 0$ 时，$I_a = I_{st}$，代入式（2-19）可得 $k = I_{st} - I_L$，将 k 再代入式（2-19），即得过渡过程的电流方程式

$$I_a = I_L + (I_{st} - I_L) e^{-\frac{t}{T_M}} \tag{2-20}$$

式中，I_L 为电流的稳态分量；$(I_{st} - I_L) e^{-\frac{t}{T_M}}$ 为电流的暂态分量，又称为自由分量。

起动过程中电枢电流 I_a 的变化曲线 $I_a = f(t)$ 如图 2-15a 所示。

将电流方程式两边同乘以 $C_T \Phi_N$，即可得转矩方程式

$$T_e = T_L + (T_{st} - T_L) e^{-\frac{t}{T_M}} \tag{2-21}$$

可见，$T_e = f(t)$ 与 $I_a = f(t)$ 形状相同。

同理，可得转速方程式

$$n = n_L + (n_{st} - n_L) e^{-\frac{t}{T_M}} \quad (2\text{-}22)$$

当 $n_{st} = 0$ 时，n 的转速变化曲线如图 2-15b 所示。

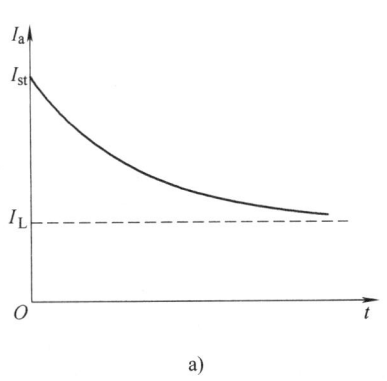
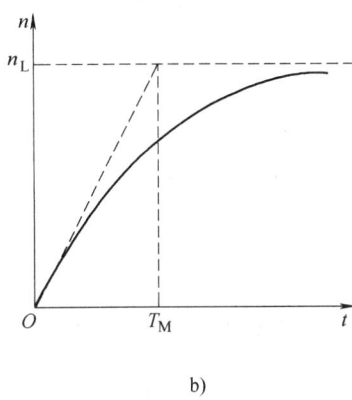

图 2-15 起动过程中电枢电流 I_a 和转速变化曲线

a）电枢电流 I_a 变化曲线 b）转速变化曲线

以上所得 3 个方程式虽是以起动为例推导而得出的，但实际上这就是电力拖动系统过渡过程的通用方程式。只要把 I_{st}、T_{st} 和 n_{st} 理解为过渡过程的起始值，把 I_L、T_L 和 n_L 理解为过渡过程的稳态值，I_a、T_e 和 n 就是对应于时间 t 时的瞬时值。

2.5.2 机电时间常数

机电时间常数为

$$T_M = \frac{GD^2 R}{375 C_e C_T \Phi_N^2}$$

T_M 的大小不但与飞轮矩成正比，而且与电动机的电磁量 R 和 Φ_N 有关，故称为机电时间常数。

2.5.3 过渡过程持续时间的计算

若设 $t = 0$ 时 $I_a = I_{st}$；$t = t_x$ 时 $I_a = I_{ax}$，则可得 $I_{ax} = I_L + (I_{st} - I_L) e^{-\frac{t_x}{T_M}}$

将此式对 t_x 求解，可得持续时间为

$$t_x = T_M \ln \frac{I_{st} - I_L}{I_{ax} - I_L}$$

同理可得

$$t_x = T_M \ln \frac{T_{st} - T_L}{T_x - T_L}$$

$$t_x = T_M \ln \frac{n_{st} - n_L}{n_x - n_L}$$

式中，I_{st}、T_{st}、n_{st} 为起始值；I_L、T_L、n_L 为稳态值；I_{ax}、T_x、n_x 为所求过渡过程的中间值。

对于电枢串多级电阻起动的过渡过程，可以分级用上述方法求取，总的起动时间为各级起动时间的总和，最后一级的起动时间为 $(3\sim4)T_M$。

2.5.4 缩短过渡过程持续时间的方法

对于需要频繁起动、调速、制动的生产机械（例如轧钢机、龙门刨等），其电力拖动系统经常处在过渡过程状态，如何缩短过渡过程的持续时间，加快过渡过程，提高生产率，具有重要意义。

由运动方程式可得

$$\frac{dn}{dt} = 375\frac{T_e - T_L}{GD^2}$$

由此可见，欲加快过渡过程，增大 $\dfrac{dn}{dt}$ 可有以下两种途径。

1）减小系统的 GD^2。采用细而长的电动机，或采用双电动机拖动。

2）改善起动电流的波形。理想起动电流的变化规律如图 2-16 所示。一直保持起动电流 I_{st} 等于允许最大电流（一般为 $2I_N$ 左右），直到起动结束电流突然降为负载电流 I_L 为止，使起动过程中的 $T_e - T_L$ 为一较大定值，加速度大而恒定，这样起动既快又平稳，起动过程的时间只要一个 T_M，比一般情况下的 $(3\sim4)T_M$ 缩短很多。在调速系统中可以采用转速、电流双闭环系统来实现。

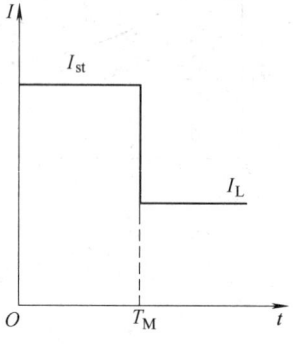

图 2-16 理想起动电流的变化规律

2.6 他励式直流电动机的调速

电气调速是指在负载转矩一定的条件下，通过人为的方法改变电动机的有关参数，从而调节电动机和整个拖动系统的转速。

从他励式直流电动机的机械特性方程式 $n = \dfrac{U_a}{C_e\Phi} - \dfrac{R_a + R_{as}}{C_e C_T \Phi^2} T_e$ 可以看出，调速方法有3种，即电枢回路串电阻 R_{as} 调速、降压调速和弱磁调速。

2.6.1 调速指标

（1）调速范围 D

在额定负载转矩下，电动机的最高转速 n_{max} 与最低转速 n_{min} 之比为

$$D = \frac{n_{max}}{n_{min}}$$

式中，n_{max} 受电动机换向及机械强度的限制，n_{min} 受生产机械对转速相对稳定性要求的限制。不同的生产机械所要求的调速范围不同，如车床 D 为 20~120，龙门刨床 D 为 10~40，造纸机 D 为 3~20，轧钢机 D 为 3~120 等。

（2）静差率 S

他励直流电动机由理想空载到额定负载运行的转速降 Δn_N 与理想空载转速 n_0 之比,用百分数表示,即

$$S = \frac{\Delta n_N}{n_0} \times 100\% = \frac{n_0 - n_N}{n_0} \times 100\%$$

一般 S 为 5%~10%。

静差率 S 的大小反映了转速相对稳定的程度。S 越小,转速降 Δn_N 越小,转速相对稳定性越好。不同的生产机械要求不同的静差率,例如卧式车床 $S \leq 30\%$,龙门刨 $S \leq 10\%$,造纸机 $S \leq 0.1\%$。

静差率与机械特性的硬度有关。机械特性越硬,静差率越小,相对稳定性越好,但当机械特性的硬度相同时,静差率 S 并不相等,而是 n_0 较低的其 S 较大。

生产机械对静差率的要求限制了电动机允许达到的最低转速 n_{min},从而限制了调速范围。下面以调压调速的情况为

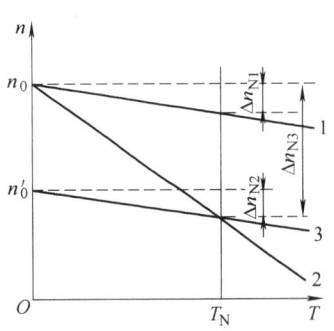

图 2-17 静差率与机械特性硬度的关系图

例,推导 D 与 S 的关系。静差率与机械特性硬度的关系如图 2-17 所示。图中曲线 1 和曲线 3 分别为不同电压下的两条特性,可得

$$D = \frac{n_{max}}{n_{min}} = \frac{n_{max}}{n_0' - \Delta n_N} = \frac{n_{max}}{n_0'\left(1 - \frac{\Delta n_N}{n_0'}\right)} = \frac{n_{max}}{\frac{\Delta n_N}{S}(1-S)} = \frac{n_{max} S}{\Delta n_N (1-S)}$$

可见,生产机械允许的最低转速时的静差率 S 越大,电动机允许的调速范围 D 也越大,故调速范围 D 只有在对 S 有一定要求的前提下才有意义。

(3) 平滑性

在一定的调速范围内,调速的级数越多,调速越平滑,平滑程度用平滑系数 φ 来衡量。φ 的定义是,相邻两级转速或线速度之比,即

$$\varphi = \frac{n_i}{n_{i-1}} = \frac{v_i}{v_{i-1}}$$

显然,φ 越接近于 1,调速的平滑性越好。

2.6.2 电枢回路串电阻调速

保持电枢电压额定 $U_a = U_N$,保持磁通额定 $\Phi = \Phi_N$,电枢回路串入调速电阻 $R_{as} = R_1 + R_a$,从而调节转速。其原理可从图 2-18a 所示的机械特性上看出。

串电阻调速的调速过程如下所述。

在串入电阻 R_1 的时刻,E_a 不能突变,故 $I_a = \frac{U_N - E_a}{R_a + R_1} \downarrow \rightarrow T_e \downarrow \rightarrow n \downarrow \rightarrow E_a \downarrow \rightarrow I_a \uparrow \rightarrow T_e$ 回升到 $T_e = T_L$ 时,达到新的平衡,此时速度已由 n_A 下降至 n_B。由于调速前后 T_L 不变,所以 T_e 不变,I_a 也不变。

特点:因为只能将转速往下调,且静差率增大,所以调速范围 D 较小,平滑性差,损耗大,设备简单,投资少,属于恒转矩调速。它适用于容量不大、低速运行时间不长、且对

调速性能要求不高的场合。

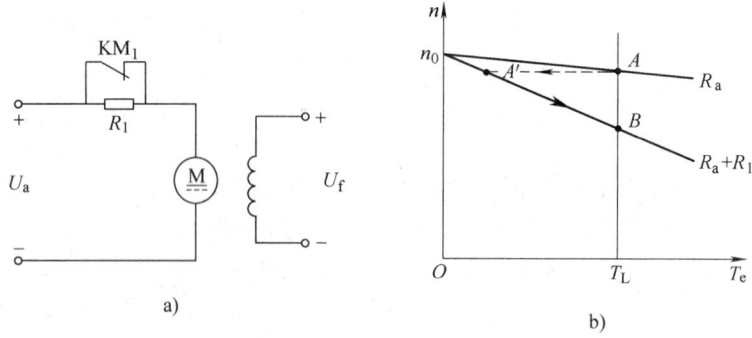

图 2-18 电枢回路串电阻调速的原理图和机械特性图
a）原理图　b）机械特性图

2.6.3 降低电源电压的调速

保持磁通额定 $\Phi = \Phi_N$、$R_{as} = 0$、降低电源电压 U_a，从而调节转速。其原理图和机械特性与图 2-13 所示的类似。

降压调速的物理过程是，$U_a \downarrow \rightarrow I_a \downarrow \rightarrow T_e \downarrow \rightarrow n \downarrow \rightarrow E_a \downarrow \rightarrow I_a \rightarrow T_e$ 回升到 $T_e = T_L$ 时，达到新的平衡，此时速度已下降。

特点：特性平行下移，S 变化不明显，调速范围 D 较大，平滑性好，损耗小，但需要可调直流电源，初期投资大。它适用于对调速性能要求较高的中、大容量拖动系统，例如重型机床（龙门刨）、精密机床和轧钢机等。

2.6.4 弱磁调速

保持电枢电压额定 $U_a = U_N$、$R_{as} = 0$，调节励磁电流使之减小，亦即减弱磁通，从而调节转速。弱磁调速的原理如图 2-19a 所示。

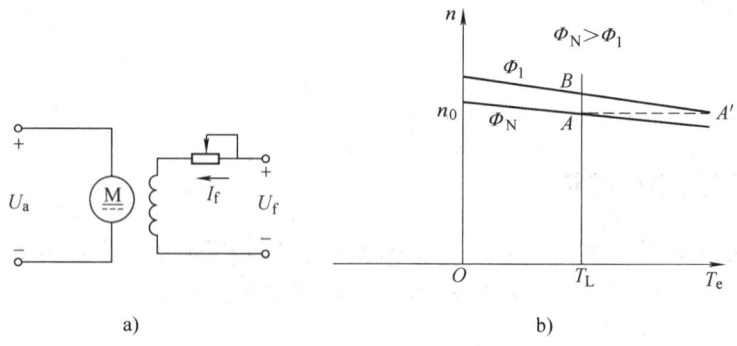

图 2-19 弱磁调速的原理图和机械特性图
a）弱磁调速的原理图　b）弱磁调速的机械特性图

从机械特性可以看出，当 Φ 减弱时，理想空载转速 $n_0 = U_N/(C_e \Phi)$ 将升高，机械特性斜率 $\beta = R_a/(C_e C_T \Phi^2)$ 将增大，但 n_0 较 β 增加得快，其机械特性如图 2-19b 所示。可见，当弱磁调速时，人为机械特性在固有特性的上方，而且特性变软。

调速过程是,设电动机带恒转矩负载原稳定工作在固有特性上的 A 点,现将 Φ 从 Φ_N 减小到 Φ_1,得到对应的人为机械特性曲线。弱磁瞬间由于电动机的机械惯性,转速 n 来不及变化,由 A 点过渡到 A' 点,此时 $T_e > T_L$,系统加速,沿特性 A'—B 升速到 B 点,以转速 n_B 稳定运行。

特点:转速只能向上调,受换向和机械强度限制,调速范围不大,但静差率小,平滑性好,设备简单,损耗小,属于恒功率调速。常将它与调压调速联合使用,以扩大调速范围。

2.7 直流电动机的制动

电动机制动的作用是使电力拖动系统快速减速或停车,电动机制动运行的主要特征是电磁转矩 T_e 的方向与转速 n 的方向相反。

根据实现制动的方法和制动时电动机内部能量转换关系的不同,制动运行分为能耗制动、反接制动和回馈制动 3 种方法。

2.7.1 能耗制动

1. 实现能耗制动的方法

能耗制动原理电路如图 2-20a 所示。

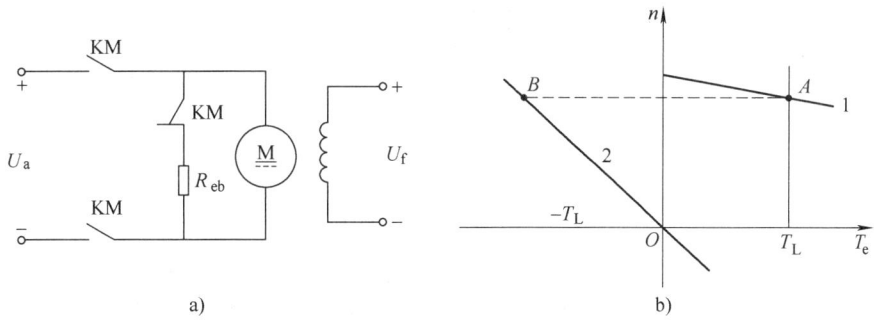

图 2-20 能耗制动原理接线图和机械特性
a)能耗制动原理电路图 b)能耗制动机械特性

他励式直流电动机拖动反抗性恒转矩负载为 T_L,设其原工作于正向电动运行状态,如图 2-20b 所示的 A 点,此时,电动机以转速 n_A 稳定运行。现将接触器 KM 断电,使电枢从电源 U_a 上断开,同时串入能耗制动电阻 R_{eb},能耗制动开始。在切换瞬间,转速 n 不能突变,使电动机的工作点从 $A \rightarrow B$,这时,$U_a = 0$,电枢回路在反电动势作用下产生的电枢电流改变方向,电动机的电磁转矩随之改变方向,即 T_B 与 T_L 同方向。这样,在 T_B 与 T_L 的共同作用下,系统沿特性 BO 减速。随着转速下降,反电动势不断减小,电枢电流和电磁转矩相应减小,直到 O 点,电动机停止转动,能耗制动结束。

2. 能耗制动时的机械特性

能耗制动时 $U_a = 0$,$R = R_a + R_{eb}$,则其机械特性方程式为 $n = -\dfrac{R_a + R_{eb}}{C_e C_T \Phi_N^2} T_e$。可见,能耗制动时的机械特性为过零点且位于第二、四象限的直线,如图 2-20b 曲线 2 所示,其斜率决定于所串制动电阻的大小。制动电阻 R_{eb} 越小,机械特性斜率越小。

3. 能耗制动电阻的计算

能耗制动电阻可按下式计算:

$$R_{eb} \geq \frac{E_a}{\lambda I_N} - R_a \tag{2-23}$$

式中,E_a 为制动瞬间的反电动势,与制动初始速度有关;λ 为电动机的过载倍数。

4. 能耗制动的过渡过程时间计算

在制动过程中,n 和 I_a 的变化曲线如图 2-21 的 b、c 所示。若欲求能耗制动停车的时间,则可将 $n_x = 0$ 和第四象限的 n_C(负值)代入过渡过程的公式,得

$$t_x = T_M \ln \frac{n_B + n_C}{n_C} \tag{2-24}$$

式中,n_C 代以绝对值。

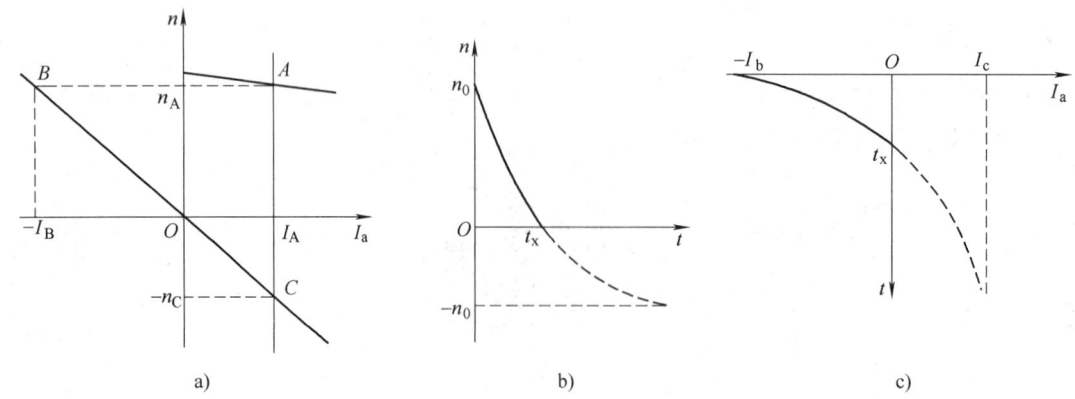

图 2-21 能耗制动的过渡过程

a)能耗制动机械特性 b)能耗制动 n 的变化曲线 c)能耗制动 I_a 的变化曲线

5. 能耗制动的特点与适用场合

能耗制动的特点是,设备简单,操作方便,运行可靠;制动平稳,便于准确停车;低速时制动效果较差。能耗制动适用于一般生产机械和要求准确停车的制动场合。

2.7.2 反接制动

为了使生产机械快速停车或反向运行,可采用反接制动。反接制动有电源反接(一般用于反抗性负载)和倒拉反接(用于位能性负载)两种方式。

1. 电源反接制动

电枢反接制动是通过把正向运行的他励直流电动机的电源电压突然反接来实现的,图 2-22a 所示为电枢电压反接的反接制动原理图。当接触器 KM_1 的常开触点闭合时,电动机运行于电动状态;当反接制动时,接触器 KM_1 断开,KM_2 常开触点闭合,电枢电压反接,同时在电枢回路中串入反接制动电阻 R_{rb},以限制过大的制动电流,这时电动机进入反接制动过程。

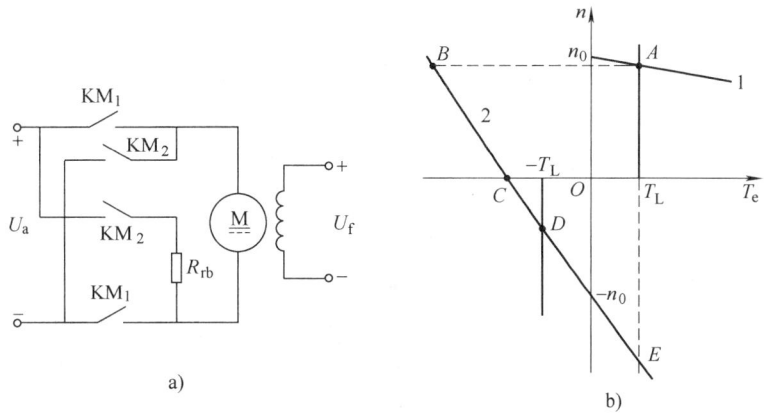

图 2-22 他励式直流电动机反接制动的原理图和机械特性
a) 原理图　b) 机械特性

(1) 电源反接制动的机械特性

在反接制动过程中，$\Phi = \Phi_N$，$U_a = -U_N$，$R = R_a + R_{rb}$，其机械特性方程式为

$$n = -\frac{U_N}{C_e \Phi_N} - \frac{R_a + R_{rb}}{C_e C_T \Phi_N^2} T_e \qquad (2-25)$$

当 $n = 0$ 时，$T_e = T_C$；当 $T_e = 0$ 时，$n = -n_0$，所以反接制动机械特性是一条过 $-n_0$、斜率取决于 $(R_a + R_{rb})$ 大小的直线，如图 2-22b 中机械特性 2 所示。

(2) 制动电阻计算

当电源反接制动时，若不串入附加电阻，则制动起始时的电枢电流 $I_a = -\dfrac{U_a + E_a}{R_a}$，其值将达额定电流的 20~40 倍，是直接起动电流的两倍左右，这是绝对不允许的，必须串入制动电阻。一般限制最大电流为 $2I_N$，则制动电阻应为

$$R_{rb} \geq \frac{U_a + E_a}{2I_N} - R_a \approx \frac{U_N}{I_N} - R_a \qquad (2-26)$$

可见，R_{rb} 比能耗制动时差不多大一倍。机械特性斜率比能耗制动时大得多。

(3) 特点与适用场合

当电源反接制动时，从电源吸收的电能和系统的动能全部消耗在电枢回路中，能量损耗大。

电源反接制动的特点是，设备简单，操作方便，制动转矩平均值较大，制动强烈，但能量损耗大。它适用于要求快速停车的拖动系统，对于要求快速并立即反转的系统更为理想。

2. 倒拉反接制动

他励式直流电动机可拖动位能性负载，如起重机下放重物时，若在电枢回路串入大电阻，则会使电磁转矩小于负载转矩，这样，电动机将被制动减速，并被负载反拖进入第四象

限运行,如图 2-23b 所示,这一制动方式被称为倒拉反接制动。

(1) 倒拉反接制动过程

设电动机带位能性恒转矩负载(如起重机提升重物)原工作在正向电动状态,如图 2-23b 中固有特性上的 A 点,以转速 n_A 稳定提升重物。现将接触器 KM 的触点断开,在电枢回路串入反接制动电阻 R_{rb},得到特性 2。由于机械惯性,转速不能突变,电动机的工作点从 $A \to B$,此时电磁转矩 $T_B < T_L$,电动机沿特性 BC 开始减速,到 C 点时 $n=0$,电动机停止提升。但此时 $T_C < T_L$,在位能负载 T_L 的拖动下,电动机进入第四象限,沿特性 CD 反向加速,直到 D 点,电磁转矩 T_e 与负载转矩 T_L 相等,电动机以转速 n_D 匀速下放重物。此时 T_L 为拖动性转矩,与 n 方向相同;电磁转矩 T_e 与 n 方向相反,故为制动转矩,电动机处于制动运行状态。由于此运行状态是位能负载转矩拖动电动机反转而形成的,并有稳定运行点,所以也可称为倒拉反转运行。

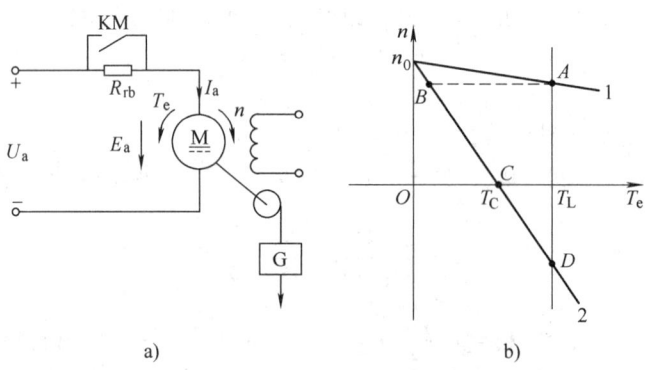

图 2-23 他励式直流电动机倒拉反接制动原理图和机械特性
a) 原理图 b) 机械特性

(2) 倒拉反接制动机械特性

倒拉反转制动时的机械特性就是电枢串电阻的人为特性,但这时所串的电阻阻值较大,机械特性为电枢回路串较大电阻时的人为特性在第四象限的部分,也就是正向电动运行时机械特性向第四象限的延伸,如图 2-23 所示。此时

$$n = \frac{U_N}{C_e \Phi_N} - \frac{R_a + R_{rb}}{C_e C_T \Phi_N^2} T_e = n_0 - \frac{R_a + R_{rb}}{C_e C_T \Phi_N^2} T_e \tag{2-27}$$

(3) 倒拉反接制动的功率关系

当反接制动时,$I_a(R_a + R_{rb}) = U_N - (-E_a) = U_N + E_a$,两边同乘以 I_a,则得

$$I_a^2(R_a + R_{rb}) = U_N I_a + E_a I_a \tag{2-28}$$

式中,$U_N I_a$ 为电网输入电功率;$E_a I_a$ 为由负载的位能自轴上输入转换而来的电磁功率,均消耗在电枢回路的电阻上,故能量损耗大。

(4) 特点与适用场合

倒拉反接制动的特点是,设备简单,操作方便,电枢回路串接电阻较大,机械特性较软,转速稳定性差,能量损耗大,适用于低速匀速下放重物的场合。

2.7.3 回馈制动（再生制动）

在电动状态下运行的电动机，在某种条件下会出现运行转速 n 高于理想空载转速 n_0 的情况，此时 $E_a > U_a$，电枢电流 I_a 反向，电磁转矩 T_e 方向也随之改变，由拖动性转矩变成制动性转矩，即 T_e 与 n 方向相反。从能量传递方向看，电机处于发电状态，将机械能变成电能回馈给电网，因此称这种状态为回馈制动状态。

回馈制动时的机械特性方程式与电动状态时相同，只是运行在特性曲线上不同的区段而已。正向回馈制动时的机械特性位于第二象限，反向回馈制动时的机械特性位于第四象限。

1. 正向回馈制动

正向回馈制动过程如图 2-24 所示。在调压调速系统中，当电压降低的幅度稍大时，会出现电动机经过第二象限的减速过程，如图 2-24a 所示，设电动机带反抗性恒转矩负载原工作在固有机械特性的 A 点上，当电压突然降为 U_1 的瞬间，转速来不及变化，反电动势不变，电动机的运行点从 $A \to B$，此时 $n_B > n_{01}$，$E_{aB} > U_1$，电枢电流 I_a 与电磁转矩 T_e 变成负值，而 n 为正，即 T_e 与 n 反方向为制动转矩。在 T_e 和 T_L 的共同作用下，转速沿特性 BC 迅速下降，到 $n = n_{01}$、$T_e = 0$ 时，制动过程结束。因为在进入第一象限正向电动状态后，仍有 $T_L > T_e$ 的关系，所以系统在电动状态下沿特性 CD 继续减速，直到 D 点时 $T_e = T_L$，电动机以较低的转速 n_D 稳定运行。

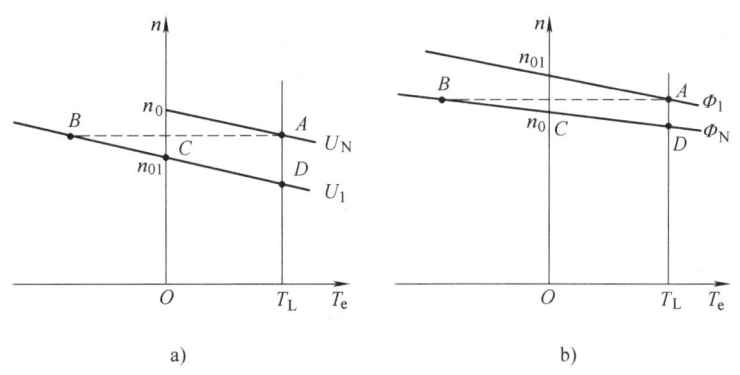

图 2-24 正向回馈制动过程
a) 调压调速过程　b) 调磁调速过程

$B \to C$ 这一过程为正向回馈制动过程，其功率关系与直流发电机相同，都是将机械功率转换成电功率输出。所不同的是：①机械功率不是由原动机输入，而是系统在从高速到低速的降速过程中释放出的动能所提供；②电功率不是给用电设备，而是回送给直流电源，故称回馈制动。又因为没有稳定运行点，只是一个过程，所以称为正向回馈制动过程。

正向回馈制动过程仅仅是降速过程中的一个阶段。在降压调速过程中，只要是降压前的稳态转速大于降压后的理想空载转速，而且电源允许电枢电流反向，在降速过程中，电动机就要经过正向回馈制动过程和正向电动状态减速这两个阶段。

2. 反向回馈制动

他励式直流电动机拖动位能性负载（如起重机的提升机构），其反向回馈制动的机械特性如图 2-25 所示。

电动机原工作在 A 点，以 n_A 提升重物。现将电源反接，同时串入大电阻，进行反接制动。工作点由 $A \to B \to C$，在 C 点 $n = 0$，停止提升重物。此时，如果不及时切除电源，那么电动机就会在电磁转矩 T_e 和负载转矩 T_L 的共同作用下反向起动，经反向电动状态到 $n = -n_0$、$T_e = 0$ 后，在 T_L 作用下继续加速，使 $|-n| > |-n_0|$，$E_a > U_N$，I_a 与 E_a 同方向，进入第四象限，电动机运行于反向回馈制动状态，直到 D 点、以 n_D 转速下放重物为止。注意，此时的下放速度很快，较为危险。为了获得较低的稳定速度，一般在回馈制动时将电枢回路的电阻全部切除，回到固有机械特性上的 E 点，以 n_E 稳定下放重物。

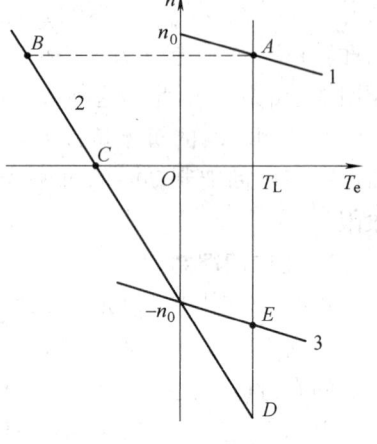

图 2-25　他励式直流电动机反向回馈制动的机械特性

3. 机械特性

回馈制动的机械特性可能在第四象限，也可能在第二象限。

4. 分析

在回馈制动过程中，有功率 $U_a I_a$ 回馈电网，能量损耗最少。

5. 特点与使用场合

回馈制动的实现条件是必须使 $|n| > |n_0|$，故不能用于快速停车。它能量损耗最少，适用于在高速匀速下放重物和降电压以及增加磁通调速过程中的自动加快减速过程。

2.8　小结

运动方程 $T_e - T_L = \dfrac{GD^2}{375} \dfrac{\mathrm{d}n}{\mathrm{d}t}$ 是分析研究电力拖动系统的基本公式，在应用此式时必须注意各量正方向的设定和各量自身的正负号。

生产机械的机械特性是指生产机械工作机构折算到电动机轴上的转速 n 与负载转矩 T_L 之间的关系曲线 $n = f(T_L)$。各种生产机械特性可以分为 3 类：负载转矩 T_L 保持常数不随转速变化的称为恒转矩负载机械特性；T_L 与转速 n 成反比的称为恒功率负载机械特性；T_L 与转速 n 的平方成正比的称为泵类负载机械特性。

他励式直流电动机的机械特性是指 $U_a =$ 常数、$\Phi =$ 常数、电枢回路总电阻 $R_a + R_{sa}$ 不变时转速 n 与电磁转矩 T_e 之间的关系曲线 $n = f(T_e)$。机械特性方程式为

$$n = \frac{E_a}{C_e \Phi} = \frac{U_a - I_a R}{C_e \Phi} = \frac{U_a}{C_e \Phi} - \frac{R}{C_e \Phi} I_a = \frac{U_a}{C_e \Phi} - \frac{R T_e}{C_e C_T \Phi^2} = n_0 - \beta T_e$$

式中，n_0 为理想空载转速，β 为特性的斜率，在求机械特性时均为常数。为此，机械特性为向下倾斜的直线。当 $U_a = U_N$、$\Phi = \Phi_N$、电枢回路不串接附加电阻（$R_{sa} = 0$）时的机械特性

称为固有机械特性。由于 R_a、β 很小，所以他励式直流电动机的固有机械特性是一条稍稍向下倾斜的直线。当 $U_a \neq U_N$、$\Phi \neq \Phi_N$ 或 $R_{sa} \neq 0$ 时的机械特性称为人为机械特性。当降低电压 U_a 时，理想空载转速 n_0 与电压 U_a 成正比下降，斜率 β 不变，人为机械特性是固有机械特性向下平移；当减弱磁通 Φ 时，理想空载转速 n_0 与 Φ 成反比上升，斜率 β 与 Φ^2 成反比增大，人为机械特性升至固有机械特性的上面；当在电枢回路串电阻 R_{sa} 时，理想空载转速 n_0 不变，斜率 β 增大，人为机械特性的倾斜程度加大，特性变软。根据他励式直流电动机的额定值，可以求得理想空载运行点（$T_e=0$、$n=n_0$）与额定运行点（$T_e=T_N$、$n=n_N$），连接两点的直线即为该电动机的固有机械特性。将相应的 U_a、Φ 或 R_{sa} 的变化情况代入特性方程式，即可计算绘制出各种不同情况下的人为机械特性。

当将电动机的机械特性与生产机械的机械特性画在同一直角坐标上时，电力拖动系统稳定运行的充要条件是，负载机械特性与电动机机械特性有交点，且在交点满足 $\dfrac{dT_e}{dn} < \dfrac{dT_L}{dn}$。

在直流电动机起动时，要求起动转矩 T_{st} 足够大，起动电流 I_{st} 尽可能小，一般不容许超过 $2I_N$。在他励式直流电动机直接起动时，起动电流可达（10~30）I_N，一般不能直接起动，而应采用电枢回路串电阻起动或降压起动的方法。

电动机制动的特征是电磁转矩 T_e 与转速 n 的方向相反，电动机将轴上输入的机械能转换为电能消耗掉或大部分回馈电网。制动的作用是快速减速、停车和匀速下放重物。他励式直流电动机的制动方法有能耗制动、反接制动（又分为电源反接制动和转速反向反接制动两种）和回馈制动3类4种。能耗制动的优点是设备和控制线路比较简单，制动平稳可靠；缺点是制动效果不如反接制动强烈；适用于要求减速平稳和准确停车及低速匀速下放重物的场合。电源反接制动的优点是平均制动转矩大，制动强烈；缺点是能量损耗大，当转速降至零时，如不及时切断电源，可能反转；适用于要求迅速制动并立即反转的场合。转速反向反接制动的优点是设备简单，操作方便；缺点是机械特性软，转速稳定性差，能量损耗大；适用于低速匀速下放重物的场合。回馈制动的优点是能量损耗少，经济性最好；缺点是转速的绝对值必须高于理想空载转速 n_0 的绝对值。

2.9 思考题和习题

思 考 题

1. 他励式直流电动机的机械特性指的是什么？什么是他励式直流电动机的固有机械特性？什么是人为机械特性？
2. 为什么在电枢回路串入电阻后不影响理想空载转速？为什么所串电阻越大，机械特性越软？
3. 为什么改变他励式直流电动机电枢电压的人为机械特性是一簇平行线？
4. 降低磁通升速的他励式直流电动机不能拖动太重的负载，除了电流过大不允许以外，还有什么原因？
5. 他励式直流电动机保持电枢电压和主磁通为额定值，在负载转矩不变的情况下，若在电枢回路中串入电阻，则对理想空载转速会有何影响？对起动电流会有何影响？
6. 一般他励式直流电动机为什么不能直接起动？采用什么起动方法起动比较好？
7. 在他励式直流电动机起动前，励磁绕组断线，起动时，在下面两种情况下会有什么后果？

(1) 空载起动　　(2) 负载起动，$T_L = T_N$

8. 从机械特性来看，调速的方法有哪几种？各有什么特点？

9. 直流电力拖动调速系统的性能指标有哪些？

10. 机电时间常数是什么过渡过程的时间常数？其大小与哪些量有关？从运动方程式怎样看出系统是处于加速、减速、稳定或静止的工作状态？

11. 调速指标中的静差率与机械特性硬度有何区别？调速范围和静差率的概念是什么？两者有何联系？

12. 电动机的输出决定于负载还是决定于调速方法？对电动机采用恒转矩调速与拖动恒转矩负载这两种方法是否一样？

13. 如何区别直流电动机运行于电动状态还是处于制动状态？

14. 如何实现他励式直流电动机的各种制动方法？这些制动方法各有哪些优缺点？分别适用于什么场合？

15. 试分析他励式直流电动机3种制动状态下的能量转换情况。

16. 一台他励式直流电动机拖动的卷扬机，当电枢所接电源电压为额定电压、电枢回路串入电阻时，它拖动重物匀速上升，若把电源电压突然倒换极性，则电动机最后稳定运行于什么状态？重物提升还是下放？试画出机械特性，并说明其中经过了什么运行状态。

17. 如果一台电动机处于制动状态，那么它是否一定就会减速停车？电动机在减速过程中，是否一定处于制动状态？

习　题

1. 一台他励式直流电动机，铭牌数据为 $P_N = 60\text{kW}$，$U_N = 220\text{V}$，$I_N = 305\text{A}$，$n_N = 1000\text{r/min}$。试求：

(1) 其固有机械特性，并画在坐标纸上。

(2) 当 $T = 0.75T_N$ 时的转速。

(3) 当转速 $n = 1100\text{r/min}$ 时的电枢电流。

2. 电动机的数据同上题。试计算并画出下列机械特性：

(1) 当电枢回路总电阻为 $0.5R_N$ 时的人为特性。

(2) 当电枢回路总电阻为 $2R_N$ 时的人为机械特性。

(3) 当电源电压为 $0.5U_N$、电枢回路不串入电阻时的人为机械特性。

(4) 当电源电压为 U_N、电枢不串入电阻、$\Phi = 0.5\Phi_N$ 时的人为机械特性。

3. 一台他励式直流电动机 $P_N = 40\text{kW}$，$U_N = 220\text{V}$，$I_N = 207.5\text{A}$，$R_a = 0.067\Omega$。

(1) 若电枢回路不串电阻直接起动，则起动电流为额定电流的几倍？

(2) 将起动电流限制为 $1.5I_N$，求电枢回路应串入的电阻大小。

4. 一台 15kW、220V 的并励电动机，额定效率 $\eta_N = 85.3\%$，电枢回路总电阻为 0.2Ω，并励回路电阻 $R_f = 44\Omega$，欲使电动机起动电流限制为额定电流的 1.5 倍，试求起动变阻器电阻应为多少？其电流容量为多少？若起动时不接起动器，则起动电流为额定电流的多少倍？

5. 他励式直流电动机额定数据如下：$P_N = 60\text{kW}$，$U_N = 220\text{V}$，$I_N = 305\text{A}$，$n_N = 1000\text{r/min}$。试求：

(1) 如果将该机直接起动，那么起动电流为多少？

(2) 为使起动电流限制在 $2I_N$，应在电枢回路中串入多大电阻？

(3) 如果采用降压起动使起动电流限制为 $2I_N$，那么端电压应降为多少？

6. 他励式直流电动机额定数据如下：$P_N = 29\text{kW}$，$U_N = 440\text{V}$，$I_N = 76.2\text{A}$，$n_N = 1000\text{r/min}$，采用 3 级起动，最大起动电流为 $2I_N$。试计算各段起动电阻值。

7. Z_2-71 型他励式直流电动机，$P_N = 7.5\text{kW}$，$I_N = 85.2\text{A}$，$n_N = 750\text{r/min}$，$R_a = 0.129\Omega$，采用电枢串电阻，分 3 级起动，最大起动电流为 $2I_N$。试计算各级起动的电阻值。

8. 他励式直流电动机额定数据如下：$P_N = 29\text{kW}$，$U_N = 440\text{V}$，$I_N = 76\text{A}$，$n_N = 1000\text{r/min}$，$R_a = 0.376\Omega$，采用降压及弱磁调速方法进行调速，要求最低理想空载转速为 250r/min，最高理想空载转速为 1500r/min。试求额定转矩时的最高转速和最低转速，并比较最高转速机械特性和最低转速机械特性的斜率和静差率。

9. 他励式直流电动机额定数据如下：$P_N = 30\text{kW}$，$U_N = 220\text{V}$，$I_N = 158.5\text{A}$，$n_N = 1000\text{r/min}$，$R_a = 0.1\Omega$，$T_L = 0.8T_N$。试求：

（1）固有机械特性上的稳定转速。

（2）在电枢回路串入 0.3Ω 电阻时的电动机稳定转速。

（3）在电枢外加电压降到 180V 时的电动机稳定转速。

（4）在磁通减弱到 $\Phi = 0.8\Phi_N$ 时的电动机稳定转速。

10. 一台他励式直流电动机 $P_N = 5.5\text{kW}$，$U_N = 220\text{V}$，$I_N = 30.5\text{A}$，$R_a = 0.45\Omega$，$n_N = 1500\text{r/min}$。电动机拖动额定负载运行，保持励磁电流不变，要把转速降到 1000r/min。求：

（1）若采用电枢回路串电阻调速的方法，则应串入多大电阻？

（2）若采用降压调速的方法，则应将电枢电压降到多大？

（3）当采用以上两种方法调速时，电动机的效率各是多少？

11. 他励式直流电动机 $P_N = 29\text{kW}$，$U_N = 440\text{V}$，$I_N = 76\text{A}$，$n_N = 1000\text{r/min}$，$R_a = 0.376\Omega$，采用降低电源电压及弱磁调速的方法，要求最低理想空载转速 $n_{0\min} = 250\text{r/min}$，最高理想空载转速 $n_{0\max} = 1500\text{r/min}$。试求：

（1）$T = T_N$ 时的最低转速及此时的静差率。

（2）拖动恒功率负载 $P_2 = P_N$ 时的最高转速。

（3）调速范围。

12. 一台他励式直流电动机额定数据为 $P_N = 7.5\text{kW}$，$U_N = 440\text{V}$，$I_N = 20.6\text{A}$，$n_N = 1480\text{r/min}$，$R_a = 2.12\Omega$。已知 $T_L = T_N$，采用调压和弱磁调速的方法，要求最高理想空载转速 $n_{0\max} = 1800\text{r/min}$，低速区静差率 $S = 20\%$。

（1）计算额定负载下的最高转速 $n_{\max}$ 和最低转速 $n_{\min}$。

（2）求高速区静差率 S。

13. 他励式直流电动机额定数据如下：$P_N = 55\text{kW}$，$U_N = 220\text{V}$，$I_N = 280\text{A}$，$n_N = 635\text{r/min}$，$R_a = 0.044\Omega$，带额定负载转矩运行。求：

（1）欲使电动机转速降为 $n = 500\text{r/min}$，电枢回路应串多大电阻？

（2）若采用降压调速的方法使电动机转速降为 $n = 500\text{r/min}$，则应将电压降至多少伏？

（3）当减弱磁通使 $\Phi = 0.85\Phi_N$ 时，电动机的转速将升至多高？能否长期运行？

14. 他励式直流电动机额定数据如下：$P_N = 13\text{kW}$，$U_N = 220\text{V}$，$I_N = 68.7\text{A}$，$n_N = 1500\text{r/min}$，$R_a = 0.224\Omega$，电枢串电阻调速，要求 $S_{\max} = 0.3$。试求：

（1）电动机拖动额定负载转矩时的最低转速。

（2）此时电动机的调速范围。

（3）需在电枢回路中串入电阻的最大值。

（4）拖动额定负载转矩在最低速运行时，电动机的输入功率、输出功率（略去空载损耗转矩 T_0）及外串电阻上的损耗。

15. 他励式直流电动机拖动重物，已知电动机 $U_N = 440\text{V}$，$I_N = 76\text{A}$，$P_N = 29\text{kW}$，$n_N = 1000\text{r/min}$，$R_a = 0.065R_N$（$R_N = U_N/I_N$），不计空载损耗及传动机构损耗。求：

（1）当电动机以 500r/min 吊起 $T_L = 0.8T_N$ 负载时，应在电枢回路串入多大电阻？

（2）用哪几种方法可使 $T_L = 0.8T_N$ 负载以 500r/min 速度下放重物？求每种方法在电枢回路内串入的电阻。

（3）在 500r/min 吊起 $T_L = 0.8T_N$ 负载时，忽将电源反接，并使电流不超过 I_N，求最后的稳定转速。

16. 一台他励式直流电动机，$U_N = 110V$，$I_N = 185A$，$P_N = 17kW$，$n_N = 1000r/min$。已知电动机最大允许电流 $I_{max} = 1.8I_N$，电动机拖动 $T_L = 0.8T_N$ 负载电动运行。求：

（1）若采用能耗制动停车的方法，则应在电枢回路中串入多大电阻？

（2）若采用反接制动停车的方法，则应在电枢回路中串入多大电阻？

（3）采用这两种制动方法，在制动开始瞬间的电磁转矩各是多大？

（4）采用这两种制动方法，在制动到 $n = 0$ 时的电磁转矩各是多大？

17. 一台他励式直流电动机 $P_N = 13kW$，$U_N = 220V$，$I_N = 68.7A$，$n_N = 1500r/min$，$R_a = 0.195\Omega$，拖动一台起重机的提升机构，已知重物的负载转矩 $T_L = T_N$，为了不用机械闸而由电动机的电磁转矩把重物吊在空中不动，问此时在电枢回路中应串入多大电阻？

18. 已知他励式直流电动机 $U_N = 220V$，$I_N = 62A$，$P_N = 12kW$，$n_N = 1340r/min$，$R_a = 0.25\Omega$。求：

（1）拖动额定负载在电动状态下运行时，如果采用电源反接制动的方法，允许的最大制动转矩为 $2T_N$，那么此时的制动电阻为多大？

（2）在电源反接后，转速下降到 $0.2n_N$ 时，换接到能耗制动，使其准确停车。求能耗制动最大转矩为 $2T_N$ 时，应在转子回路中串入的电阻。

19. 一台他励式直流电动机 $P_N = 17kW$，$R_a = 0.16\Omega$，$n_N = 1000r/min$，$U_N = 220V$，$I_N = 92.5A$。电动机允许最大电流 $I_{amax} = 1.8I_N$，电动机拖动负载 $T_L = 0.8T_N$ 电动运行。求：

（1）若采用能耗制动停车的方法，则应在电枢回路中串入多大电阻？

（2）若采用反接制动停车的方法，则应在电枢回路中串入多大电阻？

20. 他励式直流电动机额定数据如下：$P_N = 4kW$，$U_N = 220V$，$I_N = 22.3A$，$n_N = 1000r/min$，$R_a = 0.91\Omega$，$T_L = T_N$，为了使电动机停转，采用电压反接制动的方法，串入电枢回路的制动电阻是 9Ω。求：

（1）在制动开始时电动机所发出的电磁转矩。

（2）在制动结束时电动机所发出的电磁转矩。

（3）如果是反抗性负载，在制动到 $n = 0$ 时，不切断电源，那么电机能否反转？为什么？

21. 他励式直流电动机额定数据如下：$P_N = 29kW$，$U_N = 440V$，$I_N = 76.2A$，$n_N = 1050r/min$，$R_a = 0.393\Omega$。试求：

（1）电动机在回馈制动下工作，设 $I_a = 60A$，在电枢回路中不串入电阻，求电动机的转速。

（2）电动机在能耗制动下工作，转速 $n = 500r/min$，电枢电流为额定值。求电枢回路内串接电阻值和电动机轴上的转矩。

（3）电动机在转速反向的反接制动下工作，转速 $n = -600r/min$，电枢电流 $I_a = 50A$。求在电枢回路中串接的电阻、电动机轴上的转矩、电网供给的功率、从轴上输入的功率、在电枢回路中电阻上所消耗的功率。

22. 他励式直流电动机额定数据如下：$P_N = 10kW$，$U_N = 220V$，$I_N = 53A$，$n_N = 1100r/min$，测得 $R_a = 0.3\Omega$。若采用能耗制动及反接制动的方法，试计算在这两种情况下电枢各应该串接的电阻值（在这两种情况下的电枢电流不应超过 $2I_N$）。

23. 一台他励式直流电动机 $P_N = 3kW$，$U_N = 110V$，$I_N = 35.2A$，$n_N = 750r/min$，$R_a = 0.35\Omega$，电动机原工作在额定电动状态下，已知最大允许电枢电流为 $I_{amax} = 2I_N$。试求：

（1）采用能耗制动的方法停车，在电枢中应串入多大电阻？

（2）采用电源反接制动的方法停车，在电枢中应串入多大电阻？

（3）采用这两种制动方法在制动到 $n = 0$ 时，电磁转矩各是多大？

（4）要使电动机以 $-500r/min$ 的转速下放位能负载，$T = T_N$，在采用能耗制动的方法运行时，电枢应串入多大电阻？

24. 他励式直流电动机额定数据如下：$P_N = 30kW$，$U_N = 110V$，$I_N = 319A$，$n_N = 1000r/min$，$R_a = 0.025\Omega$，系统总的飞轮力矩 $GD^2 = 69.58N \cdot m^2$。电机原运行在额定工作状态，现以最大制动转矩为 $2T_N$ 进

行能耗制动。试求：

（1）能耗制动电阻是多少欧？

（2）当负载为反抗性转矩时，从制动开始到稳定运行全过程的 $n=f(t)$ 和 $T=f(t)$ 方程式，并大致画出过渡过程曲线。

（3）当负载为位能性转矩时的过渡过程时间。

25. 他励式直流电动机数据为 $P_N=5.6\text{kW}$，$U_N=220\text{V}$，$I_N=31\text{A}$，$n_N=1000\text{r/min}$，$R_a=0.45\Omega$。系统总飞轮矩 $GD^2=9.8\text{N}\cdot\text{m}^2$，在固有特性上从额定转速开始电压反接制动，制动的起始电流为 $2I_N$。试求在反抗性负载及位能性负载两种情况下：

（1）反接制动使转速自 n_N 降到零的制动时间。

（2）从制动到反转整个过渡过程的 $n=f(t)$ 及 $I_a=f(t)$ 的解析式，并大致画出过渡过程曲线。

第3章 变压器

3.1 变压器的工作原理、分类及基本结构

变压器的主要作用是把一种幅值的交流电压转换为同频率的另一种幅值的交流电压。实际上,它在改变电压的同时还能改变电流和阻抗。

3.1.1 变压器的工作原理

单相变压器的主要部件是一个铁心和套在铁心上的两个绕组,其工作原理如图 3-1 所示。这两个绕组其中一个接电源,称为一次绕组或初级,另一个接负载,称为二次绕组或次级。一次绕组各量用下标 1 表示,二次绕组各量用下标 2 表示。一次绕组匝数为 N_1,二次绕组匝数为 N_2。

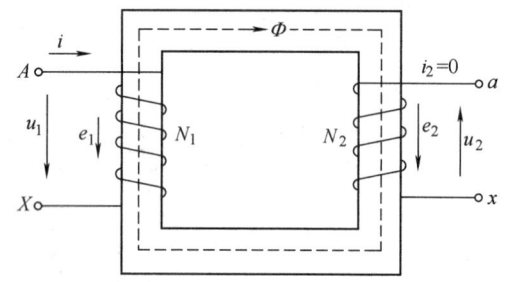

图 3-1 单相变压器的工作原理图

在图 3-1 中,若在一次绕组上加电压 u_1,则产生电流 i,建立磁通 Φ,在一次、二次绕组中就分别感应电动势 e_1 和 e_2,理想情况下可得

$$u_1 = -e_1 = N_1 \frac{\mathrm{d}\Phi}{\mathrm{d}t} \tag{3-1}$$

$$u_2 = e_2 = -N_2 \frac{\mathrm{d}\Phi}{\mathrm{d}t} \tag{3-2}$$

$$\frac{U_1}{U_2} = \frac{E_1}{E_2} = \frac{N_1}{N_2} = k \tag{3-3}$$

可见,只要改变一次、二次绕组的匝数比 k,就能改变输出电压。假定不考虑变压器的损耗,则 $U_1 I_1 = U_2 I_2$,所以

$$I_1 = \frac{U_2}{U_1} I_2 = \frac{I_2}{k} \tag{3-4}$$

这说明,变压器在改变电压的同时,也能改变电流。

3.1.2 变压器的分类

按照用途可对变压器进行分类。一般可将变压器分为电力变压器和特种变压器两大类。

在电力系统中用来传输和分配电能的变压器,统称为电力变压器。电力变压器根据其使用特点,又可被分为升压变压器、降压变压器、配电变压器、联络变压器和厂用电变压器等。

特种变压器是在工业生产中有特殊要求的变压器,如整流变压器、电炉变压器、中频变压器和电焊变压器等。对特种变压器,按其特殊用途或专门用途又可分为电子、电信、自控系统使用的电源变压器、阻抗匹配变压器和脉冲变压器等。由于电流互感器、电压互感器、调压器和电抗器的基本原理和结构与变压器相似,所以常将它们归属于变压器产品之中。

变压器既可按相数被分成单相、三相、多相,按绕组数被分为双绕组、三绕组、多绕组,又可按绝缘方式被分为油浸式、干式,还可按冷却方式被分为自然冷却、风冷、水冷和强迫油循环冷却等各种形式。

3.1.3 变压器的基本结构

变压器的种类繁多,结构各有特点,但铁心和绕组是组成变压器的两个主要部分。图3-2是三相油浸式双绕组电力变压器的结构图。下面以此为例,简要介绍变压器的主要部分功能及结构。

1. 铁心

铁心由0.30~0.35mm的硅钢片叠压而成。硅钢片具有低成本、低铁耗、高导磁性的特点。在硅钢片两面涂有绝缘漆,采用交叠式装配方式。铁心交叠装配图如图3-3所示。这种相邻层交叠排列可以使各层条片交接缝错开,从而减少叠装间隙,使励磁电流较小。

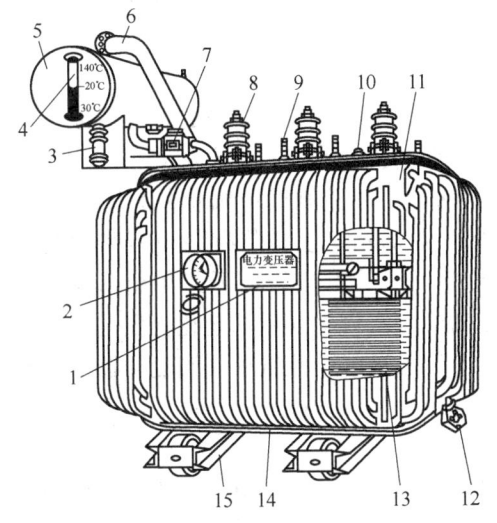

图3-2 三相油浸式双绕组电力变压器的结构图
1—铭牌 2—信号式温度计 3—吸湿器 4—油位计
5—储油柜 6—安全气道 7—气体继电器 8—高压
套管 9—低压套管 10—分接开关 11—油箱
12—放油阀 13—绕组及铁心 14—接地栓 15—小车

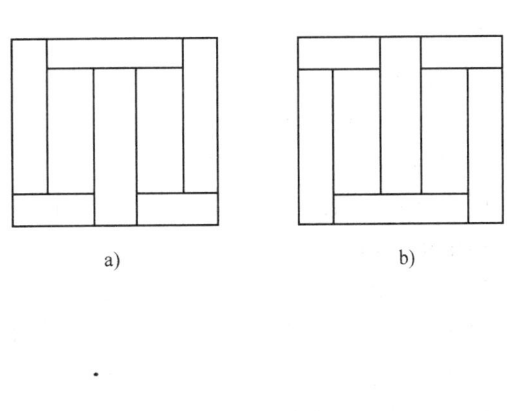

图3-3 铁心交叠装配图
a) 1,3,5…层 b) 2,4,6…层

变压器铁心由铁心柱和铁轭两部分组成。在铁心柱上套置一、二次绕组。铁轭是构成交变磁通闭合磁路必不可少的部分。三相铁心式变压器和铁心与绕组的结构如图3-4所示。

2. 绕组

绕组是变压器的电路部分,它由铜或铝制导线外包绝缘材料后绕制而成,套置在铁心柱上。在变压器中,接于高压侧的绕组称为高压绕组,接于低压侧的绕组称为低压绕组。从高、低压绕组之间的相对位置来分,变压器绕组形式可分为同心式或交叠式两类。

同心式绕组是指将高、低压绕组同心地套在铁心柱上,如图 3-4 中的同心式绕组结构图所示。为了便于绝缘,一般将低压绕组套在里面,高压绕组套在外面。同心式绕组结构简单,制造方便,国产电力变压器均采用这种结构。

交叠式绕组都被制成饼式,将高、低压绕组互相交叠地放置,其结构图如图 3-5 所示。为了便于绝缘,一般最上层和最下层的两个绕组都是低压绕组。交叠式绕组的漏电抗小,机械强度高,引线方便。较大型的电炉变压器常采用这种结构。

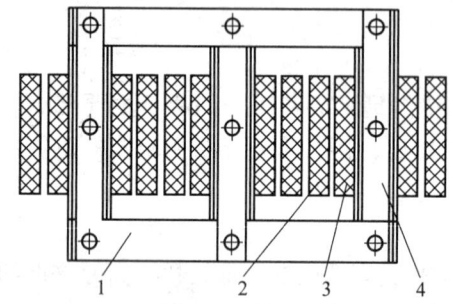
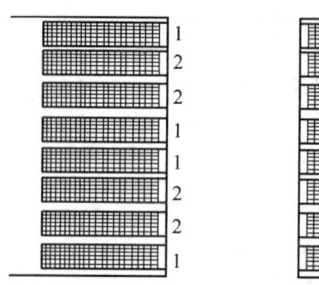

图 3-4 三相铁心式变压器的铁心与绕组结构图
1—铁轭　2—高压绕组　3—低压绕组　4—铁心柱

图 3-5 交叠式绕组结构图
1—低压绕组　2—高压绕组

3. 其他结构部件

油浸式电力变压器如图 3-2 所示,它的绕组及铁心都被浸在充满油箱的变压器油中。使用变压器油可以提高绕组的绝缘强度,并通过油受热后的自然对流将铁心和绕组产生的热量带到油箱壁,再由油箱壁散发到空气中去。变压器油箱一般被制成椭圆状,为增大散热面积,往往还在油箱外增设散热管,以提高散热效果。在油箱盖上还装有储油柜和安全气道(俗称为防爆管)。储油柜是固定在油箱顶部的圆筒形容器,并以管道形式与油箱连通,它可以减少变压器油与空气的接触面积,以减轻变压器油与空气接触后的老化变质。安全气道是一个长筒钢管,下部与油箱连通,在上部出口处盖以玻璃或酚醛纸板。当变压器发生较严重故障时,油箱内就会产生大量气体,其迅速上升的压力可以冲破安全气道的出口盖板,从而释放气体压力,达到保护变压器主体的目的。

此外,油箱上还有引出线的绝缘套管、发生事故时的报警气体继电器、调节一次绕组匝数用的分接开关等部件。

3.1.4 变压器的型号与额定参数

每台变压器上都有铭牌,上面标注着该变压器的型号及有关数据。铭牌数据是使用变压器的依据。

1. 变压器的型号

变压器的型号由汉语拼音字母和数字按确定的顺序组合起来构成。

例如 SL—1000/10,S 表示三相;L 表示铝线;1000 表示额定容量为 1000kVA;10 表示高压侧的额定电压为 10kV。

2. 变压器的铭牌数据

(1) 额定容量 S_N

S_N 指变压器的视在功率。单位为 VA、kVA 或 MVA。对于双绕组的电力变压器,由于其一、二次绕组的设计容量是相同的,所以 $S_N = S_{1N} = S_{2N}$。对三相变压器,S_N 是指三相总容量。

(2) 额定电压 U_{1N}/U_{2N}

U_{1N} 指电源施加到一次绕组的额定电压;U_{2N} 指当一次绕组加 U_{1N} 时,二次绕组开路(空载)时的二次绕组电压 U_{20},故 $U_{20} = U_{2N}$。三相变压器的额定电压指的是线电压,额定电压的单位为 V 或 kV。

(3) 额定电流 I_{1N}/I_{2N}

将变压器额定容量 S_N 除以一、二次额定电压(U_{1N} 或 U_{2N})后所计算出来的值(I_{1N} 或 I_{2N})的单位为 A 或 kA。三相变压器的额定电流指的是线电流。

对单相变压器 $$I_{1N} = \frac{S_N}{U_{1N}}, \quad I_{2N} = \frac{S_N}{U_{2N}}$$

对三相变压器 $$I_{1N} = \frac{S_N}{\sqrt{3}U_{1N}}, \quad I_{2N} = \frac{S_N}{\sqrt{3}U_{2N}}$$

当变压器实际运行时,其运行的容量往往与额定容量不同,即变压器运行时二次电流 I_2 不一定是额定电流 I_{2N}。当二次电流达到额定值时,变压器就称为带额定负载运行。

(4) 额定频率 f_N

我国规定供电的工业频率为 50Hz。因此,所有电力变压器的额定频率均为 50Hz。

【例 3-1】 有一台三相双绕组电力变压器,额定容量 $S_N = 100\text{kVA}$,额定电压 $U_{1N}/U_{2N} = 6000/400\text{V}$,试求一次、二次绕组的额定电流。

解: $$I_{1N} = \frac{S_N}{\sqrt{3}U_{1N}} = \frac{100 \times 10^3}{\sqrt{3} \times 6000}\text{A} = 9.62\text{A}$$

$$I_{2N} = \frac{S_N}{\sqrt{3}U_{2N}} = \frac{100 \times 10^3}{\sqrt{3} \times 400}\text{A} = 144.34\text{A}$$

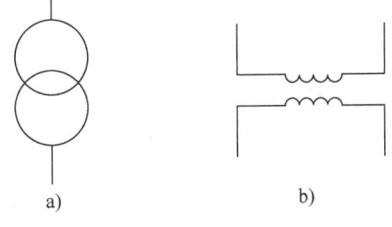

图 3-6 变压器的图形符号

3. 变压器的图形符号

国家标准规定了电气图中所用的变压器的图形符号,如图 3-6 所示。

3.2 变压器的空载运行

3.2.1 空载运行时的物理情况

将一次绕组加额定电压、二次绕组开路的运行情况称为空载运行。图 3-7 是变压器空载运行示意图。由于一个三相变压器由 3 个相同的单相变压器组合而成,其分析方法相同,所以本章以单相变压器为例,对变压器的电路、磁路进行工作原理分析。

在图 3-7 中所示的电压降与电流正方向一致;电流正方向与它产生的磁通的正方向符合右手螺旋定则;磁通正方向与它引起的感应电动势正方向符合右手螺旋定则;感应电动势的正方向指电动势升高的方向。下面对变压器的分析均按上述惯例确定。在图 3-7 中,将变压器一、二次绕组画在单独的铁心柱上,而实际的变压器一、二次绕组是放在同一铁心柱上的。

当变压器空载运行时,交流电源电压 u_1 在一次绕组中产生交流电流 i_0,i_0 称为一次空载电流,也称为励磁电流。它流过一次绕组,产生磁通势 i_0N_1,这一磁通势将产生变压器的空载磁通,空载磁通又被分成两部分:一部分为沿铁心闭合的主磁通 Φ,另一部分为沿变压器油箱壁和变压器油

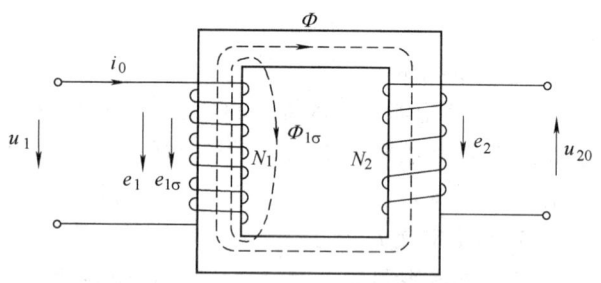

图 3-7 变压器空载运行示意图

(或空气)闭合的漏磁通 $\Phi_{1\sigma}$。一般情况下,$\Phi_{1\sigma}$ 只是 Φ 的百分之几。二次绕组是靠主磁通感应电动势的,变压器的能量也只能靠主磁通来传递。

从电路方面看,铁心磁通 Φ 和 $\Phi_{1\sigma}$ 在一次绕组中的感应电动势为

$$e_1 = -N_1 \frac{\mathrm{d}\Phi}{\mathrm{d}t} \tag{3-5}$$

$$e_{1\sigma} = -N_1 \frac{\mathrm{d}\Phi_{1\sigma}}{\mathrm{d}t} \tag{3-6}$$

式中,$e_{1\sigma}$ 称为一次漏电势。

根据图 3-7 所示的正方向,一次电路的方程为

$$u_1 = -(e_1 + e_{1\sigma}) + i_0 R_1 \tag{3-7}$$

主磁通 Φ 在二次的感应电动势为

$$e_2 = -N_2 \frac{\mathrm{d}\Phi}{\mathrm{d}t} \tag{3-8}$$

同理,二次侧电路的方程为(二次侧此时为开路)

$$u_{20} = e_2 \tag{3-9}$$

3.2.2 空载运行时的电动势、电流及漏电抗

1. 感应电动势和电压比

考虑到实际存在的电阻和漏磁通,一次绕组的电动势平衡方程式为

$$u_1 = i_0 R_1 + (-e_{1\sigma}) + (-e_1) \tag{3-10}$$

由于 $\Phi_{1\sigma} \ll \Phi$,所以 $e_{1\sigma} \ll e_1$,同时 $i_0 R_1$ 也很小,故可认为 $u_1 \approx -e_1$。如果 u_1 随时间按正弦规律变化,那么 e_1 就按正弦规律变化。根据 $e_1 = -N_1 \frac{\mathrm{d}\Phi}{\mathrm{d}t}$ 可知,主磁通 Φ 也按正弦规律变化。设

$$\Phi = \Phi_m \sin\omega t \tag{3-11}$$

则

$$e_1 = -N_1 \frac{\mathrm{d}\Phi}{\mathrm{d}t} = -\omega N_1 \Phi_m \cos\omega t = \omega N_1 \Phi_m \sin(\omega t - 90°) = E_{1m}\sin(\omega t - 90°) \tag{3-12}$$

同理,

$$e_2 = -N_2 \frac{\mathrm{d}\Phi}{\mathrm{d}t} = E_{2m}\sin(\omega t - 90°) \tag{3-13}$$

由此可知，e_1 及 e_2 在相位上均滞后于 Φ 90°电角度，它们的有效值分别是

$$E_1 = \frac{E_{1m}}{\sqrt{2}} = \frac{\omega N_1 \Phi_m}{\sqrt{2}} = 4.44 f N_1 \Phi_m \qquad (3\text{-}14)$$

$$E_2 = \frac{E_{2m}}{\sqrt{2}} = \frac{\omega N_2 \Phi_m}{\sqrt{2}} = 4.44 f N_2 \Phi_m \qquad (3\text{-}15)$$

其相量表达式为

$$\dot{E}_1 = -\mathrm{j}4.44 f N_1 \dot{\Phi}_m \qquad (3\text{-}16)$$

$$\dot{E}_2 = -\mathrm{j}4.44 f N_2 \dot{\Phi}_m \qquad (3\text{-}17)$$

由于 $\dot{U}_1 \approx -\dot{E}_1$，$\dot{U}_{20} = \dot{U}_{2N} \approx \dot{E}_2$，所以有

$$\frac{U_1}{U_{20}} \approx \frac{E_1}{E_2} = \frac{N_1}{N_2} = k \qquad (3\text{-}18)$$

式中，k 称为变压器的电压比，通常 $k > 1$。

当忽略一次侧的电阻压降和漏电势时，$u_1 = -e_1$，当用相量表示时，$\dot{U}_1 = -\dot{E}_1$，而 E_1 正比于主磁通 Φ_m，故当外加电压 U_1 一定时，Φ_m 就基本确定。这就是交流磁路中电压决定磁通的原则。根据这一原则，若变压器外加电压 U_1 不变，则其电动势 E_1、主磁通幅值 Φ_m 基本不变。

变压器空载运行时一、二次电压和电动势及主磁通的相量图如图3-8所示。通过相量图，可直观地表现所分析的各个电磁量大小、相位及其之间的关系。

2. 空载电流

空载电流 i_0 又称为励磁电流，它包含两个分量：一个分量叫做磁化电流 I_μ，其任务是建立幅值为 Φ_m 的主磁通，为无功电流分量；另一个分量叫做铁耗分量 I_{Fe}，其任务是补偿空载损耗（铁耗），为有功电流分量。

空载电流为

$$I_0 = \sqrt{I_\mu^2 + I_{Fe}^2} \qquad (3\text{-}19)$$

铁耗电流与铁耗的关系为

$$I_{Fe} = \frac{p_{Fe}}{E_1} \approx \frac{p_{Fe}}{U_1} \qquad (3\text{-}20)$$

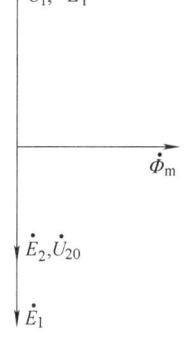

图3-8 变压器空载运行时一、二次电压和电动势及主磁通的相量图

通常 $I_\mu \gg I_{Fe}$，所以 $\dot{U}_1$ 与 $\dot{I}_0$ 之间的相位差 φ_0 接近90°。

3. 漏电动势与漏电抗

由于漏磁通 $\Phi_{1\sigma}$ 主要是沿非铁磁性物质闭合的，磁路不会饱和，所以由漏磁通感应的漏电动势为

$$E_{1\sigma} \propto \Phi_{1\sigma} \propto I_0 \qquad (3\text{-}21)$$

相量关系式为

$$\dot{E}_{1\sigma} = -\mathrm{j}X_{1\sigma}\dot{I}_0 \qquad (3\text{-}22)$$

式中，$X_{1\sigma}$ 是一次绕组的漏电抗，表征漏磁通对电路的电磁效应，为一常数。

3.2.3 空载运行时的电动势平衡方程式、相量图及等效电路

当考虑漏电动势和电阻压降 $R_1 \dot{I}_0$ 时,变压器空载运行时的电动势平衡方程式为

$$\dot{U}_1 = \dot{I}_0 R_1 + (-\dot{E}_{1\sigma}) + (-\dot{E}_1) = \dot{I}_0 R_1 + \mathrm{j} \dot{I}_0 X_{1\sigma} + (-\dot{E}_1)$$
$$= \dot{I}_0 (R_1 + \mathrm{j} X_{1\sigma}) + (-\dot{E}_1) = \dot{I}_0 Z_1 + (-\dot{E}_1) \tag{3-23}$$

$$\dot{U}_{20} = \dot{E}_2 \tag{3-24}$$

式中,$Z_1 = R_1 + \mathrm{j} X_{1\sigma}$ 为一次绕组的漏阻抗。

相应的变压器空载运行的相量图如图3-9所示。

前面用了电抗压降 $\mathrm{j} \dot{I}_0 X_{1\sigma}$ 表示漏磁压降 $(-\dot{E}_{1\sigma})$,从而引出漏电抗 $X_{1\sigma}$ 的概念。如果对主磁路也如此处理,把电动势也看成一个电抗压降,从而引出励磁电抗的概念,就将对变压器的分析和计算带来许多方便。但考虑其主磁路与漏磁路的不同,主磁通会在铁心中引起铁耗,故还应引入一电阻,即总体应引入一个阻抗 Z_m,即

$$-\dot{E}_1 = \dot{I}_0 Z_\mathrm{m} = \dot{I}_0 (R_\mathrm{m} + \mathrm{j} X_\mathrm{m}) \tag{3-25}$$

Z_m、X_m、R_m 的计算如下,即

$$Z_\mathrm{m} = \frac{E_1}{I_0},\ R_\mathrm{m} = \frac{p_\mathrm{Fe}}{I_0^2},\ X_\mathrm{m} = \sqrt{Z_\mathrm{m}^2 - R_\mathrm{m}^2}$$

根据 $\dot{U}_1 = -\dot{E}_1 + \dot{I}_0 Z_1 = \dot{I}_0 Z_\mathrm{m} + \dot{I}_0 Z_1 = \dot{I}_0 (Z_1 + Z_\mathrm{m})$,可以画出变压器空载运行时的等效电路,如图3-10所示。

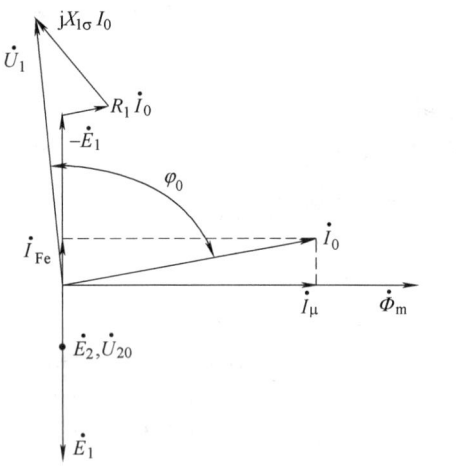

图3-9 变压器空载运行的相量图　　图3-10 变压器空载运行时的等效电路图

【**例3-2**】 一台三相变压器,$S_\mathrm{N} = 100\mathrm{kVA}$,$U_{1\mathrm{N}}/U_{2\mathrm{N}} = 6000\mathrm{V}/400\mathrm{V}$;每相参数 $Z_1 = R_1 + \mathrm{j} X_{1\sigma} = (4.2 + \mathrm{j}9.2)\Omega$,$Z_\mathrm{m} = R_\mathrm{m} + \mathrm{j} X_\mathrm{m} = (514 + \mathrm{j}5526)\Omega$。试计算:

(1) 励磁电流与额定电流的比值。
(2) 空载运行时输入功率。
(3) 一次相电压、相电动势及漏阻抗压降,并比较它们的大小。

解:本例虽为三相变压器,但属对称运行的分析,故只需求解一相的量。

(1) 先求取额定电流 $I_{1\mathrm{N}}$,再求取 $I_0/I_{1\mathrm{N}}$,即

$$I_{1N} = \frac{S_N}{\sqrt{3}U_{1N}} = \frac{100 \times 10^3}{\sqrt{3} \times 6000}\text{A} = 9.62\text{A}$$

由空载等效电路或电压方程可求 I_0，等效电路总阻抗为

$$Z_m + Z_1 = (4.2 + \text{j}9.2) + (514 + \text{j}5526) = 518.2 + \text{j}5535 = 5559.2\underline{/84.65°}\,\Omega$$

所以
$$I_0 = \frac{U_{1Np}}{|Z_m + Z_1|} = \frac{6000/\sqrt{3}}{5559.2}\text{A} = 0.623\text{A}, \quad \varphi_0 = 84.65°$$

比值
$$I_0/I_{1N} = 0.623/9.62 = 6.48\%$$

（2）空载输入功率

视在功率 $S_1 = \sqrt{3}U_{1N}I_0 = 3U_{1Np}I_0 = \sqrt{3} \times 6000 \times 0.623 = 6474\text{VA}$

有功功率 $P_1 = \sqrt{3}U_{1N}I_0\cos\varphi_0 = S_1\cos\varphi_0 = (6474 \times \cos84.65°)\text{W} = 604\text{W}$

无功功率 $Q_1 = \sqrt{3}U_{1N}I_0\sin\varphi_0 = S_1\sin\varphi_0 = 6474 \times \sin84.65°\text{var} = 6446\text{var}$

比较 P_1 和 Q_1 可见，空载运行时电源送入变压器的功率主要是无功功率，以建立变压器磁场。

（3）相电压、相电动势、漏阻抗压降及其比较

相电压 $U_{1Np} = \dfrac{U_{1N}}{\sqrt{3}} = \dfrac{6000}{\sqrt{3}}\text{V} = 3464\text{V}$

相电动势 $E_1 = I_0|Z_m| = 0.623 \times \sqrt{514^2 + 5526^2}\text{V} = 3458\text{V}$

漏阻抗压降 $I_0|Z_1| = 0.623 \times \sqrt{4.2^2 + 9.2^2}\text{V} = 6.2\text{V}$

上述数据表明，$E_1 \gg I_0|Z_1|$，故 $U_1 \approx E_1$ 在工程应用中已是比较精确的。

比值 $E_1/U_{1Np} = 99.8\%$， $|I_0Z_1|/U_{1Np} = 0.18\%$

3.3 变压器的负载运行

变压器的负载运行指的是，将一次 AX 接交流电压 $\dot{U}_1$、二次 ax 与负载 Z_L 联接的运行状态，其示意图如图 3-11 所示。与空载运行不同的是，二次 ax 与负载 Z_L 接通，在二次绕组电动势 $\dot{E}_2$ 作用下，二次绕组有电流 $\dot{I}_2$ 流过，二次负载上的电压为 $\dot{U}_2$，所以 $\dot{I}_2 = \dot{U}_2/Z_L$。显然，$\dot{I}_2$ 大小和相位取决于负载阻抗 Z_L 的大小和性质（容性、感性、阻性）。图 3-11 中一次侧各电磁量正方向与空载运行时的正方向一致。如果 $\dot{U}_1$ 和 $\dot{I}_1$ 以及 $\dot{E}_1$ 按电动机惯例定向，即电源向变压器输入的有功功率为 $P_1 = U_1I_1\cos\varphi_1$，那么当 $P_1 > 0$ 时，电源向变压器输入有功功率，反之亦然；如果二次 $\dot{U}_2$、$\dot{I}_2$、$\dot{E}_2$ 按发电机惯例定向，即变压器向负载输出的有功功率为 $P_2 = U_2I_2\cos\varphi_2$，那么当 $P_2 > 0$ 时，变压器向负载输出有功功率，反之亦然。

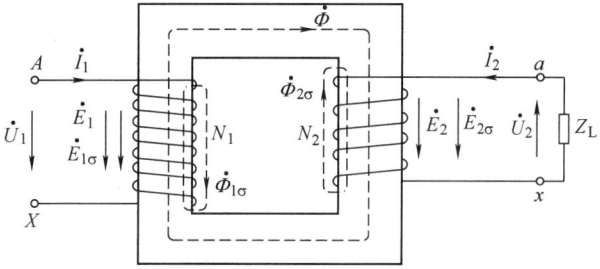

图 3-11 变压器的负载运行示意图

3.3.1 负载运行时的基本方程式

1. 磁通势平衡方程式

由图 3-11 可见，负载运行时变压器一、二次绕组分别有电流 $\dot{I}_1$ 和 $\dot{I}_2$，并产生各自的磁通势 $\dot{F}_1 = \dot{I}_1 N_1$ 和 $\dot{F}_2 = \dot{I}_2 N_2$。负载时变压器中的主磁通由一、二次绕组的磁通势共同产生。按照图中所示的参考方向，负载时变压器一、二次绕组的合成磁通势为 $\dot{F}_m$，即 $\dot{F}_m = \dot{F}_1 + \dot{F}_2$。

虽然变压器负载后，一次绕组的电流 $\dot{I}_1$ 与空载电流 $\dot{I}_0$ 相比增加很多，但是由于一次侧漏阻抗 Z_1 很小，漏阻抗压降也很小，使得一次绕组电压 $\dot{U}_1 \approx -\dot{E}_1 = \text{j}4.44fN_1\dot{\Phi}_m$ 仍能满足，所以，当变压器一次电压 $\dot{U}_1$ 不变时，$\dot{E}_1$ 和 $\dot{\Phi}_m$ 就可以认为不变。也就是说，无论变压器空载运行还是负载运行，变压器主磁通、合成磁通势都是不变的。如果变压器空载磁通势 $\dot{F}_0 = \dot{I}_0 N_1$，那么负载时的合成磁通势与空载磁通势相等，即 $\dot{F}_m = \dot{F}_0$。可得变压器的磁通势平衡方程为

$$\dot{I}_1 N_1 + \dot{I}_2 N_2 = \dot{I}_0 N_1 \tag{3-26}$$

因为 U_1 不变，Φ_m 近似不变，所以有

$$\dot{I}_1 = \dot{I}_0 + \left(-\frac{N_2}{N_1}\right)\dot{I}_2 \tag{3-27}$$

上式表明，当变压器负载运行时，一次电流 $\dot{I}_1$ 由两部分组成：一部分是励磁电流 $\dot{I}_0$，用来建立变压器磁场，其值固定不变；另一部分是负载分量 $\left(-\frac{N_2}{N_1}\right)\dot{I}_2$，用来平衡二次磁通势 $\dot{F}_2$ 的去磁作用，随负载电流 $\dot{I}_2$ 的改变而改变。

2. 负载运行时变压器的电压方程

在变压器负载以后，二次绕组电流 $\dot{I}_2$ 也会产生只与二次侧交链的漏磁通 $\dot{\Phi}_{2\sigma}$，如图 3-11 所示。与一次处理漏电感的方法相同，也可以用二次漏感系数 $L_{2\sigma}$ 和二次漏抗 $X_{2\sigma}$ 来表示。因此，根据图 3-11 中的参考方向，二次漏电动势为

$$\dot{E}_{2\sigma} = -\text{j}\omega L_{2\sigma}\dot{I}_2 = -\text{j}X_{2\sigma}\dot{I}_2 \tag{3-28}$$

如果用 R_2 表示二次绕组电阻，那么二次电流 $\dot{I}_2$ 在二次绕组产生的电阻压降就为 $\dot{I}_2 R_2$。根据基尔霍夫定律，可得二次绕组端口 ax 间的电压，即二次电压方程为

$$\begin{aligned}\dot{U}_2 &= \dot{E}_2 - \dot{I}_2 R_2 + \dot{E}_{2\sigma} = \dot{E}_2 - \dot{I}_2 R_2 - \text{j}X_{2\sigma}\dot{I}_2 \\ &= \dot{E}_2 - \dot{I}_2(R_2 + \text{j}X_{2\sigma}) \\ &= \dot{E}_2 - \dot{I}_2 Z_2\end{aligned} \tag{3-29}$$

同时有 $Z_2 = R_2 + \text{j}X_{2\sigma}$，式中 Z_2 为二次漏阻抗。

仔细分析式 (3-29) 可见，变压器二次对负载而言相当于电源，电动势 $\dot{E}_2$ 是电源的电动势，$\dot{E}_2$ 在克服内阻抗压降 $\dot{I}_2 Z_2$ 后，从端口 ax 向外部负载输出端电压 $\dot{U}_2$，从而向负载提供电能。

仿照式 (3-23)，可以得到变压器负载时的一次电压方程为

$$\dot{U}_1 = -\dot{E}_1 + \dot{I}_1(R_1 + \text{j}X_{1\sigma}) = -\dot{E}_1 + \dot{I}_1 Z_1 \tag{3-30}$$

式 (3-30) 表明，变压器一次侧相当于电源的负载，外加电压 $\dot{U}_1$ 与一次绕组的反电动

势 $-\dot{E}_1$ 和内阻抗压降 $\dot{I}_1 Z_1$ 相平衡。

根据上述分析，表征变压器负载运行的基本方程可归纳如下：

1) 一次电压方程 　　　$\dot{U}_1 = -\dot{E}_1 + \dot{I}_1 Z_1$ 　　（$Z_1 = R_1 + jX_{1\sigma}$）

2) 二次电压方程 　　　$\dot{U}_2 = \dot{E}_2 - \dot{I}_2 Z_2$ 　　（$Z_2 = R_2 + jX_{2\sigma}$）

3) 一、二次电动势关系 　$\dfrac{\dot{E}_1}{\dot{E}_2} = \dfrac{N_1}{N_2} = k$

4) 磁通势平衡方程 　　　$\dot{I}_0 N_1 = \dot{I}_1 N_1 + \dot{I}_2 N_2$ 　或　 $\dot{I}_0 = \dot{I}_1 + \dot{I}_2 \dfrac{1}{k}$

5) 一次励磁电流 　　　　$-\dot{E}_1 = \dot{I}_0 Z_m$

6) 负载电压 　　　　　　$\dot{U}_2 = \dot{I}_2 Z_L$ 　　（Z_L 为负载阻抗）

这 6 个方程式综合了变压器内部的电磁关系，可以用来研究、分析和计算变压器的各种运行情况，但是求解复数联立方程比较困难。为此，一般采用折算方法，推导出变压器负载运行时的等效电路，从而使分析计算大为简化。

3.3.2 负载运行时的绕组折算法

上述变压器的 6 个基本方程，可以用来分析变压器的运行状况。但变压器一、二次间没有电的联系，仅靠磁耦合关系进行能量传递，计算不够方便，故工程上采用折算法来解决这个问题。

折算法实质上是在保持功率关系、并使磁通势关系不变的条件下，将绕组的实际匝数、电压、电流变换为一个折算值，然后进行分析计算。将二次绕组折算到一次的具体做法是，用假想的匝数为 N_1、电流为 $\dot{I}_2'$ 的一次绕组代替匝数为 N_2、电流为 $\dot{I}_2$ 的原实际的二次绕组，但仍保持原主磁通、功率及磁通势关系不变，即

$$\dot{I}_2' N_1 = \dot{I}_2 N_2 = \dot{F}_2$$

根据磁通势平衡方程 $\dot{I}_0 N_1 = \dot{I}_1 N_1 + \dot{I}_2 N_2$，折算后磁通势平衡方程为 $\dot{I}_1 N_1 + \dot{I}_2' N_1 = \dot{I}_0 N_1$。

可见，折算后一次磁通势和二次磁通势都没有受到折算的影响，因此变压器仍保持原主磁通与功率的关系，但磁通势平衡方程形式改变了，原变压器等效为另一电流比（$k = 1$）的变压器。对折算后的值，在变量的右上角均加"'"来表示。

这种保持绕组磁通势不变而假想改变它的匝数与电流的方法称为折算法。保持二次绕组磁通势不变，而假想它的匝数与一次绕组相同的折算法称为二次折算到一次。实际绕组的各个量称为实际值或折算前的值，假想绕组的各个量称为折算值。实际值（也就是折算前的值）与折算后的值之间有一定的关系，称为折算关系。现将变压器各量的折算关系推导如下。

1. 电流 I_2 的折算

由于折算前后磁通势 $\dot{F}_2$ 不变，$\dot{I}_2' N_1 = \dot{I}_2 N_2$，所以 $\dot{I}_2' = \dot{I}_2 \dfrac{N_2}{N_1} = \dot{I}_2 \dfrac{1}{k}$，即

$$\dot{I}_2' = \dot{I}_2 \dfrac{1}{k} \tag{3-31}$$

可见，电流折算只需将原值乘以 $\dfrac{1}{k}$ 即可。

2. 电压和电动势的折算

保持折算前后主磁通 $\dot{\Phi}_m$ 不变，则 $\dfrac{\dot{E}_2'}{4.44fN_1} = \dfrac{\dot{E}_2}{4.44fN_2}$

所以 $\dot{E}_2' = k\dot{E}_2 = \dot{E}_1$，应有

$$E_2' = kE_2 = E_1 \tag{3-32}$$

同理，保持 $\dot{\Phi}_{2\sigma}$ 不变，$\dot{E}_{2\sigma}' = k\dot{E}_{2\sigma}$。应有

$$E_{2\sigma}' = kE_{2\sigma} \tag{3-33}$$

同理，$\dot{U}_2' = k\dot{U}_2$，应有

$$U_2' = kU_2 \tag{3-34}$$

可见，电压、电动势折算只需将原值乘以 k 即可。

3. 阻抗的折算

阻抗折算的原则是保持折算前后功率不变。当保持电阻损耗功率不变时，

因为 $I_2'^2 R_2' = I_2^2 R_2$ 所以 $R_2' = \dfrac{I_2^2}{I_2'^2} R_2 = k^2 R_2$

同理 $R_L' = k^2 R_L$。

保持无功功率不变时有 $I_2'^2 X_{2\sigma}' = I_2^2 X_{2\sigma}$

因为 $I_2'^2 X_{2\sigma} = I_2^2 X_{2\sigma}$ 所以 $X_{2\sigma}' = \dfrac{I_2^2}{I_2'^2} X_{2\sigma} = k^2 X_{2\sigma}$

同理 $X_L' = k^2 X_L$。

可见，阻抗的折算是乘以 k 的平方。

在电气工程计算时，也可能要求将一次阻抗折算到二次阻抗，其原理是相同的。

综上分析，折算后变压器的 6 个基本方程为

(1) $\dot{I}_1 + \dot{I}_2' = \dot{I}_0$ (2) $\dot{U}_1 = -\dot{E}_2' + \dot{I}_1 Z_1$

(3) $\dot{U}_2' = \dot{E}_2' - \dot{I}_2' Z_2'$ (4) $\dot{E}_1 = \dot{E}_2'$

(5) $\dot{E}_1 = -\dot{I}_0 Z_m$ (6) $\dot{U}_2' = \dot{I}_2' Z_L'$

3.3.3 负载运行时的等效电路

根据上述折算后的 6 个基本方程式，可以求得一次电流的表达式（请读者自行推导）为

$$\dot{I}_1 = \dfrac{\dot{U}_1}{Z_1 + \dfrac{1}{\dfrac{1}{Z_m} + \dfrac{1}{Z_2' + Z_L'}}} = \dfrac{\dot{U}_1}{Z_d} \tag{3-35}$$

式中，变压器的等效阻抗为

$$Z_d = Z_1 + \dfrac{1}{\dfrac{1}{Z_m} + \dfrac{1}{Z_2' + Z_L'}}$$

由此，可以导出变压器负载运行时的等效电路如图 3-12 所示。此等效电路称为 T 形等

效电路。

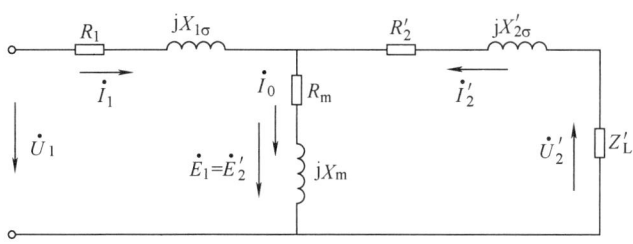

图 3-12 变压器负载运行时的等效电路

显然 T 形等效电路准确，但计算比较繁琐，考虑到在一般变压器中，$I_0 \ll I_{1N}$、$Z_1 \ll Z_m$，为简化计算，可将励磁支路前移，即把 $\dot{I}_0$ 近似看成常数，不受负载影响，并忽略 $\dot{I}_0$ 在 R_1、$X_{1\sigma}$ 上的压降，从而得到变压器 Γ 形等效电路，如图 3-13 所示。

在分析变压器的许多负载问题（如次级电压变化、并联运行的负载分配等）时，由于 $I_0 \ll I_{1N}$，所以在工程实际中，可以忽略 I_0，即去掉励磁支路，从而得到更为简单的电路。变压器简化等效电路如图 3-14 所示。

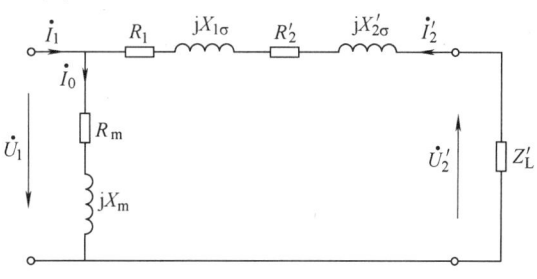

图 3-13 变压器 Γ 形等效电路

由图 3-14 可知，当二次短路、即 $Z'_L = 0$ 时，变压器的阻抗为 $Z_k = R_k + jX_k = Z_1 + Z'_2$，称为短路阻抗，其实部 $R_k = R_1 + R'_2$ 称为短路电阻；其虚部 $X_k = X_{1\sigma} + X'_{2\sigma}$ 称为短路电抗。短路阻抗是变压器的重要参数，它反映了变压器的内部阻抗以及负载运行时的内部压降，可以用短路试验的方法来求取。对于三相变压器，以上等效电路图表示对称三相中的一相。

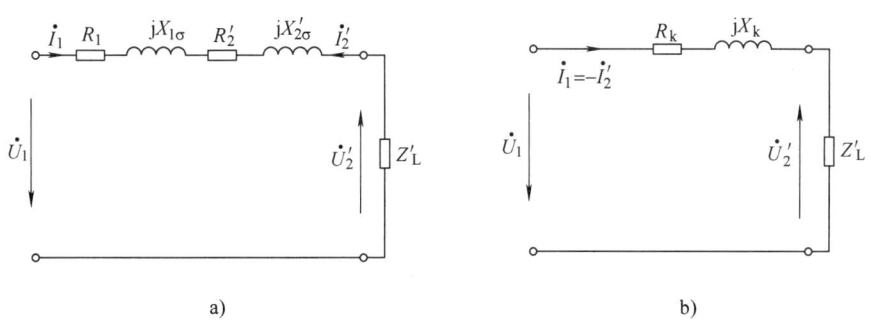

图 3-14 变压器简化等效电路
a) 一字形等效电路 b) 用短路阻抗表示的等效电路

3.3.4 负载运行时的相量图

根据基本方程式和 T 形等效电路，不难画出相应的相量图。变压器感性负载运行时的相量图如图 3-15 所示。

【**例 3-3**】 一台三相变压器 Y/Y 连通，$S_N = 750 \text{kVA}$，额定电压 $U_{1N}/U_{2N} = 10000/400\text{V}$，

已知每相短路电阻 $R_k = 1.40\Omega$，短路电抗 $X_k = 6.48\Omega$。该变压器一次侧接额定电压，二次侧接三相对称负载（Y 接法），负载的每相阻抗 $Z_L = (0.20 + j0.07)\Omega$。计算：

（1）变压器一、二次侧负载电流 I_1、I_2。

（2）二次电压。

（3）输入及输出功率（有功及无功）。

（4）变压器带此负载的运行效率。

解：可应用简化电路求解

（1）一、二次负载电流

电压比 $k = \dfrac{U_{1N}/\sqrt{3}}{U_{2N}/\sqrt{3}} = \dfrac{10000/\sqrt{3}}{400/\sqrt{3}} = 25$

负载阻抗 $Z_L = (0.20 + j0.07) = 0.212\angle 19.29°\ \Omega$

$$Z'_L = K^2 Z_L = (125 + j43.75)\Omega$$

忽略 I_0，采用简化等值电路进行计算，如图 3-16 所示。

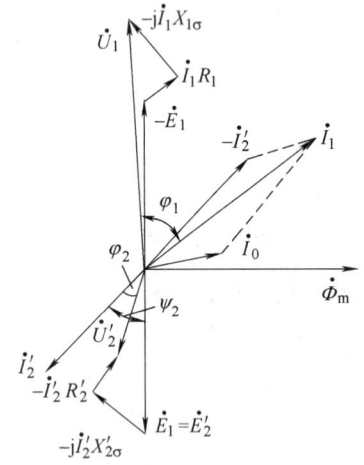

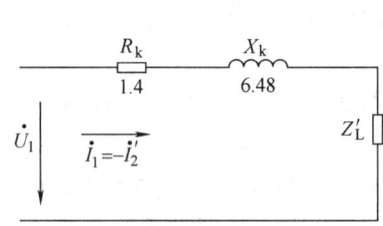

图 3-15　变压器负载运行时的相量图　　　　图 3-16　例 3-3 图

从一次看进去每相总阻抗为

$$Z = Z_k + Z'_L = R_k + jX_k + R'_L + jX'_L$$
$$= 1.40 + j6.48 + 125 + j43.75$$
$$= 136.01\underline{/21.67°}$$

一次电流 $I_1 = \dfrac{U_{1N}/\sqrt{3}}{|Z|} = \dfrac{10000/\sqrt{3}}{136.01}\text{A} = 42.45\text{A}$

二次电流 $I_2 = kI_1 = 25 \times 42.45\text{A} = 1061.25\text{A}$

（2）二次电压

$$U_2 = \sqrt{3}I_2|Z_L| = \sqrt{3} \times 1061.25 \times 0.212\text{V} = 389.7\text{V}$$

（3）输入及输出功率

一次功率因数角 $\varphi_1 = 21.67°$

一次功率因数 $\cos\varphi_1 = \cos 21.67° = 0.93$

输入的有功功率 $P_1 = \sqrt{3}U_{1N}I_1\cos\varphi_1 = \sqrt{3}\times 10000 \times 42.45\times 0.93\text{W}$
$= 683.8\times 10^3\text{W}$

输入的无功功率 $Q_1 = \sqrt{3}U_{1N}I_1\sin\varphi_1 = 271.5\times 10^3\text{var}$（滞后）

二次功率因数 $\cos\varphi_2 = \cos 19.29° = 0.94$　　　（$\varphi_2 = \varphi_L = 19.29°$）

输出功率 $P_2 = \sqrt{3}U_2I_2\cos\varphi_2 = \sqrt{3}\times 389.7\times 1061.25\times 0.94\text{W} = 673.3\times 10^3\text{W}$

输出无功功率 $Q_2 = \sqrt{3}U_2I_2\sin\varphi_2 = 236.6\times 10^3\text{var}$（滞后）

(4) 运行效率 $\eta = \dfrac{P_1}{P_2} = \dfrac{673.3\times 10^3}{683.8\times 10^3} = 98.46\%$

3.3.5　理想变压器

理想变压器就是将变压器特性理想化，即假设忽略绕组电阻，忽略漏磁通（认为所有磁通都通过铁心），忽略铁心损耗；铁心磁导率足够高（认为磁路仅仅需要很小的励磁电流来建立磁通，并且这个电流可以忽略）。从例 3-3 可见，实际变压器的这些性能接近满足，但不可能完全满足。具有这些性能的变压器通常称为理想变压器。在上述假设的情况下变压器的基本方程为

$$\left.\begin{array}{l}\dot{U}_1 = -\dot{E}_1 \\ \dot{U}_2 = \dot{E}_2 \\ \dfrac{E_1}{E_2} = \dfrac{U_1}{U_2} = k \\ \dot{I}_1 N_1 + \dot{I}_2 N_2 = 0 \quad\left(I_1 = \dfrac{I_2}{k}\right) \\ \dot{U}_2 = \dot{I}_2 Z_2 \\ U_1 I_1 = U_2 I_2\end{array}\right\} \tag{3-36}$$

利用理想变压器的这 6 个基本方程进行工程计算可以获得更多方便，当然会引起一些误差。若读者运用式（3-36）重新计算例 3-3，则会发现其误差是有限的。显然，利用理想变压器进行工程估算是十分简便的。

基本方程式、等效电路和相量图是分析变压器的 3 种不同的方法，它们各自具有不同的特点和用途。

3.4　变压器参数的测定

在用基本方程式、等效电路或相量图分析计算变压器的运行性能时，必须知道变压器的参数。对用户来说，这些参数可以通过试验方法测定。

3.4.1　空载试验

从空载试验可以求出变压器的电压比 k、铁耗 p_{Fe} 及励磁阻抗 Z_m。

单相变压器空载试验接线图如图 3-17 所示。在工频正弦的额定电压 U_{1N} 下测取 U_1、I_0、

P_0、U_{20}。

变压器的电压比为

$$k = U_1/U_{20}$$

变压器的铁耗：由于变压器空载运行时的空载电流 I_0 很小，所以产生的铜耗 $I_0^2 R_1$ 可以忽略不计。为此近似认为 $p_{Fe} = P_0 = I_0^2 R_m$。

变压器的励磁阻抗：变压器空载运行时 $I_2' = 0$，由等效电路可得

$$Z_0 = \frac{U_1}{I_0} = |Z_1 + Z_m|$$
$$= \sqrt{(R_1 + R_m)^2 + (X_{1\sigma} + X_m)^2}$$

由于 $Z_m \gg Z_1$，$R_m \gg R_1$，$X_m \gg X_{1\sigma}$，所以可认为

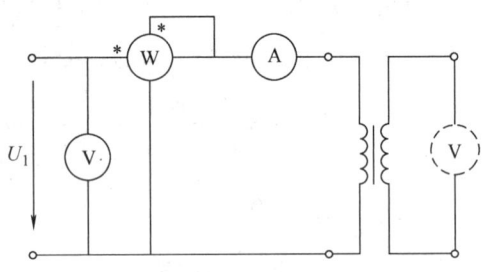

图 3-17 单项变压器空载试验接线图

$$Z_m \approx Z_0 = \frac{U_1}{I_0}$$

$$R_m \approx R_0 = \frac{P_0}{I_0^2}$$

$$X_m \approx X_0 = \sqrt{Z_m^2 - R_m^2}$$

Z_m 的数值与磁路的饱和程度有关，一般应以在额定电压下测得的数据来计算励磁参数。空载试验一般在低压测取，测得数据后应折算到高压侧。

3.4.2 短路试验

短路试验可以测出变压器的铜耗 p_{cu} 和短路阻抗 Z_k。

单相变压器短路试验接线图如图 3-18 所示（在高压侧）。

在高压侧加欠电压，约为额定电压的 5% ~ 10%，使高压侧电流等于额定电流，测取 U_k、I_k 和 P_k。

变压器的铜耗：由于施加电压很低，铁耗很小可忽略，所以

$$P_{cu} \approx P_k = I_k^2 R_k$$

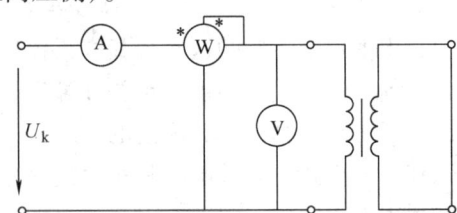

图 3-18 单相变压器短路试验接线图

变压器的短路参数为

$$Z_k = \frac{U_k}{I_k}, \quad R_k = \frac{P_k}{I_k^2}, \quad X_k = \sqrt{Z_k^2 - R_k^2}$$

按国家标准规定，应将油浸式变压器电阻折算到75℃时的数值，θ 为试验时的室温。

$$R_{k75} = R_k \frac{234.5 + 75}{234.5 + \theta}$$

$$Z_{k75} = \sqrt{R_{k75}^2 + X_k^2}$$

在进行短路试验时，当绕组中电流达到额定时，加在一次绕组的阻抗电压应为 $U_k = I_{1N}$

Z_{k75},此电压称为阻抗电压或短路电压。通常用相对值表示,即

$$u_k = \frac{U_k}{U_{1N}} \times 100\% = \frac{I_{1N} Z_{k75}}{U_{1N}} \times 100\% = Z_k^* \quad （阻抗电压相对值）$$

阻抗电压相对值是变压器很重要的参数之一。一般中小型电力变压器的 u_k 为 4%~10.5%,大型电力变压器的 u_k 为 12.5%~17.5%。

3.5 变压器的运行特性

变压器的运行特性指标包括电压变化率和效率。电压变化率反映的是变压器的二次电压随负载的变化情况。

3.5.1 变压器的电压变化率及外特性

1. 变压器的电压变化率

当变压器空载时,二次电压 $U_{20} = U_{2N}$,负载后变压器像一个有内阻的电源,随着负载的变化,输出电压也在变化。即使一次电压不变,当二次接上负载时,变压器的漏阻抗产生的内部电压降,也会使二次电压改变,且随负载的变化而变化。把负载后变压器输出电压 U_2 的变化量 $U_{2N} - U_2$ 与额定电压 U_{2N} 的比值称为电压变化率,用 Δu 来表示,即

$$\Delta u = \frac{U_{2N} - U_2}{U_{2N}} \times 100\% = \frac{U_{1N} - U_2'}{U_{1N}} \times 100\% \tag{3-37}$$

电压变化率 Δu 是变压器的重要性能之一,它反映了变压器供电电压的稳定性。在一定程度上,它还反映了电能的质量,故是变压器的主要性能之一。变压器的电压变化率可根据简化的等效电路及其相量图来求取。

变压器接感性负载后的简化等效电路和相量图如图3-19所示。

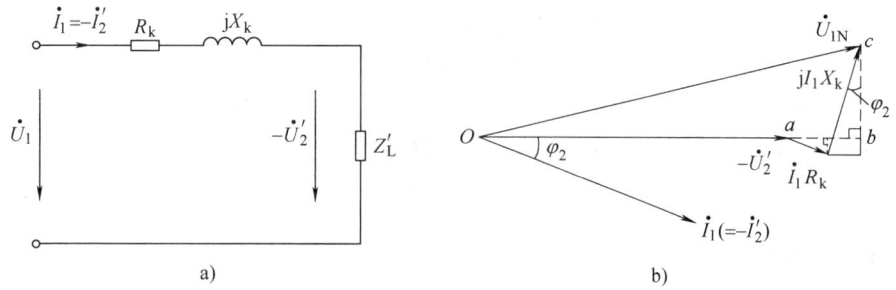

图 3-19 变压器接感性负载后的简化等效电路和相量图
a) 简化等效电路 b) 相量图

在图3-19b所示的相量图中,过 c 点作矢量 $-\dot{U}_2'$ 的延长线的垂线与延长线交于 b 点,由于线段 $\overline{cb}$ 比 $\overline{ob}$ 小得多,所以

$$U_{1N} \approx U_2' + \overline{ab} \tag{3-38}$$

根据几何关系可得

$$\overline{ab} = I_1 R_k \cos\varphi_2 + I_1 X_k \sin\varphi_2 \tag{3-39}$$

式中，I_1 为一次电流。

将式（3-38）与式（3-39）代入式（3-37）得

$$\Delta u = \frac{U_{1N} - U_2'}{U_{1N}} \times 100\% \approx \frac{\overline{ab}}{U_{1N}} \times 100\%$$

$$= \frac{I_1 R_k \cos\varphi_2 + I_1 X_k \sin\varphi_2}{U_{1N}} \times 100\%$$

$$= \beta \frac{I_{1N} R_k \cos\varphi_2 + I_{1N} X_k \sin\varphi_2}{U_{1N}} \times 100\% \quad (3\text{-}40)$$

式中，$\beta = \dfrac{I_1}{I_{1N}}$ 为负载系数。对于三相变压器，式（3-40）中的电压和电流为相值。

从式（3-40）可看出，变压器的电压变化率不仅决定于它的短路参数 R_k、X_k 和负载系数 β，而且与负载的功率因数有关。

变压器带额定负载（$\beta = 1$）时的电压变化率叫做变压器的额定电压变化率。这是变压器的一个重要运行性能指标，它标志变压器输出电压的稳定程度。

2. 变压器的外特性

变压器二次电压与负载电流的关系叫做变压器的外特性。变压器的外特性如图 3-20 所示。在实际变压器中，一般 X_k 比 R_k 大得多，当负载为纯电阻时，即 $\cos\varphi_2 = 1$，Δu 很小，如图 3-20 中曲线 2 所示；当负载为感性负载时，$\varphi_2 > 0$，$\cos\varphi_2$ 和 $\sin\varphi_2$ 均为正值，Δu 为正值，说明二次电压随负载电流 I_2 的增大而下降，因为 $I_{1N} X_k \gg I_{1N} R_k$，所以 φ_2 角越大，Δu 越大，如图 3-20 中曲线 3 所示；但当负载为容性负载时，$\varphi_2 < 0$，$\cos\varphi_2 > 0$，而 $\sin\varphi_2 < 0$，当 $|I_1 R_k \cos\varphi_2| < |I_{1N} X_k \sin\varphi_2|$ 时，Δu 为负值，即表示

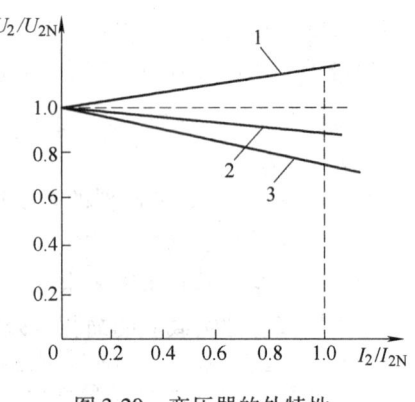

图 3-20 变压器的外特性

二次电压 U_2 随负载电流 I_2 的增加而升高。同样，φ_2 角绝对值越大，Δu 的绝对值越大，如图 3-20 中曲线 1 所示。实际中，电力变压器所带的负载经常是电感性的负载，故端电压是下降的。

3.5.2 变压器的效率

输出功率 P_2 与输入功率 P_1 的比值为效率 η，即

$$\eta = \frac{P_2}{P_1} \times 100\% \quad (3\text{-}41)$$

1. 变压器的损耗

变压器的损耗只有铁耗和铜耗两大类。变压器的铁耗 p_{Fe} 就是空载损耗 p_0，即 $p_{Fe} = p_0$。可以通过空载实验测得，也可以按下式计算，即

$$p_{Fe} = m I_0^2 R_m \quad (3\text{-}42)$$

式中，m 是变压器的相数。

变压器的铜耗指负载损耗，指一次、二次绕组内直流电阻所引起的直流电阻损耗。铜耗与电流的平方成正比，变压器的铜耗可用下式计算，即

$$p_{Cu} = mI_1^2 R_K = \beta^2 p_{KN} \tag{3-43}$$

式中，p_{KN} 为额定负载铜损耗。

2. 变压器的效率及效率特性

变压器的输入功率为

$$P_1 = U_1 I_1 \cos\varphi_1 \tag{3-44}$$

输出功率为

$$P_2 = U_2 I_2 \cos\varphi_2 \tag{3-45}$$

如果忽略负载后二次绕组电压降，那么输出功率就为

$$\begin{aligned}P_2 &\approx U_{2N} I_2 \cos\varphi_2 = U_{2N} \frac{I_2}{I_{2N}} I_{2N} \cos\varphi_2 \\ &= U_{2N} \beta I_{2N} \cos\varphi_2 \\ &= \beta S_N \cos\varphi_2\end{aligned} \tag{3-46}$$

式中，$\beta = \dfrac{I_2}{I_{2N}} = \dfrac{I_1}{I_{1N}}$，为负载系数；$S_N$ 为变压器的额定容量，可由铭牌查出。

所以变压器效率为

$$\eta = \frac{P_2}{P_1} \times 100\% = \frac{P_1 - p_{Cu} - p_{Fe}}{P_1} \times 100\% = \left(1 - \frac{p_{Cu} + p_{Fe}}{P_2 + p_{Cu} + p_{Fe}}\right) \times 100\% \tag{3-47}$$

将式（3-42）、式（3-43）、式（3-46）代入式（3-47）得

$$\eta = \left(1 - \frac{p_0 + \beta^2 p_{KN}}{\beta^2 p_{KN} + \beta S_N \cos\varphi_2 + p_0}\right) \times 100\% \tag{3-48}$$

由式（3-48）可见，变压器的效率随负载电流大小变化。变压器的效率特性曲线如图 3-21 所示。

对式（3-48）微分，并取 $\dfrac{d\eta}{d\beta} = 0$，可得出结论，即当变值损耗等于定值损耗、$p_0 = \beta^2 p_{KN}$ 时，变压器有最大效率 η_{max}。同时，可以求得发生最大效率的负载系数 β_m 为

$$\beta_m = \sqrt{p_0/p_{KN}} \tag{3-49}$$

电力变压器很少处于长期满载运行状态，为使变压器长期运行达最高效率，一般设计 $\beta_m = 0.4 \sim 0.6$ 处，如图 3-21 所示。

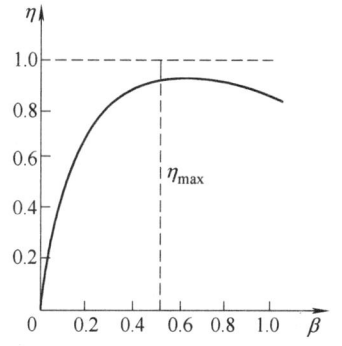

图 3-21 变压器的效率特性曲线

【例 3-4】 一台铜绕组三相变压器 Y/Y 连接，额定容量 $S_N = 630\text{kVA}$，额定电压 $U_{1N}/U_{2N} = 10/3.15\text{kV}$，$I_{1N} = 36.4\text{A}$，试验时的环境温度为 10℃，空载和短路试验数据如下：

试验名称	电压/V	电流/A	功率/W	备注
空载试验	3150	6.93	2450	电压加在二次
短路试验	450	36.4	7890	电压加在一次

求：1）归算到一次的励磁参数和短路参数值。

2）在额定负载下，当 $\cos\varphi_2 = 0.8$、$\cos(-\varphi_2) = 0.8$ 时的电压变化率、效率和二次电压。

3）当 $\cos\varphi_2 = 0.8$ 时，产生最高效率的负载系数 β_m 及最高效率 η_{max}。

解：1）计算各参数值。

电压比为 $k = \dfrac{U_{1N}/\sqrt{3}}{U_{2N}} = \dfrac{10 \times 10^3/\sqrt{3}}{3150} = 1.83$

空载试验二次相电压为 $U_{2N} = U_{20} = 3150\text{V}$

空载试验二次相电流为 $I_2 = \dfrac{6.93}{\sqrt{3}}\text{A} = 4\text{A}$

励磁参数为

$$Z_m' = \dfrac{3150}{4}\Omega = 787.5\Omega$$

$$R_m' = \dfrac{2450/3}{4^2}\Omega = 51\Omega$$

$$X_m' = \sqrt{Z_m'^2 - R_m'^2} = \sqrt{787.5^2 - 51^2}\Omega = 785.8\Omega$$

归算到一次，有

$$Z_m = 1.83^2 \times 787.5\Omega = 2632\Omega$$

$$R_m = 1.83^2 \times 51\Omega = 170.8\Omega$$

$$X_m = 1.83^2 \times 785.8\Omega = 2632\Omega$$

短路试验一次相电流、相电压分别为 $I_1 = I_{1N} = 36.4\text{A}$、$U_1 = \dfrac{450}{\sqrt{3}}\text{V} = 260\text{V}$

短路参数为

$$Z_K = \dfrac{260}{36.4}\Omega = 7.14\Omega$$

$$R_K = \dfrac{7890/3}{36.4^2}\Omega = 1.98\Omega$$

$$X_K = \sqrt{Z_K^2 - R_K^2} = \sqrt{7.14^2 - 1.98^2}\Omega = 6.86\Omega$$

折算到75℃时

$$R_{K75℃} = 1.98 \times \dfrac{234.5 + 75}{234.5 + 10}\Omega = 2.52\Omega$$

$$Z_{K75℃} = \sqrt{2.52^2 + 6.86^2}\Omega = 7.30\Omega$$

额定负载损耗为 $p_{KN} = 3 \times I_{1Np}^2 R_{K75℃} = 3 \times 36.4^2 \times 2.52\text{W} = 10000\text{W}$

2）在额定负载下，$\cos\varphi_2 = 0.8$ 时的电压调整率、效率和二次电压分别为

$$\Delta u = \beta\dfrac{I_{1Np}R_K\cos\varphi_2 + I_{1Np}X_K\sin\varphi_2}{U_{1Np}} \times 100\%$$

$$= 1 \times \dfrac{36.4 \times 1.98 \times 0.8 + 36.4 \times 6.86 \times 0.6}{10000/\sqrt{3}} \times 100\% = 3.86\%$$

$$\eta = \left(1 - \frac{p_0 + \beta^2 p_{KN}}{\beta^2 p_{KN} + \beta S_N \cos\varphi_2 + p_0}\right) \times 100\%$$

$$= \left(1 - \frac{2450 + 1^2 \times 10000}{1^2 \times 10000 + 1 \times 630 \times 10^3 \times 0.8 + 2450}\right) \times 100\%$$

$$= 97.6\%$$

$$U_2 = U_{2N}(1 - \Delta u) = 3150\left(1 - \frac{3.86}{100}\right)\text{V} = 3028\text{V}$$

在额定负载下，$\cos(-\varphi_2) = 0.8$ 时的电压变化率、效率和二次电压分别为

$$\Delta u = -1.33\%$$

$$\eta = 97.59\%$$

$$U_2 = 3192\text{V}$$

3) 当 $\cos\varphi_2 = 0.8$ 时，产生最高效率的负载系数 β_m 及最高效率 $\eta_{\max}$ 分别为

$$\beta_m = \sqrt{\frac{p_0}{p_{KN}}} = \sqrt{\frac{2450}{10000}} = 0.495$$

$$\eta_{\max} = \left(1 - \frac{2450 + 0.495^2 \times 10000}{0.495 \times 630 \times 10^3 \times 0.8 + 2450 + 0.495^2 \times 10000}\right) \times 100\% = 98.07\%$$

3.6 三相变压器的联结组别

在三相心式变压器的每个心柱上均套装一个高压绕组（线圈）和一个低压绕组（线圈），低压绕组在内，高压绕组在外，同心放置。3个心柱共6个线圈。本节介绍变压器一、二次绕组的联结方式及联结组别。

3.6.1 三相变压器绕组的联结方式

1. 星形接法

星形（丫形）接法如图3-22a所示，相电动势和线电动势相量图如图3-22b所示。

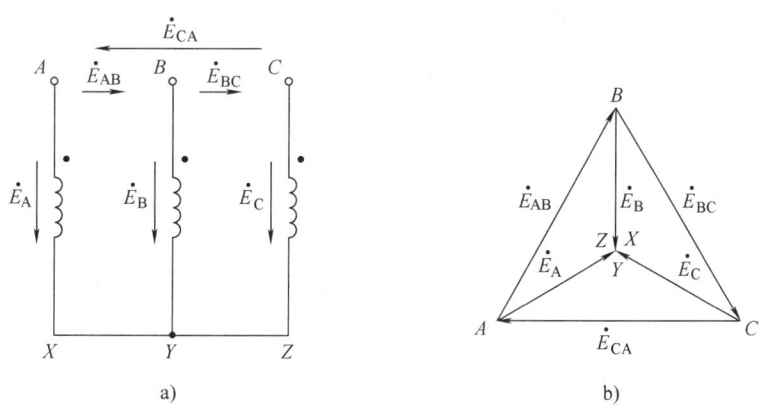

图 3-22 丫形接法以及相电动势和线电动势相量图
a）丫形接法图 b）相电动势和线电动势相量图

2. 三角形接法

三角形接法有两种。

第一种三角形接法的联结顺序为 AX—CZ—BY，其接法如图 3-23a 所示，相电动势和线电动势相量图如 3-23b 所示。

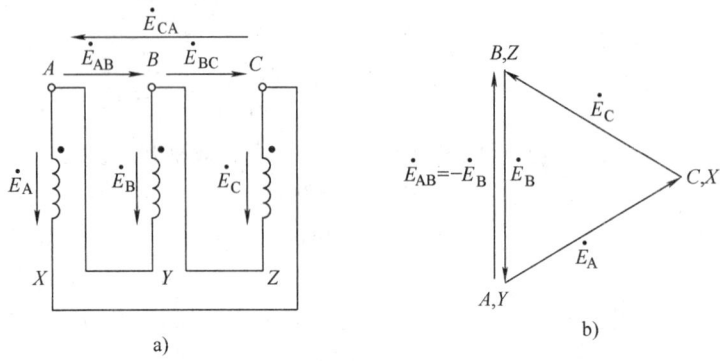

图 3-23　第一种三角形接法以及相电动势和线电动势相量图
a）第一种三角形接法图　b）相电动势和线电动势相量图

第二种三角形接法的联结顺序为 AX—BY—CZ，如图 3-24a 所示，相电动势和线电动势的相量图如图 3-24b 所示。

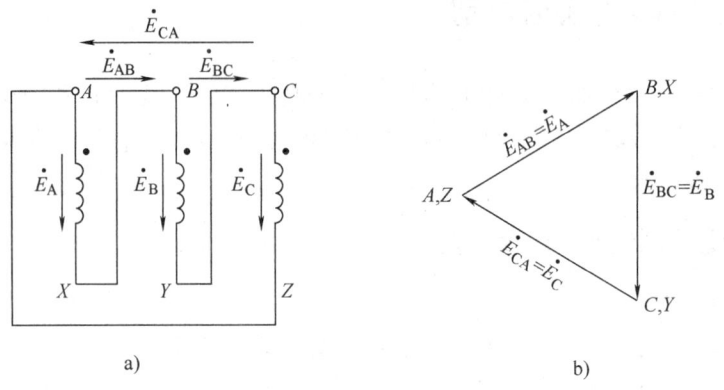

图 3-24　第二种三角形接法以及相电动势和线电动势相量图
a）第二种三角形接法图　b）相电动势和线电动势相量图

如果星形联结的中性点向外引出，那么高压方用 YN 表示，低压方用 yn 表示。如 YN，d 表示高压绕组星形联结，并且中性点向外引出，d 表示低压侧绕组三角形联结。

变压器的绕组联结，对其工作特性有较大的影响。例如 Y，yn 联结组，可在低压侧实现三相四线制供电；YN，d 联结组，可以实现高压侧中性点接地；Y，d 联结组其二次三角形联结，可以削弱三次谐波，对运行有利。

3.6.2　三相变压器的联结组别

1. 变压器一、二次绕组电动势的相位关系

放置在同一铁心柱上的一、二次两个绕组的感应电动势相位关系，可通过同名端来体现。通常在端点旁边打"·"作为标记，打"·"的两个端为同名端，另两个不打"·"的也是同名端。

按照同名端的定义，两个流入同名端的电流在其共同磁路中产生的磁通方向一致，故同名端与绕组绕向有关。单相变压器的绕组极性如图3-25所示。图3-25a中两个绕组的绕向相同，两个绕组的对应端 A 和 a 端为同名端，按图中所给电动势的参考极性，$\dot{E}_{AX}$ 与 $\dot{E}_{ax}$ 的相位相同。图3-25b中两个绕组绕向相反，两个绕组非对应端 A 和 X 是同名端，所以 $\dot{E}_{AX}$ 与 $\dot{E}_{ax}$ 的相位相反。由以上分析可知，对于单相变压器，一次、二次电压的相位差只有0°（同相）和180°（反向）两种。

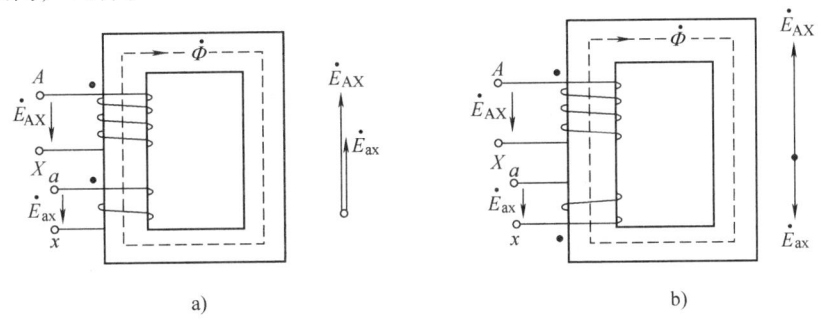

图3-25 单相变压器的绕组极性
a) 绕向相同，同名端为首端 b) 绕向相反，异名端为首端

2. 三相变压器联结组的时钟表示法

变压器的联结组采用时钟表示法。所谓时钟表示法就是把高压侧的电压相量看做时钟的长针（分针），并固定地指向0点（12点）；将低压侧电压相量看做时钟的短针（时针），短针所指的钟点数称为变压器的标号（组别）。

三相变压器各相高、低压绕组的电压相位可能同相或反相，并且三相绕组又可能接成星形或三角形。这样，三相变压器高、低压侧对应线电压的相位差总是30°的整数倍。如某变压器联结组标号为 $Y,d11$，表示该变压器的高压侧绕组为星形联结，低压侧绕组为三角形联结，低压侧线电压滞后高压侧对应线电压的相位差是 $11 \times 30° = 330°$，当用"时钟表示法"表示时，低压侧电压相量指向时钟的11点。按上述规定，三相变压器联结组有0、1、2、…、11，共有12种标号，每相邻两标号间相量的相位差为30°，与时钟表盘上的钟点数相一致。

新标准规定，将变压器高、低压侧的两个线电压三角形的中心点人为重合（对三角形接法，采用三角形的虚拟中心），取高压侧某相线端（如 A 端）与中心点间的相电压相量作为时钟的长针（分针）并固定指向0点（12点），取低压侧对应相线端（如 a 端）与中心点间的相电压相量作为时钟的短针（时针），若短针落后于长针的角度表示对应相电压间相位差，则短针（时针）所指的钟点数就是变压器绕组的联结组标号（组别）。

3. 三相变压器的联结组别详述

对高、低压绕组可以分别采用星形或三角形联结方法，分别用 Y（y）和 D（d）表示。Y 接有中性线的用 Y_N（y_0）表示。

三相变压器一、二次绕组可以分别采用不同的联结方法，绕组出线端也可以采用不同的标法，绕组的绕法均会使三相变压器一、二次绕组线电动势之间出现不同的相位差，这对使用变压器有重要影响。为此，必须确定每台变压器的联结组。联结组含有两个内容，即一次、二次绕组的联结方法和反映相位差的联结组标号。

（1）Y，y 联结

1）Y，y0 或 Y，yn0 联结组别。设已知绕组接法和同极性端如图 3-26 所示，确定其联结组别的方法是，先画出一次的电动势相量图，将 a 与 A 画在一起，再从 a 点出发画 $\dot{E}_a$，由于二次绕组 ax 与二次绕组 AX 上下对齐，表示套于同一铁心柱上，且同极性端同为首端，所以 $\dot{E}_a$ 与 $\dot{E}_A$ 同相（重合）。采用同样方法，可以画出二次的电动势相量图如图 3-26b 所示，再用时钟表示法确定其连接组标号。时钟表示法是把 $\dot{E}_{AB}$ 作为分针且总指向 "12"，$\dot{E}_{ab}$ 作为时针，所指的钟点数即为标号。图 3-26b 中 $\dot{E}_{ab}$ 亦指 "12"，12 点相当于 "0" 点，故标号为 0，连接组别为 Y，y0。如果二次中性点有中性线引出，就是 Y，yn0。

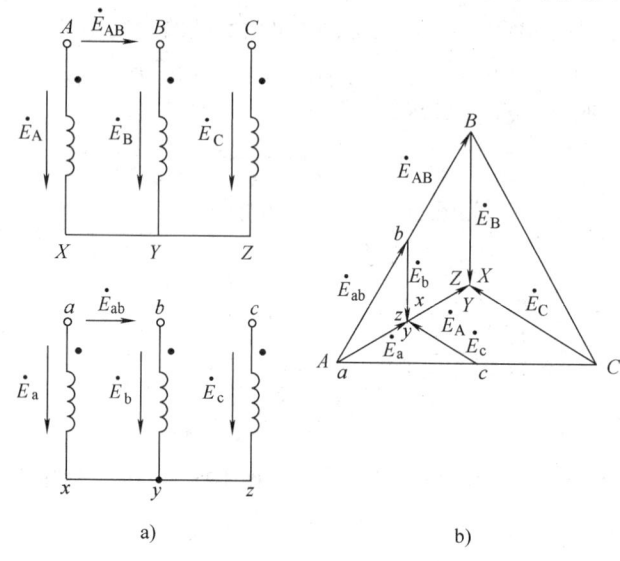

图 3-26 Y，y_0 联结组别
a）绕组接法 b）电动势相量图

2）Y，y6 联结组别。如果仍是 Y，y 接法，将同一相的一次、二次绕组套在同一铁心柱上，但改为同极性端不同为首端，如图 3-27a 所示那么同一相一次、二次绕组的电动势反相，据此就可得电动势相量图，如图 3-27b 所示，可见联结组别变为 Y，y6。

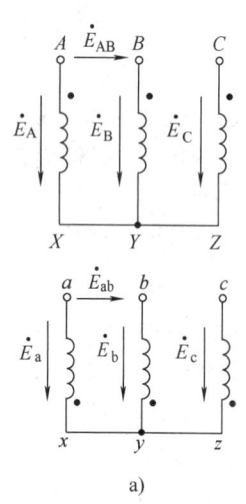
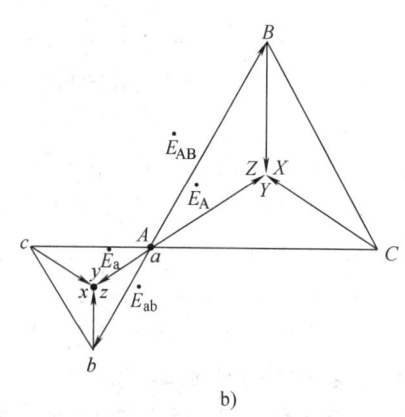

a） b）

图 3-27 Y，y6 联结组别
a）绕组接法 b）电动势相量图

3) Y,y4 联结组别。如果将二次绕组的标号移过一相，改为图 3-28a 所示，画一、二次绕组的电动势相量图就如图 3-28b 所示，联结组为 Y,y4。

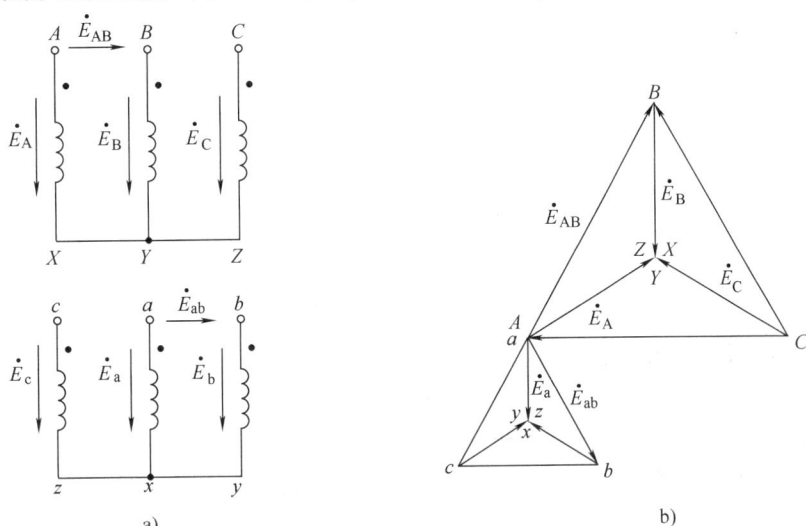

图 3-28 Y,y4 联结组
a) 绕组接法 b) 电动势相量图

用类似的方法还可以得到 Y,y8 和 Y,y10 及 Y,y2 联结组别。Y,y 联结方式，能够且只能够得到标号为偶数的联结组别。

(2) Y,d 联结

若二次采用第一种三角形接法，将同相一、二次绕组绕在同一铁心柱上，同极性端同为首端，即如图 3-29a 所示时，一、二次侧的电动势相量图如图 3-29b 所示，可见标号为 11，联结组别为 Y,d11。

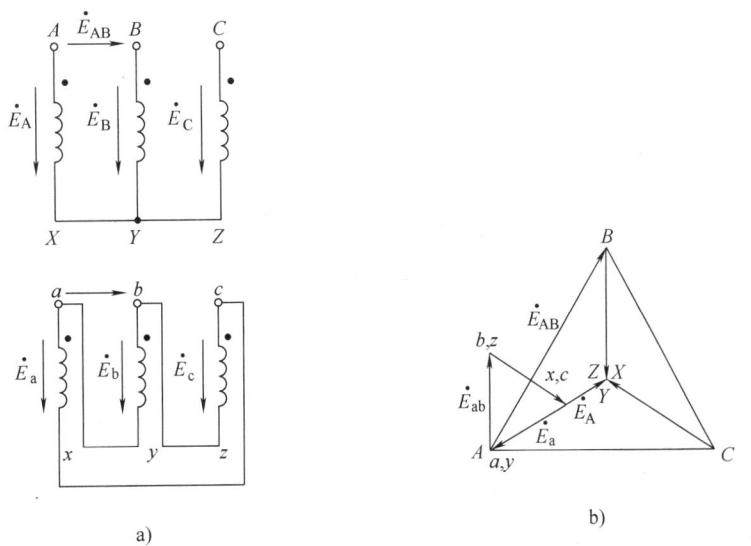

图 3-29 Y,d11 联结组
a) 绕组接法 b) 电动势相量图

如果同极性端不同为首端，就为 Y，d5 联结组。如果二次采用第二种三角形接法，就为 Y，d1 联结组别。用类似的方法还可以得到 Y，d3 和 Y，d7 及 Y，d9 联结组别。Y，d 联结方式，能够且只能够得到标号为奇数的联结组别。

变压器联结组种类很多，为制造及并联运行方便，我国规定 Y，yn0；Y，d11；YN，d11；YN，y0 和 Y，y0 这 5 种联结组别为标准联结组。Y，yn0 主要用做配电变压器，其中由中性线引出，可作为三相四线供电，既可用做照明，又可用做动力负载。这种变压器高压边电压不超过 35kV，低压边电压为 400V（单相 230V）。Y，d11 用在二次超过 400V 的线路中。YN，d11 用在 110kV 以上的高压输电线路中，其高压侧可以通过中点接地。YN，y0 用于一次需要接地的场合。Y，y0 供三相动力负载。其中前 3 种最为常用，读者可自行判断。

3.7 变压器的并联运行

变压器的并联运行是指将两台或两台以上变压器的一次并接于同一电源公共母线，二次并接于负载公共母线，共同对负载进行供电。变压器并联运行的接线图和简化图如图 3-30 所示。

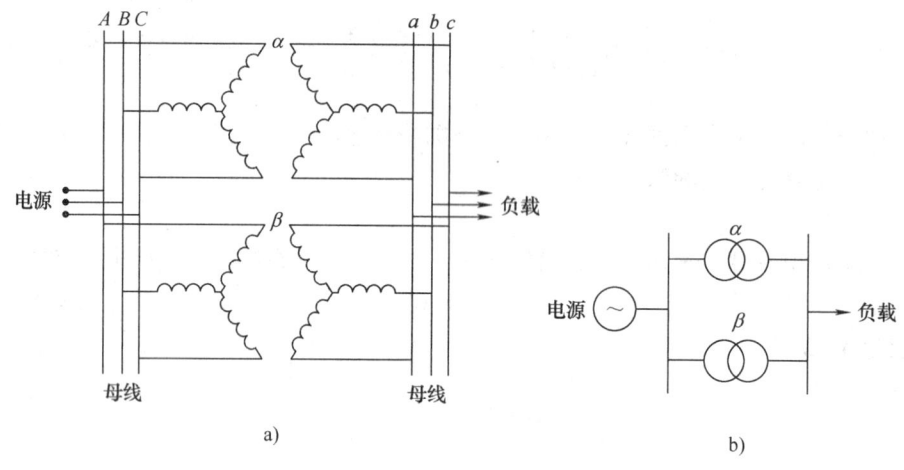

图 3-30 变压器并联运行接线图和简化图

并联运行的优点是，可提高供电可靠性和运行效率，减少备用容量，分期分批投资。

3.7.1 变压器并联运行的理想情况和条件

（1）并联运行的理想情况
1）负载时，各变压器之间无环流。
2）负载时，各变压器能合理分担负载，即负载与容量成正比分配。
（2）变压器并联运行的理想条件
1）一次、二次绕组的额定电压相等，电压比相等。
2）变压器的联结组相同。
3）变压器阻抗的阻抗相对值相等。

当前两个条件之一不满足时，就产生环流；当第三个不满足时，负载分配不合理。第一和第三个条件允许稍有出入，但第二个条件必须严格遵守。

3.7.2 联结组别对并联运行的影响

如果一台 Y,y0 与一台 Y,d11 联结组的变压器并联运行，那么它们二次电压相位相差 30°，相量图如图 3-31 所示。回路中两电压之差 $\Delta U_2 = 0.52 U_{20}$，回路中环流为

$$I_c = \frac{0.52 U_{20}}{|Z_{k\alpha}'' + Z_{k\beta}''|}$$

式中，$Z_{k\alpha}''$、$Z_{k\beta}''$ 分别为变压器 I 和 II 折算到二次的短路阻抗。若一般变压器的短路阻抗相对值为 0.04~0.07，设为 0.05，则环流的相对值将为

$$I_c^* = \frac{0.52}{0.05 + 0.05} = 5.2$$

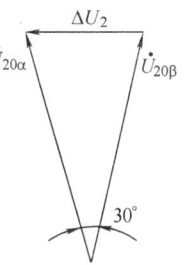

图 3-31 Y,y0 与 Y,d11 并联时二次电压差相差 30°时的相量图

说明环流将达到额定电流的 5.2 倍，这足以使变压器损坏。因此，绝对不允许联结组别不同的变压器并联运行。

3.7.3 电压比不等时的并联运行

电压比不等的两台变压器并联运行时的等效电路如图 3-32 所示。所产生的环流为

$$\dot{I}_c = \frac{\left(\dfrac{\dot{U}_1}{k_\alpha} - \dfrac{\dot{U}_1}{k_\beta}\right)}{Z_{k\alpha}'' + Z_{k\beta}''}$$

由于短路阻抗很小，所以 k_α、k_β 稍有不等，就可能产生较大的环流。环流将增加空载时的损耗，负载时会影响每台变压器的均衡性。国家标准规定，空载环流不得超过额定电流的 0.5%。为此，要求变压器的电压比的误差为

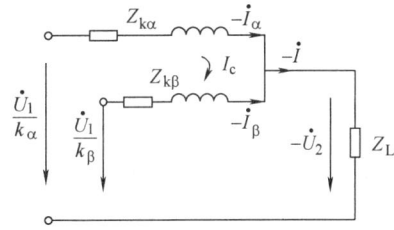

图 3-32 电压比不等的两台变压器并联运行时的等效电路图

$$\Delta k = \frac{k_\alpha - k_\beta}{\sqrt{k_\alpha k_\beta}} \leq \pm 0.5\%$$

3.7.4 短路阻抗相对值不等时的并联运行

短路阻抗不等的两台变压器（α 和 β）并联运行的简化等效电路如图 3-33 所示。

如果忽略短路阻抗辐角不等的影响，那么由图可知，$I_\alpha Z_{k\alpha} = I_\beta Z_{k\beta}$，又因为 $U_{N\alpha} = U_{N\beta}$，故有 $I_{N\alpha} \dfrac{U_{N\alpha}}{I_{N\alpha}} = I_{N\beta} \dfrac{U_{N\beta}}{I_{N\beta}}$，即 $I_{N\alpha} Z_{N\alpha} = I_{N\beta} Z_{N\beta}$。

上面两个式子相比，可得

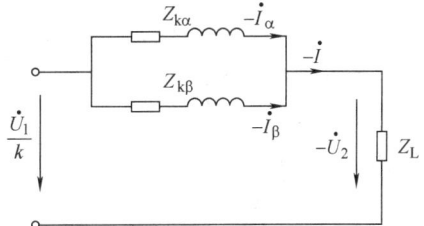

图 3-33 短路阻抗不等的两变压器并联运行的简化等效电路图

$$\frac{I_\alpha}{I_{N\alpha}}\frac{Z_{k\alpha}}{Z_{N\alpha}} = \frac{I_\beta}{I_{N\beta}}\frac{Z_{k\beta}}{Z_{N\beta}}, \quad 则\ I_\alpha^* Z_{k\alpha}^* = I_\beta^* Z_{k\beta}^*, \quad 即\ \frac{I_\alpha^*}{I_\beta^*} = \frac{\beta_\alpha}{\beta_\beta} = \frac{Z_{k\beta}^*}{Z_{k\alpha}^*}$$

式中，$\beta_\alpha = \dfrac{I_\alpha}{I_{N\alpha}}$、$\beta_\beta = \dfrac{I_\beta}{I_{N\beta}}$，分别为变压器 α 和 β 的负载系数；$Z_{k\alpha}^* = \dfrac{Z_{k\alpha}}{Z_{N\alpha}}$、$Z_{k\beta}^* = \dfrac{Z_{k\beta}}{Z_{N\beta}}$ 分别为变压器 α 和 β 的短路阻抗相对值。

可见，并联变压器的负载系数与短路阻抗的相对值（短路阻抗电压的相对值）成反比。这一结论是分析计算变压器并联运行的基础。

3.8 自耦变压器与互感器

3.8.1 自耦变压器

1. 结构特点

自耦变压器每相只有一个绕组，一次绕组的一部分兼做二次绕组。自耦变压器原理如图 3-34 所示。图中标出了每个物理量的正方向。自耦变压器的主要特点是一次和二次不但有磁的联系，而且有电的联系。绕组的 Aa 部分称为串联部分，ax 部分称为公共部分。

2. 自耦变压器电压和电流的关系

当自耦变压器一次接额定电压 U_{1N} 时，二次得到额定电压 U_{2N}（空载电压），若忽略阻抗压降，则自耦变压器电压比为

$$k_A = \frac{E_1}{E_{2N}} = \frac{E_{1N} + E_{2N}}{E_{2N}} = \frac{N_1 + N_2}{N_2} = k + 1 \approx \frac{U_{1N}}{U_{2N}} \quad (3\text{-}50)$$

$$k = \frac{E_{1N}}{E_{2N}} = \frac{N_1}{N_2} \quad (3\text{-}51)$$

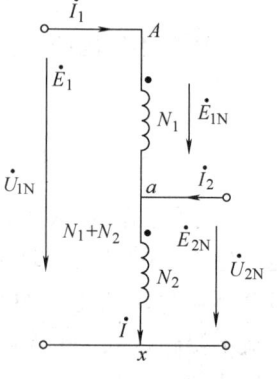

图 3-34 自耦变压器原理图

式中，k 为变压器电压比；N_1，N_2 为变压器一、二次绕组匝数。

根据变压器原理，自耦变压器负载后的磁通势方程为

$$\dot{I}_1(N_1 + N_2) + \dot{I}_2 N_2 = \dot{I}_0(N_1 + N_2) \quad (3\text{-}52)$$

负载运行时忽略励磁电流 $\dot{I}_0$，有

$$\dot{I}_1 = -\frac{N_2}{(N_1 + N_2)}\dot{I}_2 = -\frac{1}{k_A}\dot{I}_2 \quad (3\text{-}53)$$

$$\dot{I} = \dot{I}_1 + \dot{I}_2 = \left(1 - \frac{1}{k_A}\right)\dot{I}_2 \quad (3\text{-}54)$$

对于降压自耦变压器 $k_A > 1$，从式（3-54）可见，一次电流 $\dot{I}_1$ 和二次电流 $\dot{I}_2$ 的相位相差 $180°$，在数值上 $I_2 > I_1$。

3. 容量关系

由于 $\dot{I}_1$ 与 $\dot{I}_2$ 反相，所以其数值 $I = I_2 - I_1$，自耦变压器的通过容量（额定容量）为

$$U_1 I_1 = U_2 I_2 = U_2 (I + I_1) = U_2 I + U_2 I_1$$

由此可知，自耦变压器的额定容量由两部分组成：一部分为电磁容量 $U_2 I$，即绕组的容量；另一部分为传导容量 $U_2 I_1$，直接通过电的联系由一次传到二次。

4. 自耦变压器的优缺点及适用场合

自耦变压器的绕组容量（电磁容量）小于额定容量，并且用材料少，体积小，重量轻，成本低，铁耗、铜耗小，效率高；缺点是内部绝缘和过电压保护均需加强。

自耦变压器适用于实验室的调压器和异步电动机的降压起动器等。

【例 3-5】 将一台 50kVA、2400V/240V 的配电变压器连接成一台自耦变压器，如图 3-35 所示。图中 ab 为 240V 绕组，bc 为 2400V 绕组（240V 绕组的绝缘足以承受 2640V 的对地电压）。计算：

1) 该自耦变压器高压和低压侧的电压额定值 U_{1N} 和 U_{2N}。

2) 计算作为自耦变压器的额定容量。

解： 1) 由于 2400V 绕组联结到了低压电路，所以 $U_{1N} = 2400V$，当 $U_{bc} = 2400V$ 时，在绕组 ab 中将感应一个与 U_{bc} 同相的电压 $U_{ab} = 240V$。因此，高压侧的电压 U_{2N} 为 $U_{2N} = U_{bc} + U_{ab} = 2640V$。

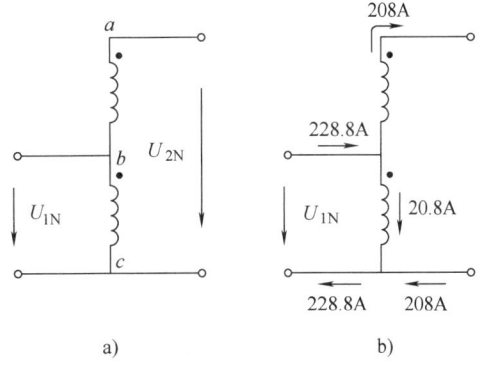

图 3-35 例 3-5 图

2) 从作为双绕组变压器的额定容量 50kVA 已知 240V 绕组的额定电流为 $50000/240 = 208.3A$，由于自耦变压器的高压引线连接到 240V 绕组，所以高压侧额定电流 I_{2N} 等于 240V 绕组的额定电流，即 208A。因此，该自耦变压器额定容量为

$$S_N = 2640 \times 208 VA = 550 \times 10^3 VA = 550 kVA$$

注意，在此联结方式中，自耦变压器具有等效匝数比 2400/2640。因而，一次绕组的额定电流必然为

$$I_{1N} = \frac{1}{k_A} I_{2N} = \frac{2640}{2400} \times 208A = 228.8A$$

作为双绕组的变压器，2400V 绕组的额定电流为 $50 \times 10^3/2400A = 20.83A$。而当额定容量为 50kVA、作为自耦变压器时却能达到 550kVA。这是因为有传导功率的原因。

3.8.2 互感器

在电力系统中，需要用互感器将高电压、大电流变为较为安全的低电压、小电流提供给测量仪器。测量高电压的专用变压器叫做电压互感器，测量大电流的专用变压器叫做电流互感器。电压互感器和电流互感器都是用于仪器测量用途的，以使被测高电压或大电流满足仪表和其他仪器的量程。

1. 电压互感器

电压互感器是一次接高压、二次接大阻抗的测量仪器。将电压互感器设计为正常运行时，相当于普通变压器的空载运行。电压互感器一次匝数 N_1 大，二次匝数 N_2 小，一次电压是二次侧的 k_u 倍，$k_u = N_1/N_2$ 为电压互感器的电压比，从而将一次高压变为二次低压，为测量仪器提供被测信号或控制信号。电压互感器如图 3-36 所示。

电压互感器的设计特点是，应具有较大的励磁阻抗、较小的绕组电阻和漏电抗，较低的铁心磁感应强度，不能饱和，从而提高测量精度。同时，负载阻抗必须保持在某一最小值之上，以避免在所测量的电压大小和相位中引入过大的误差。

由于电压互感器正常运行时相当于空载运行，所以二次绝不允许短路，否则将导致电压互感器电流过高而烧坏。同时，二次不能并联过多数量的仪器，否则导致电压互感器负载过大，引起测量误差的增加。此外，电压互感器的一次和二次都应当加装熔断器。

2. 电流互感器

电流互感器的一次绕组直接串入被测电路中，因此，被测电流 I_1 直接流过一次绕组，一次绕组 N_1 仅有一匝或几匝，二次绕组的匝数 N_2 较多。电流互感器的二次与阻抗很小的仪表（如电流表、功率表）接成闭合回路，有电流 I_2 流通。电流互感器原理如图3-37所示。

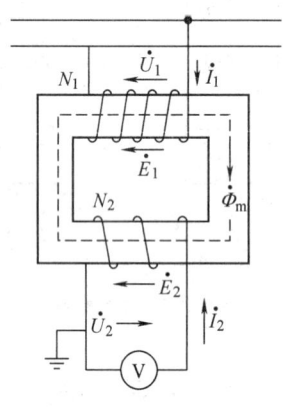 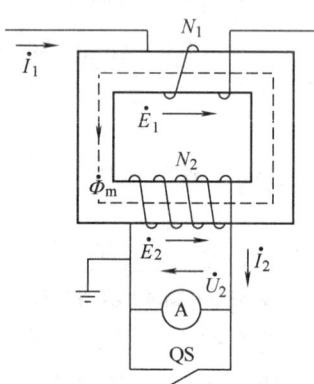

图 3-36　电压互感器　　　　　　　图 3-37　电流互感器原理图

由于电流互感器二次阻抗很小，所以当电流互感器正常运行时，其电磁原理相当于二次短路的变压器。

为了提高电流互感器的测量精度，使二次电流准确反映一次电流，需要尽可能减小励磁电流，这样电流互感器就应尽量减少磁路中的气隙，选择导磁性能好的铁心材料，以使电流互感器铁心的磁感应强度值较低，不饱和。这时，可将励磁电流 I_0 忽略不计，即

$$I_1 = \frac{N_2}{N_1} I_2 = k_i I_2 \tag{3-55}$$

式中，$k_i = \dfrac{I_1}{I_2} = \dfrac{N_2}{N_1}$ 称为电流互感器的电流比。

通常电流互感器二次电流额定值为1A或5A，而一次电流的测量范围较宽。对不同的测量情况可以选取不同的电流互感器。式（3-55）忽略了励磁电流，因而实际应用中的电流互感器总是存在着误差（即电流误差和相位误差）。其电流误差用相对误差表示为

$$\Delta i = \frac{k_i I_2 - I_1}{I_1} \times 100\%$$

根据相对误差的大小，国家标准规定电流互感器分下列5个等级，即0.2、0.5、1.0、3.0、10.0。如用0.2级的电流互感器表示，在额定电流时误差最大不超过 ±0.2%。对各级的允许误差（电流误差和相位误差）可详见有关国家标准。

使用电流互感器应注意如下事项：

1) 二次绝对不允许开路。因为二次开路时，一次的大电流 I_1（由主电路决定，与互感器状态无关）全部成为互感器的励磁电流，会使铁心磁通密度急剧增高，铁耗剧增，铁心过热烧毁绕组绝缘，导致高压侧对地短路。更为严重的是，使二次感应极高的尖峰形脉冲电压，危及设备和人身安全。

2) 二次绕组的一端必须被可靠接地，以防绝缘损坏后，二次绕组带高电压引起伤害事故。

3) 在二次串入的电流表等测量仪表的总数不可超过规定值，否则阻抗过大，使 I_2 变小，I_0 增大，误差增加。

4) 在更换测量仪器时，首先应闭合图 3-37 中的短路开关 QS，然后再更换测量仪器。

3.9 小结

变压器是一种变换交流电能的静止电气设备。利用一、二次绕组的匝数不同，通过电磁感应作用，可把一种等级的电压或电流变换成同频率的另一种等级的电压或电流。

变压器的内部磁场分布比较复杂，为此将磁通分成主磁通和漏磁通，这两部分磁通所经过的磁路性质和所起的作用不同。主磁通沿铁心闭合，铁心饱和现象将使磁路变为非线性，主磁通在一、二次绕组中感应电动势 E_1 和 E_2，起传递功率的媒介作用；漏磁通使非磁性物质闭合，磁路是线性的，漏磁通只起电抗压降作用而不直接参与能量传递。为此，可引入励磁阻抗和漏抗这些不同性质的参数去反映磁路对电路的影响，从而把较复杂的磁路问题简化成电路问题，这就是分析变压器的基本思想。

经过对变压器空载、负载运行时其内部电磁关系的分析，导出了变压器的基本方程式、等效电路和相量图。基本方程式概括了电动势和磁通势平衡这两个基本电磁关系，负载变化对一次的影响就是通过二次磁通势起作用的。等效电路是基本方程式的模拟电路，而相量图是基本方程式的图形表示法。三者在物理意义上完全一致，都是分析变压器的有力工具。应能根据不同的情况选用，在应用等效电路进行定量分析计算时，应注意一、二次各量的折算关系。

无论列基本方程式还是画等效电路或相量图，都必须首先规定各物理量的正方向。正方向定得不同，方程式中各物理量前的符号和相量图中各相量的方向也不同。

励磁电抗 X_m 和漏电抗 $X_{1\sigma}$ 及 $X_{2\sigma}$ 是变压器的重要参数。X_m 与主磁通相对应，受磁路饱和影响它不是常数。而 $X_{1\sigma}$ 和 $X_{2\sigma}$ 则分别与一、二次绕组的漏磁通相对应，由于磁路基本上不受铁心饱和的影响，所以它们基本上为常数。

变压器的电压变化率和效率是衡量其运行性能的两个主要指标。Δu 的大小反映了变压器负载运行时二次电压的稳定性，而效率 η 则表明变压器负载运行时的经济性。参数对 Δu 与 η 影响很大，因此在设计变压器时应正确选择。对已制成的变压器，则可通过空载和短路试验测出这些参数。

三相变压器在对称负载下运行时，每一相就相当于一台单相变压器，完全可利用单相变压器的分析方法及其结论。对三相变压器仅研究其特殊问题。联结组别关系到变压器能否并联运行，分析判断它要注意绕组绕向、出线端标志、绕组连接与电动势相位的关系。根据变压器一、二次电动势的相位差，三相变压器有各种不同的联结组别。为了制造和并联运行方便，国标规定了一些标准联结组别。不同联结组别的变压器不能并联运行。

自耦变压器的特点是一、二次不仅有磁的耦合，而且还有电的直接联系，故其一部分功率不通过电磁感应，而直接由一次传导到二次，因此自耦变压器具有材料省、体积小、损耗小和效率高等优点。

仪用互感器是测量用的变压器，使用时应将其二次的一端可靠接地；对电流互感器，绝不允许二次开路，而对电压互感器，二次不允许短路；二次所接负载不能超过规定，否则精度得不到保证。

3.10 思考题和习题

思 考 题

1. 变压器主要由哪些部件组成？各部件的作用是什么？
2. 变压器是根据什么原理进行电压变换的？变压器的主要用途有哪些？
3. 变压器能否用来直接改变直流电压的大小？
4. 铁心在变压器中起什么作用？如何减少铁心中的损耗？
5. 变压器主磁路为闭合铁心回路，不能有间隙，为什么？
6. 变压器空载电流的性质和作用如何？它与哪些因素有关？
7. 变压器的一次、二次绕组之间并无电的联系？为什么一次电流会随二次电流的变化而变化？
8. 在研究变压器时，一次、二次各电磁量的正方向是如何规定的？
9. 在变压器中，主磁通和一次、二次绕组漏磁通的作用有什么不同？它们各是由什么磁通势产生的？在等效电路中如何反映它们的作用？
10. 变压器有哪些主要额定值？一次、二次额定电压的含义是什么？
11. 当变压器负载时，一次、二次绕组中各有哪些电动势或电压降？它们产生的原因是什么？写出它们的表达式，并写出电动势平衡方程。
12. 试说明磁通势平衡的概念及其在变压器分析中的作用。
13. 变压器的外加电压不变，若减少一次绕组的匝数，则变压器铁心的饱和程度、空载电流、铁心损耗和一、二次电动势有何变化？
14. 当变压器空载运行时，是否要从电网取得功率？这些功率属于什么性质？起什么作用？为什么小负荷用户使用大容量变压器无论对电网和用户均不利？
15. 变压器折算的原则是什么？如何将二次各量折算到一次？
16. 变压器的电压变化率是如何定义的？它与哪些因素有关？
17. 为什么可以把变压器的空载损耗看做变压器的铁耗，负载损耗看做额定负载时的铜耗？
18. 变压器理想并联运行的条件有哪些？
19. 并联运行的变压器，如果联结组不同或电压比不等，会出现什么情况？
20. 当两台容量不相等的变压器并联运行时，是希望容量大的变压器阻抗电压大一些，还是小一些？为什么？
21. 当变压器二次带电阻负载时，从一次输入到变压器的无功功率是什么性质？
22. 当变压器从空载到额定负载时，一次绕组中的电流变化较大，漏磁通是否变化？漏电抗是否变化？
23. 为什么变压器空载时功率因数很低？
24. 一台频率为50Hz、额定电压为220V/110V的变压器，如果把一次接到220V、60Hz的交流电源上，主磁通和励磁电流将如何变化?

25. 当变压器的二次绕组开路、一次加额定电压时,尽管一次电阻很小,但一次电流并不大,为什么?

26. 自耦变压器的绕组容量为什么小于普通变压器的容量?

习　题

1. 一台单相变压器,$S_N = 5000 \text{kVA}$,$U_{1N}/U_{2N} = 10/6.3 \text{kV}$,试求一次、二次的额定电流。

2. 一台三相变压器,$S_N = 5000 \text{kVA}$,$U_{1N}/U_{2N} = 35/10.5 \text{kV}$,Y,d 接法,求一次、二次的额定电流。

3. 一台三相双绕组电力变压器,额定容量 $S_N = 100 \text{kVA}$,额定电压 $U_{1N}/U_{2N} = 6000\text{V}/400\text{V}$,试求一次、二次绕组的额定电流。

4. 一台三相变压器,额定容量为 $S_N = 100 \text{kVA}$,额定电压为 $U_{1N}/U_{2N} = 35000\text{V}/400\text{V}$,一次、二次额定电流是多少?

5. 三相变压器 $S_N = 100 \text{kVA}$,$U_{1N}/U_{2N} = 6000\text{V}/400\text{V}$;Y,y 接法,每相参数 $Z_1 = R_1 + jX_{1\sigma} = (4.2 + j9.2)\Omega$,$Z_m = R_m + jX_m = (514 + j5526)\Omega$。计算:

(1) 励磁电流与额定电流的比值。

(2) 空载运行时的输入功率。

(3) 一次相电压、相电动势及漏阻抗压降,并比较它们的大小。

6. 一台单相变压器,额定容量为 200kVA,额定电压 1000V/230V,一次绕组参数为 $R_1 = 0.1\Omega$,$R_m = 5.5\Omega$,$X_{1\sigma} = 0.16\Omega$,$X_m = 63.5\Omega$,已知额定负载运行时 $\dot{I}_1$ 滞后 $\dot{U}_1$ 的相位差为 30°,求空载与额定负载运行时的一次电动势大小?

7. 一台三相变压器 $S_N = 750 \text{kVA}$,额定电压 $U_{1N}/U_{2N} = 10000\text{V}/400\text{V}$,Y,y 接法,已知每相短路电阻 $R_k = 1.40\Omega$,短路电抗 $X_k = 6.48\Omega$。该变压器一次侧接额定电压,二次接三相对称负载(Y接法),负载的每相阻抗 $Z_L = (0.20 + j0.07)\Omega$。计算:

(1) 变压器一次、二次负载电流 I_1、I_2。

(2) 二次电压。

(3) 输入及输出功率(有功及无功)。

(4) 变压器带此负载的运行效率。

8. 根据图 3-38 所示的接线图,确定其联结组别。

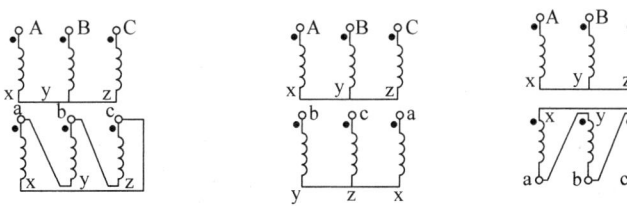

图 3-38　习题 3-8 图

9. 根据下列变压器的联结组别画出其接线图。

(1) Y,d5　　(2) Y,y2　　(3) D,y11

10. 两台并联运行的变压器,在 $S_{NI} = 1000 \text{kAV}$、$S_{NII} = 500 \text{kAV}$、不允许任何一台变压器过载的情况下,试计算下列条件并联变压器组可供给的最大负载,并对其结果进行讨论。

(1) $Z_{kI}^* = 0.9 Z_{kII}^*$　　　(2) $Z_{kII}^* = 0.9 Z_{kI}^*$

11. 某变电所总负载是3000kVA，若选用规格完全相同的变压器并联运行，假定每台变压器的额定容量为1000kVA。

（1）在不允许任何一台变压器过载的情况下需要几台变压器并联运行？

（2）如果希望效率最高，那么需要几台变压器并联运行？已知每台变压器的损耗是 p_0 = 5.4kW, p_{kN} = 15kW。

12. 计算下列变压器的电压比。

（1）单相变压器，额定电压为 U_{1N}/U_{2N} = 3300V/220V。

（2）三相变压器，Y,y 联结，额定电压为 U_{1N}/U_{2N} = 10000V/400V。

（3）三相变压器，Y,d 联结，额定电压为 U_{1N}/U_{2N} = 10000V/400V。

13. 变压器铭牌数据为 S_N = 100kVA, U_{1N}/U_{2N} = 6300V/400V, 高、低压绕组均为Y联结，低压绕组每相匝数为40匝，求：

（1）高压侧绕组每相匝数。

（2）如果高压侧绕组由6300V改为1000V，保持主磁通及低压绕组额定电压不变，那么新的高低压绕组的每相匝数。

14. 某单相变压器的一次、二次电压比在空载时为14.5:1，在额定负载时为15:1，求变压器的匝数比及电压调整率。

15. 三相变压器的额定值为 S_N = 1800kVA, U_{1N}/U_{2N} = 6300/3150V, Y,d11 联结，空载损耗为6.6kW，负载损耗为21.2kW。当输出电流 $I_2 = I_{2N}$、$\cos\varphi_2$ = 0.8（滞后）时效率是多少？效率最大时的负载系数是多少？

16. 三相变压器 S_N = 1800kVA, U_{1N}/U_{2N} = 6.3kV/3.15kV, Y,d11 联结，加额定电压时的空载损耗 P_0 = 6.6kW，短路电流额定时的短路损耗为 P_K = 21.2kW，求额定负载 $\cos\phi_2$ = 0.8 时的效率及效率最大时的负载参数 β。

17. 分别标出图3-39a、b、c、d中一、二次绕组的同极性端。

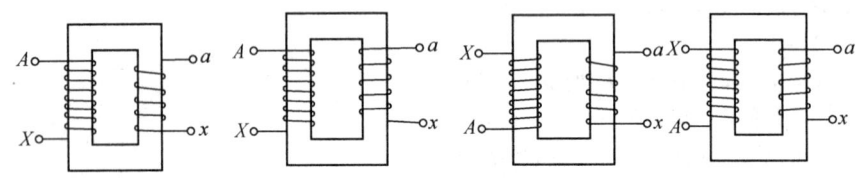

图3-39 习题3-17图

18. 某变电所共有两台变压器，数据如下所述。

变压器A：S_{NA} = 1800kVA, U_{1N}/U_{2N} = 35kV/10kV, Y,d11, Z^*_{KA} = 0.0825。

变压器B：S_{NB} = 1000kVA, U_{1N}/U_{2N} = 35kV/10kV, Y,d11, Z^*_{KB} = 0.0675。

当负载为2800kVA时，求：

（1）每台变压器的电流、容量及负载系数是多少？

（2）若不使任何一台变压器过载，则能供给的最大负载是多少？

19. 将一台 S_N = 5kVA、U_{1N}/U_{2N} = 220V/110V 的单相变压器改接成 U_{1N}/U_{2N} = 220V/230V 的升压自耦变压器，求改接后的一次、二次的额定电压、额定电流和变压器的容量。

20. 某工厂用电量由500kVA增加到800kVA。原有一台变压器 S_N = 560kVA, U_{1N}/U_{2N} = 6000V/400V, Y, yn0 联结，U_k = 4.5%。现有3台变压器可供选用，它们的数据如下所述。

变压器1：320kVA, 6300V/400V, U_k = 4%, Y, yn0 联结。

变压器2：240kVA，6300V/400V，$U_k=4.5\%$，Y，yn4 联结。

变压器1：320kVA，6300V/440V，$U_k=4\%$，Y，yn0 联结。

（1）试计算说明，在不使变压器过载的情况下，选用哪一台投入并联运行比较适合？

（2）如果负载增加，需选两台电压比相等的与原变压器并联运行，那么试问最大总负载容量是多少？哪台变压器最先达到满载？

21. 两台变压器并联运行时均为 Y，d11 联结标号，$U_{1N}/U_{2N}=35\text{kV}/10.5\text{kV}$，第一台 1250kVA，$U_{k1}=6.5\%$，第二台 2000kVA，$U_{k1}=6\%$，试求：

（1）当总输出为 3250kVA 时，每台变压器的负载是多少？

（2）在两台变压器均不过载的情况下，并联组的最大输出为多少？此时并联组的利用率达到多少？

第4章 三相异步电动机

三相异步电动机的应用十分广泛,我国总用电量的 2/3 左右是被异步电动机消耗掉的。异步电动机之所以得到如此广泛的应用,是因为它具有结构简单、制造容易、价格低廉、运行可靠、维护方便和效率较高等一系列优点。与同容量的直流电动机相比,异步电动机的重量约为直流电动机的一半,其价格仅为直流电动机的 1/3 左右。由于异步电动机的交流电源直接取自电网,用电既方便又经济,所以异步电动机在大多数领域中已完全替代直流电动机,成为电力拖动领域中最重要的动力装置。

4.1 三相异步电动机的基本结构、额定数据

4.1.1 三相异步电动机的基本结构

三相异步电动机由定子和转子组成,在定子和转子之间有一很小的气隙。三相笼型异步电动机的部件如图 4-1 所示。

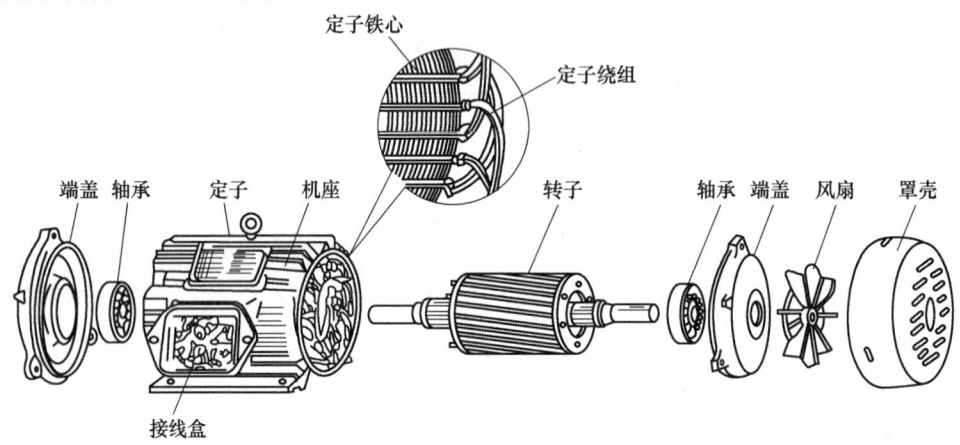

图 4-1 三相笼型异步电动机的部件图

1. 定子

异步电动机的定子由以下几部分组成。

1)定子铁心。构成磁路的一部分和嵌放定子绕组。采用硅钢片冲制叠压而成。

2)定子绕组。它是定子部分的电路,是由若干嵌放在定子铁心槽内的线圈按一定规律联结而成的三相对称绕组。

3)机座。固定和支撑定子铁心与绕组,并固定整个电动机。中、小型电动机一般采用铸铁机座。

4)端盖。由铸铁或铸钢制成,固定在机座两端,用以支持转子和防护外物的侵入。

2. 转子

1）转子铁心。构成磁路的一部分和固定转子绕组。亦采用硅钢片冲制叠压而成，内圆套于转轴或转子支架上。

2）转子绕组。转子绕组有笼型和绕线转子两种，因而三相异步电动机也分为笼型异步电动机和绕线转子异步电动机两种。

笼型绕组为自行闭合的对称多相绕组。额定功率在100kW以上的笼型异步电动机，转子铁心槽内嵌放的是铜条，铜条的两端各用一个铜环焊接起来，形成闭合回路。铜条笼型转子如图4-2所示。对100kW以下的笼型异步电动机，常将转子绕组以及作为冷却用的风扇用铝一起铸成。铝条笼型转子如图4-3所示。笼型异步电动机构造简单，坚固耐用，应用最广泛。

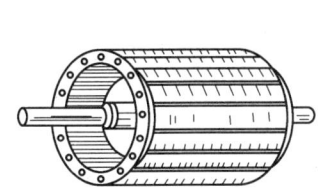
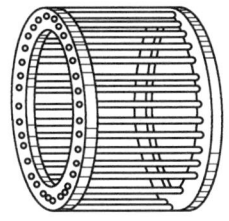
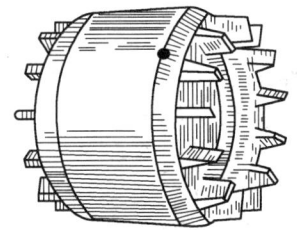

图4-2 铜条笼型转子　　　　　　　　图4-3 铝条笼型转子

绕线转子绕组和定子绕组相似，为三相绕组，接成三角形或星形，3根引出线分别接3个滑环，通过电刷与外电路相接，如图4-4c所示。转子绕组为绕线转子的称为绕线转子异步电动机，如图4-4所示。

3）转轴。支撑转子和传递转矩，一般用圆钢加工而成。

4）风扇。一般将风扇安装在转轴上，起冷却作用。

4.1.2 三相绕组

1. 交流绕组的基本知识和基本量

（1）线圈、单层绕组、双层绕组

如前所述，定子绕组和绕线转子绕组都是三相绕组。实际的三相绕组是怎么组成的呢？绕组由若干个线圈连接而成，线圈可由一匝或多匝串联而成，它有两个引出线，一个叫首端（头），另一个叫末端（尾）。线圈示意图如图4-5所示。

分别将两个线圈边嵌放在两个铁心槽内。如果一个槽内只嵌放一个圈边，这种绕组就称为单层绕组。如果一个槽内嵌放两个分属两个线圈的圈边，一个放在内层，另一个放在外层，这种绕组就称为双层绕组。

（2）齿距、极距、整距线圈、短距线圈

1）齿距。一个线圈的两个边所跨定子圆周上的距离，用定子槽数表示，称为齿距，用 y_1 表示。

2）极距。一个磁极在定子圆周上所跨的距离，称为极距，用 τ 表示，其计算公式为

$$\tau = \frac{Z}{2p} \tag{4-1}$$

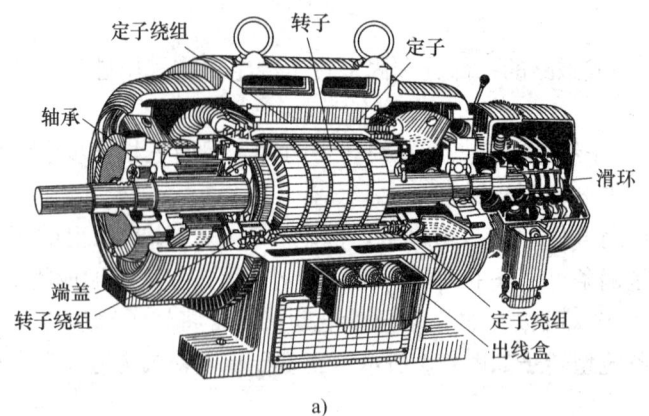

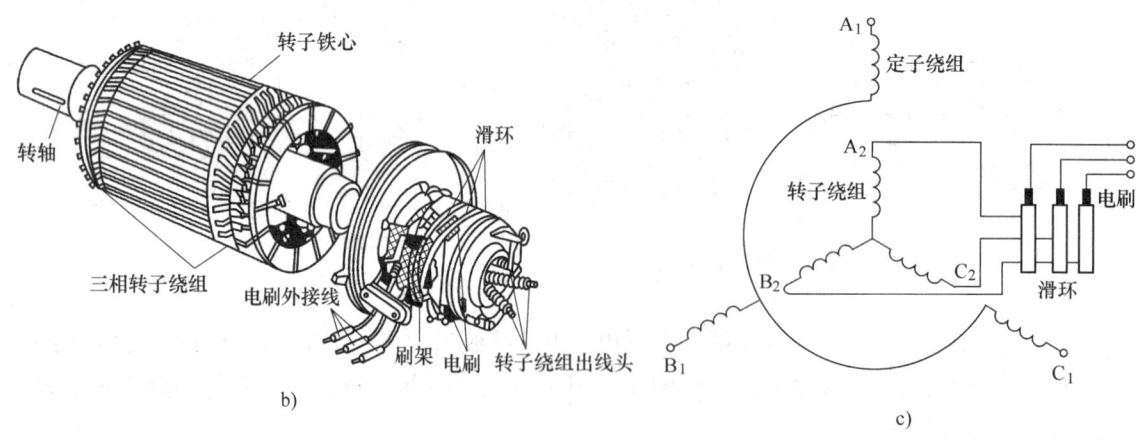

图 4-4 绕线转子异步电动机
a) 结构 b) 转子 c) 定转子绕组的接线方式

3) 整距线圈。齿距应近似等于极距 τ。$y_1 = \tau$ 的线圈称为整距线圈，由整距线圈构成的绕组称为整距绕组；$y_1 < \tau$ 时称为短距线圈和短距绕组。

例如：已知电机 $z = 24$ 和 $2p = 4$，可得 $\tau = 6$。如果采用整距绕组，线圈的齿距为 $y = \tau = 6$，即表示当将线圈一个有效边置于第 1 槽中时，应将另一个有效边置于相距 6 槽的第 7 槽中，计做 $y = 6$。

(3) 相带、每极每相槽数、电角度、槽距角、相带的分配

1) 相带。为使三相绕组对称，通常要使每个磁极下每相绕组所占的范围相等，这个范围称为相带。一个极面相当于 180°电角度，分配到 3 相，则每相的相带为 60°电角度，称为

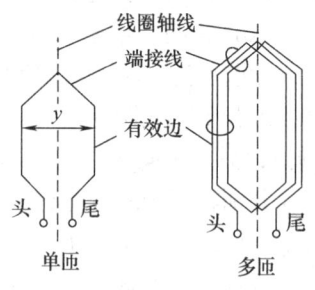

图 4-5 线圈示意图

60°相带绕组。60°相带绕组是把每个极面下的槽分为 3 个等分，并认为位于第一个 60° 范围内的槽属于 A 相，位于第二个 60° 范围内的槽属于 C 相，位于第三个 60° 范围内的槽属于 B 相，依此类推。对 60° 相带绕组来讲，一对极的相带的顺序是 AZBXCY（AX、BY、CZ 分别为 A、B、C 三相绕组线圈的头、尾所对应的线圈边），如果有多对极，那么其余各对极按此顺序重复。例如，一个 24 槽，4 极电动机的相带顺序为第一对极是 AZBXCY，第二对极重

复 AZBXCY，如图 4-6 所示。

2）每极每相槽数。一个相带包含的槽数称为每极每相槽数，以 q 表示，其计算公式为

$$q = \frac{Z}{2pm} \tag{4-2}$$

本例中 $q = 2$。

3）电角度与机械角度。电角度 = 极对数 p × 机械角度。

4）槽距角。一个槽所占距离对应的电角度（相邻两槽之间的电角度）称为槽距角，以 α 表示，对 60°相带绕组，其计算公式为

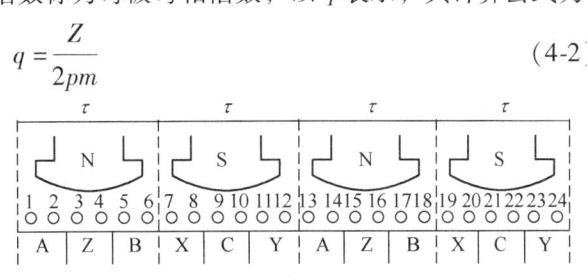

图 4-6 三相绕组的相带

$$\alpha = \frac{60°}{q} \left(\text{一般情况下}, \alpha = \frac{p \times 360°}{Z}\right) \tag{4-3}$$

2. 三相单层绕组

单层绕组是每个槽内只放一个线圈边。线圈数目等于槽数的一半。

下面仍以 $Z = 24$、$p = 2$ 的实例来说明三相单层绕组的构成和连接。

第一步：计算基本量

（1）计算极距和齿距

$$\tau = \frac{Z}{2p} = \frac{24}{2 \times 2} = 6 \quad \text{选择 } y_1 = \tau = 6 \text{（整距）}$$

（2）计算每极每相槽数

$$q = \frac{Z}{2pm} = \frac{24}{2 \times 2 \times 3} = 2$$

（3）槽距角

$$\alpha = \frac{p \times 360°}{z} = \frac{2 \times 360°}{24} = 30°$$

第二步：画 A 相绕组的展开图

对于交流绕组，也可以用展开图的形式来表示线圈和绕组的连接。下面根据交流绕组的基本数据画出三相单层绕组的展开图，以说明单层相绕组的构成，如图 4-7 所示。

1）在展开图上确定极距和极数。将全部 24 槽分为 4 极，每极 6 槽。

2）划分相带顺序。按 $q = 2$ 将全部 24 槽分为 12 个相带，按相带顺序 AZBXCY 标出 12 个相带 A_1、Z_2、B_1、X_1、C_1、Y_1、A_2、Z_1、B_2、X_2、C_2、Y_2，确定属于 A 相绕组的相带有 A_1、X_1、A_2、X_2 四个，并且应分别属于 4 个不同的极下。

3）确定线圈边中的电流方向。由于每极每相槽数 $q = 2$，所以每个极距内每相必须放置两个线圈边；相邻极距下线圈边中的电流必须相反，这是因为当只有相邻极距下线圈边中的电流方向相反时，所建立的磁场才具有 4 个极性。由此可以得到 A 相 8 个线圈边的电流方向。

4）组成线圈和线圈组。根据 $y = \tau = 6$（1~7），将线圈边 1~7、2~8、13~19、14~20 组成 4 个线圈。这里介绍的是线圈设计思路，实际中，是先按 $y = \tau = 6$ 将线圈制成，嵌线

时，只要把线圈边嵌入对应的槽中即可。在线圈组成后，按相邻极距下线圈边中电流方向相反的原则连接成线圈组，就得到两个线圈组。由于单层绕组每对极下的线圈只能连接成一个线圈组，所以单层绕组的线圈组数等于极对数。

5）联结相绕组。按相邻极距下线圈边中电流方向相反的原则，两个线圈组可串联也可并联。但如果为了取得较大的相电势，按线圈组电动势叠加原则，就可以将两个线圈组串联，形成一条支路的相绕组，如图4-7所示，图中的箭头表示电流方向。也可以将两个线圈组并联组成两条支路的相绕组。显然，线圈组是联结电路的最小单元。

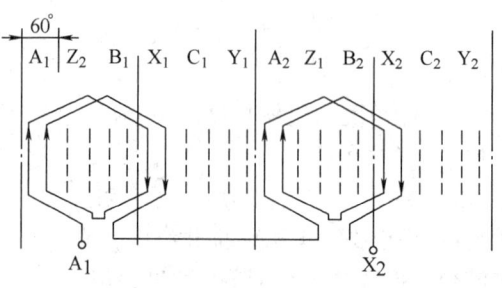

图4-7 单层相绕组的构成

总结相绕组展开图的绘制过程，可见：①单层绕组的线圈组数等于极对数p；②当p个线圈组串联成一个支路时，串联支路数$a=1$；当单层绕组并联时，最大并联支路数等于极对数，即$a_{max}=p$。

第三步：画三相绕组的展开图

按照A相绕组展开图的规律，将B_1、Y_1、B_2、Y_2这4个相带的线圈边组成B相绕组，将C_1、Z_1、C_2、Z_2 4个相带的线圈边组成C相绕组，如图4-8所示。可见，这样构成的三相绕组的结构、槽数、匝数均相同，仅仅是各相绕组的空间位置相差120°。这就是对称三相交流绕组。

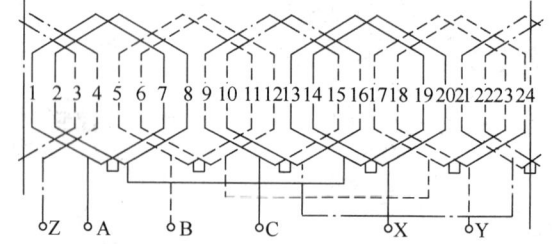

图4-8 三相交流绕组的展开图

三相单层绕组的优点是线圈数少，嵌线方便，无层间绝缘，槽的利用率高。缺点是磁通势和电动势的波形较差，影响电动机的性能。一般将其用于功率在10kW以下的小型电机。

3. 三相双层绕组

双层绕组的优点是，所有线圈尺寸均相同，便于绕制，端接部分形状排列整齐，有利于散热和增强机械强度。从电磁角度来看，可以选择最有利的齿距y，结合绕组本身均匀地分布这一性质，可改善磁通势和电动势波形。故大多数7kW以上的交流电机都使用双层绕组。

双层绕组即每个槽内放两个不同线圈的边，一个边被放在上层，另一个边被放在下层。线圈数等于槽数。

下面以三相$Z=36$、$p=2$的铁心为例来说明三相双层绕组的排列和联结。其联结过程如图4-9所示。

第一步：计算基本量

1）极距 $\tau = \dfrac{Z}{2p} = \dfrac{36}{2\times 2} = 9$，为改善磁通势和电动势波形，选齿距$y<\tau$的短距绕组，即$y=8$。

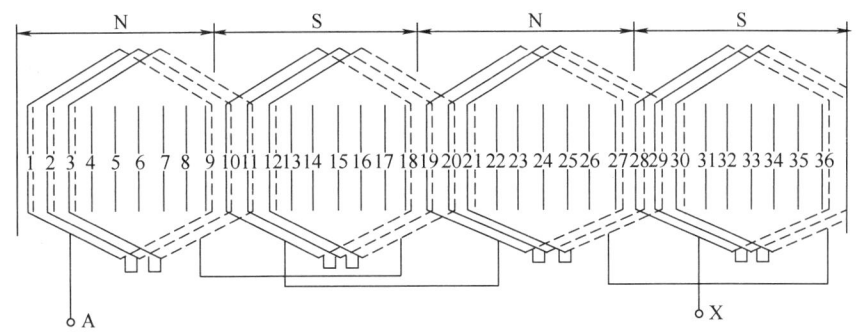

图 4-9 三相双层叠绕组的联结过程

2) 每极每相槽数 $q = \dfrac{Z}{2pm} = \dfrac{36}{2 \times 2 \times 3} = 3$

3) 槽距角 $\alpha = \dfrac{p \times 360°}{z} = \dfrac{2 \times 360°}{36} = 20°$

第二步：画 A 相绕组的展开图

1) 在展开图上确定极距和极数。将全部 36 槽分为 4 极，每极下分 9 槽。

2) 划分相带顺序。按 $q=3$ 将全部 36 槽分为 12 个相带，按相带顺序 AZBXCY 标出 12 个相带，即 A_1、Z_2、B_1、X_1、C_1、Y_1、A_2、Z_1、B_2、X_2、C_2、Y_2，每极下 3 个相带，每个相带 3 槽。

3) 确定线圈边在槽中的位置。由于双层绕组每槽有两个线圈边，所以槽中的上层线圈边用实线表示，下层线圈边用虚线表示。如将 A 相第一个线圈的一个边（线圈左侧的边）放入 1 号槽上层，另一个边（线圈右侧的边）按 $y=8$ 放入 9 号槽的下层，即一个线圈的两个边，一个放在上层，另一个一定放在下层。

4) 组成线圈组。由于每极每相槽数 $q=3$，所以每个极距内每相必须有 3 个槽，如本例中第一个极（即图 4-9 中左侧的 N 极）下 A 相的 1、2、3 号槽。根据 $y=8$（1~9），将第一个极下 A 相的 3 个线圈按上下层分别放入 1~9、2~10、3~11 这 6 个槽中，组成第一个线圈组。第二个极（即图 4-9 中左侧的 S 极）从 10 号槽开始（因 $\tau=9$），组成第二个线圈组，依次画出 A 相所有的线圈组。显然，一个极下相邻的 q 个线圈组成一个线圈组，使得双层绕组的每对极下有两个线圈组，并且这两个线圈组反向串联联结，故双层绕组的线圈组数等于极数 $2p$。

5) 联结相绕组。联结相绕组时，仍应遵循相邻极距下线圈边中的电流方向相反的原则，以使线圈组电动势得到相加的结果，获得较大的相电动势。若全部 $2p$ 个线圈组都串联构成相绕组，则相绕组为一条支路，即 $a=1$。也可将线圈组并联，组成多条并联支路。双层绕组最大可能的并联支路数 $a_{max} = 2p$。

第三步：画三相绕组的展开图

三相双层叠绕组展开图如图 4-9 所示。

双层绕组的优点是可以采用短距方式，以改善磁通势和电动势的波形；绕组端部排列方便，便于整形；可以得到较多的并联支路数。缺点是线圈数加倍，工作量大；槽的利用率低。适用于功率大于 10kW 的交流电动机。

4. 笼型绕组

三相笼型异步电动机的转子绕组结构比较特殊,其磁极对数、相数和匝数等问题需要专门进行分析。

(1) 极数

转子电流通过转子绕组所产生的磁场的磁极数(简称为转子极数)应与定子电流通过定子绕组所产生的磁场的磁极数(简称为定子极数)相等。因此,定子磁极对数应等于转子磁极对数。

(2) 相数

笼型绕组是一个多相绕组。每相绕组中的电流应大小相等,相位相同。例如,当转子齿数(即转子导体数)为12、磁极对数 $P=2$ (如图4-10所示)时,每对磁极下相同位置中的导体,即图4-10中的导体1与7、2与8、3与9、4与10、5与11、6与12中的感应电动势大小相等,相位相同,因而对应两导体中的电流也大小相等,相位相同,可以看成二者并联,成为一根总导体。

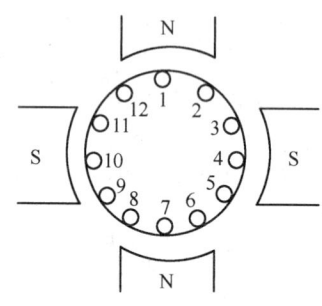

图4-10 转子相数分析

图中总导体数变为6,6根总导体中的电流相位不同,该转子的相数应为6相。因此,当转子齿数 z_2 能够被磁极对数 P 整除时,转子相数 m_2 为

$$m_2 = \frac{z_2}{p} \tag{4-4}$$

当转子齿数 z_2 不能被磁极对数 P 整除时,所有导体中的电流都不可能相位相同,因此转子相数为

$$m_2 = z_2 \tag{4-5}$$

(3) 匝数

笼型绕组每相只有一根导体,相当于半匝,故笼型绕组的每相匝数为

$$N_2 = \frac{1}{2} \tag{4-6}$$

4.1.3 三相异步电动机的额定数据

1. 三相异步电动机的铭牌数据

与直流电动机类似,三相异步电动机的机座上也标有铭牌,铭牌上标注有供使用时应掌握的电动机主要额定数据。要正确使用电动机,必须看懂铭牌,正确理解各项数据的意义。

下面以Y系列电动机为例来说明铭牌数据的意义。Y系列电动机是我国自行设计的封闭型三相笼型异步电动机,它不仅符合国家标准,而且符合国际电工委员会(IEC)标准。常用的功率范围从0.55~160kW。在输出功率相同的情况下,与 JO_2 等老系列相比,Y系列的电动机具有体积小、重量轻、起动转矩大等优点。下面为某台Y系列电动机的铭牌。

三相异步电动机					
型 号	Y132S-6	功 率	3kW	频 率	50Hz
电 压	380V	电 流	7.2A	连 接	Y
转 速	960r/min	功率因数	0.76	绝缘等级	B

(1) 型号

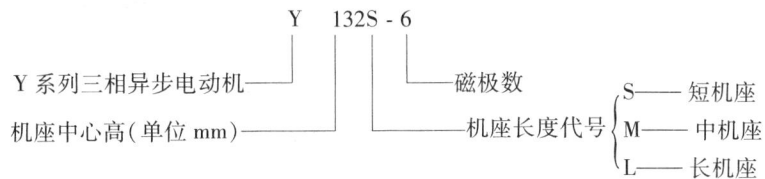

(2) 额定功率 P_N

额定功率是指电动机在额定状态下运行时输出的机械功率，单位为 W（瓦）或 kW（千瓦）。

(3) 额定电压 U_N

额定电压是指在额定运行状况下加在电动机定子绕组上的线电压。单位为 V（伏）或 kV（千伏）。它与定子绕组的联结方式有对应的关系。Y 系列电动机的额定电压一般为 380V，$P_N \leq 3kW$ 时为星形联结，$P_N \geq 4kW$ 时为三角形联结。有些小容量电动机，U_N 为 380/660V，联结方式为△/Y，这表示的是，当电源电压为 380V 时，采用三角形联结；当电源电压为 660V 时，采用星形联结。

(4) 额定电流 I_N

额定电流是指电动机加额定电压、输出额定功率时，在定子绕组中的线电流。单位为 A（安），也就是电动机在长期运行时所允许的定子线电流。若定子绕组有两种连接方式，则铭牌上标出两种额定电流。例如：380/660V，△/Y，2/1.15A。当电动机的实际工作电压、电流和功率等都等于额定值时，这种运行状态称为额定状态；当电动机的实际工作电流等于额定电流时，电动机的工作状态称为满载。

(5) 额定频率 f_{1N}

额定频率是指电动机所接电源的标准频率。单位为 Hz（赫兹）。我国规定标准工业用电频率为 50Hz（有的国家（如美国）规定为 60Hz）。

(6) 额定转速 n_N

额定转速是指电动机加额定频率、额定电压、并在转轴上输出额定功率时的转子转速。单位为 r/min（转/分）。国产异步电动机的额定转速非常接近而又略小于同步转速。

(7) 额定功率因数 $\cos\varphi_N$

额定功率因数是指电动机在额定状态下运行时的功率因数。对三相异步电动机，额定数据之间的关系为

$$P_N = \sqrt{3} U_N I_N (\cos\varphi_N) \eta_N \times 10^{-3} kW \quad \text{其中 } \eta_N \text{ 为电动机的额定效率}$$

(8) 定子绕组联结法

定子绕组联结法用 Y 或 D 表示，表示加额定电压时定子绕组的联结方式为星形或三角形。

另外，铭牌上还标出了绕组的相数、额定温升（或绝缘等级）等。若是绕线转子三相异步电动机，则还标出了转子绕组的接法，转子的额定电动势（指定子加额定电压，转子绕组开路时的线电动势）及转子额定电流等。

2. 三相异步电动机的型号规定及其主要系列产品

异步电动机是我国生产数量最大的电动机，种类很多，主要系列产品如下所述。

1) Y 系列。这是普通用途的小型笼型异步电动机的新系列,取代老产品 JO2 系列。额定电压为 380V,功率范围为 0.55~90kW,同步转速为 750~3000r/min,外壳防护形式为 IP44,B 级绝缘,符合国际电工委员会(IEC)标准的有关规定。

2) J2、J02 和 J02-L 系列。作为普通用途的小型三相笼型异步电动机。其中 J2 表示是防护式的,J02、J02-L(铝)表示是封闭式的,额定电压为 380V,同步转速为 600~3000r/min,采用 E 级绝缘。

3) JD2、JD02 系列。这是分别从 J2、J02 派生出来的防护式和封闭式多速笼型异步电动机,主要用于各种机床以及起重设备中需多种速度的传动装置。

4) JR 系列。中型防护式三相绕线转子异步电动机系列,容量为 45~410kW,可用于频繁起动的起重机上。

5) YR 系列。大型三相绕线转子异步电动机系列,容量为 250~2500kW,主要用于冶金工业和矿山机械中。

6) SL 系列。笼型转子的两相交流伺服电动机,输出功率很小,一般不超过几十瓦。

7) CK 系列。空心杯转子异步测速发电动机,是一种中频电动机,额定励磁频率为 400Hz。

其他类型的异步电动机可参阅相关设备手册。

4.2 三相异步电动机的基本原理

三相异步电动机要带负载运行,与直流电动机一样,必须提供一定大小和确定旋转方向的电磁转矩,即需要磁场和电流的共同作用产生电磁转矩。但异步电动机的电磁转矩产生的方法不同于直流电动机,异步电动机的磁场是旋转磁场,转子电流是感应电流,气隙中的旋转磁场与转子导体的感应电流相互作用产生电磁转矩,这方面与直流电动机有很大差别。三相异步电动机工作原理示意图如图 4-11 所示。

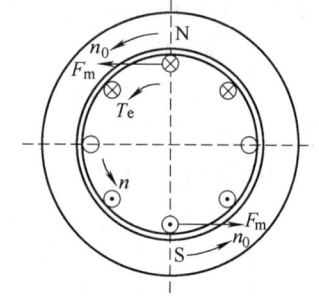

图 4-11 三相异步电动机工作原理示意图

三相异步电动机的定子装有三相对称绕组,当接入三相对称的交流电源时,流入定子绕组的三相对称电流在电动机的气隙中将产生一个同步转速 n_0 的旋转磁场。这个旋转磁场在定子和转子间的气隙中旋转。转子导体嵌放在转子铁心外圆的槽内,两端被导电环联结(笼型)。旋转磁场切割转子导体产生感应电动势,当旋转磁场如图 4-11 所示为逆时针方向旋转时,转子导体顺时针方向切割磁力线,由右手定则可确定,转子的上半圆周各导体的感应电动势方向均为⊗,即进入纸面;下半圆周导体的电动势方向均为⊙,即指向纸面。由于转子各导体两端均有导电环短接,所以各导体有电流产生,若不计转子绕组电感,则导体中电流与感应电动势同相位。转子导体电流 i_2 与旋转磁场相互作用将产生电磁力 F_m 作用在转子上,F_m 的方向由左手定则确定。转子所有导体受的电磁力对转轴产生了一个逆时针方向的电磁转矩 T_e。当电磁转矩 T_e 大于负载转矩 T_L 时,转子就会跟着旋转磁场以某一转速 n 旋转,电磁转矩 T_e 及转子的旋转方向与旋转磁场的旋转方向相同。如果转子拖动生产机械,那么作用在转子上的电磁转矩将克服负载转矩而做功,电动机输出机械功率,从而实现了机电能量的转换。

异步电动机在运行时，若 $n \neq n_0$，则转子导体与旋转磁场之间存在相对旋转速度，转子导体切割磁力线，产生电磁转矩。当 $T_e = T_L$ 时，电动机就以某一转速 n 稳速运行。但一旦 $n = n_0$，转子导体与旋转磁场之间就无相对运动，转子导体中就无感应电动势产生，无转子电流，电动机产生的电磁转矩 $T_e = 0$，转子的转速 n 下降。因此，电动机转速不可能等于同步转速 n_0，只能与气隙旋转磁场处于异步状态，这也就是异步电动机名称的由来。异步电动机也可以称为感应电动机，这是因为转子导体中的感应电动势、感应电流是转子导体切割旋转磁场的磁力线而感应出来的，从而使电动机产生电磁转矩。

从以上分析可看出，转子转速 n 与同步转速 n_0 之差（即转差）是异步电动机工作状态的一个很重要参数。设转差 $\Delta n = n_0 - n$，为了直观地了解不同转速异步电动机的转差相对值，把转差 Δn 与同步转速 n_0 之比称为转差率 s，即

$$s = \frac{\Delta n}{n_0} = \frac{n_0 - n}{n_0} \quad \text{或} \quad s\% = \frac{\Delta n}{n_0} \times 100\% = \frac{n_0 - n}{n_0} \times 100\% \tag{4-7}$$

转差率是异步电动机的一个重要参数，不同的数值范围反映其不同的运行状态。

1) $0 < n < n_0$，$0 < s < 1$　　　电动运行状态。
2) $n_0 < n$，$s < 0$　　　　　　　发电运行状态。
3) $n < 0$，$s > 1$　　　　　　　　电气制动状态。

一般情况下，各种三相异步电动机转差率的差别很小，在额定负载时，额定转差率 $s_N\% = 2\% \sim 6\%$。因为通常负载转矩 $T_L \leq T_N$，所以正常工作时 $s \leq s_N$。根据这一特点，可得到异步电动机调速的一种基本途径，即通过调节异步电动机的同步转速 n_0 来实现转子转速 n 的调速。

【例 4-1】　一台三相异步电动机，额定频率 $f_{1N} = 50\text{Hz}$，额定转速 $n_N = 720\text{r/min}$。求：（1）极对数 p；（2）额定转差率 s_N。

解：（1）由同步转速 $n_0 = \dfrac{60f_1}{p} = \dfrac{3000}{p}$ 和 n_N 略小于 n_0 可知，$n_0 = 750\text{r/min}$ 和 $p = \dfrac{60 \times 50}{750} = 4$

（2）额定转差率 $s_N = \dfrac{n_0 - n}{n_0} = \dfrac{750 - 720}{750} = 0.04$

当异步电动机接上电源使带着负载的转子以转速 n 旋转时，异步电动机即可输出机械功率。从电能转换成机械能这一角度分析，异步电动机与直流电动机相似。但从电磁感应这一角度来分析异步电动机运行的基本原理又与变压器很相似，所以在后面将运用类似分析变压器的方法来求得异步电动机的等效电路。

4.3　三相异步电动机的定子磁场

下面，根据绕组的构成原理，先分析一个线圈的磁通势，进而分析一个线圈组的磁通势和一相绕组产生的磁通势，再求三相绕组共同产生的合成磁通势。

4.3.1　单相绕组的磁通势——脉振磁通势

1. 整距线圈的磁通势

一个具有 N_C 匝的整距线圈 AX 通以电流 i 时所产生的磁场如图 4-12a 所示。电流为正

(A出，X进）时，下半部为 N 极，上半部为 S 极，用安培环路定律可得每个磁极下磁通势为一常数。设磁力线自定子出为正，在气隙中的磁通势沿圆周分布展开后如图 4-12b 所示，幅值应为 $\frac{1}{2}N_c i$。

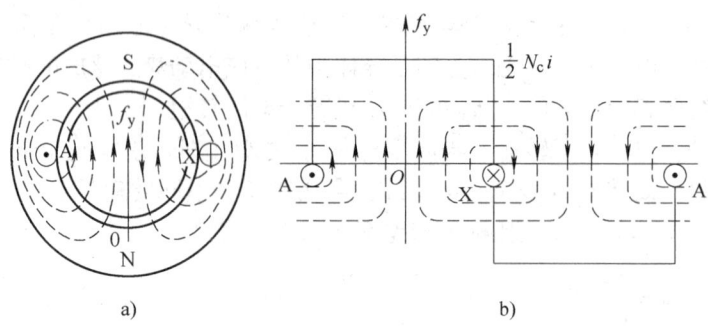

图 4-12 整距线圈产生的磁通势
a) 整距线圈 AX 通以电流 i 时所产生的磁场
b) 在气隙中的磁通势沿圆周分布展开

如果电流为正弦交流 $i = I_m\sin\omega t = \sqrt{2}I_c\sin\omega t$，那么此矩形波的高度将随时间以电流的频率变化，如图 4-12 所示，矩形波幅值为

$$F_{ym} = \pm (\sqrt{2}/2) N_c I_c$$

式中，I_c 为正弦交流电流的有效值。

整距线圈产生的磁通势是空间位置固定不变，而大小随时间交变的磁通势，称为脉振磁通势。脉振频率为电流变化的频率。其数学表达式为

$$f_y(x,t) = \frac{1}{2}N_c i = \frac{\sqrt{2}}{2}N_c I_c \sin\omega t \tag{4-8}$$

整距线圈分解后基波磁通势的幅值为

$$F_{y1} = \frac{4}{\pi}F_{ym} = \frac{4}{\pi}\frac{\sqrt{2}}{2}N_c I_c = 0.9 N_c I_C \tag{4-9}$$

2. 线圈组的磁通势

（1）整距线圈的线圈组磁通势

设线圈组有 q 个线圈，各产生一个矩形波磁通势，分别进行分解，则 q 个基波磁通势大小相等（均为 F_{y1}），空间互差一个槽距角 α。由此可得线圈组基波合成磁通势的幅值为

$$F_{q1} = qF_{y1}k_{q1} = 0.9qN_c I_c k_{q1} \tag{4-10}$$

式中，k_{q1} 为基波磁通势的分布系数。k_{q1} 是采用分布绕组使基波磁通势减小的倍数，其中 $k_{q1}<1$。

（2）短距线圈的线圈组磁通势

双层绕组一般采用短距线圈，这对合成磁通势有影响。根据只要不改变各线圈边中的电流大小和方向，所产生的磁通势就不变的规律，可以将其等效为整距线圈组。

线圈组基波合成磁通势

$$F_{Q1} = 2F_{q1}\cos\frac{\varepsilon}{2} = 2F_{q1}k_{y1} \tag{4-11}$$

式中，$k_{y1} = \sin\frac{y_1}{\tau}90°$，称为基波磁通势的短距系数。这是采用短距线圈使基波磁通势减小的倍数。

3. 一相绕组的磁通势

一相绕组的磁通势是指一相绕组在每对极下产生的合成磁通势。

对于单层绕组，每对极下只有一个线圈组，故一相绕组基波磁通势的幅值为

$$F_{\Phi 1} = F_{q1} = 0.9qN_C I_C k_{q1} \tag{4-12}$$

由于单层绕组每相串联匝数 $N_1 = \frac{pqN_C}{a}$，线圈电流 $I_C = \frac{1}{a}I$，代入上式即得单层短距绕组一相基波磁通势的幅值为

$$F_{\Phi 1} = 0.9\frac{N_1 a}{p}\frac{I}{a}k_{q1} = 0.9\frac{N_1 k_{q1}}{p}I \tag{4-13}$$

对于双层短距绕组，每对极下有两个线圈组，故一相绕组基波磁通势的幅值为

$$F_{\Phi 1} = 2F_{q1}k_{y1} = 2(0.9qN_C I_C k_{q1})k_{y1} = 0.9(2qN_C)I_C k_{w1} \tag{4-14}$$

式中，$k_{w1} = k_{q1}k_{y1}$，称为基波绕组系数。这是采用短距分布绕组使基波磁通势减小的倍数。

由于双层绕组每相串联匝数 $N_1 = \frac{2pqN_C}{a}$，线圈电流 $I_C = \frac{1}{a}I$，代入上式即得双层短距绕组一相基波磁通势的幅值为

$$F_{\Phi 1} = 0.9\frac{aN_1}{p}\frac{I}{a}k_{w1} = 0.9\frac{N_1 k_{w1}}{p}I \tag{4-15}$$

可见，单层绕组和双层绕组一相基波磁通势幅值的表达式形式是相同的。

总之，一相绕组产生的磁通势既是空间函数，又是时间函数，其中基波磁通势的表达式为

$$f_{\Phi 1}(x,t) = F_{\Phi 1}\cos\frac{\pi}{\tau}x\sin\omega t \tag{4-16}$$

对一相绕组基波磁通势，可得出以下几点结论：①是脉振磁通势；②基波磁通势的幅值位于绕组的轴线上；③基波磁通势的幅值为

$$F_{\Phi 1} = 0.9\frac{N_1 k_{w1}}{p}I$$

4.3.2 三相绕组的磁通势——旋转磁通势

1. 脉振磁通势的分解

可将一绕组的脉振磁通势公式写为

$$f_{\Phi 1}(x,t) = f'_{\Phi 1}(x,t) + f''_{\Phi 1}(x,t) \tag{4-17}$$

此式表明一个脉振磁通势可以分解为两个分量，先分析第一个分量 $f'_{\Phi 1}(x,t) = \frac{1}{2}F_{\Phi 1}\sin\left(\omega t\right.$

$-\dfrac{\pi}{\tau}x\Big)$。

$f'_{\Phi 1}(x, t)$ 沿气隙圆周旋转的转速为

$$n'_0 = \dfrac{60 \times 2f_1\tau}{2p\tau} = \dfrac{60f_1}{p}(\text{r/min}) \tag{4-18}$$

由此可见，$f'_{\Phi 1}(x, t)$ 是一个旋转磁通势，其幅值为一相磁通势幅值的 1/2，转速 $n'_0 = \dfrac{60f_1}{p}$。同理可知 $f''_{\Phi 1}(x, t)$ 也是一个旋转磁通势，幅值也为 $\dfrac{1}{2}F_{\Phi 1}$，只是转速 $n''_0 = -\dfrac{60f_1}{p}$，即转向相反。

结论：一个脉振磁通势可以分解为两个幅值相等、转速相同、转向相反的旋转磁通势。

2. 三相绕组的基波合成磁通势

若取 A 相绕组的轴线处作为空间坐标的原点，则可得 A、B、C 三相基波磁通势的表达式为

$$f_{A1}(x,t) = F_{\Phi 1}\cos\dfrac{\pi}{\tau}x\sin\omega t$$

$$f_{B1} = F_{\Phi 1}\cos\left(\dfrac{\pi}{\tau}x - 120°\right)\sin(\omega t - 120°)$$

$$f_{C1} = F_{\Phi 1}\cos\left(\dfrac{\pi}{\tau}x - 240°\right)\sin(\omega t - 240°)$$

分别将这 3 个脉振磁通势分解，则得

$$f_{A1}(x,t) = \dfrac{1}{2}F_{\Phi 1}\sin\left(\omega t - \dfrac{\pi}{\tau}x\right) + \dfrac{1}{2}F_{\Phi 1}\sin\left(\omega t + \dfrac{\pi}{\tau}x\right)$$

$$f_{B1}(x,t) = \dfrac{1}{2}F_{\Phi 1}\sin\left(\omega t - \dfrac{\pi}{\tau}x\right) + \dfrac{1}{2}F_{\Phi 1}\sin\left(\omega t + \dfrac{\pi}{\tau}x - 240°\right)$$

$$f_{C1}(x,t) = \dfrac{1}{2}F_{\Phi 1}\sin\left(\omega t - \dfrac{\pi}{\tau}x\right) + \dfrac{1}{2}F_{\Phi 1}\sin\left(\omega t + \dfrac{\pi}{\tau}x - 120°\right)$$

三相绕组的基波合成磁通势为

$$f_1(x,t) = f_{A1}(x,t) + f_{B1}(x,t) + f_{C1}(x,t) = \dfrac{3}{2}F_{\Phi 1}\sin\left(\omega t - \dfrac{\pi}{\tau}x\right) = F_1\sin\left(\omega t - \dfrac{\pi}{\tau}x\right)$$

这也是一个 $n_0 = \dfrac{60f_1}{p}$ 的旋转磁通势，只是幅值为一相磁通势幅值的 3/2 倍，用 F_1 表示。

可直观图解得到，三相绕组产生的基波合成旋转磁通势如图 4-13 所示。图中分析了 $\omega t = 90°、210°、330°$ 时的三相基波合成磁通势的情况。

综合以上两种方法，可知三相绕组的基波合成磁通势有以下 3 个特征：

1）它是一个旋转磁通势，速度为同步转速 $n_0 = \dfrac{60f_1}{p}$（r/min）。旋转方向决定于电源相序，总是从电流的超前相转向滞后相。

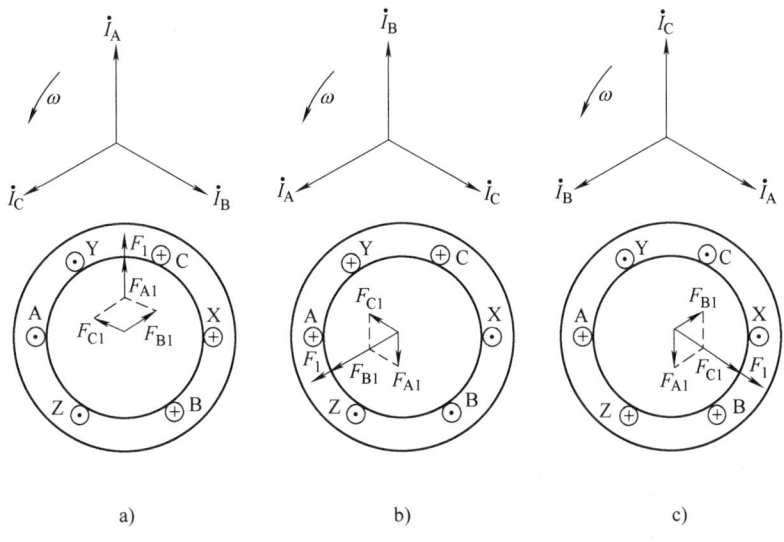

图 4-13 三相绕组产生的基波合成旋转磁通势

a) $\omega t = 90°$, $i_A = I_m$ b) $\omega t = 210°$, $i_B = I_m$ c) $\omega t = 330°$, $i_C = I_m$

2) 幅值为一相磁通势幅值的 3/2 倍,恒定不变,故为圆形旋转磁通势。

3) 哪一相的电流达到正的最大值,三相基波合成磁通势的幅值就在哪一相绕组的轴线上。

4.4 三相异步电动机的感应电动势

4.4.1 交流绕组的电动势

当三相异步电动机运行时,气隙中存在旋转磁通势建立的旋转磁场,同时切割定、转子绕组,分别在定、转子绕组中感应电动势。基波旋转磁场感应产生基波电动势,谐波旋转磁场感应产生谐波电动势。

1. 一相绕组的基波电动势

设 $B_x = B_m \sin\alpha$,如图 4-14 所示。

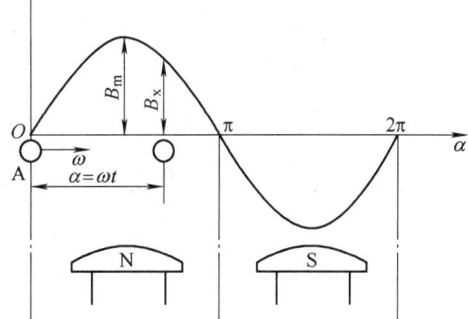

式中,$\alpha = \dfrac{\pi}{\tau}x$ 为离开坐标原点 x 对应的电角度,应有 $\alpha = \omega t$,故 $B_x = B_m \sin\omega t$。

(1) 导体的电动势

$$e = B_x l v = B_m l v \sin\omega t = \sqrt{2} E_{c1} \sin\omega t \quad (4-19)$$

图 4-14 导体的电动势

此电动势的频率 $f_1 = \dfrac{p n_0}{60}$,电动势的有效值 $E_{c1} = \dfrac{1}{\sqrt{2}} B_m l v$。

一个极距内磁感应强度的平均值 $B_{av} = \dfrac{2}{\pi} B_m$,故 $B_m = \dfrac{\pi}{2} B_{av} = \dfrac{\pi}{2} \dfrac{\Phi_1}{l} \dfrac{1}{\tau}$。又 $v = \dfrac{2p\tau n_0}{60} = $

$2\tau f_1$ 故 $E_{c1} = \dfrac{1}{\sqrt{2}} \dfrac{\pi}{2} \dfrac{\Phi_1}{\tau l} l 2\tau f_1 = 2.22 f_1 \Phi_1$

（2）整距线圈的电动势

整距线匝（线圈一条边）的电动势

$$E_{t1} = 2E_{c1} = 4.44 f_1 \Phi_1 \tag{4-20}$$

整距线圈的电动势

$$E_{y1(y1=\tau)} = 4.44 f_1 N_C \Phi_1 \tag{4-21}$$

（3）短距线圈的电动势

短距线圈基波电动势的有效值为

$$\dot{E}_{y1(y1<\tau)} = 4.44 f_1 N_C \Phi_1 k_{y1} \tag{4-22}$$

式中，$k_{y1} = \sin\dfrac{y_1}{\tau}90°$，称为基波电动势的短距系数。计算方法与基波磁通势的短距系数相同，大小相等。后面统称为基波短距系数。

（4）线圈组的电动势

对于单层绕组，每相绕组线圈组的数目等于 p；对于双层绕组，每相线圈组的数目等于 $2p$。线圈组中每个线圈的电动势大小相等，只是时间相位上互差一个槽距角 α。线圈组的电动势应是 q 个线圈电动势的相量和。可见

$$E_{q1} = qE_{y1}k_{q1} \tag{4-23}$$

式中，k_{q1} 称为基波电动势的分布系数。

线圈组的基波电动势

$$E_{q1} = 4.44 f_1 q N_C k_{q1} k_{y1} \Phi_1 = 4.44 f_1 q N_C k_{w1} \Phi_1 \tag{4-24}$$

式中，$k_{w1} = k_{q1} k_{y1}$，称为基波电动势的绕组系数。其计算方法与基波磁通势的绕组系数相同。

（5）一相绕组的基波电动势

对于单层绕组，a 条并联支路，每个相绕组有 p 个线圈组，故有

$$E_{\Phi 1} = \dfrac{p}{a} E_{q1} = \dfrac{p}{a} 4.44 f_1 q N_C k_{w1} \Phi_1 = 4.44 f_1 q N_C \dfrac{p}{a} k_{w1} \Phi_1 = 4.44 f_1 N_1 k_{w1} \Phi_1 \tag{4-25}$$

式中，$N_1 = \dfrac{p}{a} q N_C$ 为单层绕组每相串联匝数，即一条支路的匝数。

对于双层绕组，a 条并联支路，每个相绕组共有 $2p$ 个线圈组，故有

$$E_{\Phi 1} = \dfrac{2p}{a} E_{q1} = \dfrac{2p}{a} 4.44 f_1 q N_C k_{w1} \Phi_1 = 4.44 f_1 N_1 k_{w1} \Phi_1 \tag{4-26}$$

式中，$N_1 = \dfrac{2p}{a} q N_C$ 为双层绕组每相串联匝数。

2. 一相绕组的谐波电动势

同理，可得一相绕组谐波电动势有效值的计算公式为

$$E_{\Phi\nu} = 4.44 f_\nu N_1 k_{w\nu} \Phi_\nu \tag{4-27}$$

式中，f_ν 为 ν 次谐波电动势的频率；Φ_ν 为 ν 次谐波每极磁通；$k_{w\nu}$ 为 ν 次谐波绕组系数。

设计绕组时，可以采用适当的分布短距绕组，使 k_{w1} 接近于 1，而 k_{wv} 尽可能小甚至为零，就能明显削弱谐波，从而改善磁通势和电动势的波形。

4.4.2 三相绕组的电动势

1. 相电动势

实际电机定子一相绕组中的电动势除基波分量以外，还有少量谐波分量，故每相电动势的有效值应为

$$E_\Phi = \sqrt{E_{\Phi 1}^2 + E_{\Phi 3}^2 + E_{\Phi 5}^2 + \cdots}$$

2. 线电动势

1）星形接法，线电势 $E_l = \sqrt{3}\sqrt{E_{\Phi 1}^2 + E_{\Phi 5}^2 + \cdots}$，不包含 3 和 3 的倍数次谐波。

2）三角形接法 $E_l = \sqrt{E_{\Phi 1}^2 + E_{\Phi 5}^2 + \cdots}$ 也不包含 3 和 3 的倍数次谐波。

4.5 三相异步电动机转子静止时的电磁关系

4.5.1 转子绕组开路时的情况

1. 电磁过程

转子绕组开路时的情况相当于变压器的空载运行情况。定子三相对称绕组接通三相对称电源，流过三相对称空载电流 I_0，产生基波旋转磁通势和旋转磁场 $\dot{\Phi}_m$，以同步转速 n_0 切割定、转子绕组，分别产生定子感应电动势 E_1 和转子感应电动势 E_2

$$E_1 = 4.44 f_1 N_1 k_{w1} \Phi_m \tag{4-28}$$

$$E_2 = 4.44 f_1 N_2 k_{w2} \Phi_m \tag{4-29}$$

$$k_e = \frac{E_1}{E_2} = \frac{N_1 k_{w1}}{N_2 k_{w2}} \quad \text{称为电动势比} \tag{4-30}$$

定子绕组漏磁通 $\dot{\Phi}_{1\sigma}$ 在定子绕组中感应漏电动势 $\dot{E}_{1\sigma}$，根据其大小和相位可以表示为

$$\dot{E}_{1\sigma} = -j\dot{I}_0 X_1 \tag{4-31}$$

式中，$X_1 = 2\pi f_1 L_1$，为定子绕组的漏电抗。

2. 电压平衡方程式

参照变压器设定定子绕组各量的正方向，可得一相绕组的电压平衡方程式为

$$\dot{U}_1 = -\dot{E}_1 - \dot{E}_{1\sigma} + \dot{I}_0 R_1 = -\dot{E}_1 + \dot{I}_0 (R_1 + jX_1) = -\dot{E}_1 + \dot{I}_0 Z_1 \tag{4-32}$$

式中，$Z_1 = R_1 + jX_1$，为定子绕组的漏阻抗。

由于电动机磁路中有气隙，磁阻大，所以空载电流 I_0 比变压器大得多，可达额定电流的 20%~50%。

4.5.2 转子绕组短路和转子堵住不转时的情况

这种情况相当于变压器二次短路情况。

1. 电磁过程

以绕线转子为例进行分析，结果同样适用于笼型。在转子绕组中感应电动势，流过三相

对称电流，产生转子基波旋转磁通势 F_2，如图 4-15 所示。转子绕组的相序取决于定子电流产生的旋转磁场 F_1 的转向，转子旋转磁通势的转向又取决于转子绕组的相序，因而 F_2 的转向必定与 F_1 相同。转速 $n_2 = \dfrac{60f_2}{p} = \dfrac{60f_1}{p} = n_0$。可见，$F_1$ 和 F_2 在空间同转向，同以 n_0 转速旋转，即在空间相对静止，又均为空间正弦量，故可得合成磁通势 $\vec{F}_1 + \vec{F}_2 = \vec{F}_m$，即

$$\vec{F}_1 = \vec{F}_m + (-\vec{F}_2) \tag{4-33}$$

可见，定子基波磁通势 $\vec{F}_1$ 包含两个分量：一个分量为 $(-\vec{F}_2)$，用以抵消 $\vec{F}_2$ 对主磁通的影响；另一个分量为 $\vec{F}_m$，作用是产生主磁通 $\dot{\Phi}_m$。

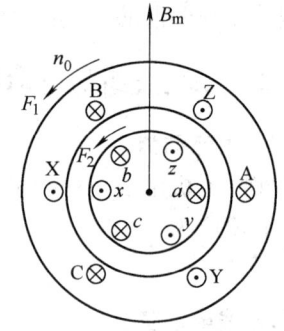

图 4-15 转子磁通势的转向

2. 电压平衡方程式

定子电压方程

$$\dot{U}_1 = -\dot{E}_1 - \dot{E}_{1\sigma} + \dot{I}_0 R_1 = -\dot{E}_1 + \dot{I}_0(R_1 + jX_1) = -\dot{E}_1 + \dot{I}_0 Z_1 \tag{4-34}$$

转子电压方程

$$\dot{E}_2 = \dot{I}_2 R_2 - \dot{E}_{2\sigma} = \dot{I}_2 R_2 + j\dot{I}_2 X_2 = \dot{I}_2(R_2 + jX_2) = \dot{I}_2 Z_2 \tag{4-35}$$

式中，$Z_1 = R_1 + jX_1$ 为定子漏阻抗，$Z_2 = R_2 + jX_2$ 为转子漏阻抗。

与变压器相似，将 $\dot{E}_1$ 用阻抗压降表示为

$$\dot{E}_1 = -\dot{I}_m(R_m + jX_m) = -\dot{I}_m Z_m \tag{4-36}$$

式中，$Z_m = R_m + jX_m$，为励磁阻抗；R_m 为励磁电阻，是反映铁耗的等效电阻；X_m 为与主磁通对应的电抗，称为励磁电抗。

3. 绕组折算

与变压器一样，为求等效电路和相量图，需对电动机的绕组进行折算，一般是将转子绕组折算到定子侧，即人为地以相数、每相串联匝数以及绕组系数均与定子绕组相同的假想绕组等效替代相数为 m_2、每相串联匝数为 N_2 以及绕组系数为 k_{w2} 的实际转子绕组，折算的原则是保持转子磁通势 $\vec{F}_2$ 不变。

（1）电流的折算

根据转子磁通势保持不变的原则，可得

$$0.9 \frac{m_1}{2} \frac{N_1 k_{w1}}{p} \dot{I}'_2 = 0.9 \frac{m_2}{2} \frac{N_2 k_{w2}}{p} \dot{I}_2 \tag{4-37}$$

所以 $\dot{I}'_2 = \dfrac{m_2 N_2 k_{w2}}{m_1 N_1 k_{w1}} \dot{I}_2 = \dfrac{1}{k_i} \dot{I}_2$，即除以电流比 k_i。

式中，电流变比 $k_i = \dfrac{m_2 N_2 k_{w2}}{m_1 N_1 k_{w1}}$。 (4-38)

由磁通势平衡方程式可得折算以后的电流平衡方程式为

$$\dot{I}_1 + \dot{I}'_2 = \dot{I}_m \tag{4-39}$$

(2) 电动势的折算

$$\dot{E}_2' = -j4.44f_1N_1k_{w1}\dot{\Phi}_m = \dot{E}_1 = k_e\dot{E}_2$$

即乘以电动势比 k_e。

(3) 阻抗的折算

根据转子绕组的有功功率不变的原则，可得

$$m_1I_2'^2R_2' = m_2I_2^2R_2 \tag{4-40}$$

即 $R_2' = \dfrac{m_2I_2^2}{m_1I_2'^2}R_2 = \dfrac{m_2}{m_1}\left(\dfrac{m_1N_1k_{w1}}{m_2N_2k_{w2}}\right)^2R_2 = k_ek_iR_2$。

根据转子绕组的无功功率不变的原则，可得

$$m_1I_2'^2X_2' = m_2I_2^2X_2 \tag{4-41}$$

即 $X_2' = k_ek_iX_2$。 $\tag{4-42}$

同理，$Z_2' = R_2' + jX_2' = k_ek_iZ_2$，即乘以两种变比的乘积 k_ek_i。

(4) 等效电路和相量图

将转子绕组短路和转子堵住不转时经过绕组折算后的基本方程式为

$$\dot{U}_1 = -\dot{E}_1 + \dot{I}_1(R_1 + jX_1)$$
$$\dot{E}_1 = -\dot{I}_m(R_m + jX_m)$$
$$\dot{E}_1 = \dot{E}_2'$$
$$\dot{E}_2' = \dot{I}_2'(R_2' + jX_2')$$
$$\dot{I}_1 + \dot{I}_2' = \dot{I}_m$$

根据这些方程式，可以画出转子堵住不转时异步电动机的等效电路如图 4-16 所示。同时，可得相应的相量图如图 4-17 所示。

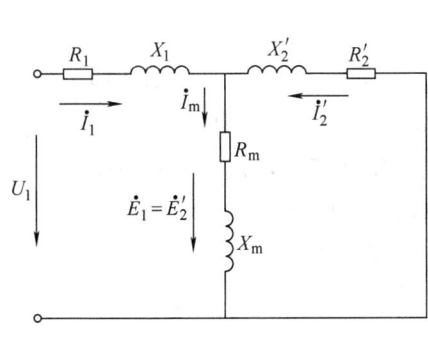

图 4-16 转子堵住不转时
异步电动机的等效电路图

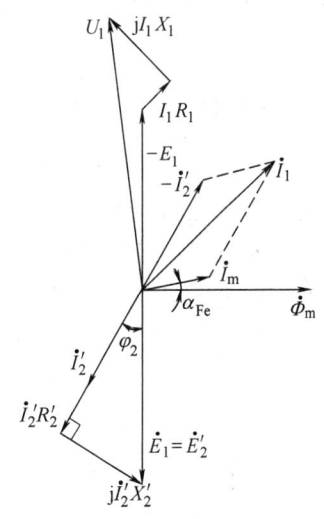

图 4-17 转子堵住不转时
异步电动机的相量图

4.6 三相异步电动机转子旋转时的电磁关系

4.6.1 基本方程式

1) 转子频率。当转子以转速 n 旋转时,旋转磁场在转子绕组中感应电动势的频率(简称为转子频率)为

$$f_2 = \frac{p(n_0 - n)}{60} = \frac{n_0 - n}{n_0} \times \frac{pn_0}{60} = sf_1 \tag{4-43}$$

即与转差率成正比。当 $n = 0$ 时,$f_2 = f_1$;当正常运行时,转差率很小,f_2 很低,约为 1~3Hz。

2) 转子绕组的感应电动势。

$$E_{2S} = 4.44 f_2 N_2 k_{w2} \Phi_m = 4.44 sf_1 N_2 k_{w2} \Phi_m = sE_2 \tag{4-44}$$

3) 转子每相漏电抗

$$X_{2S} = 2\pi f_2 L_2 = s2\pi f_1 L_2 = sX_2 \tag{4-45}$$

可见,转子电动势和漏电抗也与转差率 s 成正比。带下标 s 的量为转子转动时的量。

4) 转子磁通势的转速。转子磁通势 F_2 相对于转子本身的转速 Δn_2

$$\Delta n_2 = \frac{60 f_2}{p} = \frac{60 sf_1}{p} = n_0 s = n_0 \frac{n_0 - n}{n_0} = n_0 - n \tag{4-46}$$

转子本身以转速 n 向前旋转,故 F_2 相对于定子的转速(空间转速)为

$$\Delta n + n = n_0 - n + n = n_0$$

即转子磁通势 F_2 和定子磁通势 F_1 的转速是相同的,均为 n_0。这说明当电动机负载时,转子磁通势 F_2 与定子磁通势 F_1 在空间仍然相对静止,其合成磁通势保持定值,此时气隙中的旋转磁场由此合成的磁通势产生,故磁通势平衡方程和转子堵转时相同,即

$$\vec{F}_1 + \vec{F}_2 = \vec{F}_m$$

4.6.2 频率折算

当转子旋转时,因为转子电路的频率与定子电路的频率不相同,所以为了导出转子旋转时的等效电路和相量图,不但要进行绕组的折算,而且要进行频率的折算。

转子对定子的作用是通过磁通势 $\vec{F}_2$ 产生的,只要维持折算前后 $\vec{F}_2$ 不变即可,即只要维持转子绕组电流 $\dot{I}_2$ 不变。由转子绕组电动势平衡方程式可得

$$\dot{I}_{2s} = \frac{\dot{E}_{2s}}{R_2 + jX_{2s}} = \frac{s\dot{E}_2}{R_2 + jsX_2} = \frac{\dot{E}_2}{\dfrac{R_2}{s} + jX_2} = \dot{I}_2 \tag{4-47}$$

经过以上变换后得到的电流 $\dot{I}_2$ 在大小和相位上完全与 $\dot{I}_{2s}$ 一样,但物理意义却大不相同。因为 $\dot{I}_2$ 等于转子不转时的电动势 $\dot{E}_2$ 除以转子不转时的漏电抗 X_2 和转子等效电阻 $\dfrac{R_2}{s}$,所以这时 $\dot{I}_2$ 的频率已经变成 f_1 了。

变换后转子电路的功率因数角 φ_2 与原来一样，即

$$\varphi_2 = \tan^{-1}\frac{X_{2s}}{R_2} = \tan^{-1}\frac{sX_2}{R_2} = \tan^{-1}\frac{X_2}{\dfrac{R_2}{s}} \tag{4-48}$$

综上所述，若用一个静止的转子去等效代替一个实际旋转的转子，则只要把转子电路的电阻 R_2 改为 R_2/s [相当于在转子回路中串联了一个 $(R_2/s) - R_2 = (1-s)R_2/s$ 的电阻]，电抗 X_{2s} 改为 X_2，用这些阻抗去除转子不转时的 $\dot{E}_2$，就能得到一个大小与相位与转子旋转时一样，而频率为 f_1 的转子电流。这个电流产生的 $\vec{F}_2$ 与原来的一样。这种用一个静止不动的转子代替实际旋转的转子，从而使转子回路的频率由 f_2 变为 f_1 的方法，就叫做频率折算。

4.6.3 等效电路和相量图

1. 等效电路

经过频率折算和绕组折算后，转子回路的电压方程式由原来的 $\dot{E}_{2s} = \dot{I}_{2s}(R_2 + jX_{2s})$ 变为

$$\dot{E}'_2 = \dot{I}'_2\left(\frac{R'_2}{s} + jX'_2\right) \tag{4-49}$$

经过频率折算和绕组折算后的基本方程式为

$$\begin{aligned}
\dot{U}_1 &= -\dot{E}_1 + \dot{I}_1 Z_1 \\
\dot{E}_1 &= -\dot{I}_m(R_m + jX_m) \\
\dot{E}_1 &= \dot{E}'_2 \\
\dot{E}'_2 &= I'_2\left(\frac{R'_2}{s} + jX'_2\right) \\
\dot{I}_1 + \dot{I}'_2 &= \dot{I}_m
\end{aligned} \tag{4-50}$$

仿照推导变压器等效电路的方法，由基本方程可以推导出电动机的等效阻抗为

$$Z_d = \frac{\dot{U}_1}{\dot{I}_1} = Z_1 + \cfrac{1}{\cfrac{1}{Z_m} + \cfrac{1}{\cfrac{R'_2}{s} + jX'_2}} \tag{4-51}$$

由此可以画出异步电动机的 T 形等效电路，如图 4-18 所示。

T 形等效电路综合了异步电动机运行时内部的电磁关系，反映出异步电动机的各种运行情况。空载运行时，$n \approx n_0$，s 很小，$\dfrac{1-s}{s}R'_2$ 趋于无穷大，转子绕组相当于开路，$\dot{I}'_2 \approx 0$、$\dot{I}_1 = \dot{I}_m$，功率因数很低。相当于变压器二次开路的情况。

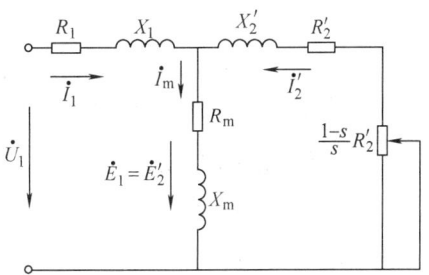

图 4-18 异步电动机的 T 形等效电路图

额定负载运行时，R'_2/s 约为 R'_2 的 20 倍左右，转子电路的功率因数提高，定子电路的功率因数也较高，可达 $0.8 \sim 0.85$，由于 $\dot{I}_{1N} Z_1$ 不大，

$-\dot{E}_1 \approx \dot{U}_1$，主磁通基本不变（略小），所以励磁电流 I_m 变化也不大。

起动情况：起动起始时刻，$n=0$，$s=1$，$\frac{s-1}{s}R_2'=0$，相当于短路，为此，起动电流可达额定电流的 4~7 倍。

当分析或计算要求精度不是很高时，可将的 T 形等效电路简化为单纯并联的 Γ 形等效电路，如图 4-19 所示。

2. 相量图

异步电动机的相量图如图 4-20 所示。

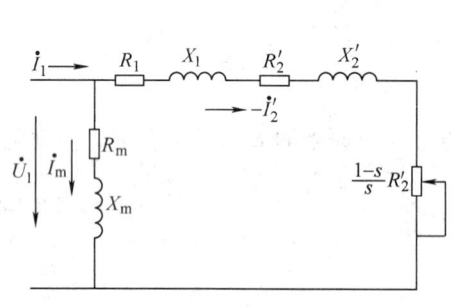

图 4-19 异步电动机的 Γ 形等效电路图

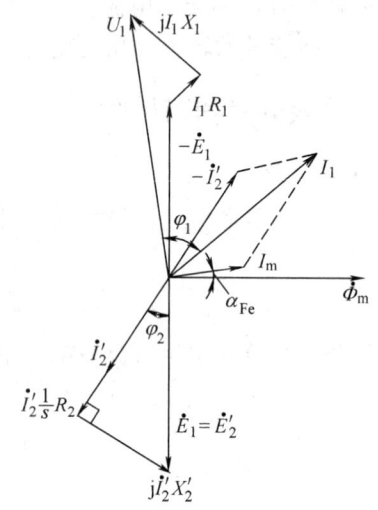

图 4-20 异步电动机的相量图

【**例 4-2**】 三相四极笼型异步电动机，$P_N=10\text{kW}$，$U_N=380\text{V}$，$n_N=1452\text{r/min}$，定子绕组△接法，每相电阻 $R_1=1.33\Omega$，漏电抗 $X_1=2.43\Omega$，转子每相电阻折算值 $R_2'=1.12\Omega$，漏电抗 $X_2'=4.4\Omega$，励磁阻抗 $R_m=7\Omega$，$X_m=90\Omega$。试分别用 T 形电路和简化 Γ 形等效电路求额定状态时电动机的定子电流、转子电流、励磁电流、功率因数和输入功率。

解：额定负载时的转差率

$$s_N = \frac{n_0 - n}{n_0} = \frac{1500 - 1452}{1500} = 0.032$$

$$\frac{R_2'}{s_N} = \frac{1.12}{0.032}\Omega = 35\Omega$$

（1）用 T 形电路计算，有

定子阻抗：$Z_1 = R_1 + jX_1 = 1.33 + j2.43 = 2.77\underline{/61.3°}\Omega$

转子阻抗归算值：$Z_2' = R_2'/s_N + jX_2' = 35 + j4.4 = 35.28\underline{/7.17°}\Omega$

励磁阻抗：$Z_m = R_m + jX_m = 7 + j90 = 90.27\underline{/85.55°}\Omega$

总阻抗：$Z = Z_1 + \dfrac{Z_2' \times Z_m}{Z_2' + Z_m} = 1.33 + j2.43 + \dfrac{35.28\underline{/7.17°} \times 90.27\underline{/85.25°}\Omega}{35 + j4.4 + 7 + j90}$

$= 28.86 + j16.29 = 33.14\underline{/29.14°}\Omega$

定子相电流：设 $\dot{U}_1 = 380\underline{/0°}$，$\dot{I}_1 = \dfrac{\dot{U}_1}{Z} = \dfrac{380\underline{/0°}}{33.14\underline{/29.14°}} = 11.47\underline{/-29.14°} = (9.99 - j5.64)$ A

定子电流额定值：$I_{1N} = \sqrt{3} \times 11.47\text{A} = 19.866\text{A}$

定子功率因数：$\cos\varphi_1 = \cos 29.14° = 0.87$（滞后）

励磁电流

$$\dot{I}_m = \dfrac{\dot{U}_1 - \dot{I}_1 Z_1}{Z_m} = \dfrac{380\underline{/0°} - 11.47\underline{/-29.14°} \times 2.77\underline{/61.3°}}{90.27\underline{/85.25°}}$$

$$= 3.916\underline{/-88.29°} = (0.1169 - j3.9143)\text{ A}$$

转子电流归算值

$$-\dot{I}_2'' = \dot{I}_1 - \dot{I}_m = 9.99 - j5.64 - 0.1169 + j3.9143$$

$$= 9.8731 - j1.7257 = 10.023\underline{/-9.91°}\text{ A}$$

输入功率 $P_{1N} = \sqrt{3} U_{1N} I_{1N} \cos\varphi_1 = \sqrt{3} \times 380 \times 19.866 \times 0.87\text{W} = 11375.3\text{W}$

（2）用简化 Γ 形等效电路计算

励磁电流：$\dot{I}_m' = \dfrac{\dot{U}_1}{Z_m + Z_1} = \dfrac{380\underline{/0°}}{7 + j90 + 1.33 + j2.43} = \dfrac{380\underline{/0°}}{92.8\underline{/84.8°}}$

$$= 4.117\underline{/-84.8°} = (0.373 - j4.1)\text{ A}$$

转子电流归算值：$-\dot{I}_2' = \dfrac{\dot{U}_1}{Z_1 + Z_2'} = \dfrac{\dot{U}_1}{R_1 + jX_1 + R_2'/s_N + jX_2'}$

$$= \dfrac{380\underline{/0°}}{1.33 + j2.437 + 35 + j4.4} = \dfrac{380\underline{/0°}}{36.22 + j6.83}$$

$$= 10.28\underline{/-10.65°} = (10.103 - j1.8998)\text{ A}$$

定子相电流：$\dot{I}_1' = \dot{I}_m' + (-\dot{I}_2'') = 0.373 - j4.1 + 10.103 - j1.8998$

$$= 10.476 - j6 = 12.07\underline{/-29.8°}$$

定子功率因数：$\cos\varphi_1 = \cos 29.8° = 0.8678$（滞后）

输入功率：$P_1 = 3U_1 I_1 \cos\varphi_1 = 3 \times 380 \times 11.8967 \times 0.8678\text{W} = 11768.6\text{W}$

两种等效电路计算结果显示，简化 Γ 形等效电路计算结果偏大，额定电流增大了 5%，励磁电流增大了 5.1%，但计算过程简便了许多。

4.7 三相异步电动机的功率和转矩

4.7.1 功率平衡方程式

当三相异步电动机以转速 n 稳定运行时，定子绕组从电源输入的电功率 P_1 为

$$P_1 = 3U_1 I_1 \cos\varphi_1 \tag{4-52}$$

从等效电路可以看出，P_1 的一小部分消耗于定子绕组的铜损耗，有

$$p_{Cu1} = 3I_1^2 R_1 \tag{4-53}$$

有一部分消耗于定子铁心的铁损耗，有

$$p_{Fe} = 3I_m^2 R_m \tag{4-54}$$

余下的大部分功率为通过气隙旋转磁场，利用电磁感应的作用，由定子传送给转子的功率，这部功率称为电磁功率 P_e，即

$$P_e = P_1 - p_{Cu1} - p_{Fe} \tag{4-55}$$

P_e 等于转子回路全部电阻上的损耗，即

$$P_e = 3I_2'^2 \frac{R_2'}{s} = 3I_2'^2 \left(R_2' + \frac{1-s}{s} R_2' \right) \tag{4-56}$$

也可表示为

$$P_e = 3E_2' I_2' \cos\varphi_2 = m_2 E_2 I_2 \cos\varphi_2 \tag{4-57}$$

转子绕组的铜损耗（又称为转差功率）

$$p_{Cu2} = 3I_2'^2 R_2' = sP_e \tag{4-58}$$

转子铁损耗 f_2 很低，可以忽略不计。为此，电磁功率 P_e 减去转子铜损耗 p_{Cu2}，剩下的转化为总机械功率 P_{mech}，即

$$P_{mech} = P_e - p_{Cu2} = (1-s)P_e \tag{4-59}$$

总机械功率使电动机转动，产生轴承摩擦和风阻损耗等机械损耗 p_{mech}。另外，还有一些附加损耗 p_{ad}，一般把 $P_{mech} + p_{ad}$ 称为电动机的空载损耗 p_0，P_{mech} 中扣除 p_0 为轴上输出的功率 P_2，即

$$P_2 = P_{mech} - (p_{mech} + p_{ad}) = P_{mech} - p_0 \tag{4-60}$$

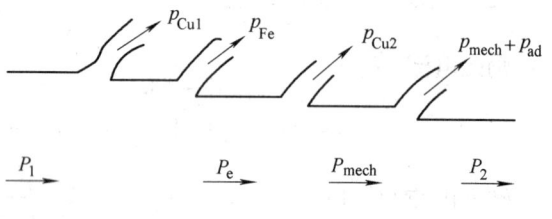

图 4-21 异步电动机功率流程图

以上功率关系可用图 4-21 所示的异步电动机功率流程图表示。由以上公式或功率流程图可得电动机总的功率平衡方程式为

$$P_2 = P_1 - \sum p = P_1 - (p_{Cu1} + p_{Fe} + p_{Cu2} + p_{mech} + p_{ad})$$

4.7.2 转矩平衡方程式

将功率关系式 $P_{mech} = P_2 + p_0$ 的两边同时除以转子机械角速度 Ω，则得到转矩平衡方程式为

$$\frac{P_{mech}}{\Omega} = \frac{P_2}{\Omega} + \frac{p_0}{\Omega}, \text{即 } T_e = T_2 + T_0 \tag{4-61}$$

式中，$T_2 = \frac{P_2}{\Omega}$ 为电动机轴上输出的转矩；$T_0 = \frac{p_0}{\Omega}$ 为对应于机械损耗和附加损耗的转矩，称为空载转矩；$T_e = \frac{P_{mech}}{\Omega}$ 为对应总机械功率的转矩，称为电磁转矩。

这说明电磁转矩与输出机械转矩和空载转矩相平衡。其中电磁转矩为

$$T_e = \frac{P_{mech}}{\Omega} = \frac{(1-s)P_e}{\frac{2\pi n}{60}} = \frac{P_e}{\frac{2\pi n_0}{60}} = \frac{P_e}{\Omega_1} \tag{4-62}$$

式中，$\Omega_1 = \dfrac{2\pi n_0}{60}$，为同步机械角速度。

可见，电磁转矩 T_e 既等于总机械功率 P_{mech} 除以转子机械角速度 Ω，又等于电磁功率 P_e 除以同步机械角速度 Ω_1。

4.7.3 电磁转矩公式

$$T_e = \frac{P_e}{\Omega_1} = \frac{m_2 E_2 I_2 \cos\varphi_2}{\dfrac{2\pi n_0}{60}} = \frac{m_1 E_2' I_2' \cos\varphi_2}{\dfrac{p n_0}{60} \dfrac{2\pi}{p}}$$

$$= \frac{m_1 (\sqrt{2}\pi f_1 N_1 k_{w1} \Phi_m) I_2' \cos\varphi_2}{\dfrac{2\pi f_1}{p}} = \left(\frac{p m_1 N_1 k_{w1}}{\sqrt{2}}\right) \Phi_m I_2' \cos\varphi_2$$

$$= C_T \Phi_m I_2' \cos\varphi_2 \tag{4-63}$$

式中，$C_T = \dfrac{p m_1 N_1 k_{w1}}{\sqrt{2}}$，称为转矩系数。

可见，异步电动机的转矩公式与直流电动机的极为相似。这表明电磁转矩与每极磁通和转子电流的有功分量成正比。

4.8 三相异步电动机的工作特性和参数测定

4.8.1 三相异步电动机的工作特性

异步电动机的工作特性是指在额定电压和额定频率下，电动机的转速 n、定子电流 I_1、功率因数 $\cos\varphi_1$、电磁转矩 T_e、效率 η 与输出功率 P_2 的关系。

工作特性可以通过电动机负载试验测得，或者利用等效电路计算而得。图 4-22 所示为三相异步电动机的工作特性曲线。下面分别加以介绍。

1. 转速特性 $n = f(P_2)$

因为 $n = (1-s)n_0$，当电动机空载时，转速 n 接近同步转速 n_0，s 很小，随着负载的增加，转速 n 略有下降，s 略微上升，使转子电动势 $E_{2s} = sE_2$ 增大，转子电流 I_{2s} 增大，以产生更大的电磁转矩与负载转矩相平衡，所以，随着输出功率的增大，转速特性是一条稍微下降的曲线。一般异步电动机额定负载时的转差率 $s_N = 0.01 \sim 0.05$，相应的转速为 $(0.99 \sim 0.95)n_0$。

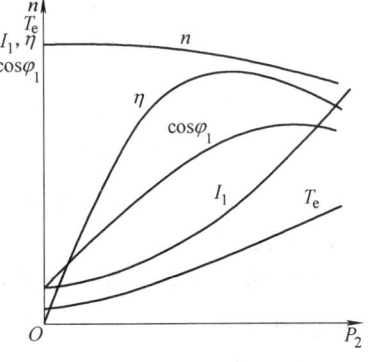

图 4-22 三相异步电动机的工作特性曲线

2. 电磁转矩特性 $T_e = f(P_2)$

当稳态运行时，异步电机的电磁转矩为

$$T_e = T_0 + T_2 = T_0 + \frac{P_2}{\Omega}$$

由于当负载不超过额定值时,转速 n 和机械角速度 Ω 变化很小,而空载转矩 T_0 又近似不变,所以 T_e 随 P_2 的增大而增大,近似为直线关系。

3. 定子电流特性 $I_1 = f(P_2)$

定子电流 $\dot{I}_1 = \dot{I}_m + (-\dot{I}_2')$,当电动机空载时,转子电流 $I_2' \approx 0$,定子电流几乎全部是励磁电流 $\dot{I}_m$,随着负载加大,转速下降,转子电流 I_2' 增大,相应 I_1 必增大,定子电流近似随 P_2 按比例增加。

4. 效率特性 $\eta = f(P_2)$

异步电动机的效率为

$$\eta = \frac{P_2}{P_1} = 1 - \frac{\sum p}{P_2 + \sum p} \tag{4-64}$$

异步电动机的损耗也可分为不变损耗和可变损耗两部分。电动机在从空载到满载运行的过程中,主磁通和转速变化很小,铁耗和机械损耗近似不变,称为不变损耗。而定、转子铜耗和附加损耗是随负载而变化的,称为可变损耗。当空载时,$P_2 = 0$,$\eta = 0$,随着 P_2 增加,可变损耗增加很慢,η 上升很快,直到可变损耗等于不变损耗时为止,效率最高。若负载继续增大,铜损耗增加很快,则效率反而下降。对中小型异步电动机,最高效率大约出现在 $0.75P_N$ 时。电动机功率越大,效率越高。效率特性一般在 74%~94%。

5. 功率因数特性 $\cos\varphi_1 = f(P_2)$

异步电动机对电源来说是感性负载,功率因数总是滞后的,运行时必须从电网吸取感性无功功率。因为当电动机空载时,定子电流几乎全部是无功的磁化电流,所以 $\cos\varphi_1$ 很低,约为 0.1~0.2。随着负载的增加,转子电流中的有功分量增加,定子中的有功分量随之增加,功率因数提高,在接近额定负载时,功率因数达到最高。当负载再增大时,转速 n 下降明显,s 值变得较大,转子功率因数角 $\varphi_2 = tg^{-1}sX_2/R_2$ 变大,使 $\cos\varphi_2$ 和 $\cos\varphi_1$ 又开始下降。

4.8.2 三相异步电动机的参数测定

异步电动机的参数包括励磁参数(Z_m,R_m,X_m)和短路参数(R_1,X_1,R_2',X_2',R_k,X_k)。了解了这些参数,就可以用等效电路计算异步电动机的运行特性。与变压器一样,对已制成的电动机可以通过空载和短路试验测定其参数。

1. 空载试验

空载试验的目的是测定励磁参数 R_m、X_m 以及铁耗 p_{Fe} 和机械损耗 p_{mech}。

试验时,在电动机轴上不带任何负载,将定子接到额定频率的对称三相电源上,加额定电压运转一段时间(30min),使其机械损耗达到稳定值,然后调节电压,使其从 (1.1~1.3)U_N 开始逐渐降低,直至电动机转速发生明显变化(电流回升)为止。测量 7~9 点,记录每次的端电压 U_1、空载电流 I_0、空载功率 P_0 和转速 n。根据记录数据,绘制异步电动机的空载特性曲线,即 $I_0 = f(U_1)$ 和 $P_0 = f(U_1)$,如图 4-23 所示。

空载时,转子铜损耗可忽略,为此,$P_0 \approx 3I_0^2R_1 + p_{Fe} + p_{mech} + p_{ad}$。由于 p_{Fe} 与磁感应强度 B 的平方成正比,亦即与 U_1^2 成正比,而 p_{mech} 与电压 U_1 无关,仅决定于转速,所以可得 P_0'

$= P_0 - m_1 I_0^2 R_1 = f(U_1^2)$。绘成的曲线如图 4-24 所示。延长此近似直线，与纵坐标交于 O' 点，过 O' 点作一水平虚线将曲线纵坐标分为两部分，虚线下部纵坐标为 p_{mech}，虚线上部近似为 p_{Fe}，应取 $U_1 = U_{1N}$ 时的值。

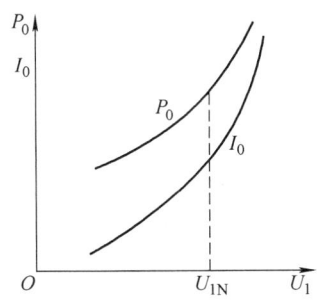

图 4-23 异步电动机的空载特性曲线

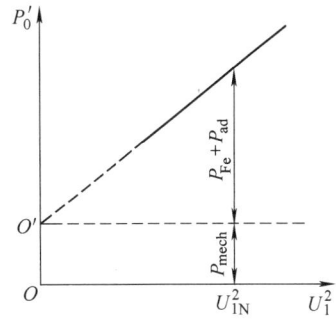

图 4-24 $P_0' = f(U_1^2)$ 曲线

根据空载时的等效电路可得参数计算公式为

$$X_m + X_1 \approx \frac{U_1}{I_0}$$

$$X_m \approx \frac{U_1}{I_0} - X_1 \tag{4-65}$$

式中，X_1 将由短路试验测定。

$$R_m = \frac{p_{Fe}}{m_1 I_0^2} \tag{4-66}$$

$$Z_m = \sqrt{R_m^2 + X_m^2}$$

2. 短路试验

短路试验的目的是测定短路参数 Z_k、R_2'、X_1、X_2'。试验时，如果是绕线转子异步电动机，转子绕组就应予以短路，并将转子堵住不转，故又称为堵转试验。堵转试验应降低电压进行，一般从 $U_1 = 0.4 U_{1N}$ 开始，逐步降低电压，为避免绕组过热烧坏。试验应尽快进行。测量 5~7 点，每次记录端电压 U_1、定子短路电流 I_k、短路功率 P_k，并测量定子绕组的每相电阻 R_1。根据记录数据，绘出异步电动机的短路特性曲线，即 $I_k = f(U_1)$，$P_k = f(U_1)$，如图 4-25 所示。

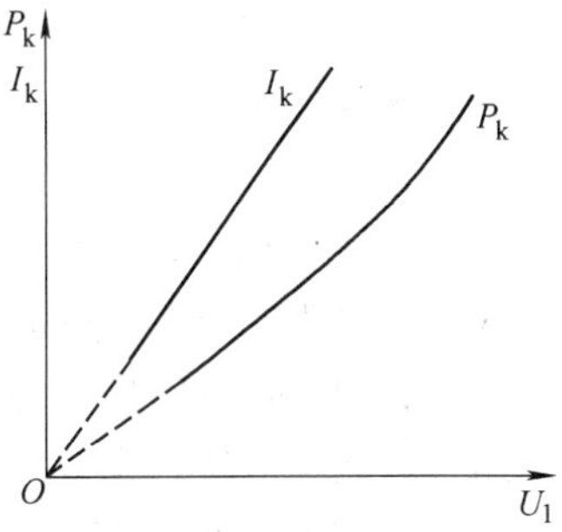

根据堵转试验的等效电路 $\left(\frac{1-s}{s}R_2' = 0\right)$ 可知，全部输入功率 P_k 都消耗在定子铜耗与转子铜耗上，即 $P_k \approx m_1 I_1^2 R_1 + m_1 I_2'^2 R_2'$。由于 $I_m \approx 0$，则可认为 $I_2' \approx I_k$，所以有

$$P_k \approx m_1 I_k^2 (R_1 + R_2') = m_1 I_k^2 R_k \tag{4-67}$$

图 4-25 异步电动机的短路特性曲线

根据短路数据，可以求出短路阻抗 Z_k、短路电阻 R_k 和短路电抗 X_k。

$$Z_k = \frac{U_1}{I_k}$$

$$R_k = \frac{P_k}{m_1 I_k^2} \qquad (4\text{-}68)$$

$$R_k = \sqrt{Z_k^2 - R_k^2}$$

式中，$R_k = R_1 + R_2'$，$R_2' = R_k - R_1$，$X_k = X_1 + X_2'$。

对大中型电动机，$X_1 \approx X_2' \approx \dfrac{X_k}{2}$，对小型电动机可取 $X_2' \approx 0.67 X_k$（2、4、6 极），$X_2' \approx 0.57 X_k$（8、10 极）。

4.9 小结

三相异步电动机按转子结构的不同，可分为笼型式和绕线转子两种不同类型。

交流电动机绕组的磁通势和电动势是交流电动机共同的基础。三相定子绕组是交流电动机进行能量转换的枢纽。三相绕组最基本的要求是三相对称，磁通势和电动势的波形好，机械强度、绝缘强度和散热性能好，材料省，制造方便等。绕组由若干线圈按一定规律联结而成。了解三相绕组的构成原理应掌握有关绕组的基本名词和术语，即相带、每极每相槽数、极距、齿距、线圈、线圈组、正向串联、反向串联、并联支路数等。表达绕组联结规律的基本工具是绕组展开图。绘制绕组展开图的步骤是先计算每极每相槽数和齿距，画槽编号，划分相带、联结同一相（A 相）的线圈和线圈组，根据所需支路数 a 连成一相绕组，再以相同方法画另两相（B、C 相）绕组。

三相绕组分单层和双层，各有特点及适用范围。三相单层绕组多采用整距分布绕组，三相双层绕组则一般采用短距分布绕组，目的在于改善磁通势和电动势的波形。

交流绕组流过交流电流时产生的磁通势既是空间函数，又是时间函数。单相绕组流过单相交流电流时产生的磁通势是空间分布位置固定不变、幅值随时间交变的脉振磁通势，在磁通势中除基波分量以外，一般还包含高次谐波分量，幅值位于绕组的轴线位置，脉振的频率等于电流交变的频率。一个正弦分布的脉振磁通势（基波或谐波磁通势）可以分解为两个大小相等、转速相同、转向相反的旋转磁通势。三相对称绕组流过三相对称电流时产生的基波合成磁通势为圆形旋转磁通势，在空间呈正弦分布，转速为 $n_0 = 60 f_1 / p$，转向由电流的超前相绕组转向电流的滞后相绕组，幅值等于相绕组基波磁通势幅值的 3/2 倍。采用短距和分布绕组，可使基波绕组系数 k_{w1} 接近于 1，而使谐波绕组系 k_{wv} 比较小。这样，基波磁通势略有减小，而谐波磁通势大幅度被削弱，从而改善了磁通势的波形。对于三相对称绕组或者两相对称绕组，若流过的电流不对称，则产生的基波合成磁通势为椭圆形旋转磁通势，它是旋转磁通势的普遍形式，当其正转磁通势分量与反转磁通势分量相等时，为脉振磁通势；当其正转磁通势分量或反转磁通势分量中有一个为零时，为圆形旋转磁通势。

旋转磁通势在电机气隙中产生的旋转磁场切割定子绕组，在定子绕组中感应电动势。根据电磁感应定律和绕组的构成原理，可以推得导体、线圈、线圈组和相绕组电动势的公式，相绕组基波电动势有效值的计算公式为 $E_{\Phi 1} = 4.44 f N_1 k_{w1} \phi_1$，可见，交流绕组相电动势的公式与变压器电动势的公式相似，只是由于交流绕组采用短距和分布，所以在公式中多乘一个反映电动势减小倍数的系数——绕组系数。绕组系数 k_{w1} 的数值与磁通势公式中的相同，说明采用短距分布绕组不但能够改善磁通势的波形，而且亦能消除或削弱谐波电动势，从而改善电动势的波形。三相绕组无论采用星形接法还是三角形接法，在线电动势中均不含 3 和 3 的倍数次谐波。

三相异步电动机的工作原理是定子三相绕组接通三相交流电源，流过三相对称电流，产生气隙圆形旋转磁场，切割转子绕组的导体，转子载流导体在磁场中受到电磁力的作用，产生电磁转矩，使转子朝着旋转磁场的方向转动，从而实现电能到机械能的转换。欲使电动机反转，只要将电动机接电源的 3 根导线中的任意两根对调，使旋转磁场反向旋转即可。转子转速 n 必须与旋转磁场的转速 n_0 存在差异，转差 $n_0 - n$ 是异步电动机运行的必要条件。转差率 $s = \dfrac{n_0 - n}{n_0} s$ 不但反映异步电动机转速的高低，而且反映异步电动机的运行状态。

从电磁感应本质看，异步电动机与变压器极为相似，因此可以采用研究变压器的方法来分析异步电动机。首先把磁路的磁通分成主磁通和漏磁通；然后分析转子静止时的电磁关系，建立基本方程式，经过绕组折算导出等效电路和相量图；再分析转子旋转时的电磁关系，这时要先进行频率折算，把旋转的转子转化为静止的转子，再进行绕组折算，从而导出异步电动机运行时的基本方程式、等效电路和相量图。其等效电路与变压器几乎一样，只不过是把变压器等效电路中的负载阻抗 Z'_L 改为代表异步电动机总机械功率的纯电阻 $\dfrac{1-s}{s} R'_2$。

利用等效电路可简单地导出异步电动机中的功率和转矩的平衡关系，其中电磁转矩与电磁功率及总机械功率之间的关系特别重要。转子回路的铜损耗 $p_{Cu2} = sP_e$ 称为转差功率，与转差率成正比。异步电动机的电磁转矩和磁通与转子电流有功分量的乘积成正比。

异步电动机的工作特性是其重要的运行性能。从转速特性可知，当异步电动机的负载增大时，转速仅略有下降，近似于一种恒速电动机。由效率特性和功率因数特性可知，异步电动机不宜长期运行在空载或轻载状态，否则不但电动机不能被充分利用，而且效率 η 和功率因数 $\cos\varphi_1$ 都很低，不经济。

与变压器相似，通过空载试验和短路试验，可以测得异步电动机的参数以及铁损耗和机械损耗等。

4.10 思考题和习题

思　考　题

1. 简述三相异步电动机的结构。它的主磁路包括哪几部分？异步电动机的气隙磁场是如何形成的？
2. 为什么异步电动机的气隙必须很小？为什么异步电动机的定子铁心和转子铁心要用导磁性能良好的硅钢片叠成？
3. 异步电动机的转子有哪两种类型？各有何特点？
4. 短距绕组和整距绕组相比较各有什么优缺点？
5. 何谓相带？在三相电动机中为什么常用 60° 相带绕组，而不用 120° 相带绕组？

6. 短距系数和分布系数的物理意义是什么？为什么现代交流电动机一般采用短距、分布绕组？

7. 为了得到三相对称的基波感应电势，对三相交流绕组有何要求？

8. 一台三相异步电机，设计的额定频率为50Hz，现通入三相对称而频率为100Hz的交流电流，这台电机的合成基波磁通势的极对数和转速有什么变化？

9. 一台三相电机，定子绕组是星形联结，将其接到三相对称电源上，由于某种原因C相断线，问这时电机的定子三相合成基波磁通势的性质？

10. 异步电动机的额定功率 P_N 是输入功率还是输出功率？

11. 异步电动机的基本工作原理是什么？为什么异步电动机的转速只能低于同步转速？

12. 一台三相异步电动机铭牌上标明 $f = 50Hz$，额定转速 $n_N = 1460 r/min$，该电动机的极数是多少？额定运行时的转差率是多少？

13. 如何利用转差率的数值判断异步电机的3种运行状态？这3种运行状态的电功率和机械功率流向如何？

14. 异步电动机转子电路中感应电动势的大小、转子漏电抗大小、转子电流和转子电动势夹角的大小与转差率有何关系？

15. 当三相异步电动机空载运行时，转子侧的功率因数 $\cos\varphi_2$ 很高，为什么定子侧的功率因数 $\cos\varphi_1$ 却很低？额定运行时功率因数 $\cos\varphi_1$ 为什么又较高？

16. 将一台额定频率为50Hz的三相异步电动机接在60Hz的电源上，如果其他参数不变，那么电动机的励磁电流、磁通、极对数、转速、转向将有何变化？

17. 与同容量的变压器相比，异步电动机的空载电流大还是变压器的空载电流大？

18. 异步电动机的参数 Z_m 是反映什么物理量的？在额定电压下，电动机从空载到负载 Z_m 的大小是否有变化？若有变化，则是如何变化的？

19. 在导出异步电动机的等效电路时，对转子侧进行了哪些折算？折算的原则是什么？

20. 有一绕线转子异步电动机，定子绕组短路，在转子绕组中通入三相交流电流，其频率为 f_1，这时旋转磁通势相对于转子以同步速度 n_0 顺时针方向旋转，问转子转向如何？转差率如何计算？

21. 异步电动机定子绕组与转子绕组没有直接联系，但为什么当负载增加时，定子电流和输入功率会自动增加？试说明其物理过程。从空载到满载电动机的主磁通有无变化？

22. 异步电动机的等效电路有哪几种？它们有何区别？等效电路中的 $\frac{1-s}{s}R_2'$ 代表什么意义？能否用电感或电容代替？

23. 脉振磁通势和旋转磁通势各有哪些基本特性？产生脉振磁通势、圆形旋转磁通势和椭圆形旋转磁通势的条件有什么不同？

24. 为什么感应电动机的转速一定低于同步速，而感应发电机的转速则一定高于同步速？如果没有外力帮助，那么转子转速能够达到同步速吗？

25. 当转子静止与转动时，转子边的电量和参数有何变化？

26. 一台三相异步电动机，定子绕组为Y联结，若定子绕组有一相断线仍接三相对称电源时，则绕组内将产生什么性质的磁通势？

27. 单相绕组流过单相交流电流与三相绕组流过三相对称电流产生的基波磁通势有什么不同？

28. 由定子电流所产生的基波磁场以什么速度切割定子？以什么速度切割转子？由转子产生的基波磁场以什么速度切割定子？以什么速度切割转子？

29. 当异步电动机转速变化时，转子磁通势的转速是否改变，为什么？

30. 在用等效的静止转子代替实际旋转的转子时，要求保持哪些量不变？为什么？

习 题

1. 已知三相交流电机极对数是 3，定子槽数为 36，线圈齿距为 $\frac{5}{6}\tau$（τ 是极距），支路数为 1，求：

（1）每极下的槽数；（2）用槽数表示的线圈齿距 y_1；（3）槽距角；（4）每极每相槽数；（5）按 60°相带法分相；（6）画出 A 相绕组联结图。

2. 已知 $Z=24$，$2p=4$，$a=1$，试绘制三相单层绕组展开图。

3. 计算下列情况下双层绕组的基波绕组系数：

（1）极对数 $p=3$，定子槽数 $Z=54$，线圈齿距 $y_1=\frac{7}{9}\tau$（τ 是极距）。

（2）$p=2$，$Z=60$，线圈跨槽为 1～13。

4. 某短距线圈的两个线圈边相距为 150°空间电角度，每线圈边的基波电动势为 10V，求该线圈的基波电动势是多少？

5. 在三相对称绕组中通入三相对称正弦电流，已知 $i_A = I_m\cos(\omega t + 60°)$，当 $\omega t = 0°$、$\omega t = 60°$、$\omega t = 120°$时，计算基波合成磁通势的幅值在空间的位置。

6. 空间位置互差 90°电角度的两相绕组的匝数彼此相等，若分别通以电流 $i_A = \sqrt{2}I\sin\omega t$，$i_B = \sqrt{2}I\sin\left(\omega t - \frac{\pi}{2}\right)$，则求两相合成的基波磁通势。

7. 如果在三相对称绕组中通入大小相等、相位相同的电流 $i=I_m\sin\omega t$，那么此时三相合成基波的幅值为多少？

8. 一台三相异步电动机的额定功率 $P_N=4\text{kW}$，额定电压 $U_N=380\text{V}$，额定功率因数 $\cos\varphi_N=0.77$，额定效率 $\eta_N=0.84$，额定转速 $n_N=960\text{r/min}$，求额定电流 I_N 为多少？

9. 一台三相异步电动机额定参数如下：$P_N=75\text{kW}$，$U_N=380\text{V}$，$\cos\varphi_N=0.87$，$I_N=140\text{A}$，试求此电动机的额定效率 η_N。

10. 一台三相异步电动机，额定频率为 $f_N=50\text{Hz}$，已知运行在 $n_N=960\text{r/min}$，求：

（1）该电动机的极对数。

（2）额定转差率。

（3）额定转速时的转子电动势的频率 f_2。

11. 上题中的这台异步电动机在实际运行时，它的转子转向、转速有下列几种情况，分别计算以下各种情况的转差率：

（1）转子转向和旋转磁场转向相同，转速分别为 950r/min，1000r/min，1040r/min 和 0。

（2）转子转向与旋转磁场转向相反，转速分别为 500r/min，750r/min。

12. 一台三相异步电动机 $P_N=75\text{kW}$，$n_N=975\text{r/min}$，$U_N=3000\text{V}$，$I_N=18.5\text{A}$，$\cos\varphi=0.87$，$f_N=50\text{Hz}$。试问：

（1）电动机的极数是多少？

（2）额定负载下的转差率是多少？

（3）额定负载下的效率 η 是多少？

13. 一台 50Hz、8 极的三相异步电动机，额定转差率为 0.043，该电动机额定转速是多少？当额定转速为 700r/min 时的转差是多少？起动时的转差率又是多少？

14. 三相异步电动机 $P_N=3\text{kW}$，$U_N=380\text{V}$，$f_N=50\text{Hz}$，$n_N=1430\text{r/min}$，$\cos\varphi_N=0.81$，$\eta_N=82.5\%$，Y 联结。求此电动机定子侧的线电流、相电流、极对数和转差率，输入、输出功率和输入视在功率。

15. 异步电动机 $P_N=75\text{kW}$，$U_N=380\text{V}$，$I_N=139\text{A}$，$n_N=975\text{r/min}$，$\cos\phi_N=0.8$，$f_N=50\text{Hz}$，试问该电动机的极对数 P、额定转差率 S_N 和额定负载时的效率各为多少？

16. 一台三相6极异步电动机，额定数据 $U_{1N}=380\text{V}$，$f_1=50\text{Hz}$，$P_N=7.5\text{kW}$，$n_N=962\text{r/min}$，$\cos\varphi_{1N}=0.827$，定子绕组△联结。定子铜损耗为470W，铁损耗为234W，机械损耗为45W，附加损耗为80W。计算在额定负载时的转差率、转子电流频率、转子铜损耗、效率及定子电流。

17. 证明两组对称绕组（空间位置差90°电角度）流过两相对称电流（时间差90°）时产生的是圆形旋转磁通势。

18. 一台异步电动机输入功率 $P_1=8.6\text{kW}$，定子铜损耗 $p_{Cu1}=425\text{W}$，铁损耗 $p_{Fe}=210\text{W}$，转差率 $s=0.05$，试求电磁功率 P_e、转子铜损耗 p_{Cu2} 和总机械功率 P_{mech}。

19. 一台3000V、6极、50Hz、Y联结的三相异步电动机，额定转速为975r/min，每相参数如下：$R_1=0.42\Omega$，$R_2'=0.45\Omega$，$X_1=2\Omega$，$X_2'=2\Omega$，$R_m=4.67\Omega$，$X_m=48.7\Omega$。试分别用T型等效电路和简化等效电路计算在额定情况下的定子电流和转子电流。

20. 已知一台三相异步电动机定子输入功率为60kW，定子铜耗为600W，铁耗为400W，转差率为0.03，试求电磁功率 P_e、总机械功率 P_{mech} 和转子铜耗 P_{Cu2}。

第5章 三相异步电动机的电力拖动

以交流电动机为原动机的电力拖动系统称为交流电力拖动系统。三相异步电动机电力拖动的主要内容是电动机的各种运行状态,包括起动、调速和电气制动等。

5.1 三相异步电动机的机械特性

三相异步电动机的机械特性是指电动机转速 n 与转矩 T_e 之间的关系。欲求机械特性,就必须先求 T_e 与 n 的数学关系式,这个数学关系式称为机械特性表达式。

5.1.1 三相异步电动机机械特性的3种表达式

1. 物理表达式

由式(4-63)求得电磁转矩表达式为

$$T_e = C_T \Phi_m I_2' \cos\varphi_2 \tag{5-1}$$

此式称为物理表达式。它表明了 T_e 与 I_2'、$\cos\varphi_2$ 之间的物理关系,但式中的 $I_2' = \dfrac{E_2'}{\sqrt{(R_2'/s)^2 + X_2'^2}}$ 和 $\cos\varphi_2 = \dfrac{R_2'/s}{\sqrt{(R_2'/s)^2 + X_2'^2}}$ 随电机转差率 s 变化,这样 T_e 式中的3个量 T_e、I_2'、$\cos\varphi_2$ 就均随 s 变化,使 T_e 值变得不易确定。此式之所以不能直接表达出 T_e 与 n 的关系,是因为 I_2' 和 $\cos\varphi_2$ 也都与转速有关。

2. 参数表达式

(1)参数表达式

由式(4-62)还可求得电磁转矩

$$T_e = \frac{P_e}{\Omega_1} = \frac{m_1 I_2'^2 \dfrac{R_2'}{s}}{\Omega_1}$$

由异步电动机的近似等效电路(如图4-19所示),可求得

$$I_2' = \frac{U_1}{\sqrt{\left(R_1 + \dfrac{R_2'}{s}\right)^2 + (X_1 + X_2')^2}}$$

代入 T_e 的公式,即得电磁转矩的参数表达式

$$T_e = \frac{m_1}{\Omega_1} \cdot \frac{U_1^2 \dfrac{R_2'}{s}}{\left(R_1 + \dfrac{R_2'}{s}\right)^2 + (X_1 + X_2')^2} \tag{5-2}$$

将 $n = (1-s)n_0$，$\Omega_1 = \dfrac{2\pi n_0}{60}$ 代入上式，即可求出 T_e 与 n 的关系，还可根据此式分析机械特性与各参数之间的关系。由此可以绘出异步电动机的机械特性曲线 $n = f(T_e)$，如图 5-1 所示。

(2) T_e-s 曲线分析

从图 5-1 可见，异步电动机的机械特性是一条分布在 Ⅰ、Ⅱ 及 Ⅳ 3 个象限的曲线。下面对其进行分析。

1) 额定工作点 B。当异步电动机工作在额定点 B 时，电动机的各项参数均为额定值。其特点是，$n = n_N$，$s = s_N$，$T_e = T_N$。

2) 起动点 A。起动点 A 的转速 $n = 0$，转差率 $s = 1$，起动电流为 I_{st}，$I_{st} = (5 \sim 7)I_{1N}$，对应的电磁转矩 T_{st} 称为起动转矩。将 $s = 1$ 代入式 (5-2)，可得到异步电动机的起动转矩公式为

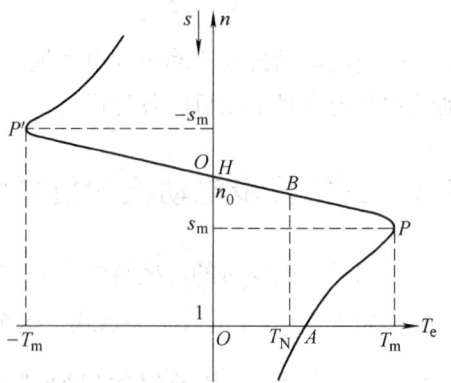

图 5-1 异步电动机的机械特性曲线

$$T_{st} = \frac{m_1}{\Omega_1} \frac{U_1^2 R_2'}{(R_1 + R_2')^2 + (X_1 + X_2')^2} \tag{5-3}$$

由式 (5-3) 可知，当电源频率 f_1 和电动机的参数为常数时，起动转矩 T_{st} 与定子相电压的平方成正比，故当电源电压较低时，起动转矩明显降低。

对绕线转子异步电动机，将转子回路串接适当大小的附加电阻 (即适当加大 R_2')，就能加大起动转矩 T_{st}，从而改善起动性能。

对于笼型式电动机，不能用转子串电阻的方法改善起动转矩，在设计电动机时就要根据不同负载的起动要求来考虑起动转矩的大小。起动转矩 T_{st} 与额定转矩 T_N 之比，称为起动转矩倍数，用 K_M 表示，即

$$K_M = \frac{T_{st}}{T_N} \tag{5-4}$$

一般电动机的起动转矩倍数 K_M 在 1.0~2.0 范围，对于冶金起重机械用的电动机为 K_M 为 2.8~4.0。三相笼型式异步电动机的 K_M 值可以在产品目录中查到。

3) 同步转速点 H。H 点所对应的转速是理想空载转速，即同步转速 n_0。从 T_e-s 曲线可见，H 点的特点是 $n = n_0$ ($s = 0$)，电磁转矩 $T_e = 0$，转子电流 $I_2 = 0$。在实际运行中，没有外转矩拖动电动机，电动机转速是不能达到 n_0 点的。故电动机的实际空载转速是小于 n_0 的。

4) 最大转矩点 P。最大转矩点 P 对应的电磁转矩为异步电动机电磁转矩的最大值 T_m，T_m 称为最大转矩。最大转矩 T_m 对应的转差率 s_m 称为临界转差率。通过对式 (5-2) 中的 s 求导，并令 $\dfrac{dT_e}{ds} = 0$，即可求出最大电磁转矩 T_m 以及产生最大转矩时的转差率 s_m。将

$$s_m = \pm \frac{R_2'}{\sqrt{R_1^2 + (X_1 + X_2')^2}} \tag{5-5}$$

代入 T_e 的公式，则可得最大电磁转矩为

$$T_m = \pm \frac{m_1}{\Omega_1} \frac{U_1^2}{2[\pm R_1 + \sqrt{R_1^2 + (X_1 + X_2')^2}]} \quad (5-6)$$

式中，正号对应于电动机状态，负号适用于发电机状态。

一般 $R_1 \ll (X_1 + X_2')$，故可得近似公式为

$$s_m = \pm \frac{R_2'}{X_1 + X_2'} \quad (5-7)$$

$$T_m = \pm \frac{m_1 U_1^2}{2\Omega_1(X_1 + X_2')} \quad (5-8)$$

从式（5-5）可见，s_m 仅与电动机的参数有关，与电动机电压和转速无关，与转子回路的电阻 R_2' 成正比，因此改变转子回路电阻，可以改变产生最大转矩时的转差率 s_m。当绕线转子异步电动机转子回路串入电阻时，s_m 将变大，当 $s_m = 1$ 时，起动转矩 $T_{st} = T_m$，达到最大值。

当最大电磁转矩 $T_m = \pm \frac{m_1}{\Omega_1} \frac{U_1^2}{2[\pm R_1 + \sqrt{R_1^2 + (X_1 + X_2')^2}]}$ 取正号时，对应于 T_e-s 中的 P 点，是异步电动机运行状态时可产生的最大电磁转矩 T_m；取负号时，则对应图中的 P' 点是发电运行状态时的最大转矩 $-T_m$。由于式（5-6）中的 R_1 前有正负号，所以 T_m 和 $-T_m$ 的绝对值并不相等，即 $|T_m| < |-T_m|$。当忽略 R_1 时，$|T_m| = |-T_m|$。

最大转矩 T_m 与额定转矩 T_N 之比称为最大转矩倍数，也称为过载倍数，用 λ_M 表示，即

$$\lambda_M = \frac{T_m}{T_N} \quad (5-9)$$

最大转矩倍数 λ_M 是异步电动机的重要数据之一，列于产品目录。一般异步电动机的 $\lambda_M = 1.6 \sim 2.2$，对于冶金起重机械用的电动机，λ_M 值可达 $2.2 \sim 2.8$。

5) 稳定运行区域。异步电动机的机械特性分为以下两个区域。

① 转差率 $0 \sim s_m$ 区域。在此区域内转差率 s 比较小，机械特性近似为直线关系。

② 转差率 $s_m \sim 1$ 区域。在此区域内转差率 $s_m \approx 1$，机械特性近似为反比关系。

（3）异步电动机在 3 个不同象限的运行

1) 在 I 象限，电动机转速和转差率分别在 $0 < n < n_0$ 和 $0 < s < 1$ 的范围内，电磁转矩 T_e 为正值，转子旋转方向与旋转磁场的旋转方向一致，电动机处于电动运行状态。

2) 在 II 象限，电动机转速 $n > n_0$、转差率 $s < 0$，电磁转矩 T_e 为负值，转速为正，转子的旋转方向与旋转磁场的旋转方向一致，此时，电动机处于发电运行状态，也是一种制动状态。

3) 在 IV 象限，电动机转速 $n < 0$、转差率 $s > 1$，电磁转矩 T_e 为正，转子的旋转方向与旋转磁场的旋转方向相反，电动机运行于制动状态。

3. 实用表达式

参数表达式在理论分析时很有用，但定、转子参数在产品目录中找不到，使用起来不方便。为此，还需导出便于用户实际使用的实用表达式。

将 T_e 的公式与 T_m 的公式相除，并加以整理化简，可得

$$T_e = \frac{2T_m\left(1+s_m\dfrac{R_1}{R_2'}\right)}{\dfrac{s}{s_m}+\dfrac{s_m}{s}+2s_m\dfrac{R_1}{R_2'}}$$

若忽略 R_1，则可得

$$T_e = \frac{2T_m}{\dfrac{s}{s_m}+\dfrac{s_m}{s}} \tag{5-10}$$

上式的 T_m 及 s_m 可由电动机产品目录查得的数据求得。求得 T_m 和 s_m，就可得到 T_e 与 s，也就是 T_e 与 n 的关系曲线。T_m 与 s_m 的求法如下

$$T_m = \lambda_M T_N \tag{5-11}$$

式中，$T_N = 9550\dfrac{P_N}{n_N}$。

求 s_m 的公式推导如下。将 $s=s_N$ 时 $T_e=T_N$ 代入实用表达式，可得

$$T_N = \frac{2T_N}{\dfrac{s_N}{s_m}+\dfrac{s_m}{s_N}}$$

由此式对 s_m 求解，并考虑到 $T_m=\lambda_M T_N$，即得

$$s_m = s_N\left(\lambda_M + \sqrt{\lambda_M^2-1}\right)$$

式中，$s_N = \dfrac{n_0-n_N}{n_0}$。

机械特性的这 3 种表达式的应用场合各有不同。物理表达式适用于定性分析 T_e 与 Φ_m 及 $I_2'\cos\varphi_2$ 之间的物理关系；参数表达式适用于分析各参数变化对电动机机械特性的影响；实用表达式适用于进行机械特性的工程计算。

【例 5-1】 一台三相绕线转子异步电动机，已知额定功率 $P_N=150\text{kW}$，额定电压 $U_{1N}=380\text{V}$，额定频率 $f_1=50\text{Hz}$，额定转速 $n_N=1460\text{r/min}$，过载倍数 $\lambda_M=2.3$。求电动机的转差率 $s=0.02$ 时的电磁转矩及拖动恒转矩和当电磁转矩为 $860\text{N}\cdot\text{m}$ 时电动机的转速。

解： 根据额定转速 n_N 的大小，可以判断出旋转磁场的转速 $n_0=1500\text{r/min}$

则额定转差率

$$s_N = \frac{1500-1460}{1500} = 0.027$$

临界转差率

$$s_m = s_N(\lambda_M+\sqrt{\lambda_M^2-1}) = 0.027(2.3+\sqrt{2.3^2-1}) = 0.118$$

额定转矩 $\quad T_N = 9550\dfrac{P_N}{n_N} = 9550\dfrac{150}{1460}\text{N}\cdot\text{m} = 981.2\text{N}\cdot\text{m}$

当 $s=0.02$ 时的电磁转矩

$$T_e = \frac{2T_m}{\dfrac{s}{s_m}+\dfrac{s_m}{s}} = \frac{2\lambda_M T_N}{\dfrac{s}{s_m}+\dfrac{s_m}{s}} = \frac{2\times 2.3\times 981.2}{\dfrac{0.118}{0.02}+\dfrac{0.02}{0.118}}\text{N}\cdot\text{m} = 743.5\text{N}\cdot\text{m}$$

设电磁转矩为 860N·m 的转差率 s^1，由实用公式得 $T_e = \dfrac{2\lambda_M T_N}{\dfrac{s^1}{s_m}+\dfrac{s_m}{s^1}}$ 代入数据，可得

$$860 = \frac{2\times 2.3\times 981.2}{\dfrac{s^1}{0.118}+\dfrac{0.118}{s^1}}$$

解得 $s^{1-1} = 0.0234$，$s^{1-2} = 0.596$。根据 T_e-s 曲线可知，当电动机负载转矩 860N·m 小于额定转矩 $T_N = 981.2$N·m 时，对应转差率 s^1 也应小于 $s_N = 0.027$。所以 $s^{1-2} = 0.596$ 不合题意，应舍去。

电机转速为 $n = (1-s^{1-1})n_0 = (1-0.0234)\times 1500$r/min $= 1465$r/min。

5.1.2 三相异步电动机的固有机械特性和人为机械特性

1. 固有机械特性

三相异步电动机在额定电压、额定频率不变，定、转子回路不接入任何电路元器件条件下的机械特性称为固有机械特性。固有机械特性的参数表达式如式（5-3）所示。其 T_e-s 曲线如图 5-1 所示。

一般，对于任一异步电动机，固有的机械特性曲线只有一条。当改变式中任一参数时，就变为一条人为机械特性曲线了。

由于前面已经详细分析了固有机械特性的一些特性，这里不再赘述。为了加深读者的影响，下面只对异步电动机固有机械特性（如图 5-1 所示）的几个特殊运行点进行一下总结。

（1）起动点 A

特点是 $n = 0$（$s = 1$）；$T_e = T_{st}$。

（2）额定工作点 B

特点是 $n = n_N$（$s = s_N$）；$T_e = T_N$。

（3）同步转速点 H

特点是 $n = n_0$（$s = 0$）；$T_e = 0$；$I_1 = I_0$。H 点是电动状态与回馈制动状态的转折点。

（4）最大转矩点 $P(P')$

1）电动状态最大转矩点 P：$T_e = T_m$、$s = s_m$。

2）回馈制动状态最大转矩点 P'：$T_e = -T_m$，$s = -s_m$（均为负值），当不忽略 R_1 时，$|-s_m| = |s_m|$，$|-T_m| > |T_m|$。

2. 人为机械特性

三相异步电动机用于电力拖动时常常需要人为地改变电动机的机械特性。当人为地改变异步电动机的电源电压 U_1、电源频率 f_1、定子极对数 p、定子回路的电阻 R_1、电抗 X_1 和转子回路电阻 R_2'、电抗 X_2' 这些参数中的一个或两个时，异步电动机的机械特性就会发生变

化,从而得到不同的人为机械特性。下面介绍几种常用的人为机械特性。

(1) 改变定子电压的人为机械特性

一般情况下,受异步电动机绝缘的限制,改变定子电压 U_1 的大小通常是降低定子电压。在降低定子电压时,电动机其他参数均不变。其特点如下。

1) n_0 不变。异步电动机的同步转速 $n_0 = \dfrac{60f_1}{p}$,与电压 U_1 无关。故不同电压 U_1 的人为机械特性都通过 n_0 点。

2) s_m 与 U_1 无关。异步电动机临界转差率 $s_m = \pm \dfrac{R_2'}{\sqrt{R_1^2 + (X_1 + X_2')^2}}$,与电压 U_1 无关,不同电压 U_1 的人为机械特性 s_m 相同。

3) T_m 和 T_{st} 均与 U_1^2 成正比。异步电动机的电磁转矩 $T_m \propto U_1^2$。因此,最大转矩 T_m 以及起动转矩 T_{st} 都要随 U_1 的降低而按 U_1^2 规律减小。图 5-2 绘出了改变定子电压($U_1 = U_N$、$U_1' = 0.8U_N$、$U_1'' = 0.5U_N$ 时)的人为机械特性曲线。

从图 5-2 可见,随着异步电动机定子电压的降低,异步电动机的人为机械特性是过 n_0 点的曲线簇。当改变异步电动机的定子电压 U_1 时,可以引起异步电动机电力拖动系统的转速改变。

当异步电动机拖动不同形式的负载时,改变定子电压 U_1 对电动机的影响是不同的。对于恒转矩

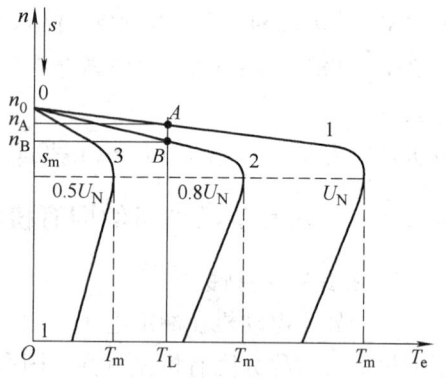

图 5-2 改变定子电压的人为机械特性曲线

负载 T_L。异步电机拖动的额定电压为 U_N 时,稳定运行在 A 点,如图 5-2 所示。如果电动机的端电压降低到 $0.8U_N$ 时,负载转矩 T_L 不变,电动机就稳定运行于 B 点,转速降低;如果 U_1 降低过多(如降低到 $0.5U_N$),电动机就将停转(堵转状态)。

(2) 定子回路串接三相对称电阻的人为机械特性

在其他量不变的条件下,仅改变异步电动机定子回路电阻(如串接三相对称电阻 R_f)的人为机械特性如图 5-3 所示。可用于笼型式异步电动机的降压起动。其特点如下。

1) n_0 不变。定子回路串入电阻,不影响同步转速 n_0。

2) T_{st}、s_m 及 T_m 将随 R_f 的增大而减小。显然,从式(5-3)、(5-5)和(5-6)看出,起动转矩 T_{st}、临界转差率 s_m 和最大电磁转矩 T_m 都随着定子回路电阻值的增大而减小。在分析计算异步电动机定子回路串接三相对称电阻的各种情况时,将其计算公式中的 R_1 代入定子回路的电阻和串接值 R_f 之和(一相值)即可。用绘制固定机械特性曲线的同样方法,可以画出定子回路串接三相对称电阻时的人为机械特性,如图 5-3 所示。

(3) 定子回路串入三相对称电抗的人为机械特性

与定电路串联对称电阻时相似,在异步电动机定子回路串入三相对称电抗 X_c 时,其人为机械特性如图 5-4 所示。其特点如下。

1) n_0 不变。在定子回路串入电抗,不影响同步转速 n_0。

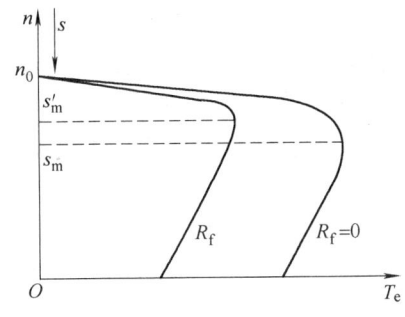

图 5-3 定子回路串接三相对称
电阻时的人为机械特性曲线

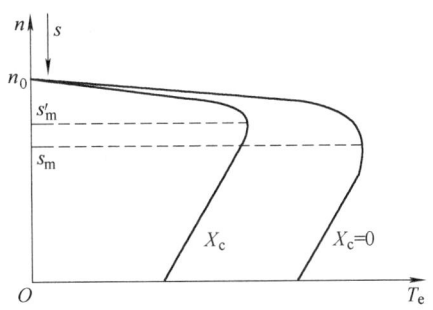

图 5-4 定子回路串入三相对称
电抗时的人为机械特性

2) T_{st}、s_m 及 T_m 将随 X_C 的增大而减小。从式（5-3）、（5-5）和（5-6）可知，T_{st}、s_m 及 T_m 均减小了，这种情况一般用于笼型异步电动机的降压起动。

（4）转子回路串入三相对称电阻的人为机械特性

绕线转子三相异步电动机转子绕组可以串入三相对称电阻，其人为机械特性如图 5-5 所示。其特点如下所述。

1) 串入三相对称电阻后 n_0 不变。

2) 在转子串入电阻后，T_m 不变。从式（5-6）看出，最大电磁转矩与转子每相的电阻值无关。

3) 临界转差率 s_m 的值随串入电阻值的增加而增加。这里的 R_2 包括串入电阻 R_{2c} 后的总电阻。

4) 起动转矩 T_{st} 也随串入转子电阻值的增大而增大。从图 5-5 可见，如果串入的电阻合适，可以使 $s_m = 1$，即起动转矩等于最大电磁转矩。但是，若串入转子回路的电阻 R_{2c} 再被增加，则 $s_m > 1$，$T_{st3} < T_m$。因此，转子回路串入电阻增大起动转矩并非是电阻越大越好，而是要有一个限度。

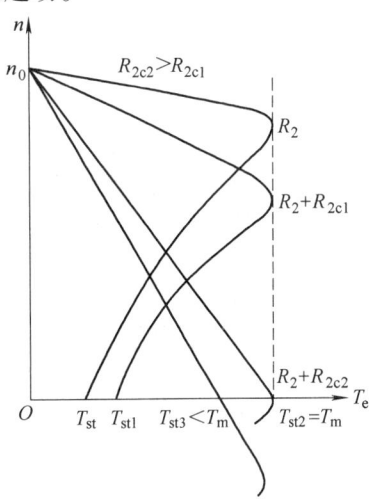

图 5-5 转子回路串入三相
对称电阻时的人为机械特性

三相异步电动机改变定子电源频率和转子回路串入对称电抗等人为机械特性将在异步电动机起动和调速方法中介绍。

5.2 三相笼型异步电动机的起动

与直流电动机起动一样，对异步电动机起动的基本要求也是起动转矩足够大，起动电流尽可能小。为此，不同的场合应采用不同的起动方法。

5.2.1 直接起动

1) 方法。通过一把三相闸刀或磁力起动器，直接接通额定电压的电源。

2) 性能。$T_{st} = (1.0 \sim 2.0) T_N$ 或 $(2.8 \sim 4.0) T_N$；$I_{st} = (4 \sim 7) I_N$。

3)特点。设备简单,操作方便,T_{st}较大,但I_{st}很大,可达到额定电流的4~7倍。

4)适用场合。由于起动电流很大时,会引起电源电压明显下降,不但使电动机本身的起动转矩明显下降,难以起动,而且会使同一电源上的其他负载不能正常工作,所以直接起动方法仅适用于相对电源变压器容量较小的电动机。一般对于7.5kW以下的电动机都可以直接起动。

对不满足直接起动条件的电动机,应采用降压起动,将起动电流限制为允许的数值。

5.2.2 降压起动

降压起动时,设法降低加到定子上的电压,待电动机转速上升到接近额定值时,再加全电压运行。起动电流减小,起动转矩也随之减小。

1. 定子串联电阻或电抗降压起动

当电动机起动时,在定子回路中串联电阻或电抗,起动电流在电阻或电抗上产生压降,降低了定子绕组上的电压,起动电流也随之减小。由于大型电动机串联电阻起动能耗太大,所以多采用串联电抗进行降压起动。定子串联电阻降压起动和串联电抗降压起动原理分别如图5-6、图5-7所示。

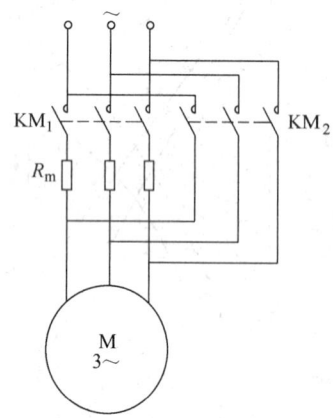

图5-6 定子串联电阻降压起动原理图

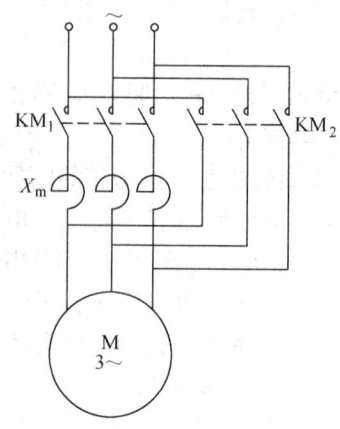

图5-7 定子串联电抗降压起动原理图

1)方法。如图5-6、图5-7所示。当电动机起动时,先合KM_1,KM_2断开,串入电阻或电抗起动;起动结束后,断开KM_1,合KM_2运行,电源直接与电动机连接。

2)性能。I_{st}与U_1成正比减小,但T_{st}与U_1^2成正比减小。

3)特点。设备简单,运行可靠,串入电抗时能量损耗小,但T_{st}比I_{st}减小得更多。

4)适用场合。适用于空载或轻载起动的电动机,串入电阻用于小功率,串入电抗用于较大功率的电动机。

2. 自耦变压器降压起动(自耦补偿起动)

自耦变压器降压起动原理如图5-8所示。

图中,U_1和I_1分别为自耦变压器的一次相电压和相电流,U_2和I_2分别是自耦变压器二次相电压和相电流,

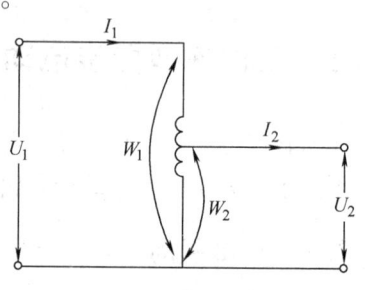

图5-8 自耦变压器降压起动原理图

亦为加到三相电动机定子绕组的电压和电流。W_1 和 W_2 分别为自耦变压器一次侧和二次绕组匝数，自耦变压器的变比为 $K_A = \dfrac{W_1}{W_2} > 1$。由变压器的原理得

$$\dfrac{U_1}{U_2} = \dfrac{W_1}{W_2} = K_A \tag{5-12}$$

当自耦变压器降压起动时，异步电动机的定子电压和起动电流与变压器二次相等，分别为 U_2 和 I_2。设直接起动时异步电动机的定子绕组所加电压为 U_1 时，起动电流为 I_{st}。当使用自耦变压器降压时，加到异步电动机上的起动电压降为 U_2，且 $U_2 = \left(\dfrac{1}{K_A}\right) U_1$ 时，起动电流 I_2 降低到 $I_2 = \left(\dfrac{1}{K_A}\right) I_{st}$。由于自耦变压器一、二次电流关系为 $I_1 = \left(\dfrac{1}{K_A}\right) I_2$，通过自耦变压器起动以后，自耦变压器从电网汲取的电流 I_1 为

$$I_1 = \left(\dfrac{1}{K_A}\right) I_2 = \left(\dfrac{1}{K_A}\right)^2 I_{st} \tag{5-13}$$

当使用自耦变压器起动时，电压降低到 $U_2 = \left(\dfrac{1}{K_A}\right) U_1$，起动转矩降低到 $\left(\dfrac{1}{K_A}\right)^2 T_{st}$（$T_{st}$ 为 U_1 时的起动转矩），可见起动转矩与起动电流降低同样的倍数，即

$$T'_{st} = \left(\dfrac{1}{K_A}\right)^2 T_{st} \tag{5-14}$$

获得了较好的起动性能，起动电流和起动转矩降低了同样的倍数。

1）方法。自耦变压器降压起动原理如图 5-9 所示。起动时，合 KM_3 和 KM_2，经变压器降压起动，后断开 KM_2 和 KM_3，合 KM_1 运行。

2）性能。$I'_{st} = \left(\dfrac{W_2}{W_1}\right)^2 I_{st}$，$T'_{st} = \left(\dfrac{W_2}{W_1}\right)^2 T_{st}$。

3）特点。T_{st} 和 I_{st} 降低的倍数相同，T'_{st} 和 I'_{st} 可调（一般 $\dfrac{W_2}{W_1}$ 有 40%、60% 和 80% 3 档或 55%、64% 和 73% 3 档）可带较重负载起动，但设备复杂，维护麻烦，体积大，重量重，价格高。

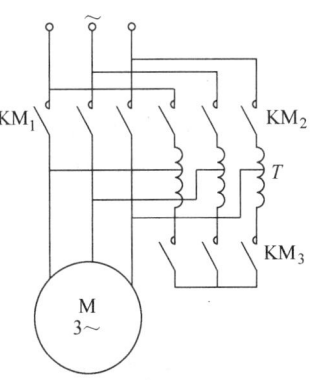

图 5-9 自耦变压器降压起动原理图

4）适用场合。适用于容量较大、带较重负载、起动且不频繁的场合。

3. 星-三角（Y-△）起动

Y-△降压起动是利用三相定子绕组的不同联结实现降压起动的一种方法。使用这种方法起动的电动机，每相绕组引出两个出线端。起动时改接成Y，当转速稳定时再接△。

因此，起动时绕组相电压为正常运行的 $1/\sqrt{3}$，相电流也降低到直接起动的 $1/\sqrt{3}$。笼型异步电动机Y-△起动原理如图 5-10 所示。

起动时，使 KM_1 和 KM_3 闭合，定子绕组接成Y，该电动机的定子绕组在相电压 $U_{1N}/\sqrt{3}$

下起动，当转速上升至稳定后，断开 KM_3，合上 KM_2，定子绕组被接成△，每相绕组相电压为 U_{1N}，电动机在全电压下正常工作。在连接图5-10的电路时，要注意定子绕组6个出线端的接法，应使丫接法与△接法时定子绕组中电流相序不变，以保证起动、运行两状态时电动机同方向旋转。

当电动机直接起动时起动电流的每相值为 $I_{p\triangle}$，由于定子绕组△形接法，线电流为 $I_{st\triangle} = \sqrt{3} I_{p\triangle}$。当丫接法降压起动时的起动线电流与相电流相等，为 $I_{stY} = I_{pY}$。由于丫形接法降压起动时，相电压降至直接起动电压 $1/\sqrt{3}$，相电流同样降至直接起动的 $1/\sqrt{3}$，即 $I_{p\triangle}/\sqrt{3}$。丫形接法降压起动时的线电流 I_{stY} 与线电流相等，即 $I_{stY} = I_{p\triangle}/\sqrt{3}$。显然直接起动时的线电流 $I_{st\triangle}$ 与丫形接法降压起动时的线电流 I_{stY} 的关系为

$$\frac{I_{stY}}{I_{st\triangle}} = \frac{I_{p\triangle}/\sqrt{3}}{\sqrt{3} I_{p\triangle}} = \frac{1}{3} \quad 即 \quad I_{stY} = \frac{1}{3} I_{st\triangle} \tag{5-15}$$

丫形接法和△形接法时的电压和电流如图5-11所示。

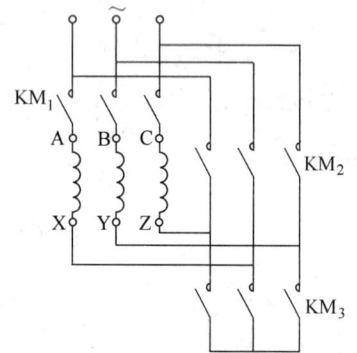

图5-10 笼型异步电动机
丫-△起动原理图

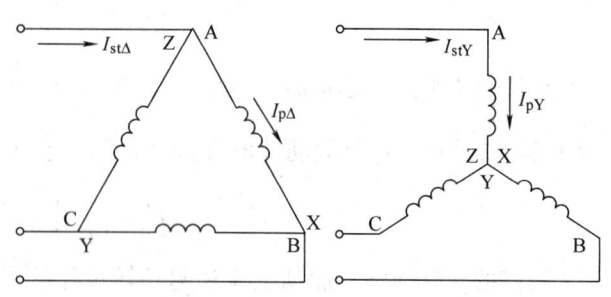

图5-11 丫和△接法时的电压和电流

直接起动时的起动转矩 $T_{st\triangle}$ 与丫-△降压起动时的起动转矩 T_{stY} 的关系为 $T_{stY} = \frac{1}{3} T_{st\triangle}$。

(5-16)

丫-△起动设备简单，价格便宜，因此是首选的起动方法。在丫系列中，4kW以上的三相笼型异步电动机，定子绕组都被设计成用△接法，以便采用丫-△方法起动。

1）方法。起动线路图如图5-10所示。

2）性能。由图5-11可以推导得到：$I_{stY} = \frac{1}{3} I_{st\triangle}$，$T_{stY} = \frac{1}{3} T_{st\triangle}$。

3）特点。丫-△起动设备简单，价格便宜，是首选的起动方法。丫系列4kW以上的三相笼型异步电动机，定子绕组都被设计成△接法，以便采用丫-△起动。

4）适用场合。适用于空载或轻载起动且正常运行时为△接法的电动机。

4. 延边三角形起动

1）方法。起动时将定子绕组接成延边三角形，运行时接成三角形，其接线图如图5-12所示。

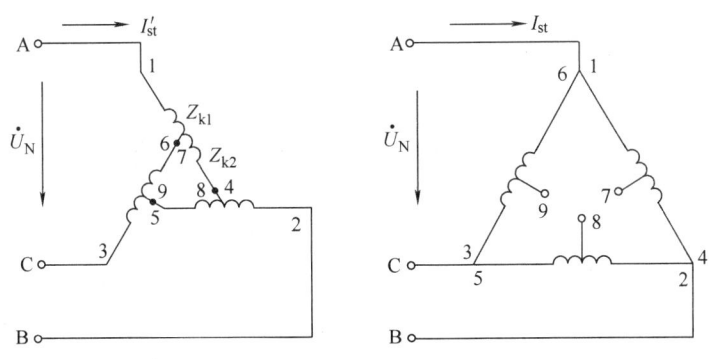

图 5-12 延边三角形起动的接线图

2) 性能。如果每相绕组抽头都在中点,那么 $I'_{st}=0.5I_{st}$,$T'_{st}=0.5I_{st}$;如果丫形接法匝数为△形接法匝数的 1/2,那么 $I'_{st}=0.6I_{st}$,$T'_{st}=0.6I_{st}$。

3) 特点。设备简单,体积小,重量轻,能带较重负载,允许经常起动,只是电动机需专门设计、订货。

4) 适用场合。带较重负载起动时取代自耦变压器降压起动。

5. 软起动

上面介绍的降压起动方法都是有级起动,平滑性不高。目前先进的电子软起动器已经逐步取代老式的磁控式软起动器。下面简单介绍几种电子式软起动器的起动方法。

1) 限流或恒流起动方法。当用电子软起动器实现起动时,限制电动机起动电流或保持恒定的起动电流,主要用于轻载软起动。

2) 斜坡电压起动法。当用电子软起动实现电动机起动时,定子电压由小到大斜坡线性上升,主要用于重载软起动。

3) 转矩控制起动法。当用电子软起动实现电动机起动时,起动转矩由小到大线性上升,起动的平滑性好,能够降低起动时对电网的冲击,是较好的重载软起动方法。

4) 电压控制起动法。当用电子软起动器控制电压以保证电动机起动时,产生较大的起动转矩,是较好的轻载软起动方法。

6. 高起动性能的三相异步电动机

采用深槽式异步电动机,改变转子槽的形状,利用"趋肤效应",改善起动性能。或者采用双笼型式异步电动机改善其起动性能。这两种电动机,起动性能都优于普通笼型式异步电动机,但转子漏抗较大,$\cos\varphi_1$ 及 T_m 稍低,且结构较复杂,用材较多。一般用于要求起动转矩较普通笼型式异步电动机稍高的场合。

5.3 三相绕线转子异步电动机的起动

绕线转子异步电动机可以采用转子电路串三相对称电阻或频敏变阻器的起动方法,这种起动方法不仅可以减小起动电流,而且可以增加起动转矩,使起动性能大为改善,这是笼型异步电动机所不具有的特点。下面介绍绕线转子异步电动机的这两种起动方法。

5.3.1 转子回路串电阻起动

转子串电阻分级起动指的是，在绕线转子异步电动机转子回路中串多级电阻，起动时逐级切除串接电阻的起动方法。图 5-13 所示为绕线转子异步电动机转子串 3 级电阻的分级起动接线图与机械特性。起动过程如下。

1）方法。如图 5-13 所示。起动时，先闭合 KM 接通定子绕组电源，将 KM_1、KM_2、KM_3 断开，将 3 级起动电阻 R_{c1}、R_{c2}、R_{c3} 全部串入转子回路，其机械特性如图 5-13b 中曲线 1 所示。从图中可见，起动转矩 $T_{st1} = T_m > T_N$，绕线转子异步电动机拖动负载转动，转速 n 沿曲线 1 上升。当转矩降到 T_{st2}、转速升到 b 点时，KM_3 闭合，转子回路串接的三相电阻 R_{c3} 被短接，电动机立即切换到特性曲线 2，运行点从 b 点平移到 c 点，转速 n 再沿曲线 2 上升。当转速升到 d 点时，切除电阻 R_{c2}。这样，电阻被逐段切除，电动机逐段加速，直到在固有特性的 i 点上稳定运行起动过程结束为止。为了保证起动过程平稳快速，一般使起动转矩的最大值 T_{st1} 取 $(1.5 \sim 2) T_N$，起动转矩最小值 T_{st2} 取为 $(1.1 \sim 1.2) T_N$。从图 5-13b 的人为机械特性可知，改变转子回路串入的电阻值，可以改变 $(T_e - n)$ 曲线。显然，当异步电动机转子回路的串接电阻归算值 R_c' 满足下式，即

$$s_m = \frac{R_2' + R_c'}{\sqrt{R_1^2 + (X_1 + X_2')^2}} = 1 \tag{5-17}$$

且异步电动机的最大转矩 T_m 出现在 $n = 0$ 时，异步电动机起动转矩达到了最大转矩，如上例中的 $T_{st1} = T_m$。

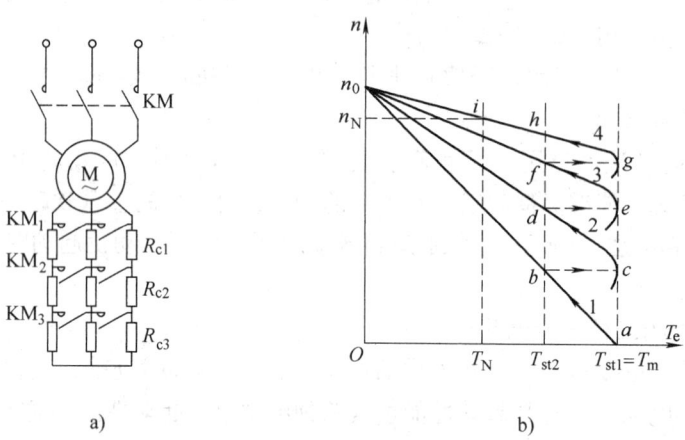

图 5-13　绕线转子异步电动机转子串 3 级
电阻的分级起动原理图与机械特性
a) 原理图　b) 机械特性

2）性能。不但能使 I_{st} 下降，而且能使 T_{st} 上升。

3）特点。转子回路串电阻可以得到最大的起动转矩。由于转子回路没有串电抗，所以起动时功率因数比转子串频敏变阻器高，而且起动电阻可以兼做调速电阻。转子串多级电阻起动，可以增大起动转矩，因此起动性能较好。

4）适用场合。适用于功率较大、重载起动的电动机。

5.3.2 转子回路串频敏变阻器起动

对于容量较大的绕线转子电动机，常采用频敏变阻器来替代起动电阻，这是因为频敏变阻器的等效电阻是随着起动过程的转速升高而自动减小的。

频敏变阻器实际上是一个三相铁心线圈，它的铁心是由钢板或铁板叠成的，其厚度大约是普通变压器硅钢片厚度的100倍，在3个铁心柱上绕着联结成Y形接法的3个绕组，像一个没有二次绕组的三相变压器。频敏变阻器结构示意图如图5-14a所示。与变压器空载时的一次等效电路类似，频敏变阻器的等效电路是由一个线圈电阻 R_1、一个电抗 X_m 和一个反映铁心铁耗的等效电阻 R_m 串联而成的，如图5-14b所示。

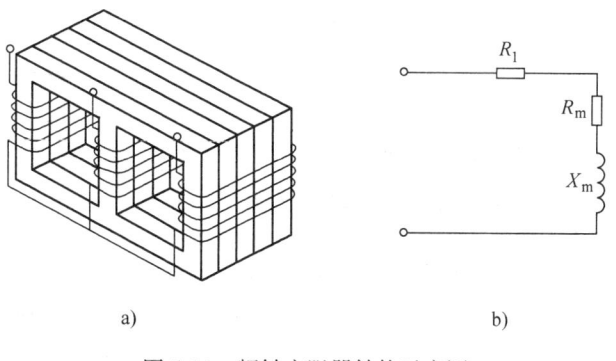

图5-14 频敏变阻器结构示意图和一相等效电路图
a) 结构示意图 b) 一相等效电路

由于频敏变阻器铁心钢板很厚，所以反映铁心铁耗的等效电阻 R_m 比一般电抗器要大，并且铁心等效电阻 R_m 与铁心绕组电流频率的平方成正比。当频敏变阻器铁心线圈中的电流频率增加时，涡流损耗将随之急剧增大，铁心等效电阻 R_m 也显著增加，反之亦然。

图5-15所示为绕线转子三相异步电动机串频敏变阻器起动原理线路图。

1) 方法。起动时，将KM断开，将频敏变阻器串入转子回路，因 $n=0$ 时 $s=1$，三相转子电流频率 $f_2=sf_1=50\text{Hz}$ 最大，其等效电阻 R_m 也最大，所以可以有效地限制起动电流，提高起动转矩。在起动过程中，随着转速 n 的上升，s 下降，转子电流频率 $f_2=sf_1$ 逐渐下降，R_m 值自动逐渐减小，起动电流和起动转矩平滑变化。为了不影响电动机的正常工作性能，在起动结束后，KM闭合，频敏变阻器被短接。

2) 性能。随着 n 的上升，频敏变阻器的等效电阻逐步下降，相当于转子电路串接的电阻随 n 的上升自动相应减小，以使起动过程中，起动转矩大且较稳定，起动过程快且较平稳。

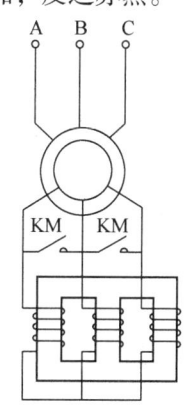

图5-15 绕线转子三相异步电动机串频敏变阻器起动原理线路图

3) 特点。结构简单，价格便宜，起动性能好，便于自动操作。可适当调节 I_{st} 和 T_{st}。

4) 适用场合。适用于频繁起动的绕线转子异步电动机。

5.4 三相异步电动机的调速

交流电动机结构简单，运行可靠，便于维护，价格低廉。但长期以来，由于异步电动机调速困难而受到使用上的限制。近年来，随着电力电子技术、微电子技术、计算机技术以及自动控制技术的迅猛发展，交流电动机调速日趋完善，其调速性能可以与直流电动机媲美，价格也不高。因此交流电动机电力拖动系统正逐步取代直流电动机拖动系统。

由异步电动机的转速公式

$$n = n_0(1-s) = \frac{60f_1}{p}(1-s) \tag{5-18}$$

可知，三相异步电动机的调速方法可有改变极对数 p（变极调速）、改变频率 f_1（变频调速）和改变 s（变转差率调速）3 种。具体有下列几种：

1）变极调速。通过改变定子绕组极对数 p 调速。

2）变频调速。改变供电电源频率 f_1 调速。

3）变转差调速。在调速过程中保持 n_0 不变，通过改变转差率 s 达到调速的目的。这种调速方式包括降低电源电压、绕线转子异步电动机转子回路串电阻、电磁转差离合器调速、绕线转子异步电动机串级调速和双馈调速等几种。其中，绕线转子异步电动机串级调速属于改变转差率调速，但是能耗转差调速时的转差功率全部消耗在转子电路，而串级调速可以将部分转差功率反馈到电网。

由于后续电动机调速控制技术课程要对一些电机调速方法进行专门介绍，所以本节重点介绍几种后续调速技术课程不涉及的内容，对后续课程涉及的调速方法只作简单介绍。

5.4.1 变极调速

1）方法。改变定子绕组接法，将每相定子绕组分成两个"半相绕组"，改变它们之间的接法，使其中一个"半相绕组"中的电流反向，从而使极对数成倍改变。改变定子绕组连接方法以改变定子极对数的示意图如图 5-16 所示。图 5-16a 所示为 4 极，图 5-16b 所示和图 5-16c 所示变为 2 极。

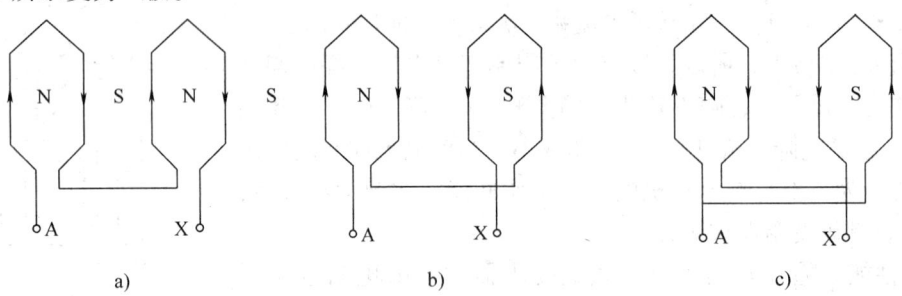

图 5-16 改变定子绕组连接方法以改变定子极对数的示意图

但要注意的是，当极数成倍变化时，必须同时改变出线端的相序（如将 B、C 对调）。例如，当极对数由 p 变为 $2p$ 时，B 相绕组与 A 相的相位差变为 240°，C 相与 A 相差 2×240°，相当于 120°，故如果不改变电源相序，电动机就将反转。另外，由于绕线转子绕组不易改变极对数而笼型转子绕组的极对数总与定子绕组的极对数相同，所以变极调速只能用于笼型异步电动机。

三相异步电动机变极调速的典型线路有丫-丫丫和△-丫丫两种。丫-丫丫变极调速绕组改接方法如图 5-17a 所示，其机械特性如图 5-18 所示。

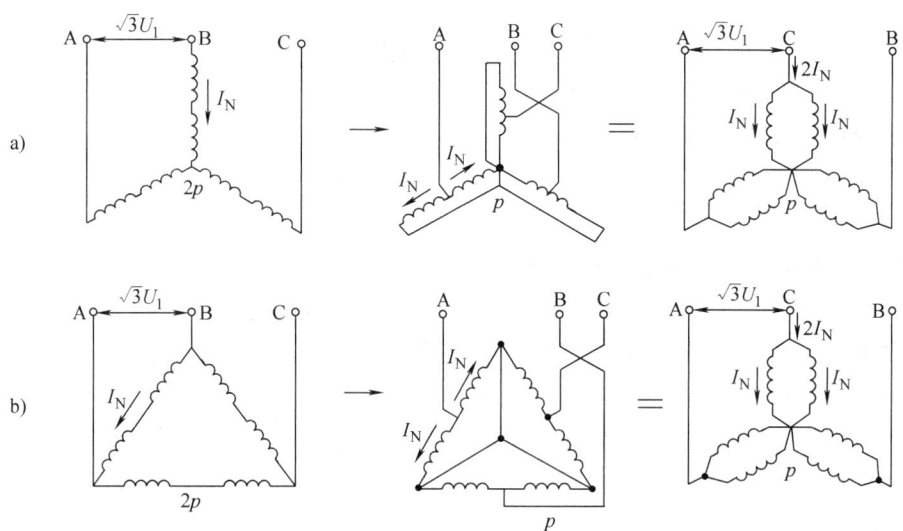

图 5-17　常用的两种三相绕组的改接方法及

a) Y-YY变极调速绕组的改接方法　b) △-YY变极调速绕组的改接方法

YY接法时理想空载转速（同步转速）为 $2n_0$，最大转矩为

$$T_{mYY} = \frac{1}{2} \frac{m_1}{\Omega_1} \frac{U_1^2}{\left[\frac{R_1}{4} + \sqrt{\left(\frac{R_1}{4}\right)^2 + \left(\frac{X_1+X_2'}{4}\right)^2}\right]} = \frac{1}{2} \frac{1}{\frac{2\pi f_1}{p}} \frac{m_1 U_1^2}{\frac{1}{4}\left[R_1 + \sqrt{R_1^2 + (X_1+X_2')^2}\right]}$$

$$= \frac{1}{2} \frac{4p}{2\pi f_1} \frac{m_1 U_1^2}{\left[R_1 + \sqrt{R_1^2 + (X_1+X_2')^2}\right]}$$

Y接法时的同步转速为 n_0，最大转矩 $T_{mY} = \dfrac{1}{2} \dfrac{1}{\dfrac{2\pi f_1}{2p}} \dfrac{m_1 U_1^2}{\left[R_1 + \sqrt{R_1^2 + (X_1+X_2')^2}\right]}$

可见，$T_{mYY} = 2T_{mY}$。

Y-YY接法变极调速的容许输出如下所述。

Y接法容许输出功率和容许输出转矩分别为

$$P_Y = 3U_p I_N \cos\varphi_1 \eta \text{ 和 } T_Y = 9550\frac{P_Y}{n_Y} \approx 9550\frac{P_Y}{n_0}$$

YY接法容许输出功率和容许输出转矩分别为

$$P_{YY} = 3U_p(2I_N)\cos\varphi_1 \eta = 2P_Y \text{ 和 } T_{YY} = 9550\frac{P_{YY}}{n_{YY}} = 9550\frac{2P_Y}{2n_0} = T_Y$$

可见，Y-YY接法变频调速方法属于恒转矩调速方法。

△-YY接法变极调速绕组改接方法如图 5-17b 所示。△接法时的最大转矩为

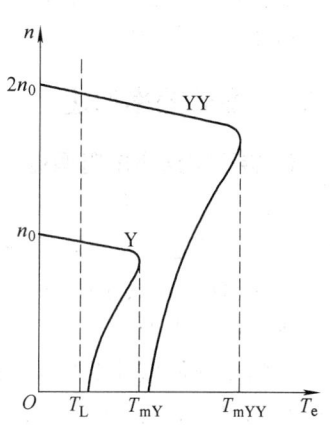

图 5-18　Y-YY变极调速的机械特性

137

$$T_{m\triangle} = \frac{1}{2} \frac{2p}{2\pi f_1} \frac{m_1(\sqrt{3}U_1)^2}{[R_1 + \sqrt{R_1^2 + (X_1 + X_2')^2}]} = 3T_{mY} = \frac{3}{2}T_{mYY}$$

故 △-YY 接法变极调速的机械特性如图 5-19 所示。

△接法时的容许输出功率为

$$P_\triangle = 3(\sqrt{3}U_p)I_N \cos\varphi_1 \eta = \sqrt{3}P_Y = \frac{\sqrt{3}}{2}P_{YY} = 0.866 P_{YY} \approx P_{YY}$$

可见，△-YY 接法变极调速方法近似为恒功率调速方法。

2）优缺点。方法简单，操作方便，调速范围小且为有级调速，变极调速的电动机称为多速电动机。

3）适用场合。适用于功率不大、对调速要求不高的场合。

5.4.2 变频调速

从 $n_0 = 60f_1/p$ 可知，改变 f_1，即改变 n_0，从而调节 n。

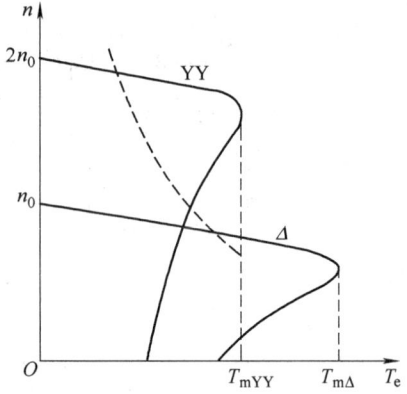

图 5-19 △-YY变极调速的机械特性

当变频调速时，一般希望磁通 Φ_m 保持不变，这是因为 $\Phi_m > \Phi_N$ 或 $\Phi_m < \Phi_N$ 都不利。根据

$$U_1 \approx E_1 = 4.44 f_1 N_1 k_{w1} \Phi_m = C_1 f_1 \Phi_m$$

为使 Φ_m 保持不变，就要保持 $\dfrac{U_1}{f_1}$ 为定值，即改变 f_1 的同时按比例改变 U_1，这时电动机容许输出的转矩不变，为恒转矩调速方式。一般在额定频率往下调时，采取这种调速方式。但从额定频率往上调时，电压不容许按比例上升而只能保持额定，此时，f_1 越高，Φ_m 越弱，容许输出的转矩越小，而输出转速越高，故为恒功率调速方式。

变频调速需要变频电源，可采用电力电子变频装置。变频调速的调速性能最好，变频调速的应用将越来越广。将在电机调速课程中进行专门的介绍。

5.4.3 变转差率调速

1. 转子回路串电阻调速

绕线转子异步电动机转子回路串电阻调速是一种改变转差的调速方法。图 5-20 所示为转子串电阻调速的系统原理图和机械特性图。

1）方法。在转子回路串入对称电阻，调节所串电阻 R_c 即可调节转速。

图中的 KM_1 闭合，转子未串电阻，电动机拖动恒转矩负载 T_L 在 a 运行，电动机转速为 n_A。当需要降低拖动系统转速时，KM_1 断开，KM_2 闭合，电阻 R_{c1} 被串入转子电路，电动机特性变为 $R_2 + R_{c1}$，运行从 a 点平移到 a'，转子电流 I_2' 减小，电磁转矩 $T_e = C_T \Phi_m I_2' \cos\varphi_2$ 降低，使 $T_e < T_L$，电动机减速，转差率 s 增加，引起转子电动势 sE_2 相应增加，导致转子电流 I_2' 和 T_e 增加，使系统达到新的稳定点 b，重新回到 $T_e = T_L$，但转速由 a 降到 b。在恒转矩负

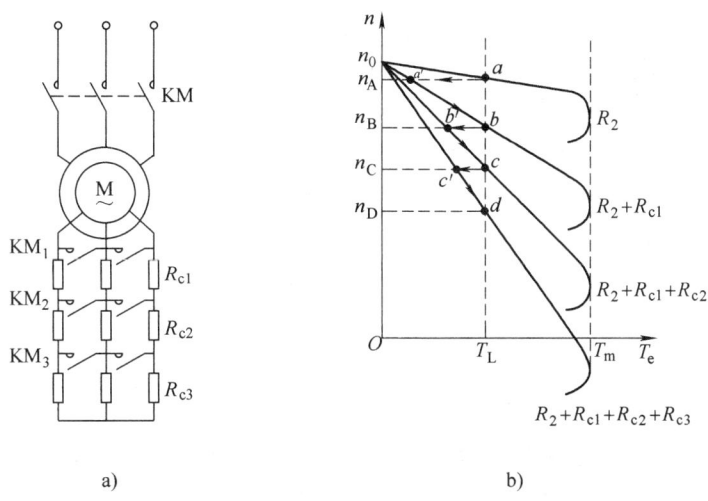

图 5-20 转子串电阻调速的系统原理图和机械特性图
a) 系统原理图 b) 机械特性图

载下,改变图中 KM_1、KM_2、KM_3 的闭合状态,可以得到 3 条机械特性,所串电阻越大,转速越低,如图 5-20b 所示。

根据 $T_e = C_T \Phi_m I_2' \cos\varphi_2$,电动机电磁转矩可以写成

$$T_e = C_T \Phi_m I_2' \cos\varphi_2 \propto \Phi_m I_2 \cos\varphi_2$$

当电源电压一定时,电动机的主磁通 Φ_m 基本不变,如果保持调速时 $I_2 = I_{2N}$ 不变,那么

$$I_2 = I_{2N} = \frac{E_2}{\sqrt{(R_2/s_N)^2 + X_2^2}} = \frac{E_2}{\sqrt{\left(\dfrac{R_2 + R_{c1}}{s_1}\right)^2 + X_2^2}} = 常数 \tag{5-19}$$

由式 (5-19) 可得

$$\frac{R_2}{s_N} = \frac{R_2 + R_{c1}}{s_1} \tag{5-20}$$

转子电路串联电阻以后,转差率从 s_N 增加到 s_1,转子回路的功率因数为

$$\cos\varphi_2 = \frac{(R_2 + R_{c1})/s_1}{\sqrt{\left(\dfrac{R_2 + R_{c1}}{s_1}\right)^2 + X_2^2}} \tag{5-21}$$

将式 (5-20) 代入式 (5-21) 得

$$\cos\varphi_2 = \frac{R_2/s_N}{\sqrt{\left(\dfrac{R_2}{s_N}\right)^2 + X_2^2}} = \cos\varphi_{2N} = 常数 \tag{5-22}$$

根据式 (5-19) 和式 (5-22) 可得

$$T_e = C_T \Phi_{mN} I_2' \cos\varphi_2 = C_T \Phi_{mN} I_{2N}' \cos\varphi_{2N} = T_N \qquad (5-23)$$

综合以上分析可知，转子串电阻调速前后的转矩相等，故是一种恒转矩调速方式。

当采用转子串电阻方法调速时，转子功率损耗为

$$p_{Cu2} = sP_e = 3I_2^2(R_2 + R_{c1}) \qquad (5-24)$$

如果忽略机械损耗，输出功率就为

$$P_2 = (1-s)P_e \qquad (5-25)$$

调速时，转子电路的效率为

$$\eta = \frac{P_2}{P_2 + p_{Cu2}} = \frac{P_e(1-s)}{P_e(1-s) + sP_e} = 1-s \qquad (5-26)$$

从式（5-24）可见，当转速降低（即 s 增高）时，转子损耗功率 $p_{Cu2} = sP_e$ 增高，η 下降，故这种调速方法的经济性不高。

2）优缺点。设备简单，初期投资低，操作方便。这种方法为有级调速，损耗大，效率低，调速范围受允许静差率的限制，只能达到 2~3。

3）适用场合。一般用于功率不大的恒转矩负载，如起重类机械，也可用于通风机负载。

【例 5-2】 一台绕线转子异步电动机的额定数据为 $P_N = 75\text{kW}$，$U_{1N} = 380\text{V}$，$I_{1N} = 148\text{A}$，$n_N = 720\text{r/min}$，$\lambda_M = 2.4$，$E_{2N} = 213\text{V}$，$I_{2N} = 220\text{A}$，拖动 $T_L = 0.85T_N$ 的恒转矩负载，要求电动机运行在 $n = 660\text{r/min}$。计算：

（1）采用转子回路串电阻的调速方法，求每相应串的电阻值。

（2）采用降压调速方法，求电源电压值。

解：（1）转子回路串电阻调速

额定转差率 $\quad s_N = \dfrac{n_0 - n_N}{n_0} = \dfrac{750 - 720}{750} = 0.04$

临界转差率 $s_m = s_N(\lambda_M + \sqrt{\lambda_M^2 - 1}) = 0.04 \times (2.4 + \sqrt{2.4^2 - 1}) = 0.183$

转子每相电阻 $R_2 = \dfrac{s_N E_{2N}}{\sqrt{3} I_{2N}} = \dfrac{0.04 \times 213}{\sqrt{3} \times 220} \Omega = 0.0224 \Omega$

在 $T_L = 0.85T_N$ 时固有特性的转差率为：

由转矩实用表达式 $T_e = \dfrac{2 \times \lambda_M T_N}{\dfrac{s_m}{s} + \dfrac{s}{s_m}}$ 得 $s^2 - 1.033s + 0.0335 = 0$，解得 $s_1 = 0.0336$（$s_2 = 0.9995$ 不合题意）。

利用线性化转矩实用公式 $T_e = \dfrac{2 \times \lambda_M T_N}{s_m} s$，有 $\dfrac{T_L}{T_N} = \dfrac{s}{s_N} = \dfrac{0.85 T_N}{T_N}$，解得

$$s = 0.85 s_N = 0.85 \times 0.04 = 0.034$$

在 $T_L = 0.85T_N$，转子回路串电阻，且 $n = 660\text{r/min}$ 时的转差率为

$$s' = \frac{n_0 - n}{n_0} = \frac{750 - 660}{750} = 0.12$$

转子回路应串电阻 $R_c = \left(\dfrac{s'}{s} - 1\right)R_2 = \left(\dfrac{0.12}{0.034} - 1\right) \times 0.0224\Omega = 0.0567\Omega$

（2）求电源电压值

在降压调速时，临界转差率 s_m 不变，$s' < s_m$，仍可用线性化的转矩实用公式。

根据 $T_N = \dfrac{2T_m}{s_m} s_N$ 有 $T_L = 0.85 T_N = 0.85 \dfrac{2T_m}{s_m} s_N$，降压时 $T_L = \dfrac{2T_m'}{s_m} s'$，$\dfrac{T_m'}{T_m} = \dfrac{0.85}{s'} s_N = \dfrac{0.85 \times 0.04}{0.12} = 0.283$，根据 $T_e \propto U_1^2$ 有 $U_1 = U_{1N}\sqrt{\dfrac{T_m'}{T_m}} = 380 \times \sqrt{0.283}V = 202V$

2. 电磁转差离合器（转差电机）**调速**

转差电机由 3 部分组成，即普通笼型异步电动机、电磁转差离合器和励磁调节装置。电磁转差离合器又称为电磁转差离合器，其调速示意图如图 5-21 所示。电磁转差离合器由主动与从动两个基本部分组成。图中 5 为主动部分，由笼型异步电动机带动，以恒速旋转，为一铁磁性材料制成的圆筒，称为电枢；图中 1 为从动部分，称为磁极，套有励磁绕组，由集电环通以直流励磁电流 i_f。

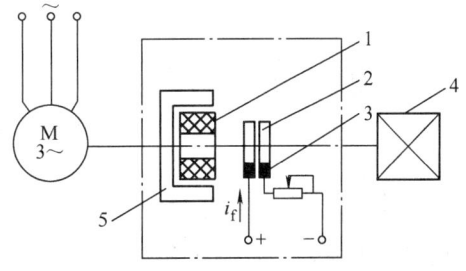

图 5-21 电磁转差离合器调速示意图
1—磁极 2—集电环 3—电刷
4—负载 5—电枢

工作原理如下。励磁绕组通以 i_f，建立磁场，电动机带动电枢旋转，电枢切割磁场，感应电动势，电枢内出现涡流，此电流与磁场作用产生电磁转矩，其反作用转矩 T 加在磁极上，使从动部分带动负载朝着沿电枢的转向旋转，方向如图 5-22 所示。显然，从动部分的转速 n' 低于主动部分的转速 n，与异步电动机的原理相似，故称电磁转差离合器。当 T 一定时，如果想调节从动部分的转速（输出转速），最有效的方法就是改变磁密 B，亦即调节励磁电流的大小，相当于异步电动机的调压调速。电磁转差离合器对应于不同励磁电流的机械特性如图 5-23 所示，可见减小 i_f，则转速下降。

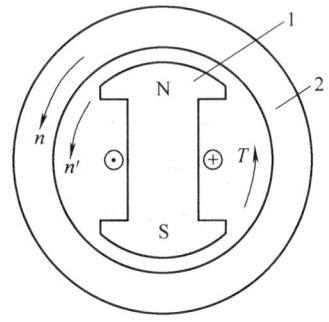

图 5-22 电磁转差离合器转矩的产生
1—磁极 2—电枢

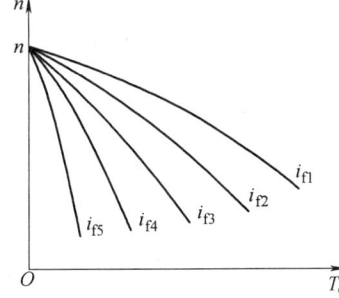

图 5-23 电磁转差离合器的机械特性图
（$i_{f1} > i_{f2} > i_{f3} > i_{f4} > i_{f5}$）

转差离合器调速设备简单，控制方便，可以平滑调速，但机械特性较软，低速时的损耗大、效率低。适用于调速范围要求不高的场合。

3. 串级调速

在转子回路中串电阻调速，能量消耗大，不经济。转子电路的损耗 sP_e 称为转差功率。为使调速时此转差功率大部分能被回收利用，可采用串级调速方法。所谓串级调速，就是在绕线转子异步电动机转子电路中串入一个与 $\dot{E}'_{2s}$ 频率相同而相位相同或相反的附加电动势 $\dot{E}_f$，通过改变 $\dot{E}_f$ 的大小来实现调速，其原理如下。

当 $E_f = 0$ 时，转子电流为

$$I_2 = \frac{sE_2}{\sqrt{R_2^2 + (sX_2)^2}} \tag{5-27}$$

当 $\dot{E}_f$ 与 $s\dot{E}_2$ 相位相反时，转子电流为

$$I_2 = \frac{sE_2 - E_f}{\sqrt{R_2^2 + (sX_2)^2}} \tag{5-28}$$

串入附加电动势 $\dot{E}_f$，使转子电流 $I_2 \downarrow \rightarrow$ 电磁转矩 $T_e = C_T \Phi_m I_2 \cos\varphi_2 \downarrow \rightarrow T_e < T_L \rightarrow n \downarrow \rightarrow s \uparrow \rightarrow sE_2 \uparrow \rightarrow I_2 \uparrow \rightarrow T_e$ 回升至 T_L 时稳定运行，此时 n 已调低，这种调速方式称为低同步串级调速。

当 $\dot{E}_f$ 与 $s\dot{E}_2$ 相位相同时，用同样分析方法可知，转速可以上调，这种调速方式称为超同步串级调速，但这种方式实现起来比较困难，故一般只采用低同步串级调速。

随着电力电子技术的发展，近代大都采用晶闸管串级调速系统，其原理线路图如图 5-24 所示。

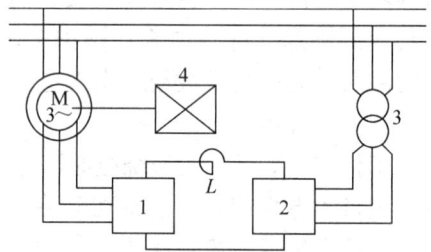

图 5-24 晶闸管串级调速系统原理线路图
1—转子整流器 2—逆变器
3—逆变变压器 4—负载

串级调速的效率高，平滑性好，设备比变频调速简单，特别是调速范围较小时使用更为经济。缺点是功率因数较低。适用于容量较大、调速范围要求不高的场合。

5.5 三相异步电动机的制动

三相异步电动机通常工作在电动运行状态，把电能转换为机械能，转速 n 与转矩 T_e 同向，机械特性位于第Ⅰ或第Ⅲ象限。但它也可工作于制动状态，这时 n 与 T_e 的方向相反，把机械能变成电能消耗掉或返回电网。与直流电动机一样，异步电动机的制动方法也分 3 类 4 种。

5.5.1 能耗制动

1) 方法。异步电动机能耗制动的电路图如图 5-25a 所示。将 KM_1 断开，KM_2 接通，即让电动机从三相电源断开，定子绕组通入一定大小的直流励磁电流。

2) 工作原理。当转子由于惯性继续旋转时，转子绕组切割定子绕组产生的恒定磁场、感应电动势和电流。转子载流导体在磁场中受到电磁力的作用，产生与转向相反的转矩，电

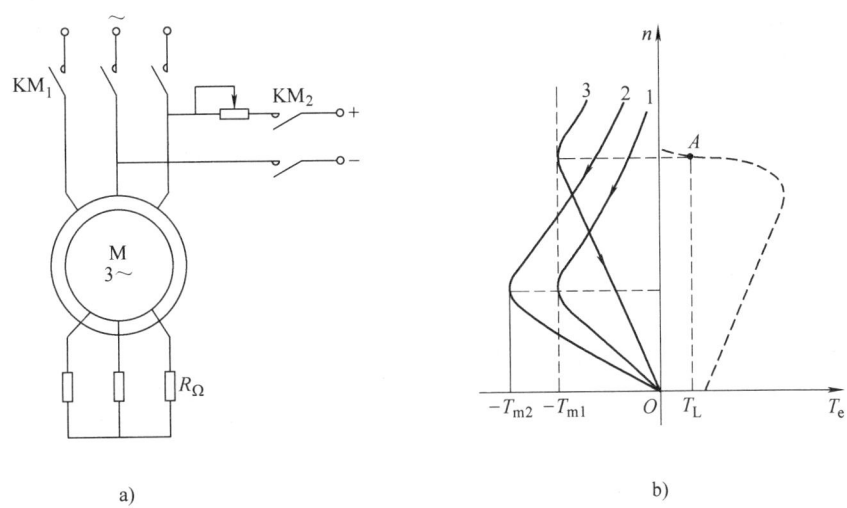

图 5-25 异步电动机能耗制动的电路图及机械特性图
a) 电路图 b) 机械特性图

动机进入制动状态。随着转速的降低，制动转矩也随之减少，到 $n=0$ 时，$T_e=0$，故可用于准确停车。

3) 能耗制动的机械特性。因为当 $n=0$ 时 $T_e=0$，所以特性过 O 点，如图 5-25b 中曲线所示。如果励磁电流不变，加大转子电路所串的电阻，特性斜率就增大，T_m 不变，如曲线 3 所示；如果电阻不变，加大励磁电流，曲线就如图中曲线 2 所示，T_m 增大。由机械特性曲线看出，能耗制动可用于快速停车的过程。一般取励磁电流

$$I_f = (2 \sim 3)I_0 \tag{5-29}$$

式中，$I_0 = (0.2 \sim 0.5)I_N$。

转子回路串接的电阻为

$$R_\Omega = (0.2 \sim 0.4)\frac{E_{2N}}{\sqrt{3}I_{2N}} - R_2 \tag{5-30}$$

式中，$R_2 = \dfrac{s_N E_{2N}}{\sqrt{3}I_{2N}}$。

这样，可保证快速停车时最大制动转矩为 $(1.25 \sim 2.2)T_N$。

当异步电动机带位能性负载时，可用于低速下放重物，此时的机械特性在第Ⅳ象限。转子电路串接的电阻越大，下放速度越高；定子电流 I_1 越大，下放速度越慢。

5.5.2 反接制动

实现反接制动的方法有两种，即转速反向的反接制动和定子两相反接的反接制动。

1. 转速反向的反接制动

电动机转速反向的反接制动电路如图 5-26 所示。当绕线转子异步电动机带位能性负载时，若要下放重物，则可在转子回路串接较大电阻 R_f，使电动机的 $T_{st} < T_L$，电动机将由重

物产生的转矩拖动反向起动,随着下放速度的提高,电动机的转矩逐步增大。这可由图 5-27 所示的转速反向的反接制动时的机械特性看出,当工作点达 B 点时,稳速下放重物。转子回路的电阻 R_f 越大,下放速度越快。

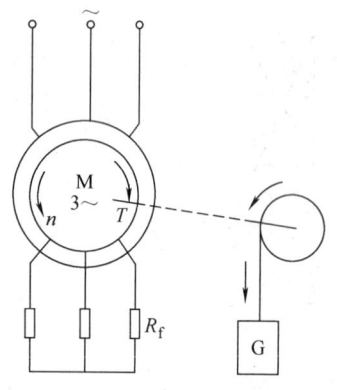

图 5-26 电动机转速反向的反接制动电路图

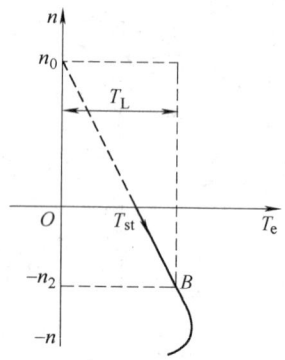

图 5-27 转速反向的反接制动时的机械特性图

2. 定子两相反接的反接制动

(1) 反接制动基本原理

当异步电动机带负载稳定运行在电动状态时,突然改变定子电源相序,使异步电动机的旋转磁场瞬间与转速相反,电动机便进入了反接制动状态。

对于绕线转子异步电动机,为了限制反接制动时过大的电流冲击,电源相序反接的同时在转子电路中串接较大电阻,对于笼型异步电动机可在定子回路中串入电阻。三相绕线转子异步电动机的反接制动运行原理如图 5-28a 所示,机械特性如图 5-28b 所示。

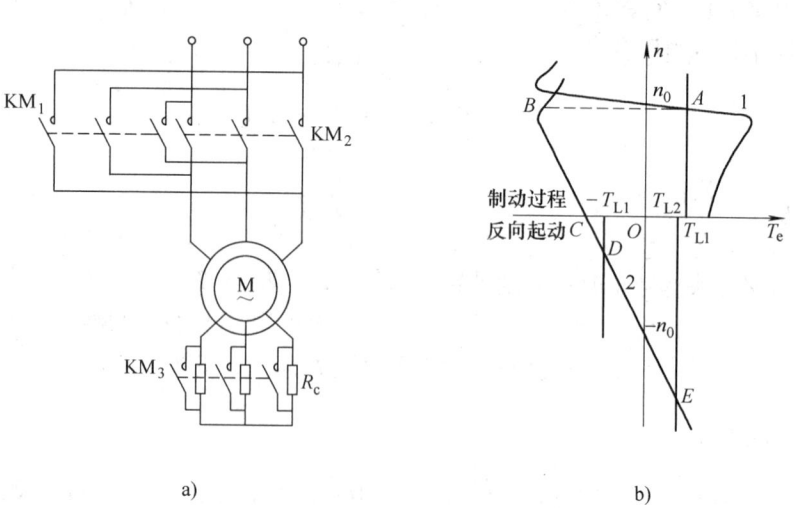

图 5-28 三相绕线转子异步电动机的反接制动运行原理图和机械特性图

a) 运行原理图　b) 机械特性图

1—固有机械特性　2—负序电源、转子回路串电阻的人为机械特性

图中当将接触器 KM_1、KM_3 闭合时，电动机在第Ⅰ象限机械特性曲线1上的 A 点稳定电动运行，反接制动时，KM_1、KM_3 断开，KM_2 闭合，改变了电源相序，转子回路串入电阻，此时为反接制动状态。在反接制动后，电动机的运行点从曲线1的 A 点，平移到反相序机械特性曲线2的 B 点，电动机的电磁转矩为 $-T_e$。在 $-T_e$ 和负载转矩的共同作用下，电动机转速急速下降，从运行点 B 沿曲线2降到 C 点，转速为零。从 $B \to C$ 的运行过程称为反接制动。在反接制动到 C 点后，根据负载形式和大小，可能出现以下3种运行状态。

1) 反抗性负载且 $|-T_{L1}| > |-T_e|$。如果反接制动曲线上的 C 点转矩 $-T_e$ 与负载转矩 $-T_{L1}$ 满足 $|-T_{L1}| > |-T_e|$，如图5-28b所示，那么异步电动机将准确停车。

2) 反抗性负载且 $|-T_{L1}| < |-T_e|$。当反接制动到 C 点的转矩 $-T_e$ 与反抗性负载转矩 $-T_{L1}$ 满足 $|-T_{L1}| < |-T_e|$ 时，由于异步电动机反向起动转矩大于反向负载转矩，异步电动机将反转起动，运行点沿反接制动曲线2运行至 D 点，最终稳定运行在第Ⅲ象限，这时异步电动机工作在反向电动机状态，如图5-28b所示。在这种条件下，如果需要制动停车，就必须在反接制动到 C 点时切断电源，以确保准确停车。

3) 位能性负载 T_{L2}。当异步电动机拖动位能性负载 T_{L2} 反接制动到 C 点时，运行点沿曲线2从 $B \to C \to D \to (-n_0) \to E$，最后稳定运行在 E 点，异步电动机工作在反向回馈制动状态。

综上分析，稳定电动运行的异步电动机，在相序突然反接以后，其最终的运行状态与负载形式和大小有关。当反接制动时，转子回路消耗了从电源输入的电磁功率和负载送入的机械功率，因此数值很大，在转子回路中必须串入较大的外串电阻，以保护电动机不致由于过热而损坏。

三相异步电动机反接制动停车比能耗制动停车速度快，但能量损失大。一些频繁正、反转的生产机械，经常采用反接制动停车接着反向起动，就是为了迅速改变转向，以提高生产率。对于笼型异步电动机转子回路无法串电阻的情况，反接制动不能过于频繁。

【例5-3】 一台绕线转子异步电动机，$P_N = 22\text{kW}$，$n_N = 723\text{r/min}$，$E_{2N} = 197\text{V}$，$I_{2N} = 70.5\text{A}$，$\lambda_M = 3$。电动机运行在固有机械特性曲线的额定工作点上。现采用电源反接制动，要求制动开始时的制动转矩为 $2T_N$。求制动时转子每相串入的电阻值 R_c。

解：异步电动机额定转差率 $s_N = \dfrac{n_0 - n_N}{n_0} = \dfrac{750 - 723}{750} = 0.036$

转子绕组每相电阻 $R_2 = \dfrac{s_N E_{2N}}{\sqrt{3} I_{2N}} = \dfrac{197 \times 0.036}{\sqrt{3} \times 70.5} \Omega = 0.058\Omega$

固有机械特性的临界转差率 $s_m = s_N(\lambda_M + \sqrt{\lambda_M^2 - 1}) = 0.036 \times (3 + \sqrt{3^2 - 1}) = 0.209$

在反接制动机械特性上开始制动时的转差率 $s_B = \dfrac{n_0 + n_N}{n_0} = 2 - s_N = 1.964$

根据转矩实用公式计算反接制动机械特性的临界转差率 s_m'。

将 s_m'、s_B、$T_e = 2T_N$ 代入转矩实用式得

$$\dfrac{2T_N}{T_m} = \dfrac{2}{\dfrac{s_m'}{s_B} + \dfrac{s_B}{s_m'}} = \dfrac{2}{\lambda_M}$$

化简得 $s_m'^2 - \lambda_M s_B s_m' + s_B^2 = 0$

代入数据得 $s_m'^2 - 3 \times 1.964 s_m' + 1.964^2 = 0$

解得 $s_{m1}' = 5.142$；$s_{m2}' = 0.75$

转子每相串入电阻。根据式 $s_m = \dfrac{R_2'}{\sqrt{R_1^2 + (X_1 + X_2')^2}}$ 可知，当 R_1、X_1、X_2' 不变时，临界转差率与转子回路电阻成正比，故有 $\dfrac{s_m}{s_m'} = \dfrac{R_2'}{R_2' + R_c'} = \dfrac{R_2}{R_2 + R_c}$，化简为 $R_c = \left(\dfrac{s_m'}{s_m} - 1\right) R_2$。将 s_{m1}' 和 s_{m2}' 分别代入上式得

$$R_{c1} = \left(\dfrac{s_{m1}'}{s_m} - 1\right) R_2 = \left(\dfrac{5.142}{0.209} - 1\right) \times 0.058\,\Omega = 1.369\,\Omega$$

$$R_{c2} = \left(\dfrac{s_{m2}'}{s_m} - 1\right) R_2 = \left(\dfrac{0.75}{0.209} - 1\right) \times 0.058\,\Omega = 0.150\,\Omega$$

根据计算结果，对电动机分别串入 $R_{c1} = 1.369\,\Omega$、$R_{c2} = 0.150\,\Omega$ 时均能满足题意要求。显然，不同的串接电阻对应了不同的反接制动特性曲线，如图 5-29 中曲线 2、3 所示。

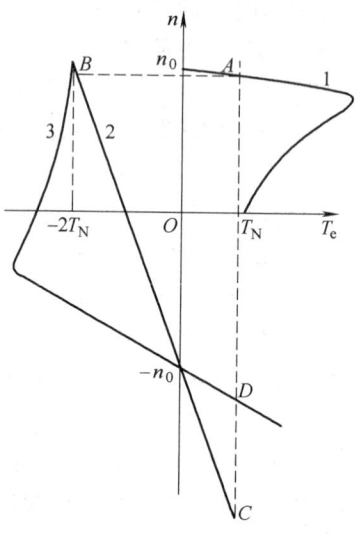

图 5-29　例 5-3 图

5.5.3　回馈制动

当异步电动机的转速超过同步转速时，便进入回馈制动状态。通常只有在位能负载的作用下，转速才有可能超过同步转速，引起电磁转矩反向而成为制动转矩，电动机进入回馈制动状态。异步电动机回馈制动分正向回馈制动和反向回馈制动两种情况。

1. 正向回馈制动

正向回馈制动是指异步电动机在正向电动状态运转时，超过同步转速而进入回馈制动状态（Ⅱ象限）。正向回馈一般发生在电动机正向运行时降低定子电流频率或增加定子绕组的极对数等情况下。

当异步电动机在固有特性上 A 点运行时，异步电动机频率过度降低时的正向回馈制动如图 5-30 所示。

如果突然过度降低定子电流频率，使同步转速由 n_0 降为 n_{01}，那么机械特性由曲线 1 就变为曲线 2。由于电动机转速不能突变，使电动机转速 $n_A > n_{01}$，运行点从曲线 1 的 A 点平移至曲线 2 的 B 点，所以电磁转矩变负。在电磁转矩和负载转矩的共同作用下，电动机很快减速，运行点沿 $B \rightarrow n_{01} \rightarrow C$ 最终稳定运行在 C 点。在 $B \rightarrow n_{01}$ 段，异步电动机的电磁转矩为负，而转速为正，而且电动机转速大于同步转速，即 $n_A > n_{01}$，这就是正向回馈制动状态。

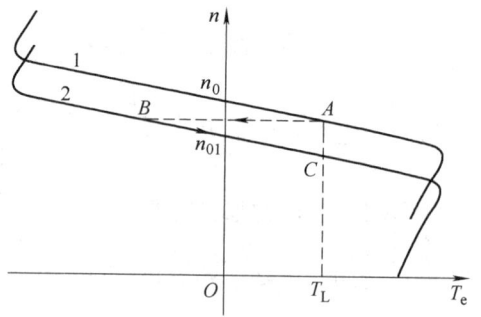

图 5-30　异步电动机频率过度降低时的正向回馈制动

在正向回馈制动过程中，转差率 $s = \dfrac{n_{01}-n}{n_{01}} < 0$，电动机输出的机械功率为 $P_{mech} = 3I_2'^2 \dfrac{1-s}{s} R_2' < 0$，从定子到转子的电磁功率为 $P_e = 3I_2'^2 \dfrac{1}{s} R_2' < 0$。说明此时电磁功率 P_e 是由转子流向定子，并回馈到电源的。

也就是说，在回馈制动过程中，转子边送过来的电磁功率 P_e，除了转子绕组上铜损耗 $p_{Cu} = 3I_2'^2 R_2'$ 消耗外，其余的传送给定子，通过定子回馈给电源。这时的三相异步电动机实际上是一台发电机，它把系统减小的动能转变为电能送入交流电网。在一般的交流拖动系统中，异步电动机不能稳定运行在第Ⅱ象限。而在电力牵引的机车中，当列车在下坡道上运行时，异步电动机可以运行在正向回馈制动状态的第Ⅱ象限。

2. 反向回馈制动

当三相异步电动机拖动位能性恒转矩负载，并且电源为负相序时，电动机会高速运行于第Ⅳ象限，此时电磁转矩为 T_e，转速为 $-n$，如图 5-31 中的 B 点所示。

起重机高速下放重物经常采用反向回馈制动的运行方式，其转速达到 $|n| > n_0$。若负载大小不变，则在转子回路串入电阻后，转速绝对值会进一步加大，如图 5-31 中的 C 点所示。串入电阻值越大，转速绝对值越高。

反向回馈制动时的同步转速为 $-n_0$，电动机转速为 $-n$，转差率为

$$s = \dfrac{-n_0 - (-n)}{-n_0} = \dfrac{n_0 - n}{n_0} < 0$$

因此，当三相异步电动机反向回馈制动运行时，电动机的功率关系与正向回馈制动过程是一样的，即电动机是一台发电机，它把从负载位能减少而输入的机械功率转变为电功率，然后回送给电网。从节能的观点看，反向回馈制动下放重物比能耗制动下放重物要好。

前面分析过，拖动位能负载的三相异步电动机在正向电动状态运行时，采用反接制动停车，当转速降到 $n = 0$ 时如果不采取停车措施，那么电动机将会反向起动，最后运行于反向回馈制动状态。

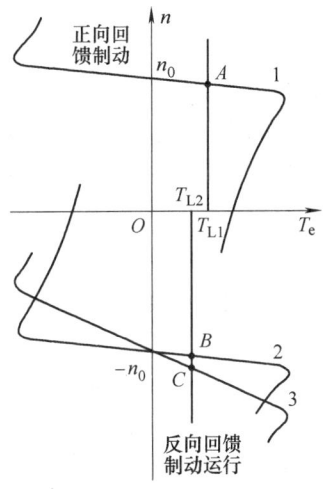

图 5-31 三相异步电动机反向回馈制动运行
1—固有机械特性 2—负相序固有机械特性 3—负相序转子回路串电阻的人为机械特性

5.6 小结

基于三相异步电动机的机械特性，分析了异步电动机电力拖动系统起动、调速和制动的有关问题。

1. 三相异步电动机的机械特性

三相异步电动机的机械特性 $n = f(T_e)$ 可用物理表达式、参数表达式和实用表达式 3 种不同形式的表达式表示。这 3 种表达式虽然形式不同，但都可从一种形式推导出另外两种

形式来，说明这 3 种表达式都是反映同一机械特性的。这 3 种表达式既可以表示电动机的固有机械特性，也可表示起动、调速及各种制动状态时的人为机械特性，从而解决了异步电动机在电力拖动全过程中的分析计算问题。

3 种表达式的形式不同，用途也不同。物理表达式用于分析异步电动机在各种运行状态下的物理过程较方便；参数表达式能直接反映异步电动机的机械特性与有关参数之间的关系，并由它导出 T_m、s_m 及 T_{st} 等表达式，可分析改变某些参数对电动机性能与特性的影响，并从中找出改善电动机特性与性能的途径；实用表达式在电力拖动中应用最广，可用于绘制机械特性或进行机械特性的计算。在工程上，根据起动、调速及制动的不同目的，计算绕线转子异步电动机转子电路应串入的电阻值。此时，根据产品目录的数据计算出 s_m（固有特性）后，用实用表达式算出人为机械特性的 s_m'，再按下列关系算出串接的附加电阻 R_f，即

$$\frac{s_m'}{s_m} = \frac{R_2 + R_f}{R_2} \quad 或 \quad R_f = \left(\frac{s_m'}{s_m} - 1\right)R_2$$

当然，也可在已知 R_f 的情况下，求特性的参数，如 T_e 及 n 等。在应用实用表达式时，必须注意在不同运转状态下 s 及其他 3 个量（即 T_e、s_m 及 T_m）的大小及正负符号。

根据三相异步电动机机械特性的参数表达式可知，机械特性与电动机的参数和物理量有关，只要改变其中一个参数或物理量（其余保持不变），即可得到不同的人为机械特性。如果所有对参数和物理量均保持不变，求得的 $n = f(T_e)$ 的关系，即为异步电动机的固有机械特性。

2. 三相异步电动机的起动

（1）三相笼型异步电动机的起动

对笼型异步电动机可采取直接起动，但因起动电流大，经常起动会使电动机发热而影响寿命。对电网而言，会因过大的起动电流使电网电压短时间下降，影响接于同一电网的负载的正常运行。一般对 7.5kW 以下的电动机均可直接起动，如果供电变压器的容量相对于电动机的容量来讲足够大的话，中大容量的异步电动机也可直接起动。

为了克服笼型异步电动机起动电流过大的缺点，可采取降压起动，包括定子电路串接电阻或电抗的降压起动、自耦变压器降压起动、Y-△起动和延边三角形起动等。由于降压起动不但减小了起动电流，同时也减小了起动转矩，所以只宜用于空载或轻载起动的生产机械。在以上几种降压起动方法中，由于自耦变压器有 3 个抽头，适应了不同负载的要求，因而得到普遍应用。

为了改善起动特性，利用"趋肤效应"原理制成深槽转子异步电动机和双笼型异步电动机，从而减小了起动电流 I_{st}。

（2）三相绕线转子异步电动机的起动

在绕线转子异步电动机的转子回路中串接适当大小的电阻起动，可达到既增大起动转矩 T_{st}，又减小起动电流 I_{st} 的目的，从而较好地改善了异步电动机的起动性能，解决了较大容量异步电动机重载起动的问题。

电动机容量大，转子电流也大，其起动电阻只能分段变化，使起动转矩变化大，对机械冲击力也大，且需庞大的控制设备，操作维护都不方便。以转子串频敏变阻器起动代替串电

阻起动，既可以简化控制系统，又能实现平滑起动。

3. 三相异步电动机的调速

三相异步电动机的调速有变极、变频及改变转差率3种方法。改变转差率的调速又包括转子回路串电阻、改变定子电压及串级调速等方法。

变极调速仅适用于笼型异步电动机。变极调速是有级调速。Y-YY接法为恒转矩调速；△-YY接法为近似恒功率调速。此种调速由于降低了同步转速，所以低速时的人为特性较硬，静差率较高，经济性能好。

转子电路有串电阻及串电势两种调速方法。前者能耗大，效率低，调速指标不高，但因简单，多用于恒转矩负载。后者（串级调速）可用晶闸管装置接入转子电路，不但可以实现无级调速，而且可以把转差功率回馈电网。这种方法效率高，经济性较好，便于向大容量发展，适用于通风机负载。

变频调速适用于笼型异步电动机，调速范围大、平滑性好，低速特性较硬，静差率小，可实现恒转矩调速，也可实现恒功率调速。

笼型异步电动机采用改变定子电压和转差离合器调速方法的共同特点是，转差功率都消耗在笼型转子或转差离合器的电枢电路中，调速时发热较严重，效率不高，故只适用于功率不大的生产机械。

4. 三相异步电动机的制动

所谓制动，其特点是 T_e 与 n 反向，电动机由轴吸收机械能转换为电能。

回馈制动。电动机转速高于同步转速，$s<0$，此时，转子电流的有功分量 $I'_{2p}<0$，说明产生制动转矩又将电能回馈电网；而转子电流的无功分量 $I'_{2q}>0$，说明电动机仍向电网吸取无功电流产生磁场。此种制动一般用于高速下放重物。

反接制动。分转速反向反接制动和两相反接制动两种，其共同点是 $s>1$。转子输出功率 $P_2 = P_e(1-s)<0$，说明制动时，电动机向电网吸取电功率的同时，还向生产机械吸取机械功率变换为电能，一并消耗在转子电路中，故能耗较大。转速反向反接制动用于低速匀速下放重物，两相反接制动用于快速停车。

能耗制动是将运行的电动机切断电源的同时，立即向定子送入直流电流以产生恒定磁场，转子切割此磁场以产生感应电动势，从而产生制动转矩。若励磁电流为可调，则制动转矩也可调；又由于制动转矩是靠转子切割磁场而产生的，转速的快慢决定制动转矩的大小，所以当电机转速为零（停车）时，制动转矩也为零。因此，能耗制动方法可使生产机械准确停车，也可用于低速匀速下放重物。

综上所述，异步电动机的起动、调速及制动等拖动的全过程，都是异步电动机的人为机械特性的具体运用。

5.7 思考题和习题

思 考 题

1. 说明异步电动机机械特性3种表达式的优缺点。
2. 什么是三相异步电动机的固有机械特性？什么是三相异步电动机的人为机械特性？

3. 降低三相异步电动机定子电压时的人为机械特性的最大转矩是否变化？临界转差率是否变化？若有变化，则如何变化？

4. 若改变三相异步电动机定子电压频率，则其机械特性如何变化？

5. 给异步电动机的定子回路串对称电阻或对称电抗，对于异步电动机来说定子电压下降了，但是为什么异步电动机串对称电阻或对称电抗的人为机械特性与降压时不同？

6. 笼型异步电动机转子回路能串电阻吗？为什么？

7. 一台绕线转子异步电动机，当负载转矩不变时，在转子回路中串入一个阻值与转子电阻相等的电阻，这时转差率将如何变化？

8. 为什么异步电动机起动电流很大，而起动转矩却并不太大？

9. 在绕线转子异步电动机转子回路内串电阻起动，可以提高起动转矩，减少起动电流，这是什么原因？串电感或电容起动，是否也有同样效果？

10. 当线绕转子异步电动机起动时，串入转子回路中的起动电阻是否越大越好？在起动过程中，为什么起动电阻要逐级切除？

11. 当采用定子串接电抗器、Y—△和自耦变压器降压等起动方法时，起动电流及起动转矩与直接起动有什么不同？

12. 绕线转子异步电动机转子回路串频敏变阻器起动的原理是什么？它与转子回路串电阻起动相比有何好处？

13. 笼型异步电动机有哪些调速方法？这些方法的依据是什么？各有何特点？

14. 绕线转子异步电动机有哪些调速方法？这些方法的依据是什么？各有何特点？

15. 当三相异步电动机变极调速时，若电源频率不变，则电动机的转向是否会变化？为什么？

16. 变频调速时为什么要保持 E_1/f_1 为常数运行？

17. 异步电动机的制动方式有哪些？各有什么特点？

18. 从节约电能的角度出发，使用哪一种制动方式最好？为什么？

19. 异步电动机在回馈制动时，将拖动系统的动能或位能转化为电能送回电网，在此过程中，是否需要从电网吸收无功功率？

习　题

1. 一台三相异步电动机，额定功率 $P_N=70$kW，额定电压 $U_{1N}=380$V，额定转速 $n_N=725$r/min，过载能力为2.4。求其转矩的实用公式。

2. 一台三相异步电动机数据为 $P_N=50$kW，$U_{1N}=380$V，$f_{1N}=50$Hz，$p=4$，额定负载时的转差率为 $s_N=0.025$，最大转矩是额定转矩的两倍。利用实用转矩公式计算最大电磁转矩时的转速是多少？

3. 一台三相异步电动机，额定参数 $P_N=150$kW，$2p=4$，Y形接法，$U_{1N}=380$V，转子铜耗 $p_{Cu2}=2.21$kW。机械损耗 $p_m=2.64$kW，附加损耗 $p_0=1$kW，$R_1=R_2'=0.012\Omega$，$X_1=X_2'=0.06\Omega$。求：

(1) 额定条件下的 P_e，s_N，n_N，T_N。

(2) 当负载转矩不变时，转子回路串接电阻为 $R_2'=0.1\Omega$（折算值）时的 s，n，p_{Cu2}；

(3) 转子回路串电阻 $R_2'=0.1\Omega$ 和不串电阻两种情况下的 s_m。

4. 一台三相笼型异步电动机，定子绕组为三角形联结，$P_N=28$kW，$U_{1N}=380$V，$I_{1N}=58$A，$\cos\varphi_{1N}=0.88$，$n_N=1455$r/min，起动转矩倍数 $K_M=1.1$，起动电流倍数 $\lambda_M=6$，过载倍数 $\lambda_m=2.3$，供电变压器要求起动电流不大于150A，起动时负载转矩73.5N·m。

(1) 该电动机能否用Y-△起动？

(2) 该电动机能否用定子串电抗起动？如可以，计算所需的电抗值？

(3) 若采用自耦变压器降压起动，自耦变压器抽头有55%，64%，73%三种，则使用哪种抽头起动才能满足要求？

5. 有一台三相异步电动机，$U_N = 380\text{V}$，$n_N = 1460\text{r/min}$，定子绕组丫形联结，转子为绕线转子。已知等效电路的参数为 $R_1 = R_2' = 0.2\Omega$，$X_1 = X_2' = 0.06\Omega$。略去励磁电流，起动电机时，在转子回路中接入电阻，当 $I_{st} = 2I_N$ 时，问最初起动转矩是多少？

6. 一台三相异步电动机，定子绕组丫形联结，$U_N = 380\text{V}$，$n_N = 1460\text{r/min}$，转子为绕线转子。已知等效电路的参数为 $R_1 = R_2' = 0.2\Omega$，$X_1 = X_2' = 0.06\Omega$，电流及电势变比 $k_i = k_e = 1.1$，现要求在起动电动机时 $I_{st} = 3.5 I_N$，试问：（1）若转子绕组是 Y 形接法，每相应接入多大的起动电阻？（2）此时最初起动转矩是多大？

7. 一台绕线转子异步电动机，$2p=4$，工作频率为 $f_{1N} = 50\text{Hz}$，转矩过载倍数为 1.5，$s_m = 0.12$，求：
（1）异步电动机的额定转速；
（2）当异步电动机拖动恒转矩负载时，若把电源电压降为额定电压的 80%，则电动机是否还能运行？

8. 一台三相线转子异步电动机，$P_N = 11\text{kW}$，$n_N = 715\text{r/min}$，$E_{2N} = 163\text{V}$，$I_{2N} = 47.2\text{A}$，起动转矩与额定转矩之比为 $T_{st}/T_N = 1.8$，负载转矩为 $T_L = 98\text{N}\cdot\text{m}$。求 3 级起动时的每级起动电阻。

9. 一台三相 4 极绕线转子异步电动机，频率 $f_1 = 50\text{Hz}$，额定转速 $n_N = 1485\text{r/min}$，已知转子每相电阻 $R_2 = 0.02\Omega$，电动机拖动恒转矩负载，若只采用转子串电阻调速，则当转速至 1050r/min 时，转子回路每相应串多大电阻？

10. 一台三相 4 极笼型异步电动机的额定数据为 $U_{1N} = 380\text{V}$，$I_{1N} = 30\text{A}$，$n_N = 1455\text{r/min}$，△形接法，负载转矩 $T_L = 0.8T_N$。若采用 $U_1/f_1 = $ 常数的变频调速，当转速 $n = 1000\text{r/min}$ 时，计算变频电源输出线电压 U_1 和频率 f_1 各为多少？

11. 一台绕线转子异步电动机的定子绕组为星形联结，转子每相电阻 $R_2 = 0.16\Omega$，已知在额定运行时转子相电流为 50A，转速为 1440r/min。采用转子串电阻调速，并将转速降为 1300r/min，求每相应串入多大的电阻（设电磁转矩不变）？降速运行时的电磁功率是多少？

12. 一台 4 极绕线转子异步电动机，其定子、转子均为丫接法。电动机参数为 $P_N = 22\text{kW}$，$f_1 = 50\text{Hz}$，$n_N = 1440\text{r/min}$，如果将供电电源频率改为 $f_1' = 60\text{Hz}$，而 U_{1N}、s_N、$I_2'\cos\varphi_2'$ 保持不变，那么忽略磁路饱和的影响，求：
（1）电动机的转速、转矩、功率各为多少？
（2）当保持 E_1/f_1、且恒转矩调速时，电动机的功率会如何变化？

13. 一绕线转子异步电动机的数据为 $P_N = 75\text{kW}$，$n_N = 720\text{r/min}$，$\lambda_m = 2.4$，$E_{2N} = 213\text{V}$，$I_{2N} = 220\text{A}$，定转子均为丫联结，求该电动机的反抗性负载，$T_L = T_N$。
（1）要求起动转矩 $T_{st} = 1.5 T_N$ 时，转子每相应串入多大电阻？
（2）如果在固有机械特性上运行时进行反接制动停车，那么要求制动开始时的转矩 $T = 2T_N$，转子每相应串入多大电阻？

14. 某起重机由一台绕线转子三相异步电动机拖动，电动机的额定数据为 $P_N = 132\text{kW}$，$U_N = 380\text{V}$，$n_N = 1490\text{r/min}$，$E_{2N} = 517\text{V}$，$I_{2N} = 155\text{A}$，$k_M = 3.0$。电动机轴上的负载转矩 $T_L = 0.8T_N$。
（1）如果电动机以 500r/min 的速度下放重物，那么求转子每相串入的电阻值。此时转子电阻消耗的功率与电磁功率和重物下放的机械功率之间有什么关系？
（2）如果对转子每相串入 0.5Ω 的电阻，那么电动机的转速是多大？运行在什么状态？
（3）如果以回馈制动下放重物，那么最低转速是多少？

15. 一台三相绕线转子异步电动机，$P_N = 22\text{kW}$，$n_N = 723\text{r/min}$，$E_{2N} = 197\text{V}$，$I_{2N} = 70.5\text{A}$，$\lambda_M = 3$。电动机运行在固有机械特性曲线的额定工作点上，现采用电源反接制动，要求制动开始时的制动转矩为 $2T_N$。求制动时转子每相串入的电阻值 R_c。

16. 一台绕线转子异步电动机带动起重机的主钩，其数据为 $P_N = 60\text{kW}$，$n_N = 577\text{r/min}$，$I_{1N} = 133\text{A}$，$I_{2N} = 160\text{A}$，$\eta_N = 89\%$，$\cos\varphi_{1N} = 0.77$，$K_T = 2.9$，$E_{2N} = 253\text{V}$。

(1) 设电动机每转动 35.4 转,主钩上升 1m。如果要求带额定负载时重物以 8m/min 速度上升,那么求转子电路串接的电阻值。

(2) 当异步电机转速为 $n=0$ 时,电动机的转矩(即起动转矩)为额定转矩的 40%,求转子回路应串入多大的电阻值?

(3) 如果异步电动机的转子保持上题(2)中的串接电阻不变,那么异步电动机运行在倒拉反转制动状态下下放负载。下放时电动机的负载转矩为 80% 的额定转矩,求重物下放的速度。

(4) 如果回馈制动下放负载,那么下放时电动机的负载转矩为 80% 的额定转矩,求电动机的转速。

第6章 电力拖动系统电动机的选择

电动机的选择包括选择电动机的种类、型式、额定电压、额定转速和额定功率。下面简要介绍电动机种类、型式、额定电压、额定转速的选择；重点介绍电动机额定功率选择的原则和方法。

6.1 电动机种类、型式、额定电压与额定转速的选择

6.1.1 电动机种类的选择

选择电动机种类的原则是，在满足生产机械对电动机要求的前提下，优先选用结构简单、价格便宜、工作可靠、维护方便的交流电动机。一般情况是，交流电动机优于直流电动机，异步电动机优于同步电动机，笼式异步电动机优于绕线转子异步电动机。具体选择电动机的原则如下所述。

1) 负载平稳，对起动、制动无特殊要求的连续运行的生产机械，优先采用普通的笼型异步电动机。

2) 对起动转矩要求稍高的中大功率机械，采用深槽式或双笼型异步电动机。

3) 对起动、制动比较频繁、且要求有较大的起动、制动转矩的生产机械，可采用绕线转子异步电动机。

4) 对只要求几种转速的小功率机械，可采用多速异步电动机。

5) 对调速要求较高的场合，宜采用变频调速的笼型异步电动机或直流电动机。

6) 对于无调速要求，需要转速恒定或要求改善功率因数的大、中功率场合，采用同步电动机。

7) 对起动、制动和调速性能要求都比较高的生产机械，可采用直流电动机或变频调速的笼型转子异步电动机等。

6.1.2 电动机结构型式的选择

电动机的结构型式有立式与卧式两种。一般选卧式，当必须垂直运转时，选用立式。立式价格较贵。

电动机的防护型式有开启式、防护式、封闭式和防爆式等，视电动机的使用环境来选定。

6.1.3 电动机额定电压的选择

电动机额定电压的等级、相数、频率都要与供电电源相一致。我国生产的电动机额定电压与额定功率的情况如表6-1所示，供选择额定电压时参考。

表 6-1　电动机额定电压与额定功率的情况表

电动机种类与电源		功率范围/kW		
	电压/V	同步	笼型异步	绕线转子异步
交流电源 与交流电动机	380 6 000 10 000	3～320 250～10 000 1 000～10 000	0.37～320 200～5 000	0.6～320 200～500
直流电源 与直流电动机	110 220 440 600～870	0.25～110，0.25～320，1.0～500，500～4 600		

6.1.4　电动机额定转速的选择

电动机的额定转速越高，电动机的体积越小，重量越轻，价格越低，一般来说惯性也越小。为了与转速较低的生产机械匹配，所加的传动机构比较复杂，需要综合考虑选择电动机的速度，确定选择方案。

6.2　电动机发热和冷却过程、绝缘等级及电动机工作制的分类

6.2.1　电动机的发热过程

在电动机运行过程中产生的能耗将转变为热能，会使电动机的温度升高而超出周围环境的温度。电动机温度超出环境温度的值叫做温升。电动机一旦有了温升，就要向周围散热；温升越高，散热越快。当电动机单位时间发出的热量等于散出的热量时，电动机温升就不再增加，温度保持不变，电动机处于发热与散热平衡的状态。

电动机运行时的发热情况较为复杂，为方便起见，假定电动机为一均质等温固体，即假定电动机是一个表面均匀散热、内部没有温差的理想发热体。

设电动机在恒定负载下长期连续工作，单位时间内由电动机损耗所产生的热量为 Q，在 $\mathrm{d}t$ 时间内产生的热量为 $Q\mathrm{d}t$，其中一部分为电动机所吸收（使电动机温度升高），另一部分散发于周围介质中，为此可得热平衡方程为

$$Q\mathrm{d}t = C\mathrm{d}\tau + \tau A\mathrm{d}t \tag{6-1}$$

式中，C 为电动机的热容量，即使电动机温度升高 1℃ 所需的热量；$\mathrm{d}\tau$ 为电动机在 $\mathrm{d}t$ 内温度升高的数值；A 是电动机的散热系数，为当电动机与周围环境温度相差 1℃ 时，单位时间向周围介质散发的热量。

上式两边同时除以 $A\mathrm{d}t$，则得微分方程为

$$\tau + \frac{C}{A}\frac{\mathrm{d}\tau}{\mathrm{d}t} = \frac{Q}{A} \tag{6-2}$$

令 $\dfrac{C}{A} = T_\theta$，$\dfrac{Q}{A} = \tau_\mathrm{W}$，则上式变为

$$\tau + T_\theta \frac{d\tau}{dt} = \tau_W \qquad (6\text{-}3)$$

解此微分方程,则可得温升曲线方程式为

$$\tau = \tau_W(1 - e^{-\frac{t}{T_\theta}}) + \tau_0 e^{-\frac{t}{T_\theta}} \qquad (6\text{-}4)$$

式中,τ_0 为发热过程的起始温升。

若起动时电动机处于冷态,$\tau_0 = 0$,则上式变为

$$\tau = \tau_W(1 - e^{-\frac{t}{T_\theta}}) \qquad (6\text{-}5)$$

式中,T_θ 称为发热时间常数,因为 $T_\theta = \dfrac{C}{A}$,所以电动机的体积越大,C 越大,T_θ 就越大;同时,散热系数 A 越大,则 T_θ 越小。$\tau_W = \dfrac{Q}{A}$ 为稳定温升,与发热量(即与损耗,亦即与负载大小)有关。负载越重,τ_W 就越高;同时,散热系数 A 越大,则 τ_W 越低。

由此上两式可以绘出电动机发热过程的温升曲线,即两条 $\tau = f(t)$ 曲线,如图 6-1 所示。可见,温升是按指数规律上升的,最终趋于稳定温升 τ_W,这时电动机的发热量等于散热量。

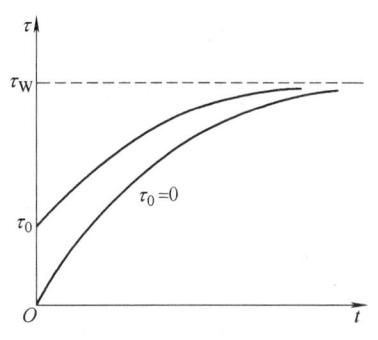

图 6-1 电动机发热过程的温升曲线

6.2.2 电动机的冷却过程

当电动机的负载减小或停机时,电动机的损耗下降或降为零,温升下降,电动机进入冷却过程。冷却过程的温升曲线方程与发热时相同,只是发热过程的 $\tau_W > \tau_0$,而冷却过程的 $\tau_W < \tau_0$。由此可得电动机冷却过程的温升曲线,如图 6-2 所示。曲线 1 为负载减小时的温升曲线。曲线 2 为停机时的温升曲线。因为 $\tau_W = 0$,所以曲线方程为

$$\tau = \tau_0 e^{-\frac{t}{T'_\theta}} \qquad (6\text{-}6)$$

式中,$T'_\theta = \dfrac{C}{A'}$ 为冷却过程的时间常数。如果电动机为外部风冷,那么此曲线的时间常数 $T'_\theta = T_\theta$;如果用自扇冷式,那么由于散热条件变差,所以冷却时间常数 $T'_\theta = (2 \sim 3) T_\theta$。

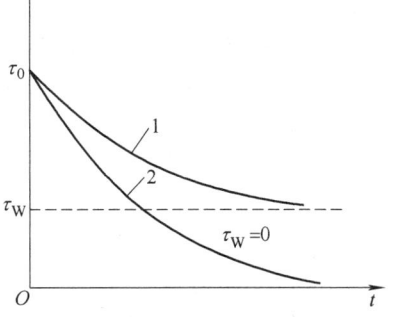

图 6-2 电动机冷却过程的温升曲线

6.2.3 电动机的绝缘等级

电动机所能容许的最高温度取决于电动机所用绝缘材料的耐热程度,即绝缘材料的耐热等级。根据绝缘材料耐热程度的不同,电动机的常用绝缘材料可分为 5 个等级。这 5 个等级的绝缘材料及其允许温度和允许温升的情况如表 6-2 所示。

表 6-2 绝缘材料及其允许温度和允许温升的情况表

等级	绝缘材料	允许温度/℃	允许温升/℃
A	经过浸渍处理的棉、丝、纸板、木材等，普通绝缘漆	105	65
E	环氧树脂、聚酯薄膜、青壳纸、三醋酸纤维薄膜、高强度绝缘漆	120	80
B	提高了耐热性能的有机漆作黏合剂的云母、石棉和玻璃纤维组合物	130	90
F	耐热优良的环氧树脂黏合或浸渍的云母、石棉和玻璃纤维组合物	155	115
H	有机硅树脂黏合或浸渍的云母，石棉和玻璃纤维组合物，有机硅橡胶	180	140

绝缘材料允许温度和电动机周围环境温度之差称为允许温升。国家标准规定 40℃ 为标准环境温度，绝缘材料的允许温升就是允许温度减去 40℃。

6.2.4 电动机工作制的分类

按电动机工作时间的长短和发热情况的不同，一般将电动机分为 3 种基本工作方式（或称为工作制），即连续工作制、短时工作制、断续周期工作制。下面分别介绍。

1. 连续工作制

1）连续工作制也称为长期工作制，是指电动机工作时间 $t_g > (3 \sim 4) T_\theta$，温升可以达到稳态值 τ_W 的情况。电动机铭牌上对工作方式没有特别标注的属于连续工作制。

2）典型负载。例如水泵、鼓风机、造纸机等。

3）负载图和温升曲线。连续工作制电动机的简化负载图 $P = f(t)$ 和温升曲线 $\tau = f(t)$ 如图 6-3 所示。

2. 短时工作制

1）短时工作制是指工作时间较短 $t_g \leq (3 \sim 4) T_\theta$，电动机温升达不到稳定值，而停车时间 t_0 较长，温度足以降至周围环境温度（即 $\tau_W = 0$）的情况。标准时间有 15、30、60 和 90 分钟 4 种。

2）典型负载。例如机床的辅助运动机械，冶金辅助机械，闸门起闭机等。

3）负载图和温升曲线。短时工作制电动机的负载图 $P = f(t)$ 及温升曲线 $\tau = f(t)$ 如图 6-4 所示。

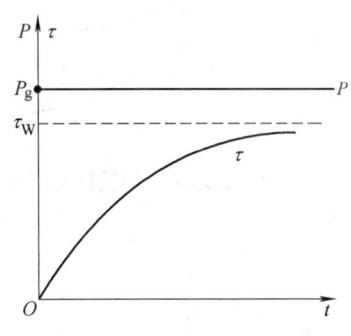

图 6-3 连续工作制电动机的简化负载图和温升曲线

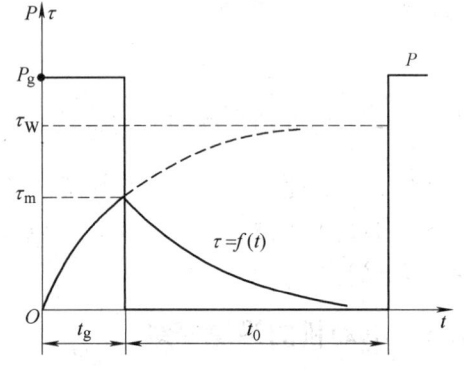

图 6-4 短时工作制电动机的负载图和温升曲线

3. 断续周期工作制

1) 断续工作制是指工作时间 t_g 和停歇时间 t_0 轮流交替，两段时间都短的情况。t_g 期间，温升来不及达到稳定值；t_0 期间，温升也来不及降至零。但经过一个周期，温升有所上升，最后温升将在某一范围内上下波动。

2) 典型负载。例如起重机、电梯、轧钢辅助机械等。

3) 负载图和温升曲线。断续周期工作制电动机的负载图 $P=f(t)$ 和温升曲线 $\tau=f(t)$ 如图 6-5 所示。

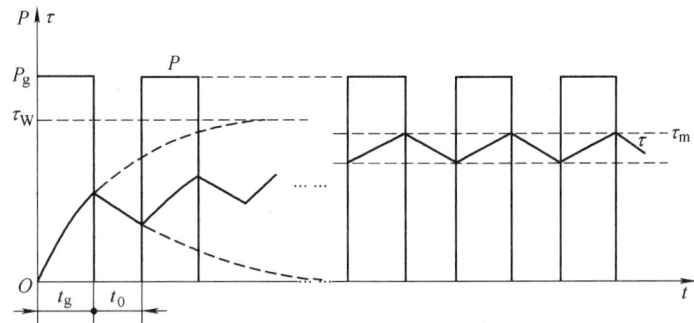

图 6-5 断续周期工作制电动机的负载图和温升曲线

在断续周期工作制中，负载工作时间与整个周期之比称为负载持续率 $FS\%$，即

$$FS\% = \frac{t_g}{t_g + t_0} \times 100\% \tag{6-7}$$

我国规定的标准持续率为 15%、25%、40% 和 60% 四种，并规定 $t_g + t_0 \leq 10\min$。

电机厂专门设计和制造了适应不同工作制的电动机，供按不同的负载性质选配。不同工作制下电动机功率的选择方法是不同的。

6.3 连续工作制电动机的选择

连续工作制电动机的负载分为常值负载和变化负载两类。

6.3.1 常值负载下电动机额定功率的选择

1. 选择步骤

1) 计算出生产机械的负载功率 P_L。

2) 选择电动机的额定功率 P_N 等于或略大于 P_L，即 $P_N \geq P_L$。满足此条件发热就不会有问题。

2. 注意事项

1) 对笼型异步电动机，一般还需校验其起动能力。

2) 在不同环境温度下要进行功率修正。

电动机的额定功率是按标准环境温度 40℃ 确定的。在使用时，如果周围环境温度与标准值 40℃ 相差较大，那么为了充分利用电动机，其输出功率可与 P_N 不同。

根据发热等效的原则（即在不同的环境温度下，带负载运行时电动机的温度均达到绝缘材料的最高允许温度 θ_m，可以推导出电动机在实际环境温度为 θ_0 时允许输出功率 P 的计算公式，即

$$P = P_N \sqrt{\frac{\theta_m - \theta_0}{\theta_m - 40}(k+1) - k} \tag{6-8}$$

式中，θ_m 为绝缘材料允许的最高温度；$k = p_0/p_{cuN}$，为不变损耗（空载损耗）与额定负载下可变损耗（铜耗）之比，其值决定于电动机的结构与转速，一般为 0.4~1.1。显然，若 $\theta_0 > 40℃$，则 $P < P_N$；若 $\theta_0 < 40℃$，则 $P > P_N$。

在实际工作中，当周围环境温度不等于 40℃ 时，电动机允许输出的功率可按表 6-3 所示进行修正。

表 6-3 电动机允许输出的功率表

环境温度	30℃	35℃	40℃	45℃	50℃	55℃
电动机功率增减的百分数	+8%	+5%	0	-5%	-12.5%	-25%

当环境温度低于 30℃ 时，一般也只增加 8%。

电动机所在地点的海拔高度对电动机的温升也有影响。这是因为海拔越高，气温越低，散热条件越差，两者可适当补偿。因此，规定 1000m 以下，额定功率不进行校正，但大于 1000m 时，需进行校正或采用适用于高原的电动机。

6.3.2 变化负载下电动机额定功率的选择

在连续工作方式下的周期性变化负载，其负载功率的大小是变化的。若按其最小负载功率选择电动机的额定功率 P_N，则会使电动机过热甚至烧坏；若按其最大负载来选择，则会造成电动机容量的浪费。解决这一问题的方法是，根据一个周期内各段时间实际的负载功率求取平均负载功率，然后根据平均负载功率预选电动机。

1. 选择步骤

1) 按式 (6-9) 求连续周期性变化负载的平均功率为

$$P_{Lav} = \frac{P_{L1}t_1 + P_{L2}t_2 + \ldots}{t_1 + t_2 + \ldots} = \frac{\sum_{i=1}^{n} P_{Li}t_i}{\sum_{i=1}^{n} t_i} \tag{6-9}$$

2) 根据平均负载功率预选电动机，要求电动机 $p_N \geq P_{Lav}$。

3) 在预选电动机后，先校核发热，再校核过载能力，必要时再校核起动能力。

2. 注意事项

1) 由于过渡过程中可变损耗与电流平方成正比，电动机发热较为严重，而式 (6-9) 中的 P_{Lav} 没有反映过渡过程中的发热情况，所以在根据平均负载功率预选电动机的额定功率时，应当乘以 1.1~1.6 的系数，即

$$p_N \geq (1.1 \sim 1.6) P_{Lav} \tag{6-10}$$

2) 校核发热的方法有平均损耗法和等效法两种。

6.3.3 校核发热的方法

1. 平均损耗法

根据国家标准规定,当变化周期 $t_z \leq 10\min$ 时,周期性变化负载下电动机的稳定温升不会有大的波动,可用平均温升代替最高温升,因此可以用平均损耗来校核发热。平均损耗可按下式计算,即

$$\Delta P_{av} = \frac{\sum_{i=1}^{n} \Delta P_i t_i}{t_Z} \tag{6-11}$$

式中,$\Delta P_i = \frac{P_i}{\eta_i} - P_i$ 为第 i 段电动机的损耗。

1) 只要 $\Delta P_{av} \leq \Delta P_N$,发热校核就通过,其中 $\Delta P_N = \frac{P_N}{\eta_N} - P_N$ 为电动机额定运行时的损耗。

2) 如果 $\Delta P_{av} > \Delta P_N$,就说明预选电动机的功率太小,发热校核通不过,需重选功率较大的电动机,重新校核发热,直至通过为止。

3) 如果 $\Delta P_{av} < < \Delta P_N$,就说明预选电动机的功率太大,电动机得不到充分利用。这时需改选功率较小的电动机,重新校核发热。

平均损耗法适用于任何类型的电动机,只要 $t_z \leq 10\min$ 即可。

2. 等效法

平均损耗法需先求出 $\Delta P = f(t)$,计算步骤比较复杂,故在平均损耗法的基础上导出等效法。等效法又包括等效电流法、等效转矩法和等效功率法 3 种,下面具体介绍。

(1) 等效电流法

电动机的损耗包含不变损耗和可变损耗两类。为此,变化负载下第 i 级负载的损耗为

$$\Delta P_i = P_0 + P_{cui} = P_0 + CI_i^2 \tag{6-12}$$

若把平均损耗 ΔP_i 中可变损耗所对应的电流称为等效电流 I_{dx},则

$$\Delta P_i = P_0 + CI_{dx}^2 \tag{6-13}$$

故有

$$P_0 + CI_{dx}^2 = \frac{\sum_{i=1}^{n} \Delta P_i t_i}{t_Z} = \frac{\sum_{i=1}^{n}(P_0 + CI_i^2)t_i}{t_Z} = P_0 + \frac{C\sum_{i=1}^{n} I_i^2 t_i}{t_Z} \tag{6-14}$$

化简则得

$$I_{dx} = \sqrt{\frac{1}{t_Z}\sum_{i=1}^{n} I_i^2 t_i} \tag{6-15}$$

在预选电动机之后,根据生产机械的负载变化曲线和电动机的工作情况,求出电动机电流的变化曲线 $I = f(t)$,从而按上式求出等效电流 I_{dx}。若 $I_{dx} \leq I_N$,则发热校核通过,否则需重选电动机,再进行校核,直至通过为止。

等效电流法是从平均损耗法引伸出来的。在推导 I_{dx} 的过程中,认为空载损耗 P_0 和常数

C 都不变。故应用此法需符合以下条件：① $t_Z << T$，或 $t_Z \leqslant 10\min$；② 空载损耗 P_0 不变；③ 与绕组电阻有关的 C 不变。

（2）等效转矩法

如果已知的不是电流负载图而是转矩负载图，又如果转矩与电流成正比（当直流电动机励磁不变、异步电动机磁通 $\varPhi_m$ 与 $\cos\varphi_2$ 不变时），就可用等效转矩 T_{dx} 来代替等效电流 I_{dx}，公式为

$$T_{dx} = \sqrt{\frac{\sum_{i=1}^{n} T_i^2 t_i}{t_Z}} \tag{6-16}$$

若预选电动机的 $T_N \geqslant T_{dx}$，则发热校核通过。T_N 可由预选电动机的 P_N 和 n_N 由下式求得

$$T_N = 9550 \frac{P_N}{n_N} (\text{N}\cdot\text{m}) \tag{6-17}$$

由于等效转矩法是由等效电流法推导得到的，所以应用此法的条件除等效电流法的 3 个条件以外，还要加第④条，即 T 与 I 成正比。如不满足此条件，应用此法时就应设法进行修正（修正各段的 T_i）。

（3）等效功率法

从式（6-16）可以看出，若整个工作期间的转速基本不变，则输出功率近似与转矩成正比。为此，可用功率代替转矩，这就叫做等效功率法。等效功率按下式计算，即

$$P_{dx} = \sqrt{\frac{\sum_{i=1}^{n} P_i^2 t_i}{t_Z}} \tag{6-18}$$

当 $P_{dx} \leqslant P_N$ 时，发热校核通过。

等效功率法的使用条件除以上④条外，还要加上第⑤条，即转速基本不变。如果某段转速不同，就应进行折算，以进行修正（修正各段的 P_i）。

3. 等效法在非恒值变化负载下的应用

某段为非恒值变化负载的电流负载图如图 6-6 所示。对于这种情况，一般可将其近似分成多段直线，再求其等效电流。图中曲线除包含恒值部分外，还有三角形和梯形段。这时需先求出三角形段和梯形段的等效电流。

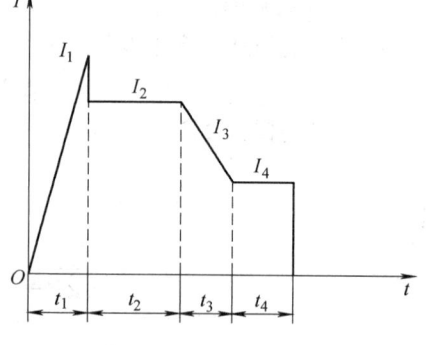

图 6-6 某段为非恒值变化负载的电流负载图

1）三角形段等效电流的求法。在该段内 $I = \dfrac{I_1}{t_1} t$，

根据等效值的定义，其电流等效值为 $I_{dx1} = \sqrt{\dfrac{1}{t_1} \displaystyle\int_0^{t_1} \dfrac{I_1^2}{t_1^2} t^2 \mathrm{d}t} = \dfrac{I_1}{\sqrt{3}}$。

2）梯形段等效电流的求法。用同样方法可得 $I_{dx3} = \sqrt{\dfrac{I_2^2 + I_2 I_4 + I_4^2}{3}}$。

虽然以上方法是以等效电流法为例推导得出的，但同样适用于等效转矩法和等效功率法。

4. 在起动、制动和停歇过程时校验发热公式的修正

当一个周期内包含起动、制动、停歇等过程时，如果电动机是自扇冷式的，由于这些时间段中的散热条件变坏，所以实际温升就会偏高。在按平均损耗法或等效法计算时，应将公式分母中相应的起动与制动时间乘以小于 1 的系数 α，将对应停歇的时间乘以系数 α_0。对直流电动机，可取 $\alpha = 0.75$，$\alpha_0 = 0.5$；对于异步电动机，可取 $\alpha = 0.5$，$\alpha_0 = 0.25$。

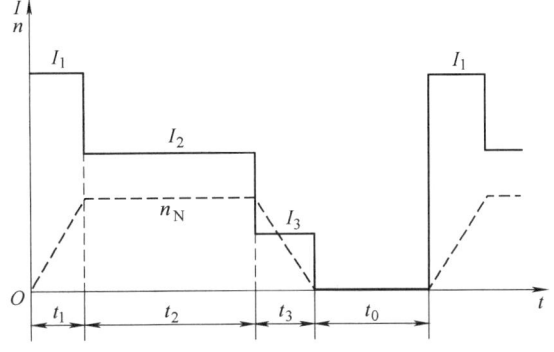

图 6-7 在起动、制动和停歇过程时变化负载的电流负载图

以图 6-7 所示的在起动、制动和停歇过程时变化负载的电流负载图为例。图中 t_1 为起动时间，t_2 稳定运转时间，t_3 为制动时间，t_0 为停歇时间，I_1、I_2、I_3 分别为在起动、稳定运转、制动过程中的电流，则修正后的等效电流为

$$I_{dx} = \sqrt{\frac{I_1^2 t_1 + I_2^2 t_2 + I_3^2 t_3}{\alpha t_1 + t_2 + \alpha t_3 + \alpha_0 t_0}}$$

6.3.4 过载能力的校验

对预选的电动机，在发热校核通过后，还必须进行过载能力的校验。对过载能力的校验，要求负载图中的最大转矩 T_{mL} 小于预选电动机的最大电磁转矩 T_m。

电动机的最大转矩 $T_m = \lambda_M T_N$，因此得

$$T_{mL} < \lambda_M T_N \tag{6-19}$$

对异步电动机，需考虑电网电压的波动，若电压降为 $0.9 U_N$，则

$$T_{mL} < 0.81 \lambda_M T_N \tag{6-20}$$

否则，另选大一点的电动机，直到合适为止。

【例 6-1】 某生产机械采用 4 极绕线式转子异步电动机拖动。已知转矩曲线共分 5 段，转矩依次为 $200 N \cdot m$、$120 N \cdot m$、$100 N \cdot m$、$-100 N \cdot m$、$0 N \cdot m$，各段时间分别为 6s、40s、50s、10s、20s，其中第一段为起动，第四段为制动，第五段为停歇，连续周期运转。试选择合适的电动机。

解： 采用电气起动和制动的绕线转子异步电动机，认为转矩近似与电流成正比，可采用等效转矩法。若起动、制动和停歇时间散热条件恶化，可将式（6-15）分母中的相应时间乘以小于 1 的系数，异步电动机起动、制动时间的系数 $\alpha = 0.5$，停歇时间系数 $\alpha_0 = 0.25$，则

$$T_{dx} = \sqrt{\frac{T_1^2 t_1 + T_2^2 t_2 + \cdots + T_n^2 t_n}{t_1 + t_2 + \cdots + t_n}} = \sqrt{\frac{200^2 \times 6 + 120^2 \times 40 + 100^2 \times 50 + (-100)^2 \times 10}{0.5 \times 6 + 40 + 50 + 0.5 \times 10 + 0.25 \times 20}} N \cdot m$$

$$= \sqrt{\frac{1416000}{103}} N \cdot m = 117.3 N \cdot m$$

根据电机产品目录中绕线转子异步电动机的基本数据，可计算出额定转矩，如表6-4所示。

表6-4 绕线转子异步电动机的基本数据及计算出的额定转矩表

型 号	额定功率/kW	额定转速/r·min	过载能力 λ_M	额定转矩/N·m
YR180L-4	15.6	1466	3.0	97.8
YR200L$_1$-4	18.5	1466	3.0	120.6
YR200L$_2$-4	22	1466	3.0	143.4

应选 YR200L$_1$-4 型的 18.5kW 电动机。

校验过载能力为

$$T_m = 0.81 \lambda_M T_N = 0.81 \times 3 \times 120.6 \text{N} \cdot \text{m} = 293.1 \text{N} \cdot \text{m}$$

可见，T_m 大于最大负载转矩 $T_{mL} = 200\text{N} \cdot \text{m}$，故所选电动机合适。

6.4 短时工作制电动机的选择

对于短时工作制，既可选用为连续工作制设计的电动机，也可选用专为短时工作制设计的电动机。

6.4.1 为连续工作制设计的电动机

设短时工作制电动机的功率为 P_g，时间为 t_g，其负载图和温升曲线如图6-4所示。如果选择连续工作制的电动机，就会使电动机功率 $P_N \geq P_g$。显然在 $t = t_g$ 时，温升按曲线1只能达到 τ_m，$\tau_m < \tau_W$，从发热观点考虑，电动机得不到充分利用。为此，可以选用连续工作制电动机的 $P_N < P_g$，在工作时间 t_g 内，电动机达到的最高温升 τ_m 等于或接近于连续运行时的稳定温升，即等于或接近于由绝缘材料决定的电动机的最高允许温升 τ_W，即

$$\tau_m = \frac{\Delta P_g}{A}(1 - e^{-\frac{t_g}{T}}) = \tau_W = \frac{\Delta P_N}{A} \tag{6-21}$$

式中，ΔP_g 及 ΔP_N 分别为对应 P_g 及 P_N 的损耗功率。

根据以上原则，按发热观点可以推导出功率过载倍数，即

$$\lambda_Q = \frac{P_g}{P_N} = \sqrt{\frac{1 + k e^{-\frac{t_g}{T_\theta}}}{1 - e^{-\frac{t_g}{T_\theta}}}} \tag{6-22}$$

式中，$k = \dfrac{p_0}{p_{cun}}$ 为不变损耗与额定可变损耗之比。

可见，当 k 一定时，按发热观点考虑的功率过载倍数 λ_Q 取决于 t_g/T_θ，随 t_g/T_θ 的减小而增大。当 t_g/T_θ 减小到一定程度时，将出现 $\lambda_Q > \lambda_M$。此时如仍按发热观点选择 P_N，过载能力的校验就通不过，为此，应从过载能力出发，按下式选择连续工作方式电动机的额定功率，即

$$P_N \geq \frac{P_g}{\lambda_M} \tag{6-23}$$

这样，不但过载能力可以满足要求，发热校验也肯定可以通过，而且还有裕度。

如果当短时工作期间功率变化时，按发热观点选电动机，就应先求等效功率，代替式中的 P_g，而且还必须用最大负载功率来校验电动机的过载能力。一台电动机的最大允许输出是固定值，当连续工作时，电动机的输出功率小，允许的过载倍数较大，同台电动机短时工作时的输出功率增大，其允许过载倍数将下降。如果对电动机功率按允许过载的倍数决定，那么公式中的 P_g 为最大负载功率，则不必进行过载能力的校验。某些电动机（例如笼型异步电动机）的起动转矩是一定的，无论按发热还是过载能力来决定电动机的功率，都必须校验其起动能力。

6.4.2 专为短时工作制设计的电动机

我国专为短时工作制设计的电动机，其工作时间分为 15min、30min、60min 和 90min 这4种。对同一台电动机，对应不同的工作时间，其额定功率不同，关系为 $P_{15} > P_{30} > P_{60} > P_{90}$，显然过载能力也不同，其关系为 $\lambda_{15} < \lambda_{30} < \lambda_{60} < \lambda_{90}$。一般在铭牌上标出的是小时功率，即 P_{60}。

选择这种电动机，如果实际工作时间等于上述标准时间就很方便，只要按对应的工作时间与功率，由产品目录直接选用即可。

当电动机实际工作时间 t_{gx} 与标准值 t_g 不同时，应把 t_{gx} 下的功率 P_x 换算到 t_g 下的功率 P_g，再按 P_g 来进行电动机功率的选择。换算时，应取与 t_{gx} 最接近的 t_g。与 t_g 对应的功率 P_g 可按下式换算，即

$$P_g = \frac{P_x}{\sqrt{\frac{t_g}{t_{gx}} + k\left(\frac{t_g}{t_{gx}} - 1\right)}} \tag{6-24}$$

式中，$k = \frac{p_0}{p_{Cu}}$。当 $t_{gx} \approx t_g$ 时，式（6-23）可近似为

$$P_g = P_x \sqrt{\frac{t_{gx}}{t_g}} \tag{6-25}$$

如果没有合适的专为短时工作制设计的电动机，就可采用专为断续周期工作制设计的电动机，其对应关系可近似如下：$t_g = 30\text{min}$ 相当于 $FS\% = 15\%$，$t_g = 60\text{min}$ 相当于 $FS\% = 25\%$，$t_g = 90\text{min}$ 相当于 $FS\% = 40\%$。

6.5 断续周期工作制电动机的选择

为适应大量生产机械的需要，有专为断续周期工作制设计的电动机。此类电动机的共同特点是，起动能力强，过载能力大，惯性小，机械强度好，绝缘等级高，临界转差率 s_m（对笼型电动机）设计得较高等。

对同一台电动机，不同负载持续率 $FS\%$ 对应的额定功率不同。

断续周期工作制电动机功率的选择与在连续工作制变化负载下的功率选择相似，一般情况下，也要经过预选、校核或校验等步骤，即先根据负载初步确定负载持续率 $FS\%$ 和负载

功率的平均值 P_{Lav}，预选电动机，绘出电动机的负载图，再进行发热、过载能力及必要时起动能力的校验。

如果实际的 $FS_x\%$ 不等于标准的 $FS\%$，就选与 $FS_x\%$ 最接近的 $FS\%$，再把 $FS_x\%$ 下的功率 P_x 换算为 $FS\%$ 的功率 P。换算公式如下：

$$P = \frac{P_X}{\sqrt{\frac{FS\%}{FS_X\%} + k\left(\frac{FS\%}{FS_X\%} - 1\right)}} \tag{6-26}$$

当 $FS\% \approx FS_X\%$ 时，可近视为

$$P \approx P_X \sqrt{\frac{FS_X\%}{FS\%}} \tag{6-27}$$

如果 $FS_x\% < 10\%$，就可按短时工作制选择电动机；如果 $FS_x\% > 70\%$，就可按连续工作制选择电动机。

6.6 选择电动机功率的统计法和类比法

对各国同类型先进的设备所选用的电动机功率进行统计和分析，找出电动机的功率和设备主要参数之间的关系，结合我国具体情况得出相应的计算公式，在设计时按这些公式确定电动机的功率，称之为统计法。例如：

1）车床。$P = 36.5D^{1.54}$ kW，其中 D 为工件最大直径（m）。
2）立车。$P = 20D^{0.86}$ kW，其中 D 为工件最大直径（m）。

统计法计算简单，但使用的局限性大。

另一种实用的方法是类比法。它是在调查同类生产机械采用电动机的功率数值的基础上，通过类比的方法来确定所选电动机的额定功率。

6.7 小结

电动机的选择包括电流种类、结构形式、额定电压、额定转速和额定功率的选择等方面，其中以额定功率的选择为主要内容。

当电动机负载运行时，全部损耗转换为热能，使电动机温度升高。随着电动机温度的升高，向周围介质散发的热量不断增加，当单位时间内由损耗转换的热量等于散发的热量时，电动机的温度达到稳定值。电动机的额定功率是指在连续工作、周围介质温度为标准值（40℃）时，电动机的稳定温度等于或接近但不超过绝缘材料所允许的最高温度时的输出功率，这时电动机既得到充分利用而又不会过热。

根据电动机负载和发热情况的不同，电动机的工作方式分为连续工作制、短时工作制和断续周期性工作制3种。制造厂分别设计和制造不同工作制的电动机。一般情况下，电动机铭牌上标明的工作制应与电动机实际运行的工作制相一致，但有时也可以不一致，例如连续工作制的电动机也可用于短时工作制等。根据电动机的不同工作制，按不同变化负载的生产机械负载图预选电动机功率，在绘制电动机负载图的基础上进行发热、过载能力及起动能力

（笼型异步电动机）的校核或校验。虽然发热校核的方法有多种，但其计算公式都是根据变化负载下电动机达到发热稳定循环时的平均温升等于或接近绝缘材料所允许的最高温升为条件推导出来的（设周围介质温度为标准值40℃）。

1）平均损耗法应用范围最广，但计算损耗功率较复杂；按 $\Delta P = f(t)$ 求出平均损耗功率 ΔP_{av}，当 $\Delta P_{av} \leq \Delta P_N$ 时，通过发热校核。

2）等效电流法是按不变损耗及电动机电阻保持恒定的假定，由平均损耗法推导出来的，在3种等效法中应用范围最广。可按电流负载图 $I = f(t)$ 求出等效电流 I_{dx}，当 $I_{dx} \leq I_N$ 时，通过发热校核。等效电流法不能用于深槽式及双笼型异步电动机，也不能用于经常起、制动及反转运行的笼型异步电动机。对于这几种电动机，应采用平均损耗法。

3）等效转矩法是由等效电流法推导出来的。按转矩负载图 $T = f(t)$ 求出等效转矩 T_{dx}，如 $T_{dx} \leq T_N$，通过发热校核。应用它的局限性除与等效电流法相同外，还需考虑转矩与电流成正比，例如对直流电动机应满足 Φ 为常数，否则应进行修正。

4）等效功率法是假定电动机转速保持恒定，由等效转矩法推导出来的。按功率负载图 $P = f(t)$ 求出等效功率 P_{dx}，如 $P_{dx} \leq P_N$，通过发热校核。在功率负载图中 $n < n_N$ 的时间段内，不能直接用功率值求等效功率，必须经修正后才能代入等效功率的公式。

6.8 思考题和习题

思 考 题

1. 在电力拖动系统中，电动机的选择包括哪些内容？
2. 电动机的温升、温度与环境温度这三者之间有什么关系？电动机铭牌上温升值的含义是什么？
3. 电动机常用的绝缘等级有哪几种？E级和B级绝缘材料的允许温度和温升各为多高？
4. 对电动机的额定功率是如何定义的？一台电动机在不同运行方式下的额定功率是否相同？
5. 电动机的3种基本工作方式各有什么特点？电动机的运行方式可否与电动机铭牌上标明的工作制不同？
6. 在选择电动机额定功率时应进行哪些校验？
7. 校核发热的4种方法各自适用的条件是什么？
8. 连续工作制的电动机用于短时工作的负载，应让电动机怎样工作为宜？
9. 什么叫做电动机的发热时间常数？它的物理意义是什么？对于两台同样的电动机，若通风冷却条件不同，则它们的发热时间常数是否相同？为什么？
10. 一台电动机原绝缘材料等级为B级，额定功率为 P_N，若把绝缘材料改成E级，则其额定功率应该怎样变化？

习 题

1. 试比较 $FS = 15\%$、30kW 和 $FS = 40\%$、20kW 两台断续周期工作制的电动机，哪一台的实际功率大些？
2. 某生产机械采用4极绕线式异步电动机拖动。已知转矩曲线共分5段，转矩依次为 200N·m、120N·m、100N·m、-100N·m、0N·m，各段时间依次为 6s、40s、50s、10s、20s，其中第一段为起动，第四段为制动，第五段为停歇，连续周期运转。试选择合适的电动机。

3. 一台离心式水泵，流量 $Q=700\text{m}^3/\text{h}$，总扬程 $H=22\text{m}$，转速为 980r/min。水泵效率 $\eta_1=0.78$，传动效率 $\eta_2=0.98$，现有一台 $P_N=55\text{kW}$、$U_N=380\text{V}$、$n_N=980\text{r/min}$ 的电动机，问是否能用？

4. 有一台 30min 定额、35kW 短时工作制的三相异步电动机发生故障。现有一台同类型的 18.5kW 连续工作制的电动机，其发热时间常数 $T_\theta=80\text{min}$，定值损耗与变值损耗之比 $k=0.7$，短时过载能力 $\lambda_M=1.8$，问这台电动机能否临时代用？

5. 有一台离心式水泵，流量为 $720\text{m}^3/\text{h}$，排水高度 $H=21\text{m}$，转速为 1000r/min，水泵效率为 $\eta_B=0.78$，水的比重 $\rho=1000\text{kg/m}^3$，传动机构效率 $\eta=0.98$，电动机与水泵同轴相连接。现有一电动机，其额定数据为 $P_N=55\text{kW}$，$U_N=380\text{V}$，额定转速 $n_N=980\text{r/min}$，问此电动机是否能用？

6. 一台 35kW、30min 短时工作制的电动机突然发生故障。现有一台 20kW 连续工作制的电动机，已知其发热时间常数为 $T_\theta=90$，不变损耗与额定可变损耗之比 $\alpha=0.7$，短时过载能力 $\lambda_M=2$。问这台电动机能否代用？

第 7 章 单相异步、三相同步及其控制电机

7.1 单相异步电动机

单相异步电动机结构简单,成本低廉,只需要单相电源即可,因此广泛用于家用电器、电动工具、医疗器械等领域,功率从几瓦到几百瓦。

7.1.1 单相异步电动机的结构和工作原理

1. 结构

单相异步电动机的定子绕组通常是两相不对称绕组,使用同一电源;两相绕组在空间互差 90°电角度,一相为主绕组,又称为工作绕组;另一相为副绕组,又称起动绕组。转子为笼型。单相异步电动机的结构比三相异步电动机简单,电源获得也方便。

2. 工作原理

(1)工作绕组单独通电时的机械特性

在第 4 章分析交流绕组的磁通势时,已经介绍了单相分布绕组通入交流电流时会产生脉振磁通势。一相绕组产生的磁通势既是空间函数,又是时间函数。其中基波磁通势的表达式为

$$f_{\Phi 1}(x,t) = F_{\Phi 1}\cos\frac{\pi}{\tau}x\sin\omega t \tag{7-1}$$

根据三角公式将式(7-1)的脉振磁通势分解为 $f_{\Phi 1}(x,t) = f'_{\Phi 1}(x,t) + f''_{\Phi 1}(x,t)$ 两个分量:第一个分量 $f'_{\Phi 1}(x,t) = \frac{1}{2}F_{\Phi 1}\sin\left(\omega t - \frac{\pi}{\tau}x\right)$ 是一个旋转磁通势,其幅值为一相磁通势幅值的 1/2,转速 $n'_0 = \frac{60f_1}{p}$;第二个分量 $f''_{\Phi 1}(x,t)$ 也是一个旋转磁通势,幅值亦为 $\frac{1}{2}F_{\Phi 1}$,只是转速 $n''_0 = -\frac{60f_1}{p}$,即转向相反。

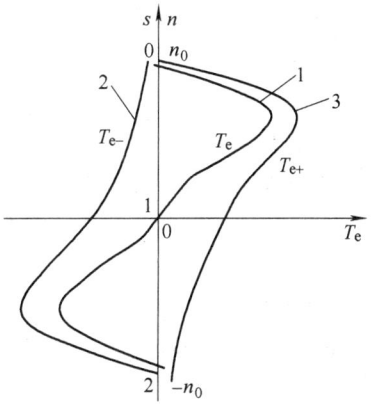

图 7-1 工作绕组单独通电时的机械特性图

可见,一个脉振磁通势可分解为两个幅值相等、转速相同、转向相反的旋转磁通势。这两个旋转磁通势在转子绕组中感应相应的电动势和电流,产生正、反向两个电磁转矩 T_{e+} 和 T_{e-}。工作绕组单独通电时的机械特性如图 7-1 所示。

当工作绕组单独通电时,它产生的磁通势是脉振磁通势,可分解为两个幅值相同、转速相等、转向相反的

磁通势，一个为正转磁通势 F_+，另一个为反向磁通势 F_-，分别产生正转和反转的旋转磁场。对正转旋转磁场，作用于转子，产生正转的电磁转矩 T_{e+}，对应的转差率为

$$s_+ = \frac{n_0 - n}{n_0} \tag{7-2}$$

$T_e - s_+$ 曲线如图 7-1 中的曲线 3 所示。反转旋转磁场，作用于转子，产生反转的电磁转矩 T_{e-}，对应的转差率为

$$s_- = \frac{-n_0 - n}{-n_0} = \frac{n_0 + n}{n_0} = \frac{2n_0 - (n_0 - n)}{n_0} = 2 - s_+ \tag{7-3}$$

曲线如图 7-1 中的曲线 2 所示。合成电磁转矩 $T_e = T_{e+} + T_{e-}$ 与 s 的关系曲线如图 7-1 中的曲线 1 所示。

图 7-1 中 $T_{e+} = f(s)$（曲线 3）和 $T_{e-} = f(s)$（曲线 2）相对于原点对称，其合成电磁转矩为 $T_e = f(s)$（曲线为 1）通过原点。

从图 7-1 可见，单相脉振磁通势在分解为两个旋转磁通势后，其笼型转子产生的合成转矩有如下特点。

1）当电动机 $n=0$、即 $s_+ = 1$ 时，合成转矩 $T_e = 0$，电动机无起动转矩。

2）当电动机 $n \neq 0$、即 $0 < s_+ < 1$ 或 $0 < s_- < 1$ 时，合成电磁转矩不为零。

3）对于正转磁场，当 $0 < s_+ < 1$ 时，电动机处于电动正转状态，T_{e+} 为拖动性质，同时 T_{e-} 为阻转矩，使单相交流电动机总转矩减小，因而使输出功率减小，效率较低。

显然，单相异步电动机虽无起动转矩，但一经起动，就会转动而不停止。这样，单相异步电动机的起动问题便成为一个重要问题。

（2）两相绕组通电时的机械特性

如果将单相异步电动机设置成两个不同的绕组，且在两个绕组中通入两个相位不同的电流，那么产生的基波合成磁通势一般为椭圆形旋转磁通势。一个椭圆形的旋转磁通势可以分解为两个幅值不等、转向相反、转速相同的旋转磁通势。若设正转磁通势的幅值 F_+ 大于反转磁通势的幅值 F_-，则 $T_{e+} - s$ 曲线和 $T_{e-} - s$ 曲线分别如图 7-2 中的曲线 1 和曲线 2 所示。由合成曲线 3 可见，当 $s=1$ 时，起动转矩大于 0，能自行起动，正向运行。若 $F_+ < F_-$，则反向起动运行。这样单相异步电动机就可以工作了。

综上所述，单相异步电动机起动的必要条件是，定子应具有空间不同相位的两个绕组，且在两相绕组中通入不同相位的交流电流。

实际单相异步电动机的工作绕组在电动机起动与运行时都一直被接在交流电源上，而起动绕组只是在起动时通电，起动后可以切除不用。

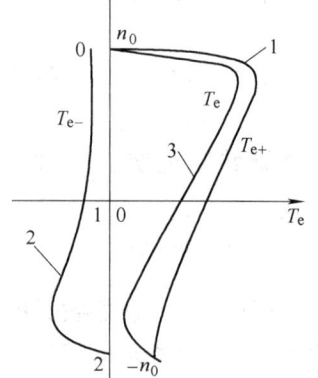

图 7-2 椭圆形旋转磁通势的机械特性图

单相异步电动机的主要优点是使用单相交流电源，而副绕组中的电流却要求与主绕组的电流相位不相同，那么如何把工作绕组与起动绕组中的电流相

位分开，即所谓的"分相"，就变成了单相异步电动机的一个十分重要的问题。单相异步电动机也就以不同的分相方法而进行分类。

7.1.2 单相异步电动机的主要类型和起动方法

1. 电阻分相式

电阻分相式单相异步电动机的原理图和相量图如图 7-3 所示。由于起动绕组的导线较细，匝数较少，工作绕组的导线较粗，匝数较多，所以起动绕组与工作绕组相比，电阻大而电抗小，电流超前一个电角度，从而产生椭圆形旋转磁通势，使电动机能自行起动。由于两个绕组的电路都是感性的，两者电流的相位差不大，所以起动转矩不大，只能用于空载和轻载起动的场合。

2. 电容分相式

电容分相式单相异步电动机的原理图和相量图如图 7-4 所示。将起动绕组串联一个大小合适的电容，使电流超前工作绕组电流接近 90°，产生椭圆度较小的旋转磁场，从而获得较大的起动转矩和较小的起动电流。

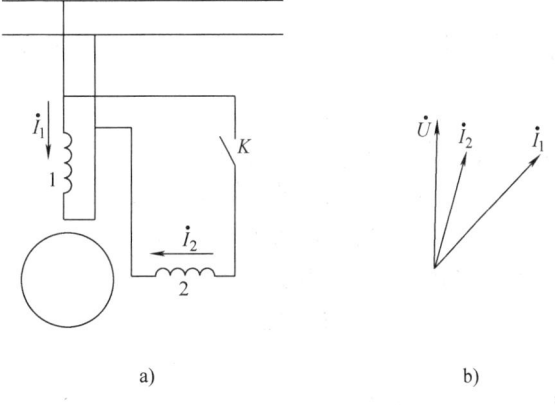

图 7-3 电阻分相式单相异步
电动机的原理图和相量图
a）原理图 b）相量图
1—工作绕组 2—起动绕组

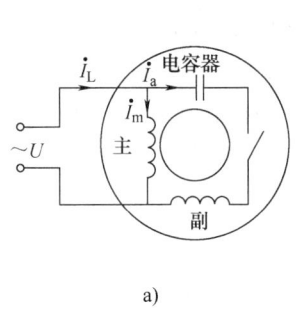

a）

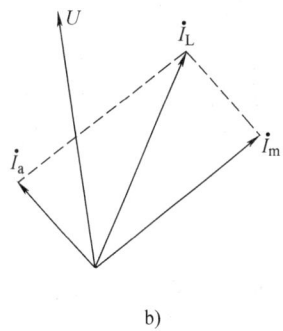

b）

图 7-4 电容分相式单相异步电动机的原理图和相量图
a）原理图 b）相量图

欲改变分相式电动机的转向，只要将起动绕组或工作绕组的端头对调即可。

3. 罩极式电动机

罩极式单相异步电动机的结构示意图如图 7-5a 所示，在定子磁极极面的约 1/3 处开有小槽，嵌有一个闭合铜环（称为短路环），把磁极的小部分罩在环中。

当罩极式电动机的定子绕组通过交流电流时，产生脉振磁通，其中大部分为穿过未罩部

分的磁通 $\dot{\Phi}_A'$，另有一部分磁通 $\dot{\Phi}_A''$ 穿过被罩部分，从而在环中感应电动势 $\dot{E}_K$，$\dot{E}_K$ 在短路环中引起电流 $\dot{I}_K$，$\dot{I}_K$ 在罩极中产生磁通 $\dot{\Phi}_K$，相位与 $\dot{I}_K$ 相同，使实际通过被罩部分的磁通 $\dot{\Phi}_B = \dot{\Phi}_A'' + \dot{\Phi}_K$，如图 7-5b 所示。

可见，穿过未罩部分的磁通 $\dot{\Phi}_A$ 和穿过被罩部分的磁通 $\dot{\Phi}_B$ 在空间上处于不同位置，时间上又有相位差，其合成磁场为一"扫动磁场"，扫动的方向总是从磁极的未罩部分转向被罩部分，因而电动机的转向也总是从磁极的未罩部分转向被罩部分，不能改变。"扫动磁场"实质上是一种椭圆度很大的旋转磁场，能自行起动，但起动转矩很小，只能用于功率较小、空载或轻载起动的场合。

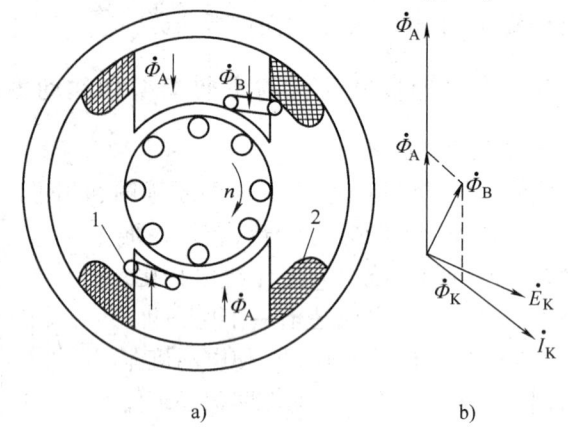

图 7-5 罩极式异步电动机的结构示意图和磁通、感应电动势、电流相量图
a) 结构示意图　b) 磁通、感应电动势、电流相量图
1—短路环　2—工作绕组

7.2　三相同步电动机

如果当交流电机稳定运行时的转子转速 n 与电源频率 f_1 之间存在 $n = \dfrac{60f_1}{p} = n_0$ 的不变关系，即电动机的转速 n 与旋转磁场的转速 n_0 相同，那么这种电机就称为同步电机。

同步电机既可用做发电机（如各类发电厂的三相同步发电机），也可用做电动机（如拖动功率达数千千瓦甚至数万千瓦的空气压缩机、鼓风机、电力推进装置等生产机械的电动机）。这是因为大功率同步电动机与同容量的异步电动机相比较，功率因数高，它在运行时不仅不降低电网的功率因数，而且还能改善电网的功率因数，这点是异步电动机做不到的。

7.2.1　三相同步电动机的基本结构和额定值

1. 三相同步电动机的基本结构

同步电动机也是由静止的定子和转动的转子两个基本部分组成的。

（1）定子

同步电动机定子部件的功能与异步电动机一样，也是起输入、输出电能和产生旋转磁场的作用，它们在结构形式上并无多大区别。因此，同步电动机的定子也是由导磁的定子铁心和导电的三相交流绕组以及固定铁心用的机座和端盖等部件组成的。

（2）转子

同步电动机的转子有两种结构形式，一种结构的转子是有明显磁极的，称为凸极式，如图 7-6a 所示；另一种结构的转子为一个圆柱体，并无明显磁极，称为隐极式，如图 7-6b 所示。

凸极式适用于极数比较多的情况，一般同步电动机都被做成凸极式。凸极式转子的磁极铁心由 1~3mm 厚的钢板冲成冲片后叠压铆成。磁极铁心固定于转子磁轭上，转子磁轭套于转子轴上，起导磁和固定磁极的作用。在每个磁极铁心上套有励磁线圈，各极的励磁线圈按一定方式连接起来构成励磁绕组。各磁极上励磁绕组间的连接，必须做到在通过励磁电流以后，相邻磁极的极性呈现 N 与 S 交替排列，两个出线端被接在固定于转轴上的两个滑环，通过电刷与励磁电源相连。凸极式转子的特点是，转子与定子之间的气隙不均匀。另外，在磁极表面上装有笼型绕组，这种笼型绕组称为阻尼绕组。整个转子由磁极、磁轭、励磁绕组、转子支架、轴以及集电环等部件组成。

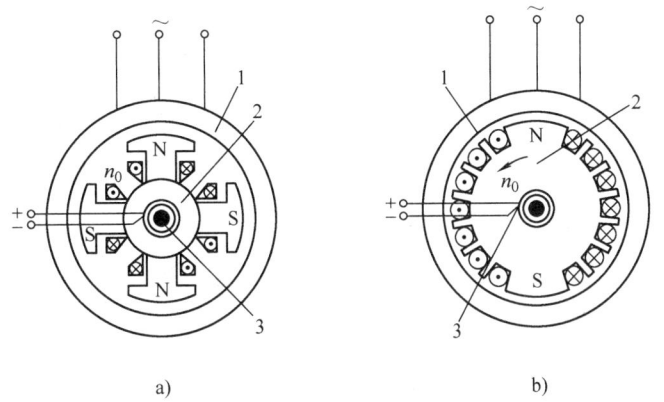

图 7-6 旋转磁极式同步电动机的结构示意图
a) 凸极式 b) 隐极式
1—定子 2—转子 3—集流环

励磁用的直流电流一般由整流电源供给，也可用一台与同步电机同轴或非同轴的直流发电机供给。如果用永久磁铁做成的转子来代替直流励磁的磁极，这种同步电动机，就被称为三相永磁同步电动机（即直流无刷电动机）。由于三相永磁同步电动机的转子不需用直流电流励磁，所以结构更简单，性能更好，是目前使用的主要伺服电动机之一。

隐极式转子的轴和铁心为一锻钢加工而成的统一体，是圆柱体。外圆开有槽，嵌放励磁绕组，亦通过滑环和电刷与励磁电源相接。隐极式转子的特点是，转子和定子之间的气隙均匀。

2. 三相同步电动机的额定值

1）额定功率 P_N，单位 kW。额定运行时轴上输出的机械功率。
2）额定电压 U_N，单位 V。额定运行时定子绕组应加的线电压。
3）额定电流 I_N，单位 A。额定运行时定子绕组的线电流。
4）额定转速 n_N，单位 r/min。额定运行时的转速。
5）额定功率因数 $\cos\varphi_N$。
6）额定效率 η_N。

此外，还应给出额定励磁电压 U_{fN} 和额定励磁电流 I_{fN} 等。

额定值之间的关系 $P_N = \sqrt{3} U_N I_N \cos\varphi_N \eta_N \times 10^{-3}$ （kW）。

7.2.2 三相同步电动机的工作原理

1. 同步电动机模型

三相同步电动机的定子绕组与三相异步电动机一样，都是三相对称交流绕组。当同步电动机定子三相对称绕组通入对称三相交流电时，产生的也是旋转磁场，这与异步电动机是一样的。为了说明简单，同步电机的定子绕组产生的旋转磁场用一对旋转的磁极（上 N_1 极，

下 S_1 极）表示，如图 7-7 所示。与异步电动机不同的是，同步电动机的转子是由另外的直流电源励磁（或用永久磁铁）产生的固定磁极（上 S_2，下 N_2），如图 7-7 中的转子磁极所示。

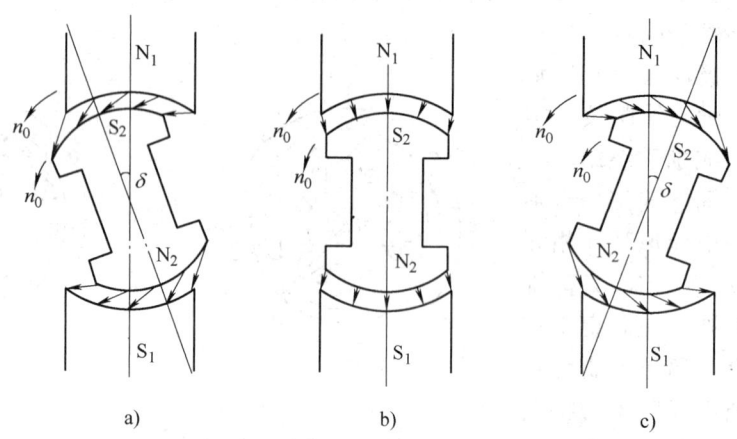

图 7-7 同步电机的工作原理
a）发电机运行方式　b）理想空载运行方式　c）电动机运行方式

2. 同步电动机的基本工作原理

同步电机与其他类型的电机一样，也遵循可逆原理，可按发电机方式运行，也可按电动机方式运行。当原动机拖动同步电机并励磁时，电机从原动机输入机械功率，向电网输出电功率，为发电机运行方式。当同步电机接于电网并励磁，拖动机械负载时，从电网输入电功率，在转轴上输出机械功率，为电动机运行方式。从图 7-7 所示同步电机的运行方式可以说明，同步电机如何从发电机运行方式过渡到电动机运行方式，从而进一步理解同步电机的基本工作原理。

（1）发电机运行方式

在图 7-7 中，N_1、S_1、N_2、S_2 分别表示同步电机的定子合成磁场磁极和转子磁极，两对磁极间存在着磁拉力，从而产生电磁转矩。当原动机拖动同步电机转子作发电机运行时，原动机的拖动转矩克服电磁转矩的制动作用，使转子不断地旋转。因原动机向同步电机输入机械功率，原动机拖动转子，磁力线斜着通过气隙，转子磁极用磁拉力拖动定子合成磁场的磁极一起同步旋转，发电机将机械功率转换成电功率输出。由于转子磁极是拖动者，定子合成磁场的磁极是被拖动者，两者磁极的轴线存在一定的夹角 δ，如果减小原动机对发电机输入的机械功率，发电机所产生的电磁功率以及输出的电功率也就会相应地减小。形象地说，因为原动机拖动转矩的减小，使磁拉力和 δ 均减小，所以 δ 又称为功率角，如图 7-7a 所示。

（2）理想空载运行方式

当发电机所产生的电磁功率为零时，必然 $\delta=0$，此时两磁极的轴线相重合，磁力线垂直通过气隙，两磁极间无切向的磁拉力，电磁转矩为零，是同步电机从发电机运行过渡到电动机运行的临界状态，如图 7-7b 所示。该状态表示同步电机工作在理想空载运行方式。

（3）电动机运行方式

若将原动机从同步电机上脱开，由于电机本身受轴承摩擦及风阻等阻力转矩的作用，将迫使转子磁极轴线落后于定子轴线一个微小的 δ 角，如图 7-7c 所示。这个 δ 角相对于发电机的运行情况是负值，这意味着同步电机开始从电网吸收电功率，并从电机的轴上输出机械功率，用于摩擦风阻等损耗。磁力线从另一个方向斜着通过气隙，又出现切向磁拉力而形成电磁转矩。显然，此时的电磁转矩的方向与转子旋转方向一致，是一个拖动转矩。如果电机转子与负载相连，就能拖动机械负载而继续旋转。负载的增大，使功率角必然增大，切向磁拉力和电磁转矩相应地增大，同步电机就处于同步电动机负载运行状态。这时定子合成磁场的磁极是拖动者，转子磁极是被拖动者，两者仍同步旋转，实现电功率向机械功率的转换。这就是三相同步电动机的工作原理。可见，同步电动机的工作原理就是定子三相交流绕组产生的旋转磁场以磁拉力拖着转子磁极（转子）共同以同步速 n_0 旋转，如图 7-7c 所示。

同步电动机定子对称三相绕组通入对称三相交流电流产生的旋转磁通势称为电枢磁通势 F_a；励磁绕组通入直流励磁电流产生的与转子相对静止的磁通势称为励磁磁通势 F_f。励磁磁通势 F_f 与电枢磁通势 F_a 均以同步转速旋转，在空间相对静止，合成磁通势 $\vec{F}_\delta = \vec{F}_f + \vec{F}_a$ 称为气隙磁通势，在空间也以同步转速 n_0 旋转。

7.2.3 三相同步电动机的电动势方程式和相量图

当同步电动机空载时，电枢电流很小，故可认为气隙中只有励磁磁通势 $\vec{F}_f$ 单独产生励磁磁场；当同步电动机负载时，电枢绕组产生电枢磁通势 $\vec{F}_a$，使气隙中励磁磁场的大小和分布发生变化。同步电动机电枢磁通势对气隙磁场的影响称为电枢反应。电枢反应对同步电动机的运行性能有重大影响，而且这种影响与同步电动机转子的结构形式有关。

1. 同步电动机的电枢反应

为分析方便，不考虑电机饱和的影响，而只考虑电枢磁通势和励磁磁通势的基波。

通常把转子一个 N 极和一个 S 极的中心线称为直轴，又称为 d 轴；与直轴相距 90°空间电角度的轴称为交轴，又称为 q 轴。d 轴和 q 轴随转子一同旋转，而励磁磁通势 $\vec{F}_f$ 总是作用在直轴方向上。凸极同步电动机的直轴和交轴及励磁磁通势如图 7-8 所示。

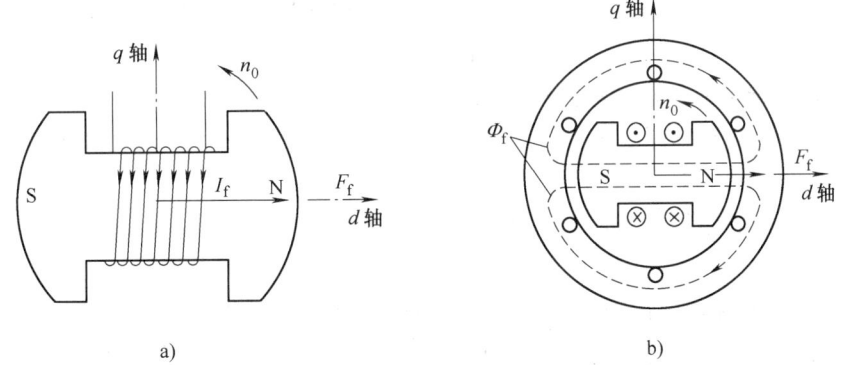

图 7-8 凸极同步电动机的直轴和交轴及励磁磁通势
a) 凸极同步电动机的直轴和交轴 b) 凸极同步电动机励磁磁通 Φ_f 的磁力线

电枢磁通势 $\vec{F}_a$ 虽与 $\vec{F}_f$ 同步旋转，但在空间上一般不同相位，因而，一般情况下，$\vec{F}_a$ 既不在直轴上，也不在交轴上，$\vec{F}_a$ 相对于 $\vec{F}_f$ 的位置随电动机的励磁和负载情况的变化而变化。

对于隐极同步电动机，定转子之间的气隙均匀，各处磁阻相同，电枢磁通势单独产生的磁场磁感应强度的分布与电枢磁通势相一致，Φ_a 的大小与 $\vec{F}_a$ 的位置无关。

对于凸极同步电动机，气隙不均匀，同一电枢磁通势作用在不同位置，电枢反应就不一样，设 $\vec{F}_a$ 的位置如图 7-9 所示，可见 $\vec{F}_a$ 所遇到的磁阻既不均匀也不对称，且当 $\vec{F}_a$ 的位置变化时其不均匀、不对称的程度亦随之变化，要求取其产生的电枢磁感应强度分布和电枢反应磁通的大小很困难。解决这一问题的方法是，将电枢磁通势分解为两个分量，即直轴电枢磁通势 $\vec{F}_{ad}$ 和交轴电枢磁通势 $\vec{F}_{aq}$，如图 7-9a 所示。

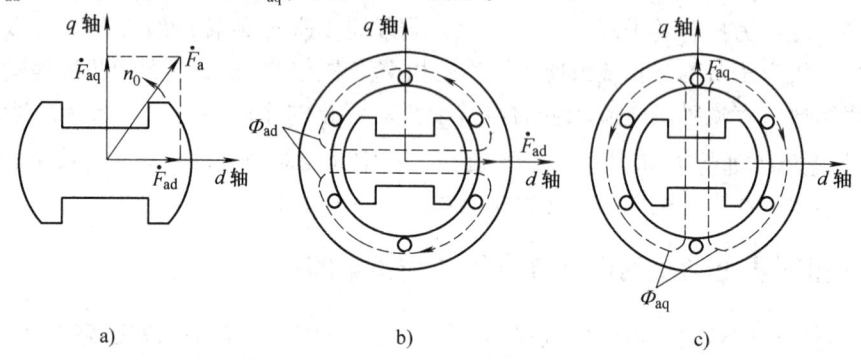

图 7-9 F_a 分解为 F_{ad} 和 F_{aq}
a) 电枢反应磁通势 b) 直轴电枢磁通势 c) 交轴电枢磁通势

$$\vec{F}_a = \vec{F}_{ad} + \vec{F}_{aq} \tag{7-4}$$

$\vec{F}_{ad}$ 永远作用在直轴方向。$\vec{F}_{aq}$ 永远作用在交轴方向。由于对直轴或交轴来说，磁阻是对称和固定不变的。为此，分别考虑 $\vec{F}_{ad}$ 和 $\vec{F}_{aq}$ 所产生的磁感应强度分布波形和它们分别产生的电枢反应磁通 Φ_{ad} 和 Φ_{aq} 将很方便，这种处理方法称为双反应理论。

相应地，可将产生 $\vec{F}_a$ 的电流 $\dot{I}$ 分解为直轴电枢电流 $\dot{I}_d$ 和交轴电枢电流 $\dot{I}_q$ 两个分量，即

$$\dot{I} = \dot{I}_d + \dot{I}_q \tag{7-5}$$

2. 隐极同步电动机的电动势方程式和相量图

转子绕组与旋转磁场同步旋转，不会产生感应电动势。定子绕组三相对称，只需求其一相绕组电动势的方程式即可。

不考虑电机铁心饱和影响时，可以应用叠加原理，分别考虑不同因素在定子绕组中产生的电动势。

1) $\vec{F}_f \rightarrow \dot{\Phi}_f \rightarrow \dot{E}_0$ 称为励磁电动势，也称空载电动势。

2) $\vec{F}_a \rightarrow \dot{\Phi}_a \rightarrow \dot{E}_a$ 称为电枢反应电动势。

3) $\vec{F}_a \rightarrow \dot{\Phi}_\sigma \rightarrow \dot{E}_\sigma$ 称为漏电动势。

与分析变压器、异步电动机一样，将定子绕组的漏电动势用电枢电流在漏电抗上的压降来表示，则

$$\dot{E}_\sigma = -j\dot{I}X_\sigma \tag{7-6}$$

式中，X_σ 为定子一相绕组的漏电抗。

在不考虑磁路饱和时有以下关系，即

$$E_a \propto \Phi_a \propto F_a \propto I \tag{7-7}$$

为此，也可将电枢反应电动势用电枢电流在电枢反应电抗上的压降来表示，即

$$\dot{E}_a = -j\dot{I}X_a \tag{7-8}$$

式中，X_a 为定子一相绕组的电枢反应电抗，与电枢反应磁通 Φ_a 相对应。

当对此同步电机用发电机惯例设定各电量的正方向时，如图 7-10a 所示，可以列出一相绕组的电动势平衡方程如下：

$$\dot{U} = \dot{E}_0 + \dot{E}_a + \dot{E}_\sigma - \dot{I}R_a \tag{7-9}$$

即

$$\dot{U} = \dot{E}_0 - j\dot{I}X_a - j\dot{I}X_\sigma - \dot{I}R_a \tag{7-10}$$

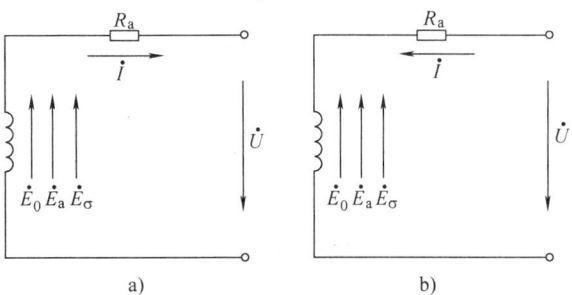

当分析同步电动机时，宜采用电动机惯例，与发电机惯例的区别仅在于电流 $\dot{I}$ 应反向，如图 7-10b 所示。即只要在所有含有电流 $\dot{I}$ 的各项前加一负号，即得隐极同步电动机的电动势平衡方程式为

图 7-10 同步电动机各电量的正方向示意图
a) 发电机惯例 b) 电动机惯例

$$\dot{U} = \dot{E}_0 + j\dot{I}X_a + j\dot{I}X_\sigma + \dot{I}R_a = \dot{E}_0 + j\dot{I}(X_a + X_\sigma) + \dot{I}R_a = \dot{E}_0 + j\dot{I}X_t + \dot{I}R_a \tag{7-11}$$

式中，$X_t = X_a + X_\sigma$，称为定子一相绕组的同步电抗。

同步电抗同时反映了电枢反应磁通势和漏磁通对定子绕组的影响，是同步电动机的一个重要参数。

电枢电阻 R_a 一般很小，若忽略 R_a，则得 $\dot{U} = \dot{E}_0 + j\dot{I}X_t$。根据此式可以画出隐极同步电动机的相量图，如图 7-11 所示。

图中 $\dot{U}$ 超前 $\dot{E}_0$ 的电度角 δ 称为功率角，$\dot{I}$ 超前 $\dot{E}_0$ 的电度角 ψ 称为内功率因数角，$\dot{I}$ 超前 $\dot{U}$ 的电度角 φ 称为功率因数角。这 3 个角度之间的关系为

$$\psi = \varphi + \delta \tag{7-12}$$

功率角 δ 是定子端电压 $\dot{U}$ 超前空载电动势 $\dot{E}_0$ 的时间相位差，也就是前面所讲的气隙中等效合成磁极轴线超前转子异性磁极轴线的空间电角度（即气隙合成磁通势超前励磁磁通势的空间电角度）。

3. 凸极同步电动机的电动势平衡方程式和相量图

当忽略磁路饱和影响时，可以分别考虑 $\vec{F}_{ad}$ 和 $\vec{F}_{aq}$ 单独产生的直轴电枢反应磁通 $\dot{\Phi}_{ad}$ 和交轴电枢反应磁通 $\dot{\Phi}_{aq}$。$\dot{\Phi}_{ad}$ 和 $\dot{\Phi}_{aq}$ 均随转子以同步磁通转速旋转，分别在定子绕组中感应产生直轴电枢反应电动势 $\dot{E}_{ad}$ 和交轴电枢反应电动势 $\dot{E}_{aq}$。$\dot{E}_{aq}$ 和 $\dot{E}_{ad}$ 也可以用电枢电流在相应电抗上的压降来表示，即

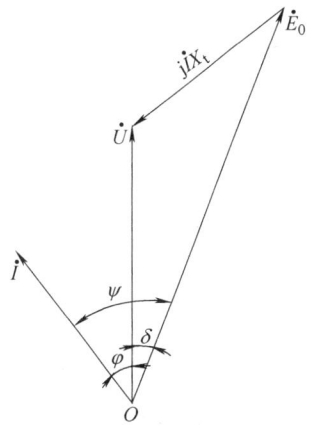

图 7-11 隐极同步电动机的相量图

$$\dot{E}_{ad} = -j\dot{I}_d X_{ad} \tag{7-13}$$

$$\dot{E}_{aq} = -j\dot{I}_q X_{aq} \tag{7-14}$$

电抗与对应磁通所经路径的磁导 λ 成正比。由于直轴方向的气隙较交轴方向的气隙小，磁阻小，磁导大，所以 $X_{ad} > X_{aq}$。

凸极同步电动机的电动势平衡方程式为

$$\dot{U} = \dot{E}_0 + j\dot{I}_d X_{ad} + j\dot{I}_q X_{aq} + j\dot{I}X_\sigma + \dot{I}R_a$$
$$= \dot{E}_0 + j\dot{I}_d X_{ad} + j\dot{I}_q X_{aq} + j(\dot{I}_d + \dot{I}_q)X_\sigma + \dot{I}R_a$$
$$= \dot{E}_0 + j\dot{I}_d(X_{ad} + X_\sigma) + j\dot{I}_q(X_{aq} + X_\sigma) + \dot{I}R_a$$
$$= \dot{E}_0 + j\dot{I}_d X_d + j\dot{I}_q X_q + \dot{I}R_a \quad (7\text{-}15)$$

式中，$X_d = X_{ad} + X_\sigma$，称为一相绕组的直轴同步电抗；$X_q = X_{aq} + X_\sigma$，称为一相绕组的交轴同步电抗。

若忽略 R_a，则上式可简化为

$$\dot{U} = \dot{E}_0 + j\dot{I}_d X_d + j\dot{I}_q X_q \quad (7\text{-}16)$$

根据此式可以画出凸极同步电动机的相量图，如图 7-12 所示。

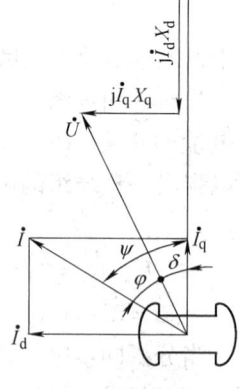

图 7-12 凸极同步电动机的相量图

7.2.4 同步电动机的功率、转矩和功角特性

1. 功率和转矩的平衡关系

将同步电动机输入的电功率 P_1 除去一小部分定子铜损耗 p_{cu}，其余部分通过气隙传给转子，这部分功率称为电磁功率 P_e，有

$$P_e = P_1 - p_{cu} \quad (7\text{-}17)$$

电磁功率 P_e 扣除机械损耗 p_{mech}、铁损 p_{Fe} 和附加损耗 p_{ad} 剩下的就是轴上输出的机械功率 P_2，即

$$P_2 = P_e - (p_{mech} + p_{ad} + p_{Fe}) = P_e - p_0 \quad (7\text{-}18)$$

将上式各项同除以 Ω_1，得

$$\frac{P_2}{\Omega_1} = \frac{P_e}{\Omega_1} - \frac{p_0}{\Omega_1} \quad (7\text{-}19)$$

即

$$T_2 = T_e - T_0 \quad \text{或} \quad T_e = T_2 + T_0 \quad (7\text{-}20)$$

式中，$T_2 = \dfrac{P_2}{\Omega_1}$，为输出转矩；$T_e = \dfrac{P_e}{\Omega_1}$，为电磁转矩；$T_0 = \dfrac{p_0}{\Omega_1}$，为空载转矩。

2. 功角特性

（1）电磁功率和电磁转矩公式

由凸极同步电动机的相量图可得

$$I_d = I\sin\psi; I_q = I\cos\psi; I_q X_q = U\sin\delta; I_d X_d = E_0 - U\cos\delta; \varphi = \psi - \delta \quad (7\text{-}21)$$

代入电磁功率的公式，并忽略 R_a，则得

$$P_e = 3UI\cos\varphi = 3UI\cos(\psi - \delta) = 3UI(\cos\psi\cos\delta + \sin\psi\sin\delta)$$
$$= 3UI_q\cos\delta + 3UI_d\sin\delta$$
$$= 3U\frac{U\sin\delta}{X_q}\cos\delta + 3U\frac{E_0 - U\cos\delta}{X_d}\sin\delta$$

$$= \frac{3UE_0}{X_d}\sin\delta + \frac{3U^2}{2}\left(\frac{1}{X_q} - \frac{1}{X_d}\right)\sin2\delta$$
$$= P'_e + P''_e \tag{7-22}$$

相应可得凸极同步电动机电磁转矩公式为

$$T_e = \frac{3UE_0}{X_d\Omega_1}\sin\delta + \frac{3U^2}{2\Omega_1}\left(\frac{1}{X_q} - \frac{1}{X_d}\right)\sin2\delta = T'_e + T''_e \tag{7-23}$$

可见，凸极同步电动机的电磁功率和电磁转矩均包含两个分量。P'_e 和 T'_e 为基本分量，特点是与空载电动势 E_0 成正比，即与励磁电流 I_f 的大小密切有关；P''_e 和 T''_e 为附加分量，称为附加电磁功率和附加电磁转矩，特点是与空载电动势 E_0（亦即与励磁电流）的大小无关，而是由凸极效应引起的，故又称为反应转矩或磁阻转矩。

对于隐极同步电动机，由于 $X_d = X_q$，代入凸极同步电动机 P_e 和 T_e 公式，则可得到隐极同步电动机 P_e 和 T_e 的公式为

$$P_e = \frac{3UE_0}{X_t}\sin\delta \tag{7-24}$$

$$T_e = \frac{3UE_0}{X_t\Omega_1}\sin\delta \tag{7-25}$$

即只有基本分量而无附加分量。

（2）同步电动机的功角特性

当励磁电流 I_f 和电压 U 不变时，P_e 与 δ 之间的关系曲线 $P_e = f(\delta)$ 称为同步电动机的功角特性。由 P_e 的公式可以画出隐极同步电动机和凸极同步电动机的功角特性及矩角特性，分别如图 7-13 和图 7-14 所示；若将纵坐标换一比例尺，则可变为 $T_e = f(\delta)$，称为矩角特性，也分别如图 7-13 和图 7-14 所示。

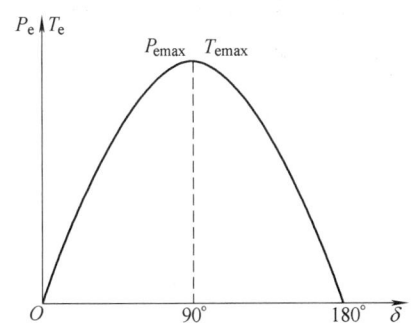

图 7-13 隐极同步电动机的功角特性和矩角特性

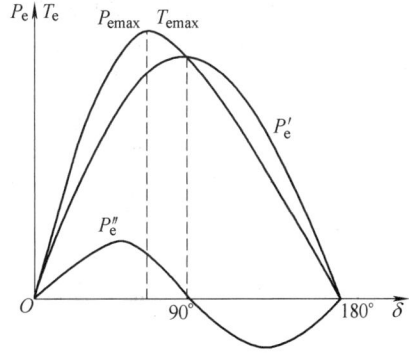

图 7-14 凸极同步电动机的功角特性和矩角特性

由上述可见，隐极同步电动机的功角特性和矩角特性为正弦曲线。当 $\delta = 90°$ 时，P_e 和 T_e 达到最大值。

$$P_{e\max} = \frac{3UE_0}{X_t} \tag{7-26}$$

$$T_{e\max} = \frac{3UE_0}{X_t\Omega_1} \tag{7-27}$$

凸极同步电动机的功角特性为两条正弦曲线之和，不是正弦曲线，其最大值略大于基本分量的最大值，且出现在功率角 $\delta < 90°$ 处，电磁转矩的情况与此相同。

3. 稳定运行区和过载能力

在同步电动机运行时也存在稳定问题。下面以隐极同步电动机为例进行分析。

在功率角 δ 为 $0° \sim 90°$ 范围内，若负载突然增大，则转子转速瞬时降低，功率角 δ 增大，由功角特征可知，这时电磁转矩 T_e 相应增大，当 T_e 增大到与负载转矩相等时，电动机进入新的稳定运行状态，而当负载转矩恢复原来大小时，T_e 大于负载转矩，转子转速又瞬时升高，δ 减小，T_e 减小，直至与负载转矩相等时为止，才恢复原来的稳定运行状态，所以 δ 为 $0° \sim 90°$ 的区域称为隐极同步电动机的稳定运行区。而 δ 为 $90° \sim 180°$ 范围内，当负载转矩突然增大时，δ 增大，T_e 反而减小，转子进一步瞬时减速，δ 进一步增大，电动机出现"失步"现象，无法继续运行，故将 δ 为 $90° \sim 180°$ 称为隐极同步电动机的不稳定区。

由上面分析可知，同步电动机稳定的条件是

$$\frac{dT_e}{d\delta} > 0 \tag{7-28}$$

可见，最大电磁转矩 T_{emax} 是同步电动机稳定运行的极限。T_{emax} 与 T_N 的比值称为同步电动机的过载能力 λ_M，有

$$\lambda_M = \frac{T_{emax}}{T_N} = \frac{1}{\sin\delta_N} \tag{7-29}$$

式中，δ_N 为额定运行时的功率角。通常 $\delta_N = 20° \sim 30°$，相应的 λ_M 为 $2 \sim 3$。

对于凸极同步电动机，其过载能力略微增大，但稳定运行范围略小于 $90°$。

7.2.5 同步电动机的 V 形曲线

同步电动机的 V 形曲线是指电枢电流 I 与励磁电流 I_f 之间的关系曲线。其变化规律可用同步电动机的相量图进行分析。下面以隐极同步电动机为例，结论同样适用于凸极同步电动机。

当输出功率不变时，如果忽略调节励磁电流时的各种损耗，就可近似认为电磁功率和输入功率均维持不变，即

$$P_e = \frac{3UE_0}{X_t}\sin\delta = 常数 \tag{7-30}$$

$$P_1 = 3UI\cos\varphi = 常数 \tag{7-31}$$

当 U 和 f_1 一定时，可得

$$E_0\sin\delta = 常数 \tag{7-32}$$

$$I\cos\varphi = 常数 \tag{7-33}$$

绘制不同励磁电流时隐极同步电动机的相量图，如图 7-15 所示。

当调节励磁电流，使 $\dot{E}_0 = \dot{E}_{01}$ 时，定子电流 $\dot{I}_1$ 与电压 $\dot{U}$ 同相，$\cos\varphi = 1$，电动机不从电网吸取无功功

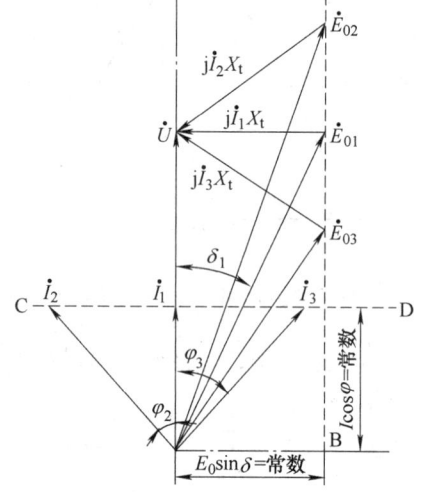

图 7-15 不同励磁电流时隐极同步电动机的相量图

率，定子电流最小，称这时的励磁状态为正常励磁。当励磁电流大于正常励磁时，称为过励状态，这时 $\dot{E}_0 = \dot{E}_{02}$，$\dot{E}_{02}$ 的矢端应在直线 AB 上，这是因为要保持 $E_0 \sin\delta$ = 常数。$\dot{E}_{02} > \dot{E}_{01}$，$\dot{I} = \dot{I}_2$，相位上超前电压一个 φ_2 角，这时电动机除从电网吸取有功功率以外，还吸取容性无功功率，因而 $\dot{I}_2 > \dot{I}_1$。当调节励磁电流小于正常励磁时，称为欠励状态，这时 $\dot{E}_0 = \dot{E}_{03}$，$\dot{E}_{03} < \dot{E}_{01}$，$\dot{I} = \dot{I}_3$，相位上滞后电压一个 φ_3 角，电动机除从电网吸取有功功率以外，还吸取感性无功功率，因而 $\dot{I}_3 > \dot{I}_1$。由以上分析可知，在输出功率一定的条件下，定子电流 I 随励磁电流 I_f 变化的关系曲线呈 V 形，故称 $I = f(I_f)$ 为 V 形曲线。对于不同的输出功率，有不同的曲线，如此可得一簇曲线，如图 7-16 所示。

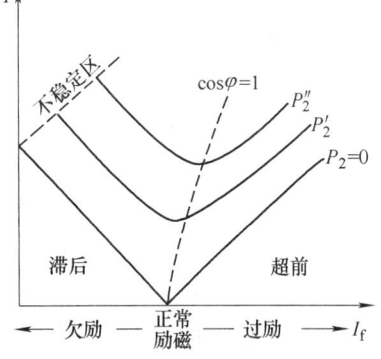

图 7-16 同步电动机的 V 形曲线图

由同步电动机的 V 形曲线可见，调节同步电动机的励磁电流 I_f，不但可以调节同步电动机无功功率的大小，而且还可以调节无功功率的性质。由于电网上的负载一般为感性，所以同步电动机一般应运行在过励状态，向电网提供感性无功功率，从而改善电网的功率因数。

7.2.6 同步电动机的起动

同步电动机不能自行起动，必须借助其他方法起动。同步电动机的起动方法有辅助电机法、变频起动法和异步起动法等。一般采用异步起动法。

当采用异步起动法时，转子上需加设笼型起动绕组，起动时，先将励磁绕组通过一个适当大小的电阻（约为励磁绕组电阻 R_f 的 10 倍）接成闭合回路，将定子绕组接通电源，靠起动绕组所产生的异步转矩起动，待转速上升至接近同步转速时（约 $95\% n_0$），将励磁绕组换接到励磁电源上，使转子建立励磁磁场，此时气隙磁场与励磁磁场的转速十分接近，依靠这两个磁场相互作用产生的转矩，能将电动机转子牵入同步，以同步转速稳定运行。凸极同步电动机的磁阻转矩有利于牵入同步。

当同步电动机采用异步起动时，为减小起动电流，也可采用降压起动的方法。

7.3 控制电机

普通电机主要用来进行机电能量的转换，而控制电机则是实现控制信号的变换和传递，在自动控制系统中作为执行元器件。控制电机应用广泛，种类繁多，但功率较小。对控制电机的基本要求是精度高、响应快和性能稳定可靠。

控制电机的原理和分析方法与普通电机基本相同。下面主要介绍它们的作用、基本结构、工作原理和应用场合等。

7.3.1 伺服电动机

伺服电动机的功能是把输入的电压信号转换为电机轴上的角位移或角速度输出。其转速和转向能随输入电压信号的大小和方向而改变。伺服电动机在自动控制系统中通常作为执行元器件。

对伺服电动机的基本要求是①可控性好；②响应快，反应灵敏；③稳定性好；④调速范围宽；⑤控制功率小，重量轻，体积小，省电。

伺服电动机有直流伺服电动机和交流伺服电动机两类。

1. 直流伺服电动机

（1）基本结构

直流伺服电动机的结构与普通小型直流电动机相同，定子采用他励式，有电磁式和永磁式两种。电磁式直流伺服电动机的磁场由励磁电流通过励磁绕组产生。永磁式定子上装有永久磁铁制成的磁极，不需要励磁绕组和励磁电源，结构简单。电枢铁心长度与直径之比较普通直流电动机大。

（2）工作原理

直流伺服电动机的工作原理与普通小型他励直流电动机相同，即励磁绕组通以励磁电流或采用永磁磁铁，建立恒定磁场，再给电枢绕组通以电枢电流，产生的电磁转矩使转子旋转，励磁绕组或电枢绕组其中一个断电，电动机立即停转。当改变励磁电流或电枢电流的大小和方向之一时，就能改变电动机的转速和转向，满足伺服电动机的基本要求。直流伺服电动机的控制方式分磁场控制和电枢控制两种。通常采用电枢控制方式。

直流伺服电动机原理电路如图7-17所示。

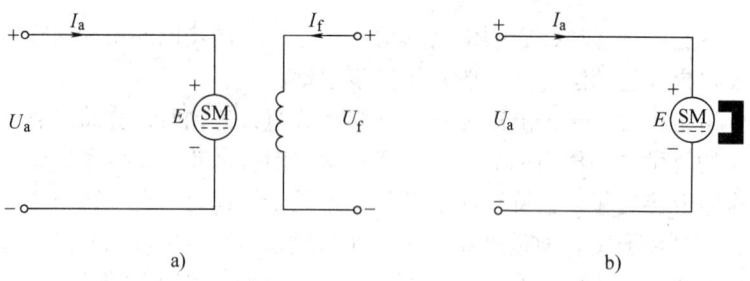

图7-17 直流伺服电动机原理电路图
a）电磁式 b）永磁式

电枢电流 I_a 与磁场相互作用产生了使电枢旋转的电磁转矩 $T_e = C_T \Phi I_a$，当电枢旋转时，电枢绕组又会切割磁力线而产生电动势 $E = C_e \Phi n$，电枢电流 I_a 与电枢电压和电动势的关系为 $E = U_a - R_a I_a$，电动机的转速为

$$n = \frac{U_a}{C_e \Phi} - \frac{R_a}{C_e C_T \Phi^2} T_e \tag{7-34}$$

假设磁路不饱和，且不考虑电枢反应的影响，则电磁式直流伺服电动机的磁通与励磁电压成正比，即 $\Phi = K_\Phi U_f$，比例常数 K_Φ 由电动机结构决定。代入式（7-34）得

$$n = \frac{U_a}{C_e K_\Phi U_f} - \frac{R_a}{C_e C_T K_\Phi^2 U_f^2} T_e \tag{7-35}$$

由式（7-35）可见，改变 U_a 或者 U_f 都可以改变转速。可见，电磁式直流伺服电动机有两种控制转速的方式，即电枢控制和磁场控制。对永磁式直流伺服电动机来说，则只有电枢控制一种方式。

采用电枢控制时,对电磁式伺服电动机的电枢绕组加控制信号电压,对励磁绕组加额定电压。当控制信号电压 $U_a=0$ 时,$T_e=0$,电动机不转;当 $U_a\neq 0$ 时,$T_e\neq 0$,电动机在电磁转矩 T_e 的作用下运转。改变 U_a 的大小或极性,电动机的转速或转向将随之改变。当 U_a 不同时,伺服电动机的机械特性与普通直流电动机相同,是一组平行的略为倾斜的直线。电枢电压下降,特性下移,如图 7-18 所示。

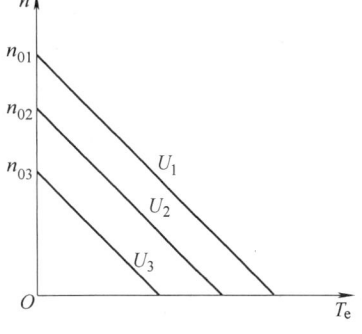

可以看出,当负载转矩一定(亦即电磁转矩一定)时,控制信号电压升高,转速就上升;控制信号电压降低,转速就下降。

图 7-18 直流伺服电动机的机械特性图($U_1>U_2>U_3$)

2. 交流伺服电动机

(1) 基本结构

交流伺服电动机的结构与单相异步电动机相似,定子上有两相绕组,在空间相差 90°电角度,一相为励磁绕组 f,另一相为控制绕组 K,如图 7-19 所示。

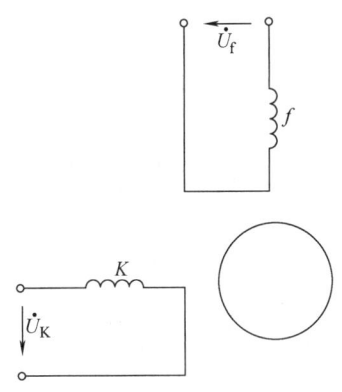
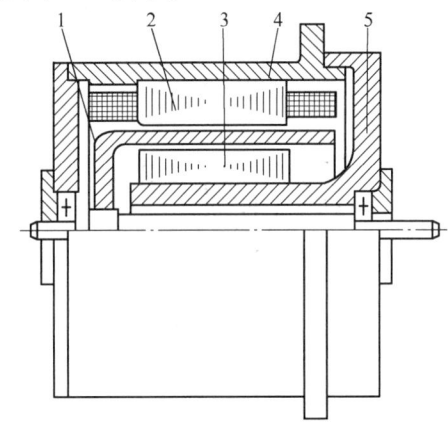

图 7-19 交流伺服电动机的原理图

图 7-20 杯形转子交流伺服电动机的结构图
1—杯形转子 2—外定子 3—内定子
4—机壳 5—端盖

交流伺服电动机的转子分笼型和杯形两种,杯形转子交流伺服电动机的结构如图 7-20 所示。杯形转子 1 由非磁性导电材料制成空心薄壁杯状,杯形转子内部装有内定子 3,内定子上一般不装绕组,但对于功率很小的交流伺服电动机,常将励磁绕组和控制绕组分别安放在内、外定子铁心的槽内。杯形转子的优点是转动惯量小,响应快,运转平滑;缺点是加工困难,气隙较大,所需励磁电流大。

(2) 工作原理

励磁绕组 f 接通交流电源电压 $\dot U_f$,在气隙中产生脉振磁场,当 $\dot U_K=0$ 时,电动机无起动转矩,转子不转。若加以控制信号电压 $\dot U_K$,并使控制绕组中的电流 $\dot I_K$ 与励磁电流 $\dot I_f$ 不同相,就会形成圆形或椭圆形旋转磁场,产生起动转矩,使电动机转动起来。可是,如果将转子参数(主要是转子电阻 R_2)设计得与一般单相异步电动机相似,那么当去掉控制电压 $\dot U_K$ 时,电动机还将继续转动,这就不满足伺服电动机的要求,这种现象称为自转,必须加以避免。克服自转现象的方法是加大转子电阻。

从单相异步电动机的工作原理可知，当转子电阻 R_2 足够大时，励磁绕组单独工作所产生的正向机械特性和反向机械特性的临界转差率均≥1，如图 7-21 所示。其合成机械特性 $n=f(T_e)$ 在第 Ⅱ、Ⅳ 象限，电磁转矩是制动性质的。当控制信号电压被切除、励磁绕组单独工作时，不论原来转向如何，都会受到制动转矩的作用，很快停下来，从而避免了自转现象。

3. 控制方法

交流伺服电动机的励磁绕组和控制绕组通常都被设计成对称的，当控制信号电压 $\dot{U}_k$ 和励磁电压 $\dot{U}_f$ 亦对称时，两相绕组产生的合成磁通势是圆形旋转磁通势，气隙磁场是圆形旋转磁场。如果控制信号电压 $\dot{U}_k$ 与励磁绕组电压 $\dot{U}_f$ 的幅值不等或相位差不为 90°电角度，那么产生的气隙磁场就将是一个椭圆形旋转磁场。因此，改变 $\dot{U}_k$，就可以改变磁场的椭圆度，从而控制伺服电动机的转矩和转速。具体的控制方法有以下 3 种。

1）幅值控制。保持控制信号电压 $\dot{U}_K$ 的相位与励磁绕组电压 $\dot{U}_f$ 相差 90°电角度不变，仅改变其幅值的大小来控制伺服电动机的转速。交流伺服电动机幅值控制原理接线如图 7-22 所示。

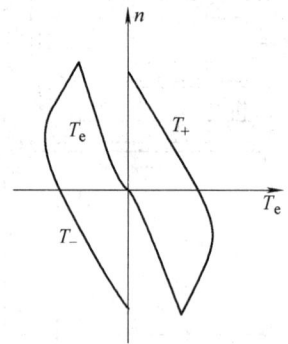

图 7-21 控制信号电压为零时的机械特性图

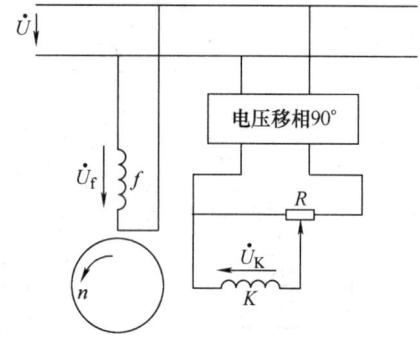

图 7-22 交流伺服电动机幅值控制原理接线图

用有效信号系数 α 反映控制信号电压的大小，其定义为

$$\alpha = \frac{U_K}{U_{KN}} = \frac{U_K}{U_f} \tag{7-36}$$

式中，U_{KN} 为额定控制电压。一般 $U_{KN} = U_f$。

交流伺服电动机幅值控制时的机械特性是指 $\alpha =$ 常数时的 $n = f(T_e)$ 曲线，不同 α 时的机械特性如图 7-23 所示。由幅值控制时的机械特性表明，当电磁转矩 T_e 一定时，α 越大，转速越高。

由图 7-23 可见，幅值控制时的机械特性不是直线，这对系统的精度有影响。

2）相位控制。相位控制是保持控制信号电压 $\dot{U}_k$ 的幅值不变，通过移相器来改变其相位以控制电动机的转速。交流伺服电动机相位控制原理接线如图 7-24 所示。

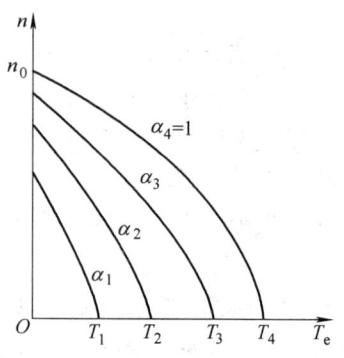

图 7-23 由幅值控制时的机械特性图
($\alpha_1 < \alpha_2 < \alpha_3 < 1$)

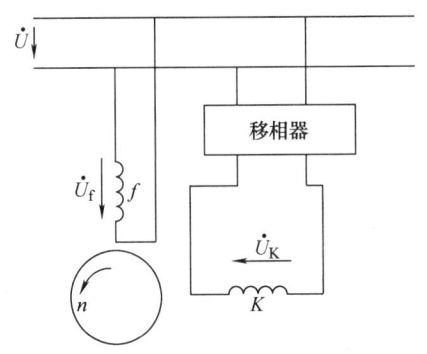

图 7-24 交流伺服电动机
相位控制原理接线图

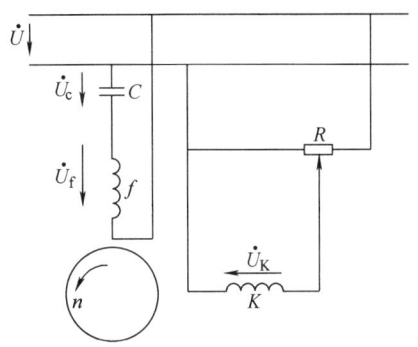

图 7-25 交流伺服电动机
幅值-相位控制接线图

设 $\dot{U}_K$ 与 $\dot{U}_f$ 的大小相等，相位差为 β，定义 $\sin\beta$ 为相位控制时的信号系数。信号系数 $\sin\beta$ 越大，转速越高。相位控制时的机械特性与幅值控制时的机械特性相似，只是线性度略好一些。

3）幅值-相位控制。既改变 $\dot{U}_K$，又改变 $\dot{U}_K$ 与 $\dot{U}_f$ 之间的相位差 β。交流伺服电动机幅值-相位控制原理接线如图 7-25 所示。在励磁绕组回路串一电容器 C，当通过电位器调节控制信号电压 $\dot{U}_K$ 的大小时，其相位不变，但由于转子绕组的耦合作用，在励磁绕组中的电流 $\dot{I}_f$ 会发生变化，$\dot{U}_f$ 和电容器上的电压 $\dot{U}_C$ 随之改变，从而使 $\dot{U}_f$ 与 $\dot{U}_K$ 之间的相位差 β 随 $\dot{U}_K$ 的幅值同时变化。当 $U_K = U_{KN}$ 时，电动机的转速最高；当 $U_K = 0$ 时，电动机的转速为零；当 $0 < U_K < U_{KN}$ 时，U_K 越大，转速越高。幅值-相位控制的机械特性与幅值控制时的机械特性相似，只是线性度稍差。幅值-相位控制方式不需复杂的移相设备，实际应用较多。

无论哪种控制方式，只要将控制信号电压的相位改变 180°电角度（反相），从而改变控制绕组与励磁绕组中电流的相位关系，电动机的转向就随之改变。

7.3.2 测速发电机

测速发电机的作用是将机械转速信号转换为相应的电压信号，输出的电压与转速成正比。在控制系统中作为检测转速的信号元器件等。

控制系统对测速发电机的主要要求是：①线性度好，输出电压与转速严格成正比关系；②灵敏度高，单位转速的输出电压较大；③剩余电压（转速为零时的电压）低；④输出电压的极性或相位能随转动方向的改变而改变；⑤响应快，即转动惯量和电磁时间常数小。

测速发电机分直流测速发电机和交流测速发电机两类。

1. 直流测速发电机

（1）基本结构

直流测速发电机的结构与直流伺服电动机相同，采用他励式（电磁式或永磁式）。通常采用永磁式结构。

（2）工作原理

直流测速发电机的工作原理与小型直流发电机相同。磁场保持恒定，电枢随被测机械以转速 n 旋转，电枢绕组的感应电动势 $E_a = C_e \Phi n$，输出端电压 $U = E_a - I_a R_a = C_e \Phi n - \dfrac{U}{R_L} R_a$，

解得

$$U = \frac{C_e \Phi}{1 + \frac{R_a}{R_L}} n = Cn \tag{7-37}$$

式中，R_a 为电枢总电阻，包括电刷接触电阻；R_L 为负载电阻。

空载时，$R_L = \infty$，输出电压 U 与转速 n 成正比。$U = f(n)$ 曲线称为输出特性，近似为过原点的直线，特性斜率最大。负载电阻 R_L 越小，斜率就越小。直流测速发电机的输出特性如图 7-26 所示。

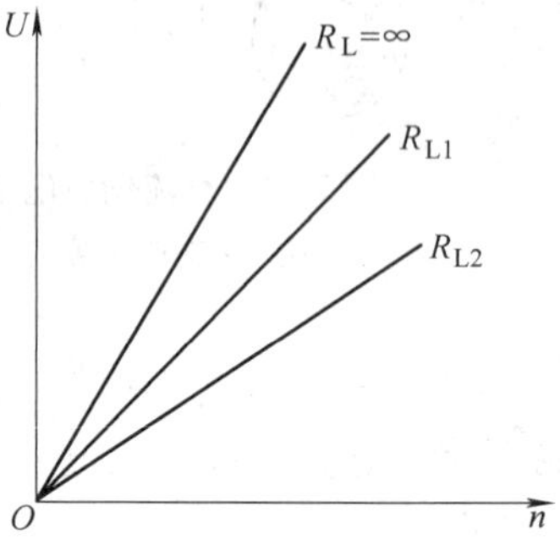

要输出特性的线性度好，就必须使 Φ 和 R_a 恒定不变，使 C 为常数，而实际上 C 不完全是常数，因而会产生线性误差。原因有：①环境温度的变化使励磁绕组电阻变化；②负载电流产生的电枢反应会使磁通 Φ 变化；③在电枢回路总电阻 R_a 中所包括的电刷与换向器之间的接触电阻都会随负载电流变化。

图 7-26 直流测速发电机的输出特性图

2. 交流测速发电机

（1）基本结构

交流测速发电机的结构与交流伺服电动机相同，定子上也有两相绕组，励磁绕组 f 和输出绕组在空间相差 90°电角度。转子常常采用非磁性杯形。杯形转子较笼型复杂，但其惯性小，精度高，应用最广。杯形转子交流测速发电机常把励磁绕组嵌在外定子上，而把输出绕组嵌在内定子上，内外定子的相对位置可以适当调节，以确保其精度。

（2）工作原理

通常将励磁绕组的轴线称为 d 轴，输出绕组的轴线称为 q 轴。在运行时，励磁绕组接通单相交流电源，加上频率为 f 的励磁电压 $\dot{U}_f$，产生 d 轴方向的脉振磁通势和磁通 $\dot{\Phi}_d$。由于与输出绕组无匝链关系，输出绕组不会有感应电动势，所以 $n=0$ 时输出绕组的电压 $U_2 = 0$。当转子以转速 n 旋转时，杯形转子切割磁通 $\dot{\Phi}_d$，产生感应电动势 E_r，其方向以 q 轴为分界，杯壁的上半部电动势为一个方向，下半部为另一方向，如图 7-27 所示。由于杯形转子的电阻很大，可以认为杯壁中的电流与电动势同相位，因而电流 $\dot{I}_r$ 与电动势 $\dot{E}_r$ 同方向，这个电流 $\dot{I}_r$ 产生的磁通 $\dot{\Phi}_q$ 在 q 轴方向，与输出绕组相匝链，在输出绕组中感生电动势 $\dot{E}_2$。$\dot{\Phi}_d$、$\dot{E}_r$、$\dot{I}_r$、$\dot{\Phi}_q$ 和 $\dot{E}_2$ 均以励磁电源的频率 f 交变，此频率与转速高低无关。如果转速改变方向，那么 $\dot{E}_r$、$\dot{I}_r$、$\dot{\Phi}_q$ 和 $\dot{E}_2$ 就均反相。

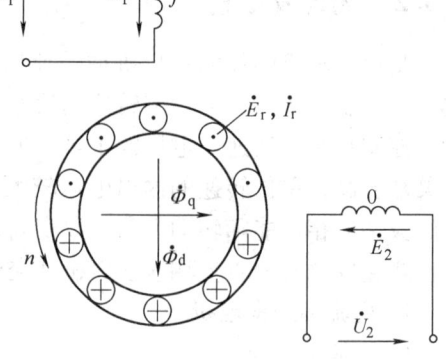

图 7-27 交流测速发电机原理图

由上述电磁关系可得以下正比关系，即

$$U_2 \approx E_2 \propto \Phi_q \propto I_r \propto E_r \propto \Phi_d n$$

可见，只要保持 Φ_d 不变，交流测速发电机的输出电压 $U_2 \propto n$，输出特性就为直线。另外，与直流测速发电机的输出特性相类似，空载时输出电压高，负载时输出电压低。

7.3.3 自整角机

自整角机的作用是将转角变换成电压信号，或将电压信号变换成转角。通过两台或两台以上自整角机的组合使用，可以实现角度的传输、变换和接收。例如，要使两根相距很远的轴同步偏转或旋转，很难用机械连接的方式来实现。若是利用自整角机来完成这一任务，则很方便。

自整角机按其作用的不同，分为力矩式自整角机和控制式自整角机两种；按供电电源相数的不同，自整角机又分为单相自整角机和三相自整角机两种。本节只介绍单相自整角机。

（1）基本结构

单相自整角机的基本结构如图 7-28 所示。

单相自整角机由三相绕组、定子铁心、转子铁心、单相绕组和电刷等部分组成。定子铁心用硅钢片叠成，内圆开槽，槽内嵌有对称的三相绕组，三相绕组按星形联结后引出 3 个接线端。转子铁心按不同类型制成凸极式或隐极式，其上装有单相绕组。转子绕组通过滑环和电刷引出。

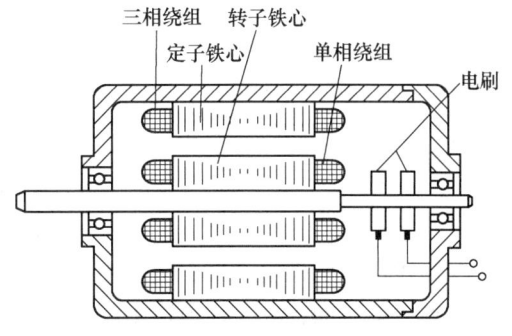

图 7-28 单项自整角机的基本结构图

（2）工作原理

1）力矩式自整角机　力矩式自整角机同步联结系统的电路如图 7-29 所示。其中自整角机 a 被放在需要发送转角的地方，称为自整角发送机；自整角机 b 被放在接收转角的地方，称为自整角接收机。它们的定子绕组又称为同步绕组，用导线对接起来；转子绕组又称为励磁绕组，接在同一交流电源上。

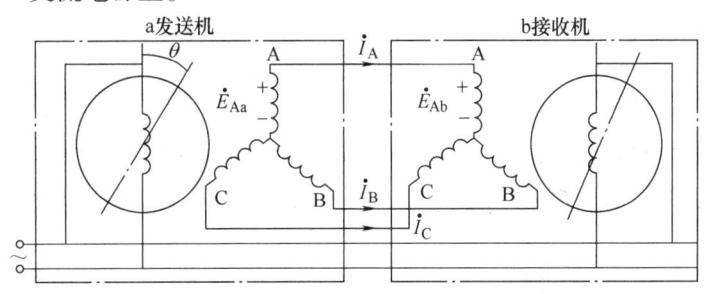

图 7-29 力矩式自整角机同步联结系统的电路图

①当发送机和接收机的定、转子绕组的相对位置相同时，即处在图 7-29 所示的位置时，就称发送机和接收机处于协调位置。这时，它们的转子电流流过转子绕组产生脉振磁场，分别在两者的定子绕组中产生电动势，而且 $\dot{E}_{Aa} = \dot{E}_{Ab}$，$\dot{E}_{Ba} = \dot{E}_{Bb}$，$\dot{E}_{Ca} = \dot{E}_{Cb}$。在定子电路内不会有电流，发送机和接收机中都不会产生电磁转矩，转子不会自行转动。

②若发送机转子在外力矩的作用下，顺时针偏转 θ 角，则发送机和接收机之间处于不协调位置，于是 $\dot{E}_{Aa} \neq \dot{E}_{Ab}$，$\dot{E}_{Ba} \neq \dot{E}_{Bb}$，$\dot{E}_{Ca} \neq \dot{E}_{Cb}$。在定子电路中就会有电流 $\dot{I}_A$、$\dot{I}_B$ 和 $\dot{I}_C$，在发送机和接收机中就都会产生电磁转矩。由于两者定子电流的方向相反（一个为输出、一个为

为输入），因而两者的电磁转矩方向相反。这时，发送机相当于一台发电机，其电磁转矩的方向与其转子的偏转方向相反，它力图使发送机转子回到原来的协调位置。但因发送机转子受外力控制，不可能往回转动，接收机就相当于一台电动机，其电磁转矩的方向使转子也向 θ 角的方向转动，直至重新转到新的协调位置（即与发送机一样也偏转了 θ 角）为止。于是接收机转子便准确地指示出了发送机转子的转角。

如果发送机转子在外施转矩的作用下不停地旋转,接收机转子就会以同一转速随之旋转。

2）控制式自整角机。控制式自整角机电路如图 7-30 所示。

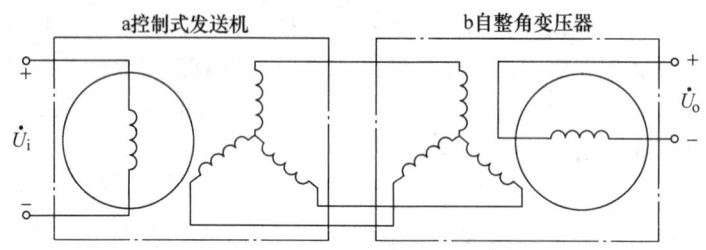

图 7-30　控制式自整角机电路图

控制式自整角机中的接收机并不直接带负载转动，转子绕组不是被接在交流电源上，而是用来输出电压的，故又称为输出绕组。由于该接收机是从定子绕组输入电压、从转子绕组输出电压的，它工作在变压器状态，所以称为自整角变压器。

①当自整角发送机与自整角变压器的定、转子绕组处于图 7-30 所示的位置（即它们的绕线转子互相垂直）时，它们所处的位置就称为控制式自整角机的协调位置。这时，由于只有自整角发送机的转子绕组接在交流电源上，它的脉振磁通势所产生的脉振磁场将在发送机定子三相绕组中分别产生感应电动势，进而在定子电路中产生 3 个相位相同而大小不同的电流 $\dot{I}_A$、$\dot{I}_B$ 和 $\dot{I}_C$。当自整角发送机的转子处在垂直位置时，如图 7-31a 所示，根据右手螺旋定则判断，转子脉振磁场在定子三相绕组中产生的感应电动势和电流的参考方向，左半部为流出导体，右半部为流入导体。定子电流通过三相绕组所产生的合成磁通势仍为脉振磁通势，而且其方位也在垂直位置，即与转子绕组的轴线一致。$\dot{I}_A$、$\dot{I}_B$ 和 $\dot{I}_C$ 通过自整角变压器的定子绕组也会产生与自整角发送机中一样的处于垂直方位上的脉振磁场。由于它与输出绕组垂直，所以不会在输出绕组中产生感应电动势。输出绕组的输出电压为零。

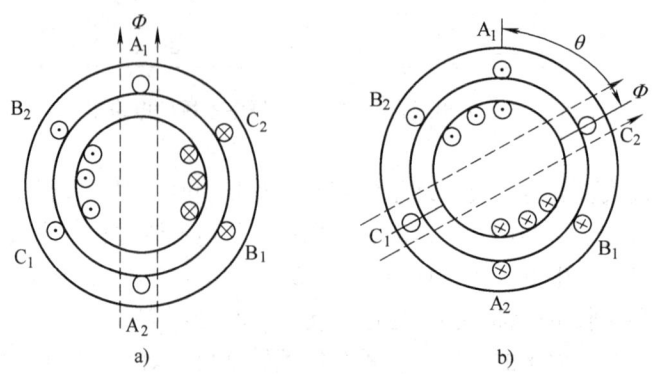

图 7-31　自整角机中的脉振磁通势
a）励磁绕组在垂直位置时　b）励磁绕组转过 θ 角时

②在外施转矩的作用下，自整角发送机的励磁绕组（转子绕组）顺时针偏转了 θ 角，如图 7-31b 所示，定子电流产生的脉振磁通势的方位也随转子一起偏转了 θ 角，仍然与励磁绕组的轴线一致。因此，在与之方位相同的自整角变压器中，定子脉振磁场便与输出绕组不再垂直，两者的夹角为 $(90°-\theta)$，将在输出绕组中产生一个正比于 $\cos(90°-\theta)=\sin\theta$ 的感应电动势和输出电压。可见，控制式自整角机可将远处的转角信号变换成近处的电压信号。若想利用控制式自整角机来实现同步联结系统，则可将其输出电压经放大器放大后，输入交流伺服电动机的控制绕组，伺服电动机便带动负载和自整角变压器的转子转动，直到重新达到协调位置为止，自整角变压器的输出电压为零，伺服电动机也不再转动。力矩式自整角机系统不需要其他辅助元器件，系统结构简单，价格低廉，但负载能力低，只能带动指针、刻度盘之类的轻负载，而且只能组成开环的自整角系统，系统的准确度低，一般适用于对准确度要求不高的小负载指示系统。控制式自整角机系统的负载能力取决于系统中的放大器和伺服电动机的功率，负载能力远比力矩式自整角机大，准确度也比力矩式自整角机高得多，但是结构复杂，价格贵。

7.3.4 步进电动机

步进电动机的作用是把输入的脉冲电信号变换为输出的角位移，亦即电源每输入一个脉冲电信号，电动机就前进一步，转过一个角度。输出的角位移与脉冲数成正比，转速与脉冲频率成正比。在数控开环系统中作为执行元器件。步进电动机按工作原理不同分为反应式、永磁式和混合式等，其中反应式应用最广。本节只介绍反应式。

1. 基本结构

图 7-32 所示为三相反应式步进电动机的结构示意图。定子上 6 个磁极，每个磁极上都套有控制绕组（没有画出），相对两磁极的绕组为同一相，转子上有 4 个齿，齿宽与定子磁极极靴宽度相等，定、转子铁心均为凸极结构，由硅钢片冲制叠压而成。若反应式步进电动机定子相数 m 一般取 $2\sim 6$，则定子极数为 $2m$。本例 $m=3$。

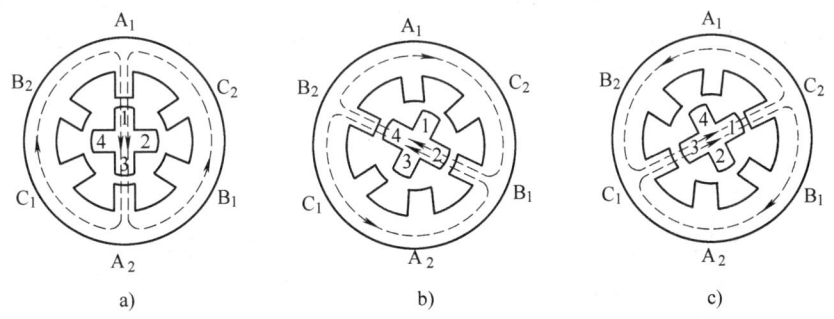

图 7-32 三相反应式步进电动机的结构示意图

2. 工作原理

当 A 相绕组通直流电时，磁力线力图通过磁阻最小的途径，转子转到使转子齿 1 和 3 的轴线与定子 A 相绕组轴线重合的位置，如图 7-32a 所示；当 A 相断电、B 相通电时，转子将沿顺时针方向转过 30°角，直至转子齿 2 和 4 的轴线与定子 B 相绕组轴线重合为止，如图 7-32b 所示；当 B 相断电、C 相通电时，转子又顺时针转过 30°角，转子齿 3 和 1 的轴线与定子 C

相绕组轴线相重合,如图 7-32c 所示。如按 A→B→C→A…顺序不断轮流接通和断开控制绕组,转子就按顺时针方向一步一步地转动。显然,步进电动机的转速取决于输入励磁电脉冲的频率,旋转方向取决于控制绕组通电的顺序,如将通电顺序改为 A→C→B→A…,电动机就反向转动。

控制绕组从一种通电状态转换到另一种通电状态叫做"一拍"。转子每一拍所转过的空间角度称为步距角,以 θ_b 表示。上述通电方式称为"三相单三拍","三相"是指定子共有三相绕组,"单"是指每次通电时,只有一相控制绕组通电,"三拍"是指经过 3 次切换通电状态完成一个循环,转子转过一个齿距对应的空间角度,步距角为 30°。

三相步进电动机还常采用"三相双三拍"通电方式。它的通电顺序是 AB→BC→CA→AB……。当 A、B 两相通电时,其平衡位置如图 7-33a 所示;当断开 A 相,使 B、C 相通电时,转子平衡位置将如图 7-33b 所示;同理,当断开 B 相,使 C、A 相通电时,平衡位置如图 7-33c 所示。可见,转子转动方向与 A→B→C→A…通电方式相同,步距角也仍为 30°。如将通电顺序改为 AC→CB→BA→AC…,电动机将反转。"三相单双六拍"的通电顺序为 A→AB→B→BC→C→CA→A…,相当于前面两种通电方式的综合,步距角变为 15°。

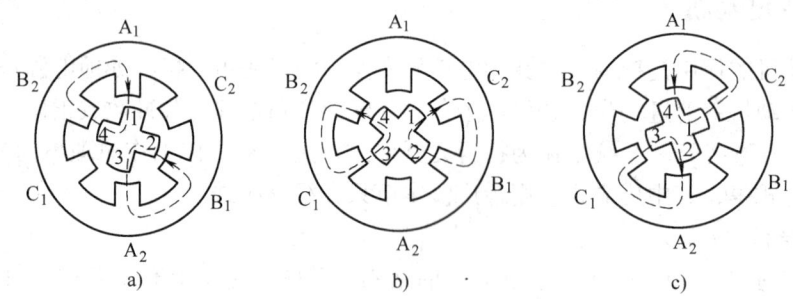

图 7-33 三相反应式步进电动机双三拍运行示意图

综上所述,可以看到步进电动机的转角与输入脉冲数成正比,其转速与输入脉冲的频率成正比,因而不受电压、负载及环境条件变化的影响。步进电动机的上述工作性能又正好符合数字控制系统的要求,因而它在数控机床、轧钢机和军事工业等部门得到了广泛的应用。

7.4 小结

单相异步电动机采用笼型转子,如果定子上只有工作绕组,接通单相交流电源时就产生脉振磁通势,分解为两个幅值相等、转速相同、转向相反的旋转磁通势,分别作用于转子,当 $n=0$ 时,合成转矩为零,所以不能自行起动。为解决起动问题,一般应装设起动绕组。具体的起动方法有分相式和罩极式两种,分相式又分为电阻分相式和电容分相式两种。电容分相式电动机的结构较复杂一点,但起动、运行性能较好;罩极式电动机结构简单,但起动转矩较小。

三相同步电动机的定子三相绕组产生同步旋转磁通势,转子励磁绕组产生对转子静止的励磁磁通势,在正常运行时,这两个磁通势在空间必须相对静止,为此同步电动机的转速必然保持同步转速,不受负载变化的影响,这是同步电动机的第一个特点。

电枢磁通势对励磁磁场的影响称为电枢反应。在隐极同步电动机中,电枢反应用电枢反

应电抗 X_a 来表征；在凸极同步电动机中，则用直轴和交轴电枢反应电抗 X_{ad} 和 X_{aq} 来表征。电枢反应电抗与漏电抗之和称为同步电抗，对隐极同步电动机，$X_t = X_a + X_\sigma$；对凸极同步电动机，$X_d = X_a + X_\sigma$，$X_q = X_a + X_\sigma$。当忽略电枢电阻 R_a 时，隐极同步电动机的电动势平衡方程式为 $\dot{U} = \dot{E}_0 + j\dot{I}X_t$；凸极同步电动机的电动势平衡方程式为 $\dot{U} = \dot{E}_0 + j\dot{I}_d X_d + j\dot{I}_q X_q$。

同步电动机电磁功率与功率角的关系曲线 $P_e = f(\delta)$ 称为功角特性，电磁转矩与功率角的关系曲线 $T_e = f(\delta)$ 称为矩角特性，两特性的形状相同。运行时，电磁功率不能超过最大值 P_{emax}，为此，隐极同步电动机的功率角 δ 的极限值为 90°，凸极同步电动机的 δ 的限值小于 90°。为确保一定的过载能力，一般额定运行时的功率角 δ_N 为 20°~30°。

同步电动机电枢电流与励磁电流的关系曲线，称为 V 形曲线。每一条 V 形曲线对应一定的输出功率。当 $\cos\varphi = 1$ 时，电枢电流最小，这时的励磁状态称为正常励磁；当励磁电流小于正常励磁电流时称为欠励状态，电动机从电网吸取感性无功电流；当励磁电流大于正常励磁电流时称为过励状态，电动机从电网吸取容性无功电流，相当于向电网输出感性无功电流。由于电网上的负载一般都是电感性的，所以，同步电动机一般工作在过励状态，向电网提供感性无功电流，以改善电网的功率因数。能够改善电网的功率因数是同步电动机的第二个特点。

同步电动机不能自行起动，最常用的起动方法是异步起动法，就是利用转子上装设的起动绕组，利用异步电动机的原理先异步起动，当转速接近同步转速时，通入直流励磁电流，将转子牵入同步，完成起动过程。

控制电机的功能是实现控制信号的转换与传输，在控制系统中作为执行元器件或信号元器件。控制系统对控制电机的基本要求是精度高、响应快和性能稳定可靠。

伺服电动机的功能是将控制电压信号转换为转速，拖动负载旋转，在控制系统中作为执行元器件，又称为执行电动机，分直流和交流两类。直流伺服电动机的结构和工作原理与小型他励直流电动机相同，一般保持励磁不变，采用电枢控制方法以控制电动机的转速和转向。直流伺服电动机的机械特性线性度好，转速控制范围和输出功率都较大，转子比较细长，以减小转动惯量，提高响应速度；缺点是有换向器和电刷，维护比较麻烦。交流伺服电动机相当于分相式单相异步电动机，励磁绕组和控制绕组相当于单相异步电动机的主绕组和副绕组。运行时，将控制信号加于控制绕组，控制方式有 3 种，即幅值控制、相位控制和幅值-相位控制，都是通过改变电机中旋转磁场的椭圆度和旋转方向，从而控制电动机的转速和转向。交流伺服电动机的转子电阻设计得较大，目的在于克服自转现象。当交流伺服电动机采用空心杯形转子时，转动惯量小，响应快，运转平稳，维护简单；缺点是结构复杂，因而励磁电流较大，功率因数较低。交流伺服电动机机械特性的线性度较差，但无换向器和电刷，工作可靠性高，维护简便，故一般交流伺服电动机应用较多。

测速发电机的功能是将转速信号转换为电压信号，输出电压与转速成正比关系，在控制系统中作为检测元器件，也分直流和交流两类。直流测速发电机的结构和工作原理与小型他励直流发电机相同。理想的输出特性（输出电压与转速的关系曲线）应为过原点的直线，而且斜率较大；交流（异步）测速发电机的结构与交流伺服电动机相同，转子通常采用杯形转子，定子两相绕组，一个作为励磁绕组，另一个作为输出绕组。输出电压的有效值与转速成正比，频率则与励磁电源的频率相同，与转速无关。

自整角机的作用是将转角变换成电压信号，或将电压信号变换成转角，通过两台或两台以上自整角机的组合使用，实现角度的传输、变换和接收。自整角机按其作用的不同，分为力矩式自整角机和控制式自整角机两种。

在力矩式自整角机同步联结系统中需要发送转角的称为自整角发送机，接收转角的称为自整角接收机。发送机相当于一台发电机，接收机则相当于一台电动机。当发送机偏转了 θ 角时，接收机转子便准确地指示出发送机转子的转角。如果发送机转子在外施转矩的作用下不停地旋转，接收机转子就会以同一转速随之旋转。在控制式自整角机中的接收机不直接带负载转动，而是用来输出电压，故又称为输出绕组。该接收机是从定子绕组输入电压，从转子绕组输出电压，工作在变压器状态。控制式自整角机可将远处的转角信号变换成近处的电压信号。力矩式自整角机系统结构简单，价格低廉，只能带动轻负载，组成开环的自整角系统，一般适用于对准确度要求不高的小负载指示系统。控制式自整角机系统的负载能力远比力矩式自整角机大，准确度也高。但是结构复杂，价格贵。

步进电动机是将电脉冲信号转换为角位移或转速的电动机。输入一个脉冲，电动机前进一步，转过一个步距角，它在控制系统中作为执行元器件。反应式步进电动机结构简单，应用最广。步距角的大小决定于转子齿数和通电方式，双拍制通电方式时的步距角比单拍制时小一半。当通电方式一定时，若步距角一定，则角位移与脉冲的数目成正比。步进电动机的转速与脉冲频率成正比。步进电动机的步距角和转速不受电压波动和负载变化的影响。也不受温度变化和振动等环境条件的影响，步距角的误差不会累计，且具有自锁能力，精度较高，适用于数字控制的开环或闭环系统。

7.5 思考题和习题

思 考 题

1. 同步电动机的工作原理是什么？它与异步电动机有何不同？
2. 当同步电动机电源频率为 50Hz 时，10 极同步电动机的转速是多少？18 极同步电动机的转速又是多少？
3. 为什么同步电动机只能运行在同步转速，而异步电动机不能在同步转速下运行？
4. 当同步电动机在欠励和过励运行时，分别从电网吸收什么性质的无功功率？
5. 什么是同步电机的电枢反应？什么是同步电机的双反应理论？
6. 一台同步电动机，按电动机惯例定向，定子电流滞后电压，若不断增加其励磁电流，则电动机的功率因数将怎样变化？
7. 从磁能观点说明调节励磁可以调节同步电动机功率因数的道理。调节励磁对同步电动机的有功负载有无影响？
8. 什么是同步电动机的功角特性？θ 角有什么意义？
9. 隐极同步电动机电磁功率与功率角有什么关系？电磁转矩与功率角有什么关系？
10. 若将同步电动机转子绕组换为三相对称绕组，并在定、转子绕组中通入三相对称正弦交流电流，则转子的转动情况如何？
11. 为什么说同步电动机本身无起动能力？采用异步法起动同步电动机时应注意哪些事项？
12. 试述直轴和交轴同步电抗的意义。
13. 什么是伺服电动机的"自转"现象？对于两相伺服电动机如何消除"自转"？

14. 两相交流伺服电动机的转子电阻为什么要选得相当大？
15. 交流伺服电动机在幅值控制时，什么情况下电动机磁通势为圆形旋转磁通势？
16. 为什么直流测速发电机的应用转速不宜超过规定的最高转速？而负载电阻却不能小于最小值？
17. 什么是直流测速发电机的输出特性？理想输出特性和实际输出特性有何区别？简述引起输出电压线性误差的主要原因。
18. 为什么交流异步测速发电机的输出电压与转速成正比？与频率无关？
19. 为什么如果改变两相交流伺服电动机控制电压的大小和相位，就能改变电动机的转速和旋转方向？
20. 什么是步进电动机的拍？单拍制和双拍制有什么区别？

习　题

1. 一台 2kV 星形联结的三相隐极同步电动机，同步阻抗为 $0.2 + j10\Omega$，当电动机从额定电压的电网吸收 80kW 的功率时，求功率因数分别为 $\cos\varphi = 0.8$（滞后）、$\cos\varphi = 0.8$（超前）两种情况时的空载电动势和功率角。

2. 已知一台三相同步电动机，额定功率 $P_N = 2000\text{kW}$，额定电压 $U_N = 3000\text{V}$（星形联结），额定功率因数 $\cos\varphi_N = 0.85$（超前），额定效率 $\eta_N = 0.95$，极对数 $p = 3$，定子每相电阻 $R_1 = 0.1\Omega$，求

（1）额定运行时定子输入的电功率 P_1。

（2）额定电流。

（3）额定电磁功率。

（4）额定电磁转矩。

3. 某工厂使用多台异步电动机，总输出功率为 3000kW，平均效率为 80%，功率因数为 0.75（滞后），该厂电源电压为 6000V，由于生产需要增加一台同步电动机，当这台同步电动机的功率因数为 0.8（超前）时，已将全厂的功率因数调整到 1，求此时同步电动机承担多少视在功率和有功功率？

4. 一台三相隐极同步电动机，额定电压 $U_N = 380\text{V}$（星形联结），当功率角 $\theta = 30°$ 时，电磁功率 $P_M = 16\text{kW}$，同步电抗 $X_C = 5\Omega$，忽略定子绕组电阻。

（1）求此时的空载电动势 E_0。

（2）保持（1）中的励磁电流不变，求最大电磁功率。

5. 将一台三相凸极同步电动机并联在电网上运行，$U_N = 380\text{V}$（星形联结），参数 $X_d = 15\Omega$，$X_q = 11\Omega$，忽略电枢电阻，已知在额定电压下输入功率 $P_1 = 11.43\text{kW}$，功率因数 $\cos\varphi = 0.866$（超前）。

（1）画出运行时的电动势相量图，并分别求 θ、I_d、I_q、E_0 各为多少？

（2）若此时电动机失去励磁，则能否继续稳定运行？

6. 一台隐极同步电动机，最大转矩与额定转矩之比为 2。当励磁电流不变。不计电枢电阻、满载运行时，外施电压下降到额定电压的 70%，问同步电动机能否稳定运行？外施电压下降到多少时，同步电动机不能稳定运行？

第8章 电机与拖动系统的 MATLAB 仿真

电机与拖动基础是一门理论性和实践性都很强的课程,在学习了电机与拖动系统的理论知识后,必须通过一定的实践才能更清楚地掌握其理论本质。针对实践过程中遇到的具体问题,运用所学理论去分析和解决,就会使理论得到深化,使之与实践融为一体。为了突出培养学生的实践技能,提高解决实际问题的能力,本书将实践内容单独成章。

本教材的实践内容包括基于 MATLAB 的电机与拖动系统仿真实验和基于与课程配套的教学实验设备的实物实验两个部分的内容。其中将电机与拖动系统的 Matlab 仿真实验作为独立一章,电机与拖动实物实验作为另外一章。

8.1 电机与拖动系统的 MATLAB 仿真概述

应用 MATLAB 计算机仿真技术对电机与拖动系统进行仿真分析,可以加深学生对所学理论的理解,提高实践动手能力。计算机仿真是一种低成本、不需要进实验室就能进行的实验手段,近年来获得了广泛应用。

目前,运用 MATLAB 对电机与拖动系统进行计算机仿真有两种方法。一种方法是以编程方法编制 M 文件进行电机特性的仿真分析;另一种方法是采用面向电机拖动系统的电气原理结构图、使用 SimPower System 工具箱进行系统的建模与仿真分析。在 Matlab5.2 以上的版本中,新增了一个电力系统(SimPower System)工具箱 [本教材使用 Matlab7.6(R2008a 版本)]。该工具箱与一般的控制系统工具箱有所不同,用户不需编程且不需推导系统的动态数学模型,而只要从工具箱的元器件库中复制所需的电气元器件,按电气系统的结构进行连接即可。系统的建模过程接近实物实验系统的搭建过程,而且元器件库中的电气元器件能较全面地反映相应实际元器件的电气特性,仿真结果的可信度很高。

面向电气原理结构图的仿真方法如下:首先以电机拖动系统的电气原理结构图为基础,弄清楚系统的构成,从 SimPower System 和 Simulink 模块库中找出对应的模块,按系统的结构进行建模;然后对系统中的各个组成环节进行元器件参数设置,在完成各环节的参数设置后,进行系统仿真参数的设置;最后对系统进行仿真实验,并进行仿真结果分析。为了使系统得到好的性能,通常要根据仿真结果来对系统的各个环节进行参数的优化调整。

本章首先采用编程序的方法进行电机特性的仿真分析,然后再采用面向电气原理结构图的仿真方法,对典型的电机拖动系统进行仿真实验分析。

8.2 基于编制 M 文件方法的电动机机械特性和工作特性的仿真

8.2.1 直流电动机机械特性和工作特性的 MATLAB 仿真

直流电动机的机械特性是指电动机的转速与电磁转矩的关系,它包括固有机械特性和人为机械特性，而人为机械特性又有改变电枢电压、改变电枢电阻和改变磁通 3 种情况。工作特性指的是电动机的转速、电磁转矩与电动机电枢电流的关系。根据已知的直流电动机参数，使用 Matlab 编制 M 文件，通过计算可以画出直流电动机的固有机械特性、人为机械特性曲线以及工作特性。下面通过一个具体例子说明如何绘制机械特性和工作特性。对不同参数的电动机，只要修改相关语句即可。

【例 8-1】 某他励直流电动机，已知额定值 $U_N = 220\text{V}$，$P_N = 22\text{kW}$，$I_N = 115\text{A}$，$n_N = 1500\text{r/min}$；电枢电阻 $R_a = 0.18\Omega$；励磁电阻 $R_f = 628\Omega$。运用 Matlab 编制 M 文件，分别画出固有机械特性和当改变电枢电压、改变电枢电阻、改变磁通时的人为机械特性曲线以及工作特性。

解： 他励直流电动机的机械特性方程为

$$U_N = C_e\Phi_N n_N + R_a I_{aN}, \quad C_T\Phi_N = 9.55 C_e\Phi_N, \quad n = \frac{U}{C_e\Phi} - \frac{R_a}{C_e C_T \Phi^2} T_e$$

他励直流电动机的工作特性方程为

$$n = \frac{U}{C_e\Phi} - \frac{R_a}{C_e\Phi} I_a \tag{8-1}$$

$$T_e = C_T \Phi I_a \tag{8-2}$$

式中，n_N、Φ_N、I_N 和 R_a 分别为直流电动机的额定转速、每极额定磁通、额定电枢电流和电枢电阻。

根据所给出的额定数据，可求得 $C_e\Phi_N$ 和 $C_T\Phi_N$，计算出在不同电枢电压、不同电枢电阻和不同磁通情况下的机械特性曲线以及工作特性。用 M 语言编写的程序及相关注释如下。

1	clear	%清除工作空间的变量
2	U_N = 220;P_N = 22;I_N = 115;	%已知额定电压、额定功率、额定电流
3	n_N = 1500;R_a = 0.18;R_f = 628;	%已知额定转速、电枢电阻、励磁电阻
4	Ia_N = I_N − U_N/R_f;	%计算额定电枢电流
5	C_EPhi_N = (U_N − R_a * Ia_N)/n_N;	%计算电动势常数
6	C_TPhi_N = 9.55 * C_EPhi_N;	%计算电磁转矩常数
7	Ia = 0:Ia_N;	%建立电枢电流的数组
8	n = U_N/C_EPhi_N − R_a/(C_EPhi_N) * Ia;	%计算转速
9	Ie = C_TPhi_N * Ia;	%计算电磁转矩
10	P1 = U_N * Ia + U_N * U_N/R_f;	%计算总输入功率
11	I2_N = 9550 * P_N/n_N;	%计算额定机械转矩
12	figure(1);	%建立 1 号图形窗口
13	plot(Te,n,'. −');	%绘制基本机械特性曲线
14	ylim([0,1800]);	%限制纵轴显示范围
15	figure(2);	%建立 2 号图形窗口
16	plot(Te,n,'rs');	%绘制基本机械特性曲线
17	hold on;	%保持图形
18	R_c = 0;	%临时变量

```
19    for coef = 1: -0.11:0.25;
20        U = U_N * coef;                       % 改变电枢电压
21        n = U/C_EPhi_N - (R_a + R_c)/(C_EPhi_N * C_IPhi_N) * Ie;
22                                              % 计算对应不同电枢电压的转速
23        plot(Ie,n,'k-');                      % 绘制改变电压的机械特性曲线
24        str = strcat('U = 'num2str(U),'V');   % 显示字符串处理
25        s_y = 1650 * coef;                    % 显示字符串纵坐标
26        text(50,s_y,str);                     % 给曲线标注电压值
27    end
28    figure(3);                                % 建立3号图形窗口
29    n = U_N/C_EPhi_N - (R_a + R_c)/(C_EPhi_N * C_IPhi_N) * Te;
30                                              % 计算转速
31    plot(Te,n,'rs');                          % 绘制基本机械特性曲线
32    hold on;                                  % 保持图形
33    U = U_N;R_c = 0.02;
34    for R_c = 0:0.5:1.9;
35        n = U/C_EPhi_N - (R_a + R_c)/(C_EPhi_N * C_TPhi_N) * Te;
36                                              % 计算转速
37        plot(Te,n,'k-');                      % 绘制转矩特性曲线
38        str = strcat('R = ',num2str(R_c + R_a),'\Omega');
39                                              % 字符串处理
40        s_y = 400 * (4 - R_c * 1.8);          % 显示字符串的纵坐标
41        text(120,s_y,str);                    % 给各个曲线标记电阻值
42    end
43    ylim([0,1700]);
44    figure(4);                                % 建立4号图形窗口
45    R_c = 0
46    n = U_N/C_EPhi_N - (R_a + R_c)/(c_EPhi_N * C_TPhi_N) * Te;
47                                              % 计算转速
48    plot(Te,n,'rs');                          % 绘制基本机械特性曲线
49    hold on;
50    U = U_N;R_c = 0;
51    for coef = 0.5:0.25:13;
52        C_EPhi = C_EPhi_N * coef;             % 改变磁通值
53        C_TPhi = C_TPhi_N * coef;             % 改变转矩值
54        n = U/C_EPhi - (R_a + R_c)/(C_EPhi * C_TPhi) * Te;
55                                              % 计算转速
56        plot(Te,n,'k-');                      % 绘制人为机械特性曲线
57        str = strcat('\phi = ',num2str(coef),'* \phi_N');
```

58		% 显示字符串处理
59	s_y = 900 * (4 - coef * 2.2);	% 显示字符串纵坐标
60	text(120, s_y, str);	% 给各个曲线标记磁通值
61	end	
62	ylim([0, 3500]);	% 限制纵坐标的显示范围
63	Ia = 0:Ia_N;	
64	n = U_N/C_EPhi_N - R_a/(C_EPhi_N) * Ia;	% 计算转速
65	Te = C_TPhi_N * Ia;	% 计算电磁转矩
66	Te_p = Te * 10;	% 电磁转矩扩大 10 倍显示
67	figure(5);	% 建立 5 号图形窗口
68	plot(Ia, n, 'r.-', Ia, Te_p, 'b.-');	% 绘制转速对电流曲线和转矩对电流曲线
69	text(30, 1500, '转速(n/rpm)');	% 标记转速曲线
70	text(50, 500, '电磁转矩(Te(x10)');	% 标记转矩曲线值

程序在运行后，就分别绘制出了他励直流电动机的固有机械特性和当降低电枢电压、增加电枢电阻、改变磁通时的人为机械特性，以及工作特性，如图 8-1 所示。

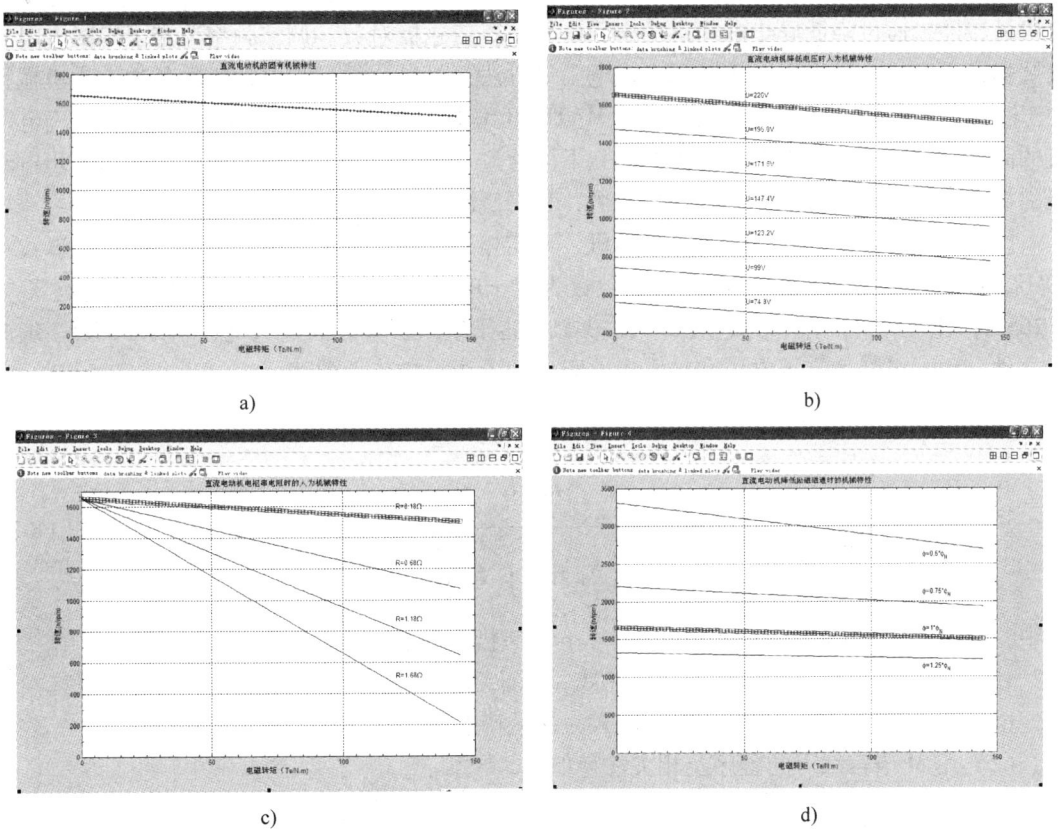

图 8-1 他励直流电动机的固有机械特性和人为机械特性以及工作特性图
a) 固有机械特性 b) 降低电枢电压的人为机械特性 c) 电枢串电阻时的人为机械特性
d) 改变磁通时的人为机械特性

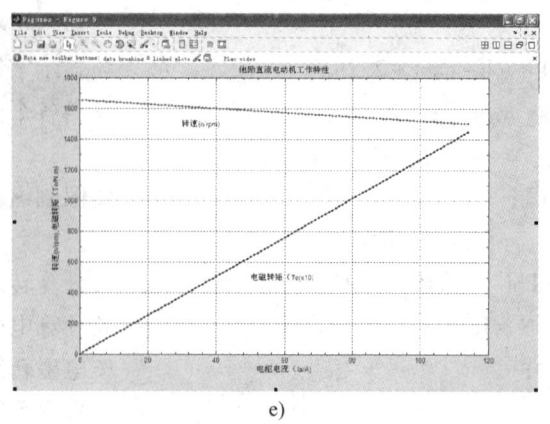

e)

图 8-1 他励直流电动机的固有机械特性和人为机械特性以及工作特性图（续）
e）他励式直流电动机的工作特性

从仿真得到的直流电动机的机械特性和工作特性看，与前面章节的理论分析是相符合的。

8.2.2 交流电动机机械特性的 MATLAB 仿真

异步电动机在电源电压和频率一定的条件下，其转速和电磁转矩的关系称为异步电动机的机械特性。通过降低异步电动机的定子电压、改变磁极对数、调节频率、定子串联电阻或电抗器以及绕线式异步电动机转子串联电阻等方法，可以获得异步电动机的各种人为机械特性。根据已知的交流电动机参数，使用 MATLAB 编制 M 文件，通过计算可以画出交流电动机的固有机械特性和人为机械特性曲线。下面通过一个具体例子说明如何绘制交流异步电动机的机械特性曲线。对不同参数的电动机，只要修改相关语句即可。

【例 8-2】 一台 4 极三相异步电动机，额定电压 $U_N = 380V$（△联结），额定频率 $f_N = 50Hz$，额定转速 $n_N = 1487 r/min$，其他参数为定子电阻 $R_1 = 0.055\Omega$，定子绕组漏电抗 $X_1 = 0.265\Omega$，转子绕组折算后的电阻 $R_2' = 0.04\Omega$，转子绕组折算后的漏电抗 $X_2' = 0.565\Omega$。编制 M 文件分别画出降低定子电压和转子串电阻后的人为机械特性曲线。

解：（1）三相异步电动机的电磁转矩 T_e 和转差率 s 之间的关系如下

$$T_e = \frac{m_1 p U_1^2 \dfrac{R_2'}{s}}{2\pi f_1 \left[\left(R_1 + \dfrac{R_2'}{s}\right)^2 + (X_1 + X_2')^2\right]} \tag{8-3}$$

式中，m_1 和 f_1 为交流电源的相数和频率；p 为磁极对数。

利用式（8-3）可求固有机械特性曲线，并计算不同电源电压情况下的人为机械特性曲线，也可以计算不同电枢电阻情况下的人为机械特性曲线。

（2）用 M 语言编写的程序及相关注释如下。

```
1  clear;                                    % 清除工作空间的变量
2  m1 = 3;U1 = 220 * sqrt(3);R1 = 0.055;R2 = 0.04;P = 2;f = 50;
                                             % 定子电源相数,电压,定子电阻,转
                                               子电阻,极对数,电源频率
```

```
3   omega = 2 * pi * f/P;X1 = 0.265;X2 = 0.565;
                                                %同步转速,定子漏抗,转子漏抗
4   s = 0.005:0.005:1;                          %转差率变化范围 0 ~ 1,间隔 0.005
5   Te = (m1 * P * U1^2 * R2)./s./(omega. * (R1 + R2./s).^2 + (X1 + X2)^2));
                                                %计算电磁转矩
6   figure(1)                                   %打开 1 号图形窗口
7   plot(s,Te,'k - ');                          %绘制电磁转矩曲线
8   str_x = 0.02;                               %标注字符的横坐标
9   text(str_x,max(Te) + 100,strcat('U1 = ',num2str(int16(U1)),'V'),'Color','black');
                                                %标注基本曲线的电压值
10  hold on;
11  for coef = 0.75: - 0.25:0.25;U1p = U1 * coef;
                                                %降低电压 coef * U1
12      Te1 = (m1 * P * U1p^2 * R2)./s./(omega. * ((R1 + R2./s).^2. + (X1 + X2)^2));
                                                %计算电磁转矩
13      plot(s,Te1,'k - ');                     %绘制电磁转矩曲线
14      str = strcat('U1 = ',num2str(int16(U1p)),'V');
                                                %创建标注字符串
15      str_y = max(Te1) + 100;                 %标注字符串的纵坐标值
16      text(str_x,str_y,str,'Color','black');
                                                %标记各个曲线的电压值
17  end
18  figure(2);                                  %打开 2 号图形窗口
19  plot(s,Te,'k - ');                          %绘制电磁转矩曲线
20  str_x = 0.75;                               %标注字符串的横坐标
21  str_y = Te(length(Te));                     %标注字符串的纵坐标
22  text(str_x,str_y,strcat('R2 = ',num2str(R2),'\omega'),'Color','black');
                                                %标注基本特性曲线的电阻值
23  hold on;
24  for coef = 3:3:12;R2p = R2 * coef;          %改变转子电阻 coef * R2
25      Te1 = (m1 * P * U1^2 * R2p)./s./(omega. * ((R1 + R2p./s).^2. + (X1 + X2)^2));
                                                %计算电磁转矩
26      plot(s,Te1,'k - ');                     %绘制电磁转矩曲线
27      str = strcat('R2 = ',num2str(R2p),'\Omega');
                                                %创建字符串
28      str_y = Te1(length(Te1));               %标注字符串的纵坐标
29      text(str_x,str_y,str,'Color','black');  %标注各个曲线的电阻值
30  end
```

在运行程序后,就可分别绘制出交流异步电动机降低定子电压和转子串电阻后的人为机

械特性，如图 8-2 所示。需要说明的是，对曲线的显示格式进行了一些编辑操作，以便更符合人们的一般习惯。

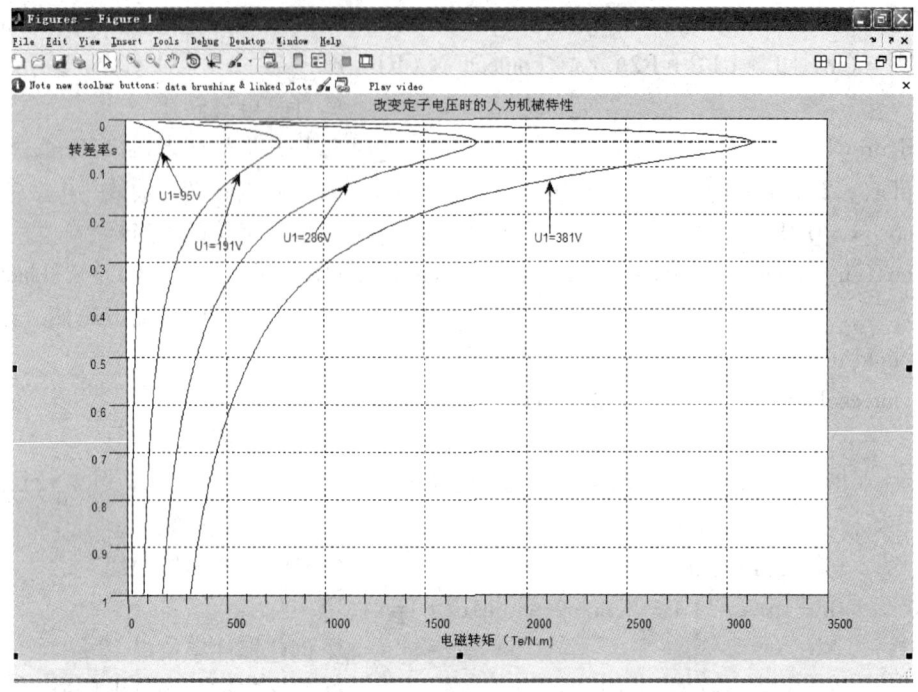

a)

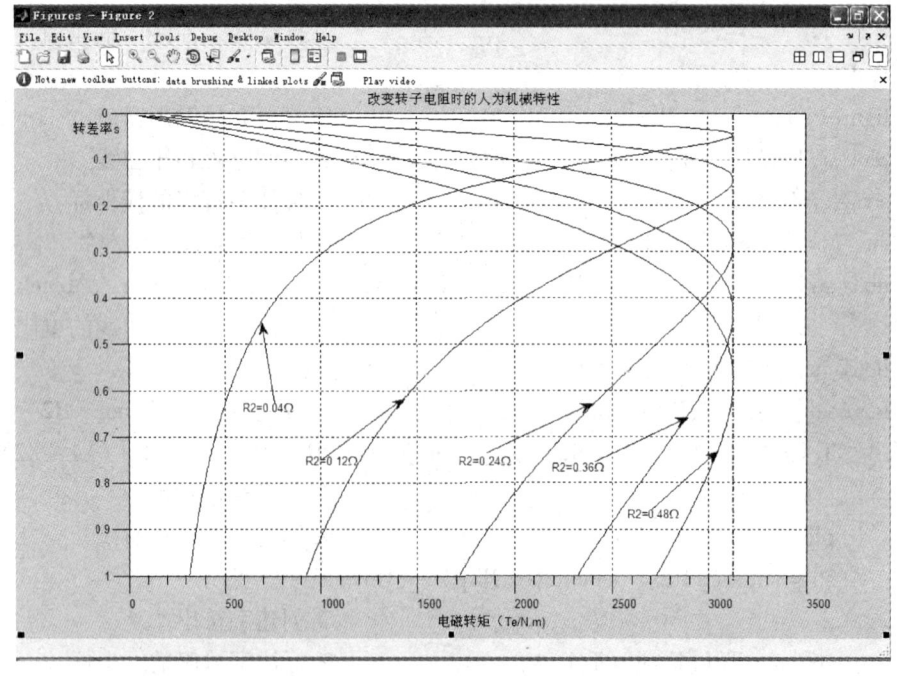

b)

图 8-2　三相异步电动机的人为机械特性

a) 异步电动机降低定子电压后的人为机械特性　b) 异步电动机转子串电阻后的人为机械特性

从仿真得到的交流电动机的机械特性看,与前面章节的理论分析是相符合的。

8.3 面向电气原理结构图的直流电动机拖动系统仿真

面向电气原理结构图的电机拖动系统仿真方法是以拖动系统的电气原理结构图为基础,按照系统的构成,从 SimPower System 和 Simulink 模块库中找出对应的模块,按系统的结构进行连接,完成建模工作,然后进行参数设置和仿真研究。因此,仿真内容的编写将首先简要回顾电机拖动系统的电气原理和结构,其次采用建模方法进行建模,并在此基础上进行参数设置和仿真分析。

本节内容包括典型的直流电动机起动、调速和制动仿真。调速方面主要介绍后续课程"电力拖动自动控制系统"中不涉及的内容。

8.3.1 直流电动机拖动系统的起动仿真

1. 他励直流电动机的直接起动仿真

(1) 直接起动电气原理

将额定电压直接加至电动机电枢两端进行起动。直接起动存在的问题是:起动电流大,换向火花严重,冲击转矩大。

(2) 建模方法

由电气原理可知,该系统应该由直流电源、直流电动机等部分组成。图 8-3 所示是采用面向电气原理结构图方法构建的他励直流电动机直接起动系统的仿真模型。下面介绍各部分建模和参数设置的过程。

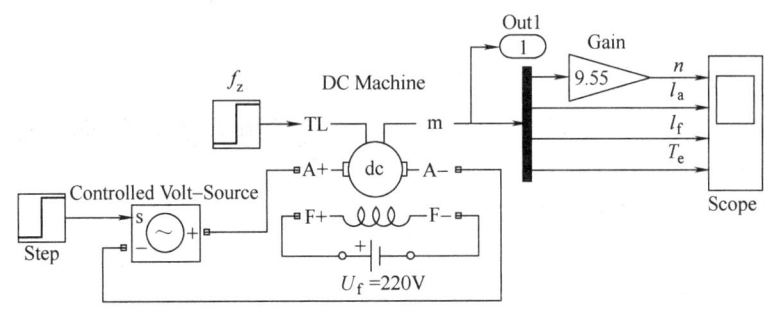

图 8-3 他励直流电动机直接起动系统的仿真模型

1) 模型中使用的主要模块、提取途径和作用。

①阶跃信号模块:Simulink/Source/Step,作为电枢给定信号和负载给定信号。

②受控电压源模块:SimPowerSystems/Electrical sources/Controlled Voltage Source,作为电枢电源。

③直流电压源模块:SimPowerSystems/Electrical sources/DC Voltage Source,作为励磁电源。

④直流电动机模块:SimPowerSystems/Machines/DC Machine,被控对象。

⑤输出端口模块:Simulink/Sinks/Out1,将数据输出到工作空间。

⑥分路器模块：Simulink/Signal Routing/Demux；将一路信号转换成多路信号。

⑦增益模块：Simulink/Math Operation/Gain；本系统将角速度转换成 rpm/min。

⑧示波器模块：Simulink/Sinks/Scope。

2）典型模块的参数设置。双击相关模块的图标（这是打开该模块参数设置对话框的方法，后面不再赘述）。

①电枢给定信号和负载给定信号模块的参数设置。其对话框分别如图 8-4 和图 8-5 所示。

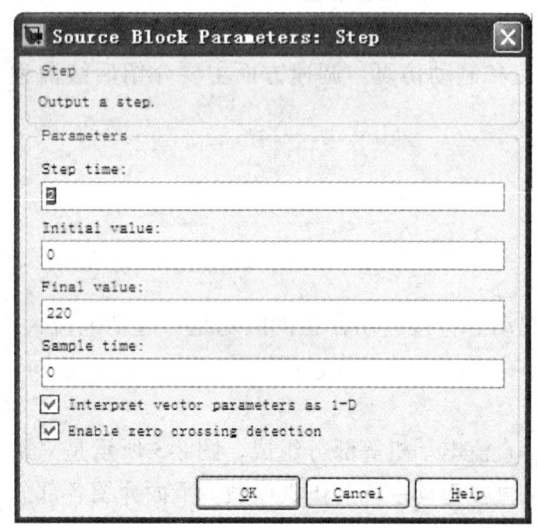 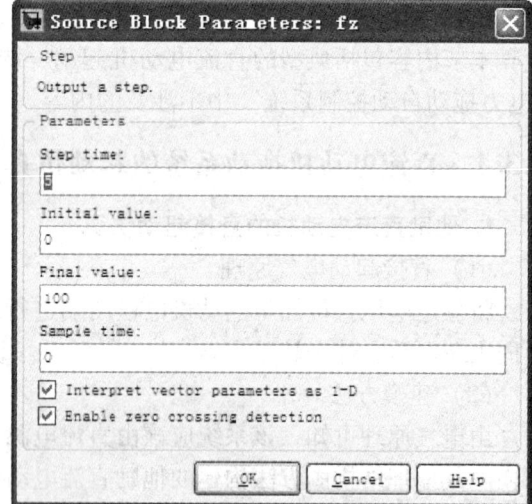

图 8-4 "电枢给定信号模块的参数设置"对话框　　图 8-5 "负载给定信号模块的参数设置"对话框

②直流电动机励磁电压源模块的参数设置。其对话框如图 8-6 所示。

③直流电动机模块的参数设置。直流电动机模块的励磁绕组"F+—F-"接直流恒定励磁电源模块，电压参数设置为 220V；电枢绕组"A+—A-"接受控电压源；电动机经 TL 端口接转矩负载，直流电动机的输出参数有转速 n、电枢电流 I_a、激磁电流 I_f、电磁转矩 T_e，分别通过"示波器"模块观察仿真输出和用"out1"模块将仿真输出信息返回到 Matlab 命令窗口，再用绘图命令 plot（tout，yout）在 Matlab 命令窗口中绘制出输出图形。

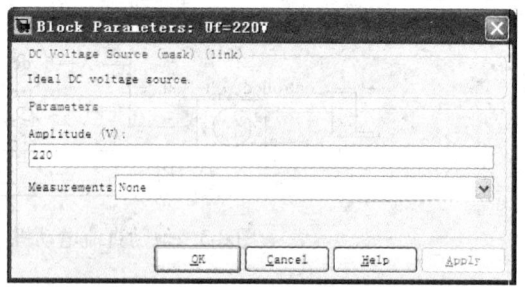

图 8-6 "直流电动机励磁电压源模块的参数设置"对话框

电动机的参数设置可按下述步骤进行：双击直流电动机图标，打开如图 8-7 所示的直流电动机的参数设置对话框。

④分路器模块的参数设置。将一路信号 m 转换成转速 n、电枢电流 I_a、激磁电流 I_f 和电磁转矩 T_e 4 路信号输出。分路器模块的参数设置对话框如图 8-8 所示。

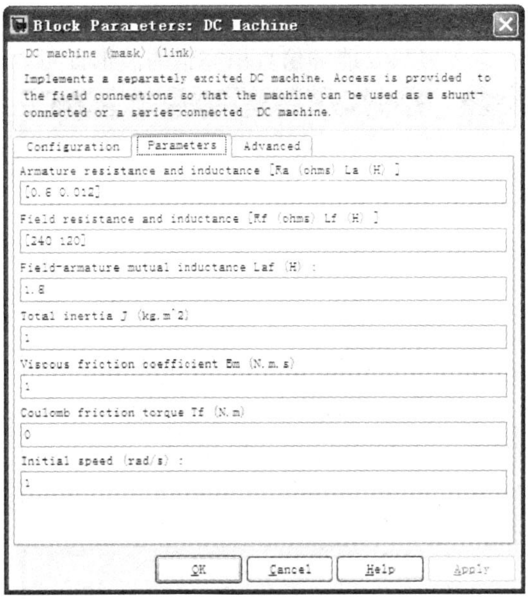

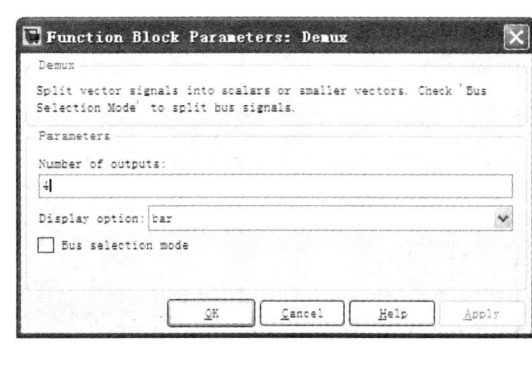

图8-7 "直流电动机的参数设置"对话框　　图8-8 "分路器模块的参数设置"对话框

⑤增益模块的参数设置。将角速度转换成 rpm/min，转换系数 $30/\pi = 9.55$。增益模块的参数设置对话框如图8-9所示。

⑥示波器模块的参数设置。示波器模块的参数设置对话框如图8-10所示。

将上述模块按照直流电动机直接起动电气原理图的连接关系进行模型连接，即可得到如图8-3所示的系统仿真模型。

（3）系统的仿真参数设置

在 MATLAB 的模型窗口打开"Simulation"菜单，单击"Configuration parameters…"菜单后，得到仿真参数设置对话框，如图8-11所示。仿真中所选择的算法为 ode23t。鉴于实际系统的多样性，不同的

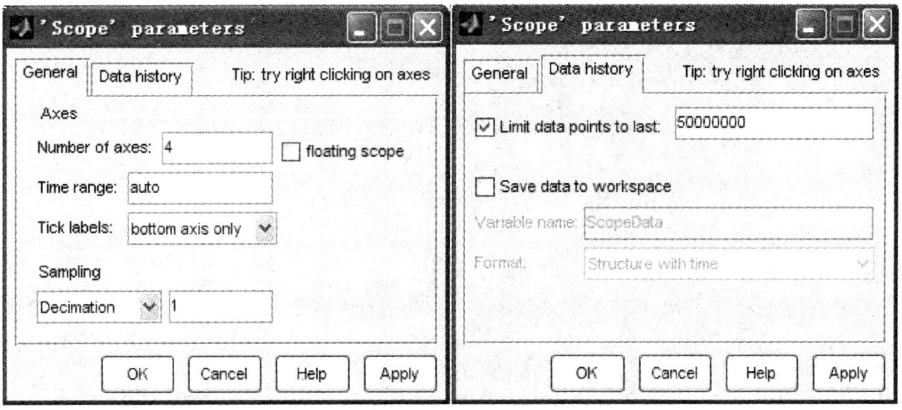

图8-9 "增益模块的参数设置"对话框

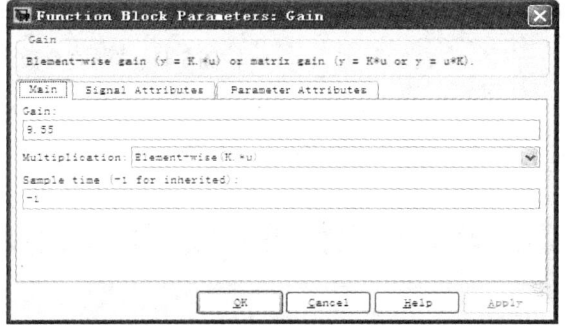

图8-10 "示波器模块的参数设置"对话框

系统需要采用不同的仿真算法，到底采用哪一种算法，可通过仿真实践进行比较选择。仿真 Start time 一般设为 0；Stop time 根据实际需要而定，一般只要能够仿真出完整的波形即可。

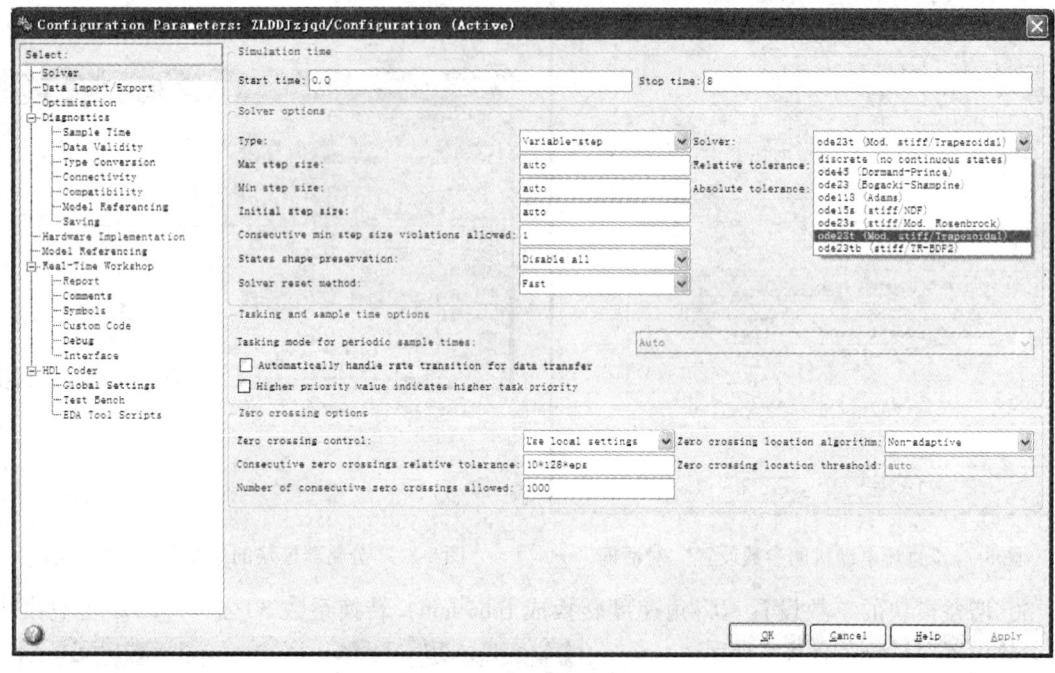

图 8-11 "仿真参数设置"对话框

若用"out1"模块将仿真输出信息返回到 MATLAB 命令窗口，再用绘图命令 plot（tout，yout）在 MATLAB 命令窗口里绘制图形，观察仿真输出，则在图 8-12 中的 Limit data points to last 的值要设大一点，否则 Figure 输出的图形会不完整。

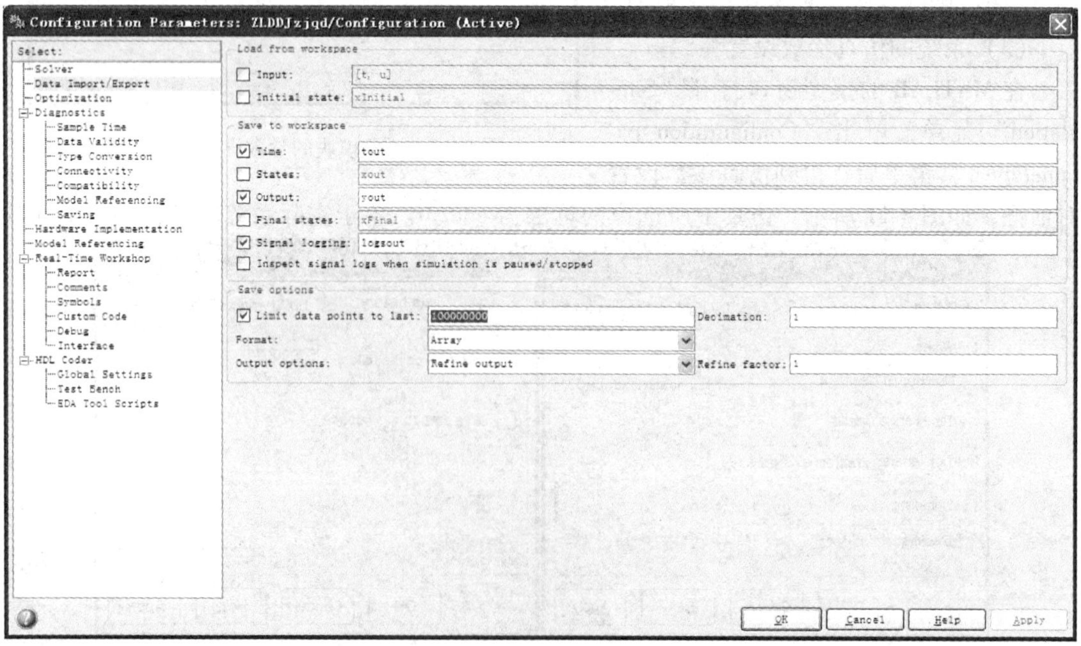

图 8-12 "采用"out1"模块输出仿真结果时 Limit data points to last 的设置"对话框

如果通过"示波器"模块观察仿真输出，那么同样在图8-10中的Limit data points to last值也要设大一点。

（4）系统的仿真、仿真结果的输出及结果分析

在建模和参数设置完成后，即可开始进行仿真。

在MATLAB的模型窗口打开"Simulation"菜单，单击"Start"命令后，系统开始进行仿真，仿真结束后可输出仿真结果。

根据图8-3所示的模型，系统有两种输出方式。当采用"示波器"模块观察仿真输出结果时，只要在系统模型图上双击"示波器"图标即可。

图8-13显示的分别是直流电动机直接起动时的转速、电枢电流、励磁电流和电磁转矩曲线。

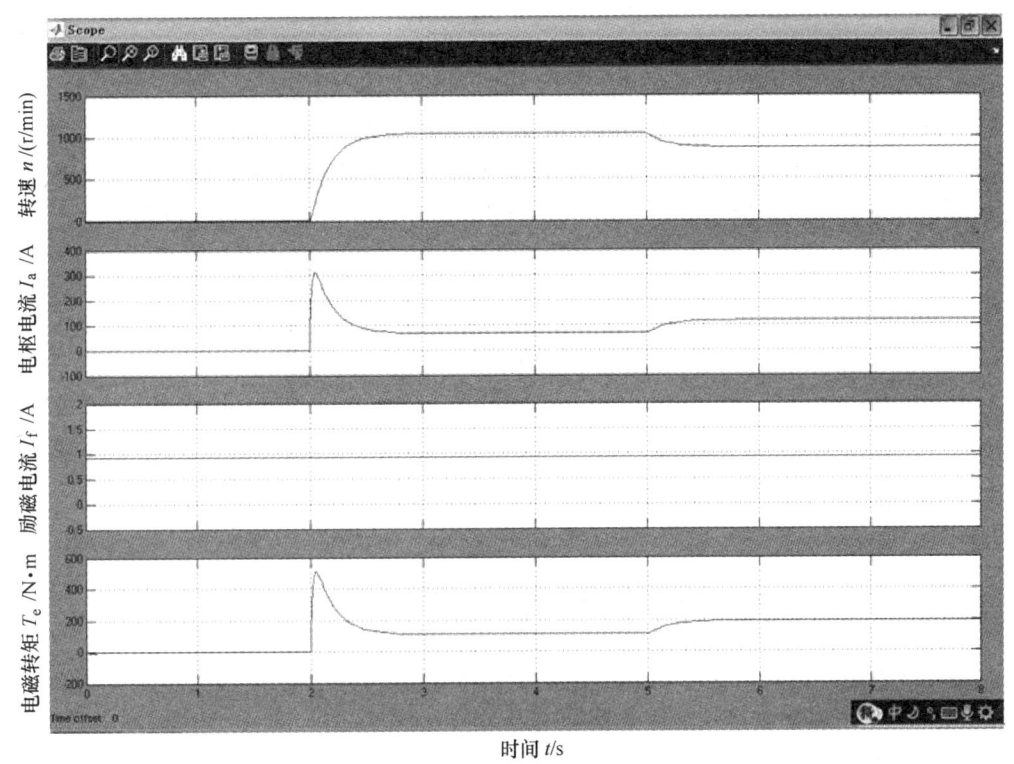

图8-13 直流电动机直接起动时的转速、电枢电流、励磁电流和电磁转矩曲线

由曲线可以看出，系统中$t=2s$时加全电压，直流电动机直接起动，起动电流达到300A左右，电动机速度上升较快，起动时间短。在5s时刻，加入负载，电动机速度有所下降，电磁转矩增加。

2. 他励式直流电动机电枢回路串电阻分级起动仿真

（1）电枢回路串电阻分级起动电气原理结构

电枢串电阻3级起动电气原理和机械特性如图8-14所示。

图中KM_1、KM_2、KM_3分别为控制用接触器的主触点，R_{st1}、R_{st2}、R_{st3}为电枢回路串入的3段起动电阻，通过KM_1、KM_2、KM_3分3次切除，称为3级起动。

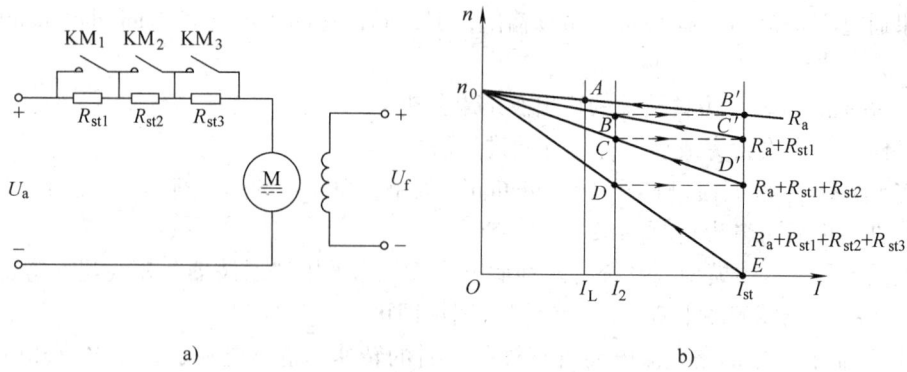

图 8-14 电枢串电阻 3 级起动电路图
a) 电枢串电阻 3 级起动电气原理图 b) 电枢串电阻 3 级起动机械特性

(2) 建模方法

从电气原理结构图可知，该系统由直流电源、分级起动电阻、切除起动电阻的接触器、直流电动机等部分组成。图 8-15 所示是采用面向电气原理结构图方法构建的他励式直流电动机串电阻分级起动系统的仿真模型。下面介绍各部分建模与参数设置的过程。

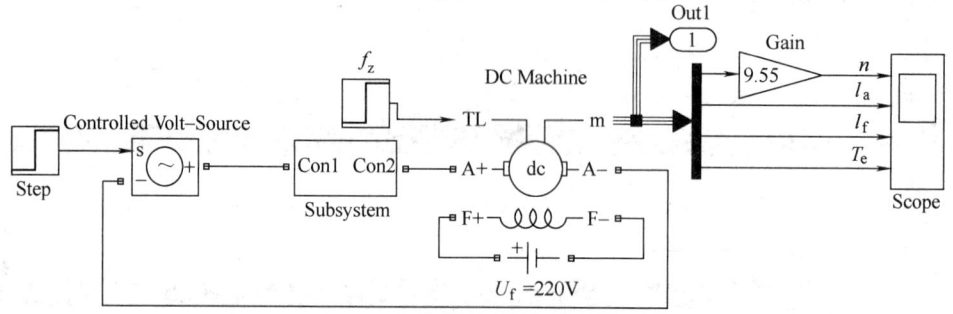

图 8-15 他励式直流电动机串电阻分级起动系统的仿真模型

与他励式直流电动机直接起动系统的仿真模型相比较，主要是增加了起动电阻分级切除子系统 Subsystem，其仿真模型如图 8-16 所示。

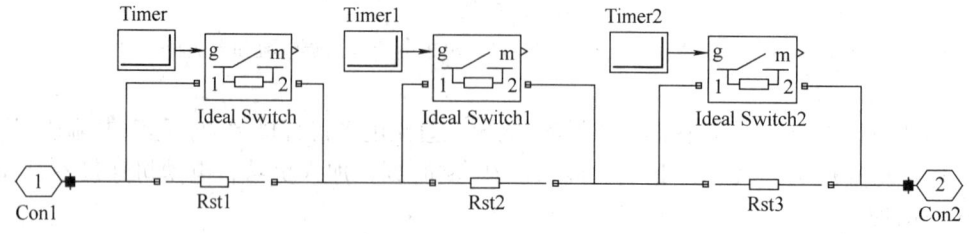

图 8-16 起动电阻分级切除子系统的仿真模型

1) Subsystem 子系统中使用的主要模块、提取途径和作用。与前述系统相同的模块不再重复介绍，后续类似情况不再说明。

①定时器模块：SimPowerSystems/Extra Library/Control Blocks/Timer，作为分级切除起动

电阻的时间控制器。

②理想开关模块：SimPowerSystems/Power Electronics/Ideal Switch，作为切除起动电阻的断路器。

③连接端口模块：SimPowerSystems/Elementes/Connection Port，作为子系统的连接端口。

④电阻模块：SimPowerSystems/Elementes/Series RLC Branch，作为起动电阻。

2）典型模块的参数设置。

①电枢给定信号模块的参数设置。其对话框如图 8-17 所示。

②负载给定信号模块的参数设置。负载给定信号模块的参数设置对话框如图 8-18 所示。

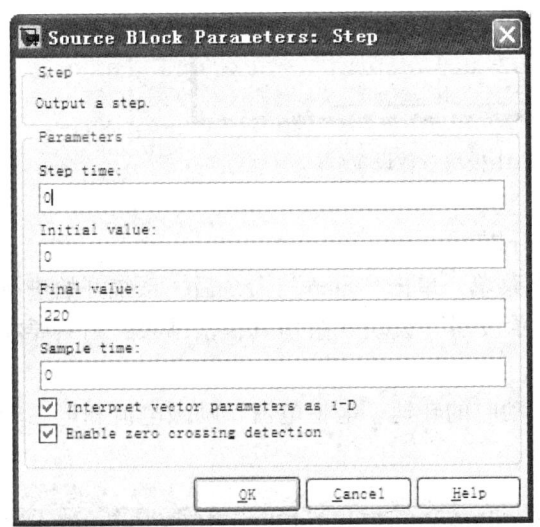 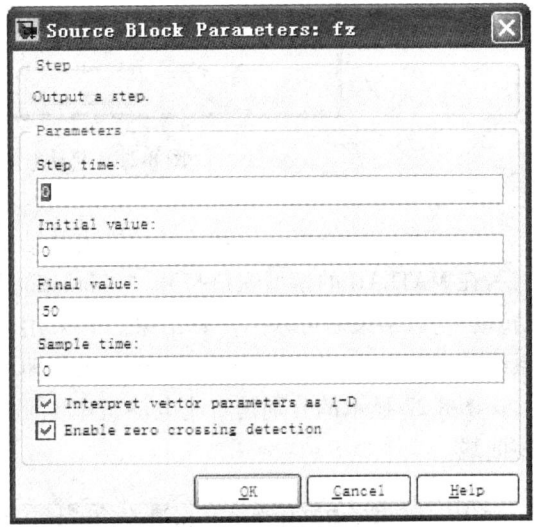

图 8-17 "电枢给定信号模块的参数设置"对话框　　图 8-18 "负载给定信号模块的参数设置"对话框

③定时器模块参数设置。定时器 Timer 模块的参数设置对话框如图 8-19 所示。在零时刻控制相应开关接通；Timer1 和 Timer2 分别在 2s 和 4s 接通。

④理想开关模块的参数设置。其对话框如图 8-20 所示（为默认值）。

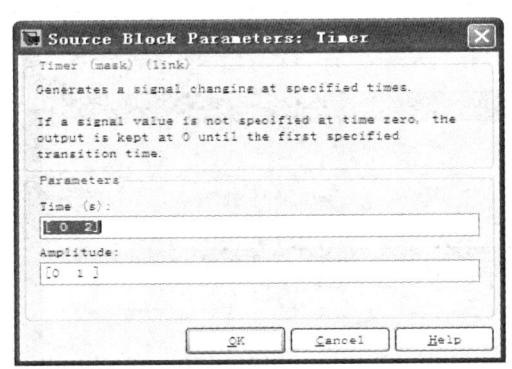 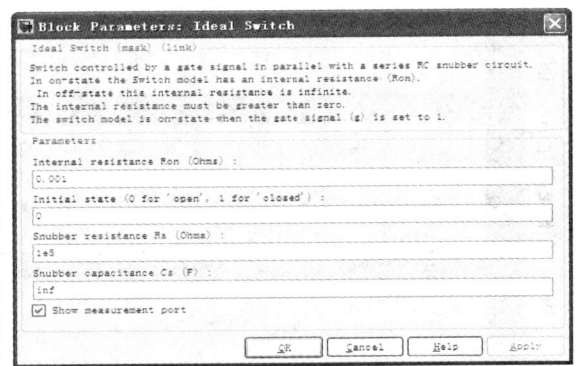

图 8-19 "定时器 Timer 模块的参数设置"对话框　　图 8-20 "理想开关模块的参数设置"对话框

⑤起动电阻模块的参数设置。其对话框（参数设置：Rst1 = 0.5Ω）如图 8-21 所示。另外，Rst2 = 0.5Ω，Rst3 = 0.25Ω，其他与直接起动系统相同。

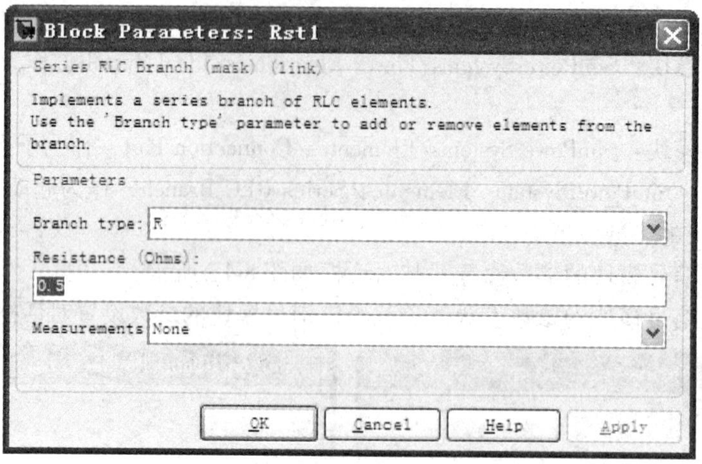

图 8-21 起动电阻 Rst1 模块参数设置

(3) 系统的仿真、仿真结果的输出及结果分析

在 MATLAB 的模型窗口打开"Simulation"菜单,单击"Start"命令后,系统开始进行仿真,仿真结束后可输出仿真结果。若采用"示波器"模块观察仿真输出结果,则只要在系统模型图上用鼠标双击"示波器"图标即可。

图 8-22 显示的分别是直流电动机串电阻起动时的转速、电枢电流、励磁电流和电磁转矩曲线。

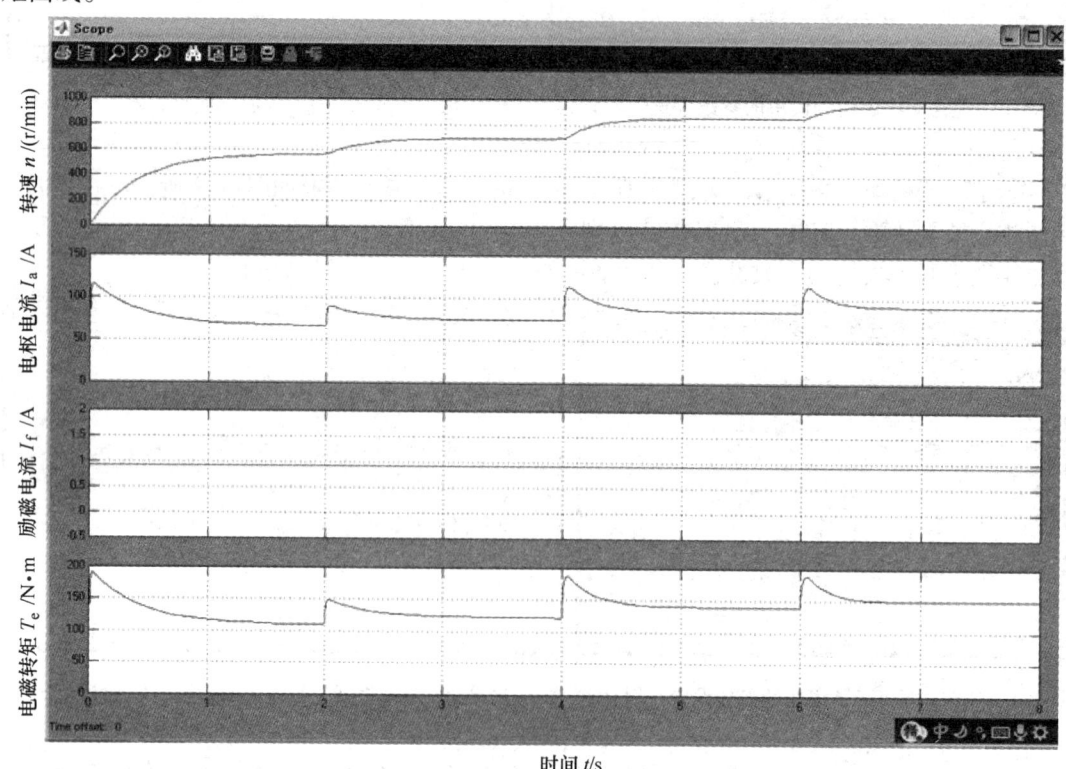

图 8-22 直流电动机串电阻起动时的转速、电枢电流、励磁电流和电磁转矩曲线

由图 8-22 所示可以看出，当第一级起动时，电流由 0 突增到 120A，转速逐渐上升，电流慢慢减小，加速度变小。为了得到较大的加速度，在 2s 时刻切除电阻 Rst1，在切除电阻瞬间，由于机械惯性，转速来不及变化，电动势也保持不变，所以电枢电流突然增大，转矩也按比例增加。随着转速的增大，电枢电流减小。在 4s 时切除第二段电阻，在 6s 时切除第三段电阻，其过程同第一级。这样逐级切除电阻，直至加速到稳态运行点为止，使电动机稳定运行，整个起动过程结束。

与直流电动机直接起动相比较，起动电流下降了不少。

3. 他励式直流电动机电枢回路逐步加压起动仿真

（1）电枢回路逐步加压起动的电气原理结构

直流电动机全压起动时起动电流大，为此可采用电枢逐步加电压的方法起动。他励直流电动机电枢加压起动的机械特性如图 8-23 所示。

（2）建模方法

由电气原理分析可知，只要将直接起动中的电枢加全电压改为分级逐步增加电枢电压即可。图 8-24 所示是采用面向电气原理结构图方法构建的他励式直流电动机电枢回路逐步加压起动系统的仿真模型。

与他励式直流电动机直接起动系统的仿真模型相比较，主要是将系统的输入给定信号进行了组合，如图 8-24 左端所示。本系统没有增加新的模块。

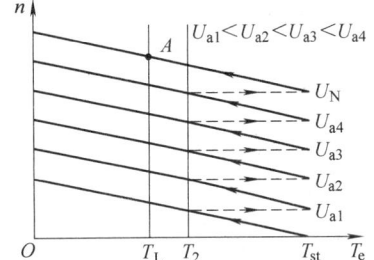

图 8-23　他励式直流电动机电枢加压起动的机械特性

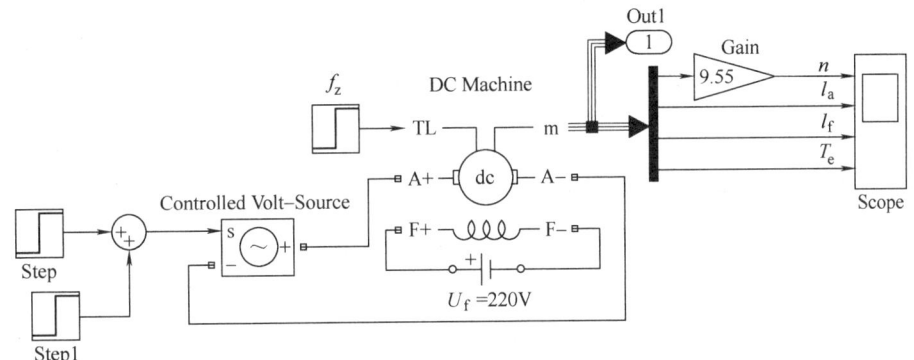

图 8-24　他励式直流电动机电枢回路逐步加压起动系统的仿真模型

电枢电压给定信号模块的参数设置：Step 的参数初始值为 100，在 $t = 2s$ 时刻从 100 跳变到 160；Step1 初始值为 0，在 4s 时刻从 0 跳变到 60。两者组合的电枢电压给定信号是，初始值为 100，2s 时从 100 跳变到 160，4s 时从 160 跳变到 220。

其他参数设置与上述系统相同。

（3）系统的仿真、仿真结果的输出及结果分析

在 MATLAB 的模型窗口打开"Simulation"菜单，单击"Start"命令后，系统开始进行仿真，仿真结束后可输出仿真结果。

图 8-25 显示的分别是直流电动机逐步加压起动时的转速、电枢电流、励磁电流和电磁转矩曲线。

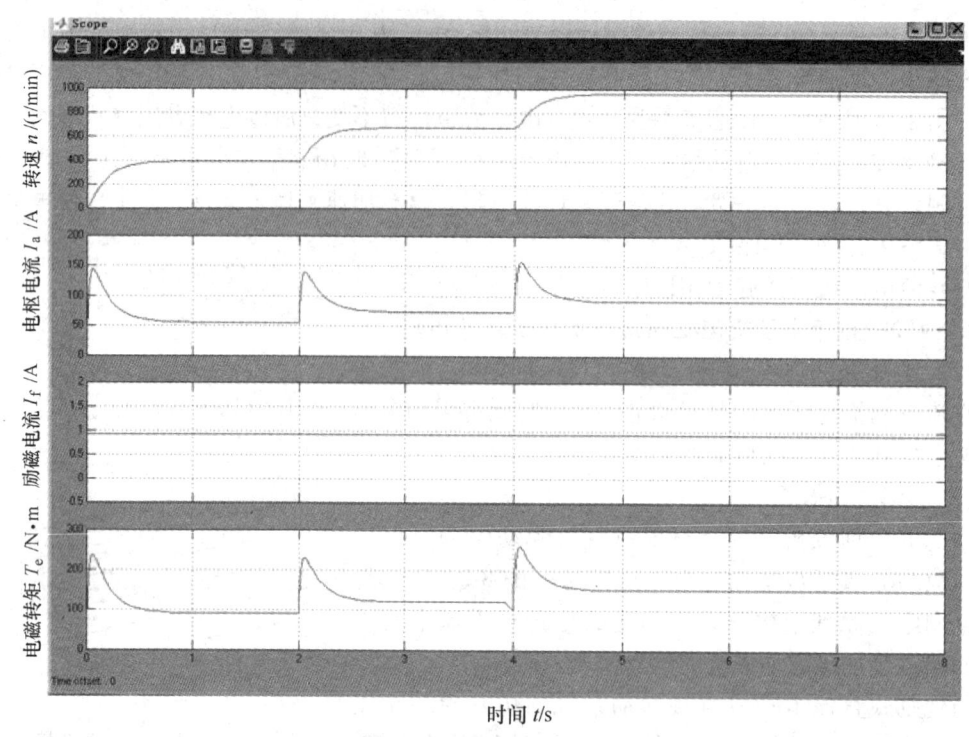

图 8-25　直流电动机逐步加压起动时的转速、电枢电流、励磁电流和电磁转矩曲线

由图 8-25 可以看出，当增加电枢电压时，由于机械惯性，转速保持不变，电枢电流增大，随着转速的上升，反电动势增大，在电枢电压不变的时候，电枢电流减小；电源电压逐级上升，转速也随之逐步上升，这样，起动电流和起动转矩都能得到很好限制。由图 8-25 也可以看出，电枢电流与电磁转矩成一定的比例，这与公式 $T_e = C_T \Phi I_a$ 是相符合的。

8.3.2　直流电动机拖动系统的调速仿真

本节介绍的调速方法都是有级调速。利用现代电力电子技术实现的无级调速方法将在后续的直流调速技术课程中介绍。

1. 他励式直流电动机电枢回路串电阻调速仿真

（1）电枢回路串电阻调速电气原理结构

电枢回路串电阻调速的电气原理和机械特性如图 8-26 所示。

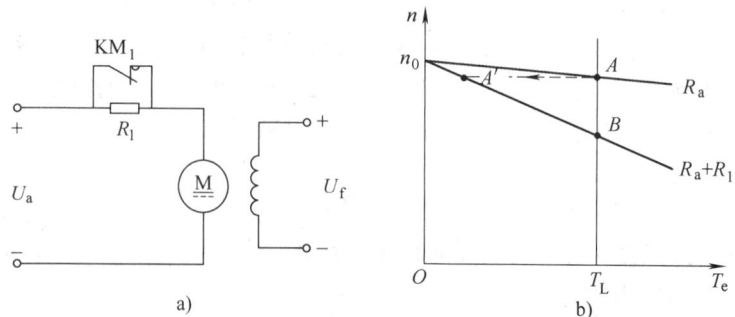

图 8-26　电枢回路串电阻调速的电气原理图和机械特性图
a）电气原理图　b）机械特性图

（2）建模方法

由电气原理分析可知,该系统由直流电源、调速电阻、切除电阻的接触器和直流电动机等部分组成。起动时刻,开关闭合,调速电阻被切除;当需要调速时,开关打开,调速电阻被串入电枢回路,实现减速。图 8-27 所示是采用面向电气原理结构图方法构建的他励式直流电动机串电阻调速系统的仿真模型。

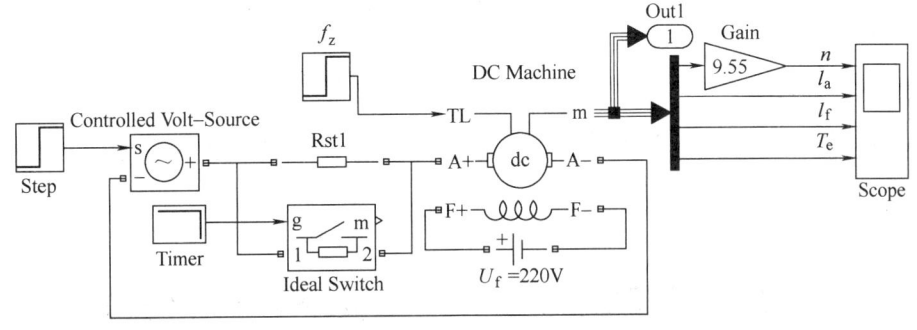

图 8-27　他励式直流电动机串电阻调速系统的仿真模型

1) 电枢电压给定信号模块的参数设置：$t=0$ 时刻,电压从 0 阶跃到 220V。
2) 负载给定信号模块的参数设置：$t=0$ 时刻,负载从 0 阶跃到 50。
3) 定时器模块参数设置。定时器 Timer 模块的参数设置对话框如图 8-28 所示。
4) 电枢电阻模块参数设置：Rst1 = 3Ω。

（3）系统的仿真、仿真结果的输出及结果分析

在 MATLAB 的模型窗口打开"Simulation"菜单,单击"Start"命令后,系统开始进行仿真,仿真结束后可输出仿真结果。

图 8-29 显示的分别是直流电动机串电阻调速时的转速、电枢电流、励磁电流和电磁转矩曲线。

由图 8-29 可以看出,当全压

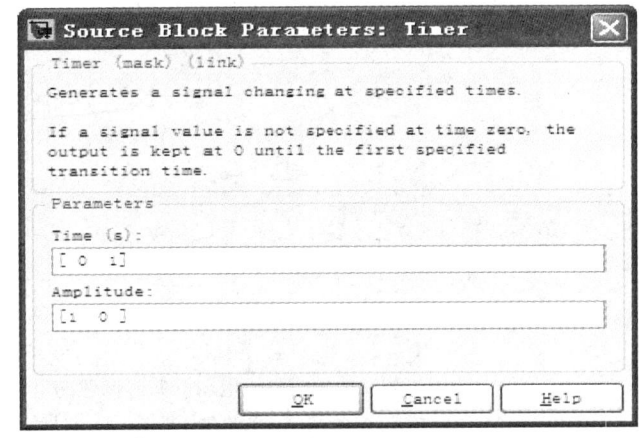

图 8-28　"定时器 Timer 模块的参数设置"对话框

起动时,电流由 0 突增到 300A,转速上升,电流减小,直至稳定为止。在 1s 时刻加入电阻 Rst1,在加入电阻瞬间,由于机械惯性,转速来不及变化,电动势也保持不变,所以电枢电流突然减小,转矩也按比例减小,转速下降,直至达到新的稳定转速为止。这时,电动机的转速已经降低,调速得以实现。

2. 他励式直流电动机变磁通调速仿真

（1）变磁通调速电气原理结构

保持电枢电压额定,调节励磁电流使之减小,也即减弱磁通,从而调节转速。他励直流电动机弱磁调速的电气原理和机械特性如图 8-30 所示。

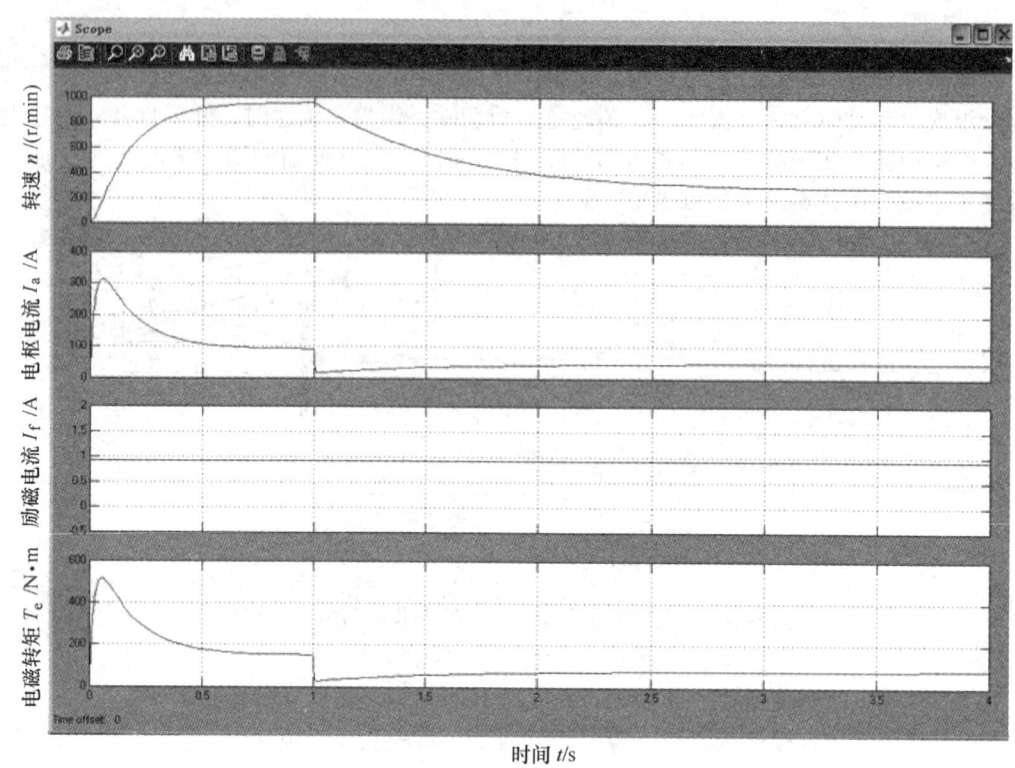

图 8-29　直流电动机串电阻调速时的转速、电枢电流、励磁电流和电磁转矩曲线

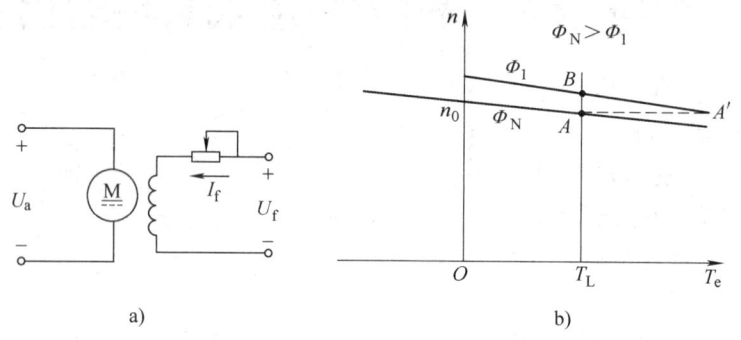

图 8-30　他励式直流电动机弱磁调速的电气原理图和机械特性图
a) 电气原理图　b) 机械特性图

(2) 建模方法

由电气原理分析可知,该系统由直流电源、励磁调节电阻、切除电阻的接触器和直流电动机等部分组成。起动时,开关闭合,调速电阻被切除;当需要调速时,开关打开,调速电阻被串入励磁回路,实现弱磁。图 8-31 是采用面向电气原理结构图方法构建的他励式直流电动机弱磁调速系统的仿真模型。

1) 控制理想开关的阶跃给定信号模块的参数设置:$t=2\mathrm{s}$ 时刻,输出从 1 阶跃到 0,将开关从闭合转换到打开,励磁调节电阻被加入。

2) 负载给定信号模块的参数设置:$t=0$ 时刻,负载从 0 阶跃到 50。

3) 励磁调节电阻模块的参数设置:Rst1 = 125Ω。

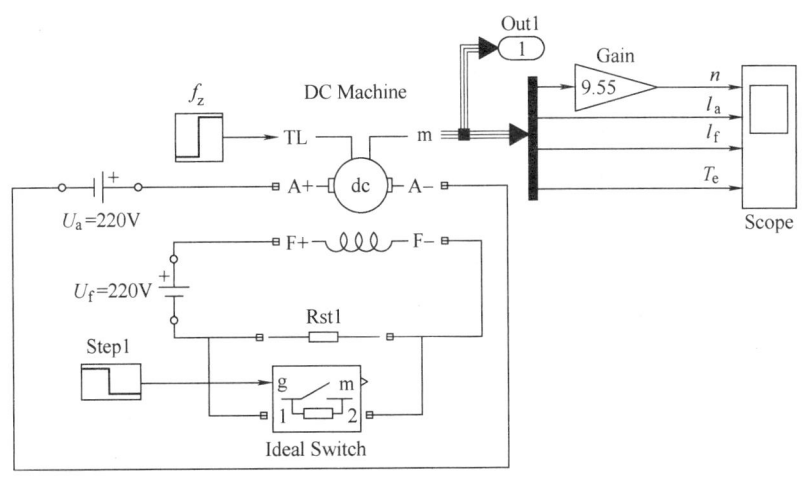

图 8-31　他励式直流电动机弱磁调速系统的仿真模型

(3) 系统的仿真、仿真结果的输出及结果分析

在 MATLAB 的模型窗口打开"Simulation"菜单，单击"Start"命令后，系统开始进行仿真，仿真结束后可输出仿真结果。

图 8-32 显示的分别是直流电动机弱磁调速时的转速、电枢电流、励磁电流和电磁转矩曲线。

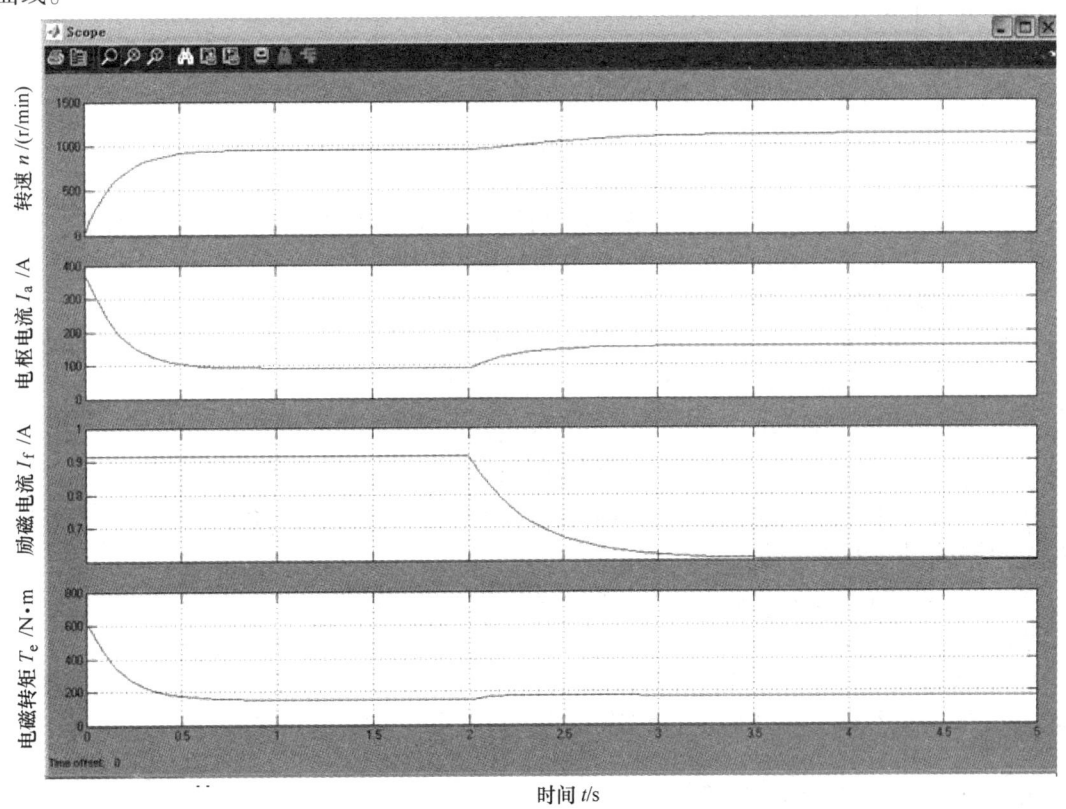

图 8-32　直流电动机弱磁调速时的转速、电枢电流、励磁电流和电磁转矩曲线

由图 8-32 可以看出，起动时，励磁电流为额定值，转速上升，电流减小，直至转速稳定为止。在 2s 时刻加入励磁调节电阻 Rst1，在加入电阻后，励磁电流减小，转速上升，超过原来的稳态转速，调速得以实现。

3. 他励式直流电动机电枢变电压调速仿真

（1）电枢变电压调速电气原理

电枢变电压的调速电气原理与升压起动类似，升压起动是电枢电压随着转速的升高逐级加大，而电枢变电压调速则是电枢电压从额定转速对应的额定电压逐级减小，从而调节转速。机械特性类似于图 8-23。

（2）建模方法

图 8-33 是采用面向电气原理结构图方法构建的他励直流电动机电枢变电压调速系统的仿真模型。

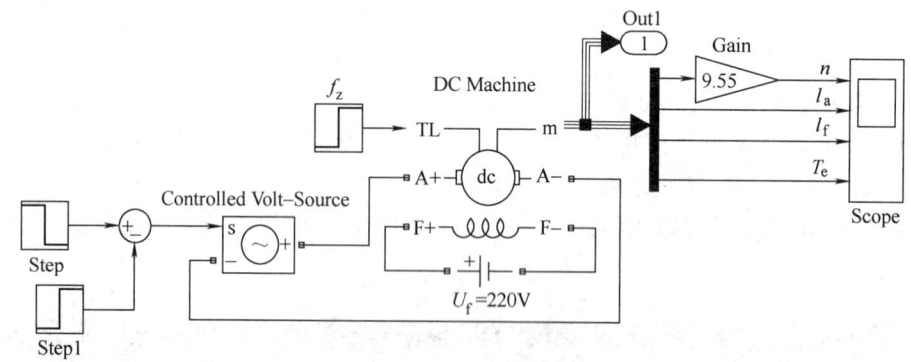

图 8-33 他励式直流电动机电枢变电压调速系统的仿真模型

与他励式直流电动机直接起动系统的仿真模型相比较，主要是将系统的输入给定信号进行了组合，如图 8-33 左端所示。本系统没有增加新的模块。

1）电枢电压给定信号模块的参数设置：Step 的参数初始值为 220，在 $t=2s$ 时刻从 220 跳变到 160；Step1 初始值为 0，在 4s 时刻从 0 跳变到 60。两者组合的电枢电压给定信号是：初始值为 220，2s 时从 220 跳变到 160，4s 时从 160 跳变到 100。

2）负载给定信号模块的参数设置：$t=0$ 时刻，负载从 0 阶跃到 50。

（3）系统的仿真、仿真结果的输出及结果分析

在 MATLAB 的模型窗口打开"Simulation"菜单，单击"Start"命令后，系统开始进行仿真，仿真结束后可输出仿真结果。

图 8-34 显示的分别是直流电动机电枢变电压调速时的转速、电枢电流、励磁电流和电磁转矩曲线。

由图 8-34 可以看出，全压起动时，稳态转速较高；在 2s 时刻减小电枢电压，稳态转速减小；4s 时刻继续减小电枢电压，稳态转速进一步减小，调速得以实现。

8.3.3 直流电动机拖动系统的制动仿真

制动运转状态的特点是电磁转矩 T_e 与转速 n 的方向相反。此时，电动机吸收机械能并

转化为电能，其目的是使电力拖动系统停车，有时也为了使拖动系统的转速降低。对于位能性负载的工作机构，用制动可获得稳定的下降速度。

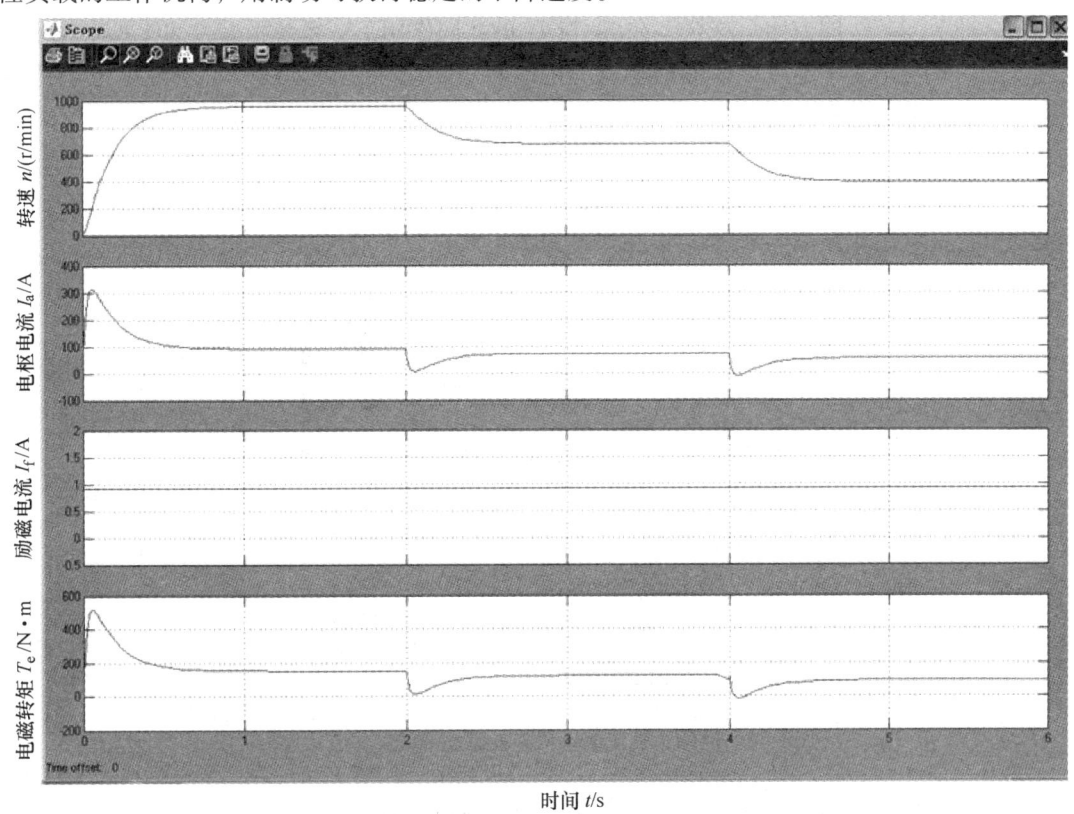

时间 t/s

图 8-34　直流电动机电枢变电压调速时的转速、电枢电流、励磁电流和电磁转矩曲线

1. 他励式直流电动机能耗制动仿真

（1）能耗制动的电气原理结构

能耗制动的电气原理图和机械特性如图 8-35 所示。

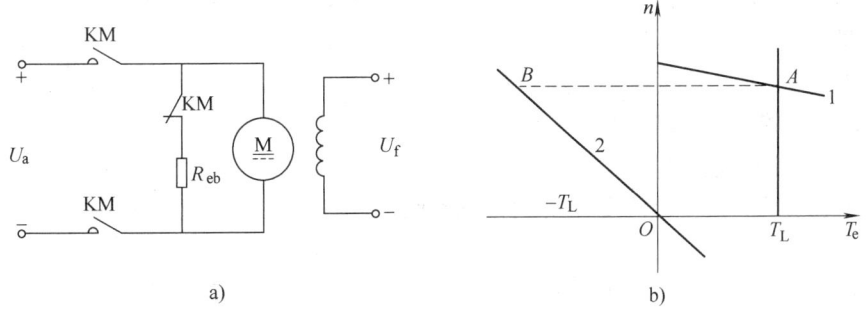

图 8-35　能耗制动的电气原理图和机械特性图
a）能耗制动电气原理图　b）能耗制动机械特性图

他励式直流电动机拖动反抗性恒转矩负载 T_L 原工作于正向电动运行状态，如图 8-35b 中的 A 点所示，现将接触器 KM 断电，使电枢从电源 U_a 上断开，同时串入能耗制动电阻

R_{eb}，能耗制动开始。在切换瞬间，转速 n 不能突变，电动机的工作点从 $A→B$，这时，由于 $U_a=0$，电枢回路在反电动势作用下产生的电枢电流改变方向，使电动机的电磁转矩随之改变方向，即 T_B 与 T_L 同方向。这样，在 T_B 与 T_L 的共同作用下，系统沿特性 BO 减速。随着转速下降，反电动势不断减小，电枢电流和电磁转矩相应减小，直到 O 点为止，电动机停止转动，能耗制动结束。

（2）建模方法

由电气原理分析可知，该系统由直流电源、能耗制动电阻、切除起动电阻的接触器、直流电动机等部分组成。图 8-36 所示是他励式直流电动机能耗制动系统的仿真模型。

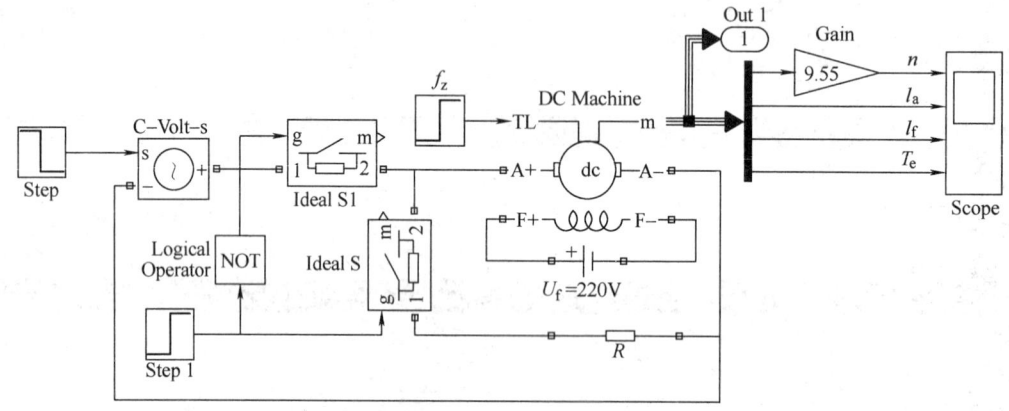

图 8-36　他励式直流电动机能耗制动系统的仿真模型

该仿真模型相中增加一个逻辑控制模块"NOT"。它的提取途径是 Simulink/Logic and Bit Operations/Logical Operator。

1）电枢电压给定信号模块 Step 的参数设置：初始值为 220，在 $t=2s$ 时刻从 220 跳变到 0。

理想开关的控制信号 Step1 初始值为 0，在 2s 时刻从 0 跳变到 1；打开开关 S1，同时闭合开关 S，将能耗制动电阻 R 接入电枢回路中。

2）负载给定信号模块的参数设置：$t=0$ 时刻，负载从 0 阶跃到 10。

3）能耗制动电阻：$R=1\Omega$。

（3）系统的仿真、仿真结果的输出及结果分析

在 MATLAB 的模型窗口打开"Simulation"菜单，单击"Start"命令后，系统开始进行仿真，仿真结束后可输出仿真结果。

图 8-37 显示的分别是直流电动机能耗制动时的转速、电枢电流、励磁电流和电磁转矩曲线。

由图 8-37 所示可以看出，电动机原工作于正向电动运行状态，转速为正，在 $t=2s$ 时刻，切除电枢电压，同时串入能耗制动电阻，能耗制动开始。在切换瞬间，转速不能突变，电枢电路在反电动势作用下产生的电枢电流改变方向，电机的电磁转矩随之改变方向。随着转速下降，反电动势不断减小，电枢电流和电磁转矩（绝对值）相应减小，电机停止转动，能耗制动结束。该方法可以使电机准确停车。读者需要注意的是，在能耗制动阶段转速为正，而电磁转矩为负，符合制动特征。

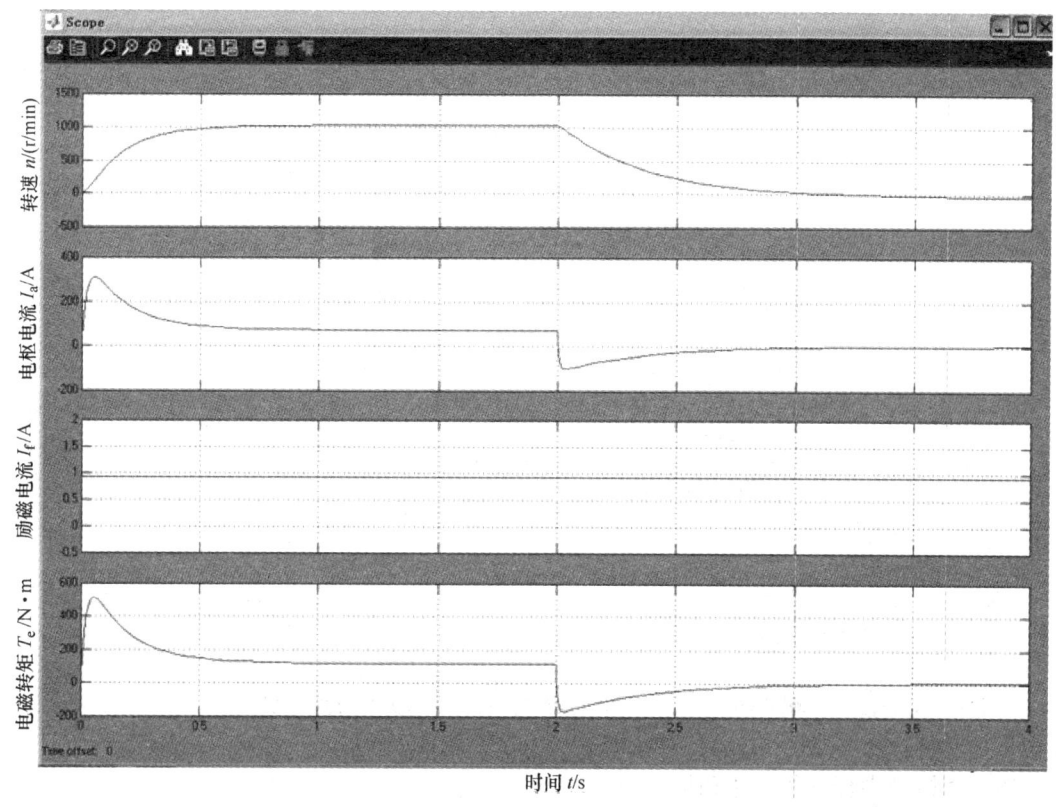

图 8-37 直流电动机能耗制动时的转速、电枢电流、励磁电流和电磁转矩曲线

2. 他励式直流电动机电枢电源反接制动仿真

（1）电枢电源反接制动电气原理结构

电枢电源反接制动是通过把正向运行的他励式直流电动机电枢的电源电压突然反接来实现的。图 8-38a 所示为电枢电压反接制动原理图。当将接触器 KM_1 的常开触点闭合时，电动机运行于电动状态；当反接制动时，接触器 KM_1 断开，KM_2 常开触点闭合，电枢电压反接，同时在电枢回路串入反接制动电阻 R_{rb}，以限制过大的制动电流，这时电动机进入反接制动过程。其机械特性如图 8-38b 所示。

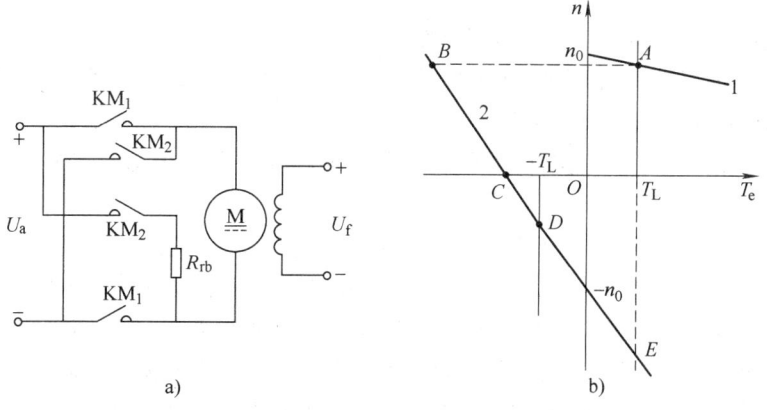

图 8-38 他励式直流电动机电枢电压的反接制动原理图和机械特性图
a）电枢电压反接制动原理图 b）电枢电压反接制动机械特性图

(2) 建模方法

根据电气原理结构图，可得到他励式直流电动机反接制动系统的仿真模型，如图 8-39 所示。

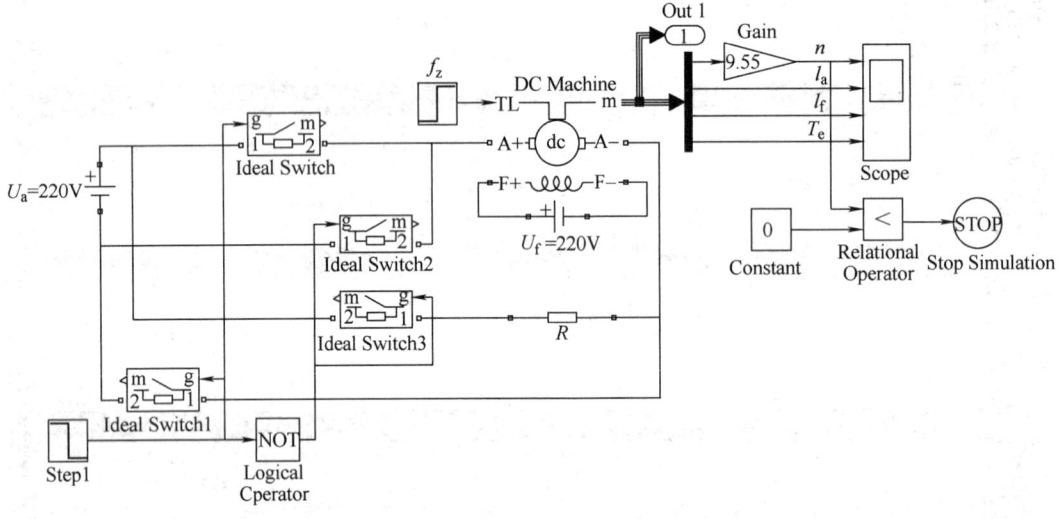

图 8-39　他励式直流电动机反接制动系统的仿真模型

该仿真模型中新增的模块和提取途径如下。

1) 常量输入模块：Simulink/Sources/Constant。

2) 比较运算模块：Simulink/Commonly Used Blocks/Relational Operator。

3) 停止仿真模块：Simulink/Sinks/Stop Simulation。

该部分仿真模块的功能是在转速制动到零时刻，使仿真停止，不让电动机在反向起动。

有关模块的参数设置如下。

1) 理想开关的控制信号 Step1 初始值为 0，在 1s 时刻从 1 跳变到 0，控制理想开关将电源反接，同时将反接制动电阻 R 接入电枢回路中。

2) 负载给定信号模块的参数设置：$t=0$ 时刻，负载从 0 阶跃到 10。

3) 反接制动电阻：$R=2\Omega$。

(3) 系统的仿真、仿真结果的输出及结果分析

在 MATLAB 的模型窗口打开"Simulation"菜单，单击"Start"命令后，系统开始进行仿真，仿真结束后可输出仿真结果。

图 8-40 显示的分别是直流电动机反接制动时的转速、电枢电流、励磁电流和电磁转矩曲线。

由图 8-40 所示可以看出，电动机原工作于正向电动运行状态，转速为正，在 $t=1s$ 时刻，将电枢正电压转换成负电压，同时串入反接制动电阻，制动开始，电枢电流和电磁转矩随之改变方向。随着转速下降，反电动势不断减小，电枢电流和电磁转矩（绝对值）相应减小，直至电机停止转动为止，反接制动结束。在仿真模型中设置了"转速为零停止仿真"的控制环节，该环节可以使电动机准确停车，否则电动机将反向起动。在反接制动阶段转速为正，而电磁转矩为负，也符合制动特征。

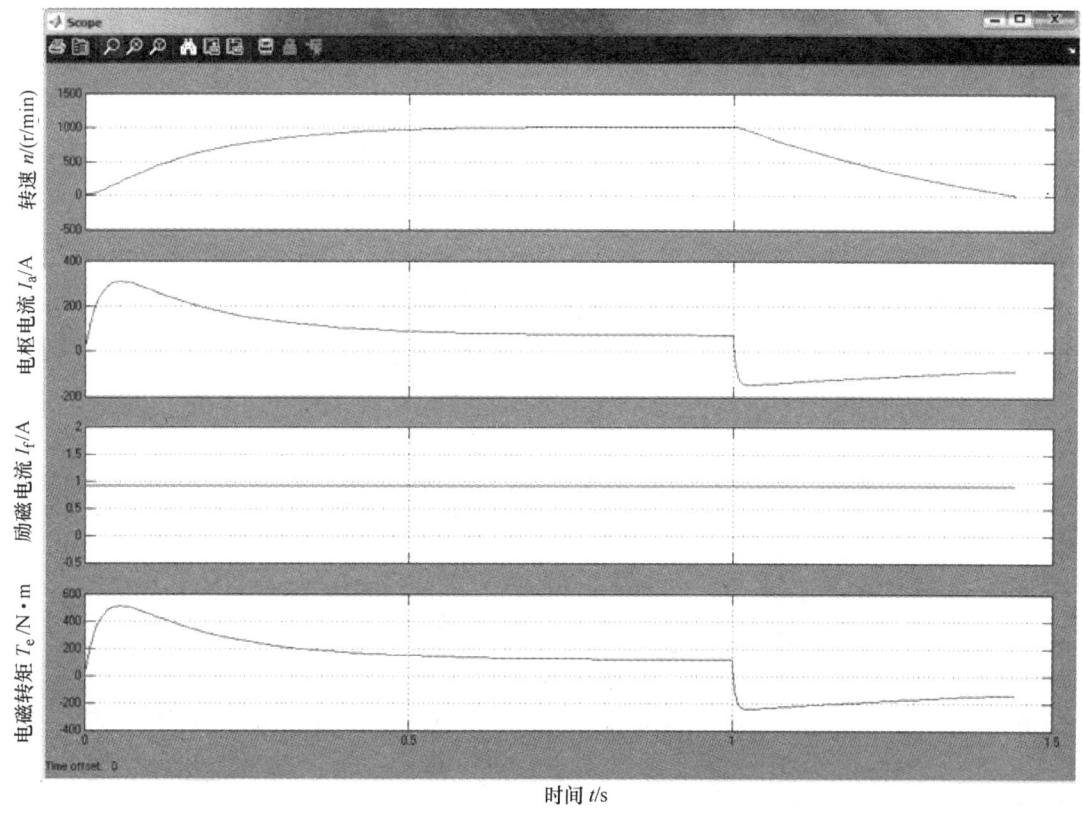

图 8-40　直流电动机反接制动时的转速、电枢电流、励磁电流和电磁转矩曲线

3. 他励式直流电动机负载倒拉反接制动仿真

当他励式直流电动机拖动位能性负载时,若在电枢回路串入大电阻,则致使电磁转矩小于负载转矩,这样电动机将被制动减速,并被负载反拖进入第Ⅳ象限运行,如图 8-41 所示,这一制动方式被称为倒拉反接制动。

（1）负载倒拉反接制的电气原理结构

设电动机带位能性恒转矩负载原工作在正向电动状态,如图 8-41b 中固有特性上的 A 点,以转速 n_A 稳定提升重物。现将接触器 KM 的触点断开,在电枢回路串入反接制动电阻 R_{rb},得到特性 2。由于机械惯性,转速不能突变,电动机的工作点从 $A \rightarrow B$,此时电磁转矩 $T_B < T_L$,电动机沿特性 BC 开始减速,到 C 点时 $n = 0$,电动机停止提升。但此时 $T_C < T_L$,在位能负载 T_L 的拖动下,电动机进入第Ⅳ象限,沿特性 CD 反向加速,直到 D 点为止,电磁转矩 T_e 与负载转矩 T_L 相等,电动机以转

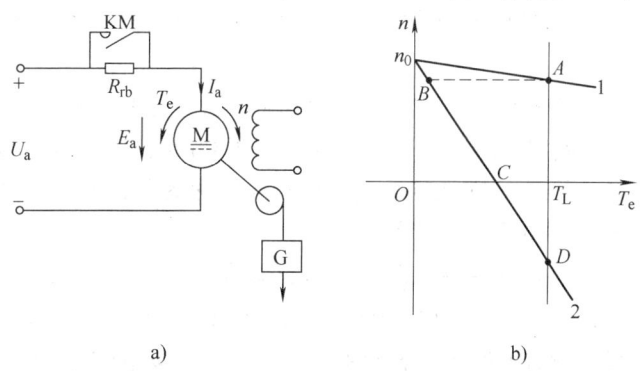

图 8-41　他励式直流电动机负载倒拉反接制动的原理图和机械特性图

a）原理图　b）机械特性

速 n_D 匀速下放重物。此时 T_L 为拖动性转矩，与 n 方向相同；电磁转矩 T_e 与 n 方向相反，故为制动转矩，电动机处于制动运行状态。

（2）建模方法

根据电气原理分析，可得到他励式直流电动机负载倒拉反接制动系统的仿真模型，如图 8-42 所示。

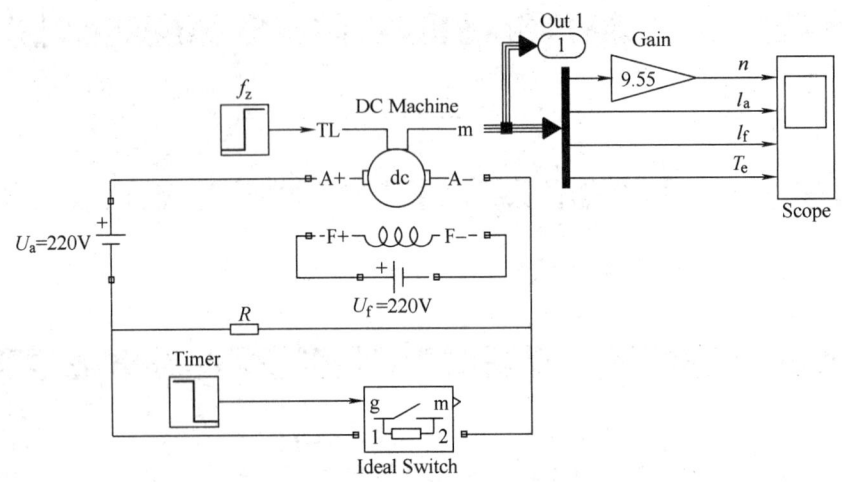

图 8-42 他励式直流电动机负载倒拉反接制动系统的仿真模型

有关模块的参数设置如下。

1）电枢电压给定信号模块的参数设置：Step 初始值为 1，在 3s 时刻从 1 跳变到 0。控制理想开关从闭合状态转换为断开状态，在电枢回路串入大电阻，进入倒拉反接制动状态。

2）负载给定信号模块的参数设置：$t=3s$ 时刻，负载从 0 阶跃到 200（大负载）。

3）电枢回路电阻 $R=5\Omega$。

（3）系统的仿真、仿真结果的输出及结果分析

在 MATLAB 的模型窗口打开"Simulation"菜单，单击"Start"命令后，系统开始进行仿真，仿真结束后可输出仿真结果。

图 8-43 显示的分别是直流电动机负载倒拉反接制动的转速、电枢电流、励磁电流和电磁转矩曲线。

由图 8-43 可以看出，电动机原工作于正向电动运行状态，转速为正，在 $t=3s$ 时刻，在电枢回路串入大电阻，使机械特性变得较"软"，同时接入大负载，使电动机工作在倒拉反接制动状态。在倒拉反接制动阶段转速为负，而电磁转矩为正，同样符合制动特征，如图 8-43 中 $t\approx 3.5\sim 6s$ 阶段的波形。

4. 他励式直流电动机回馈制动仿真

在电动状态下运行的电动机，在某种条件下会出现运行转速 n 高于理想空载转速 n_0 的情况，此时电机反电势大于电枢电压，电枢电流 I_a 反向，电磁转矩 T_e 方向也随之改变，由拖动性转矩变成制动性转矩，即 T_e 与 n 方向相反。回馈制动时的机械特性方程式与电动状态时相同，只是运行在特性曲线上不同的区段而已。正向回馈制动时的机械特性位于第Ⅱ象限，反向回馈制动时的机械特性位于第Ⅳ象限。

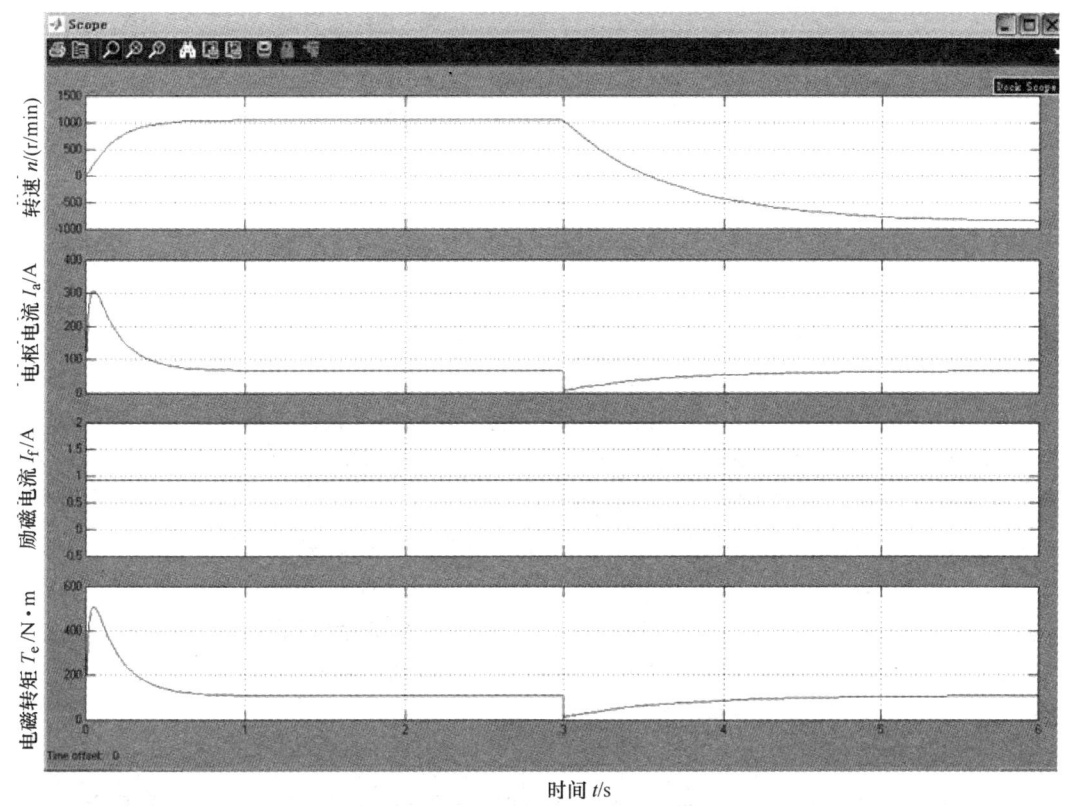

图 8-43 直流电动机负载倒拉反接制动时的转速、电枢电流、励磁电流和电磁转矩曲线

(1) 正向回馈制动仿真

1) 电气原理。在调压调速系统中,当电压降低的幅度稍大时,会出现电动机经过第Ⅱ象限的减速过程。调压调速过程中的正向回馈制动如图 8-44 所示,设电动机带反抗性恒转矩负载原工作在固有机械特性的 A 点上,当电压突然降为 U_1 的瞬间,转速来不及变化,反电动势不变,电动机的运行点从 $A \rightarrow B$,此时 $n_B > n_{01}$,$E_{aB} > U_1$,电枢电流 I_a 与电磁转矩 T_e 变成负值,而 n 为正,即 T_e 与 n 反方向为制动转矩。在 T_e 和 T_L 的共同作用下,转速沿特性 BC 迅速下降,到 $n = n_{01}$、$T_e = 0$ 时,制动过程结束。因为在进入第Ⅰ象限正向电动状态后,仍有 $T_L > T_e$ 的关系,系统在电动状态下沿特性 CD 继续减速,直到 D 点时 $T_e = T_L$ 为止,电动机以较低的转速 n_D 稳定运行。正向回馈制动过程仅仅是降速过程中的一个阶段。在降压调速过程中,只要是降压前的稳态转速大于降压后的理想空载转速,而且电源允许电枢电流反向,则在降速过程中,电动机就要经过正向回馈制动过程和正向电动状态减速这两个阶段。

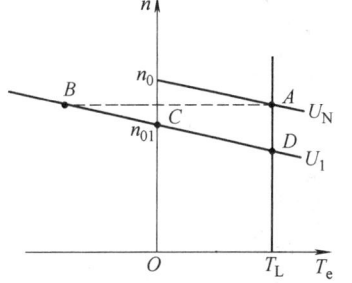

图 8-44 调压调速过程中的正向回馈制动

2) 建模方法。根据电气原理分析,可得到他励直流电动机正向回馈制动系统的仿真模型,如图 8-45 所示。

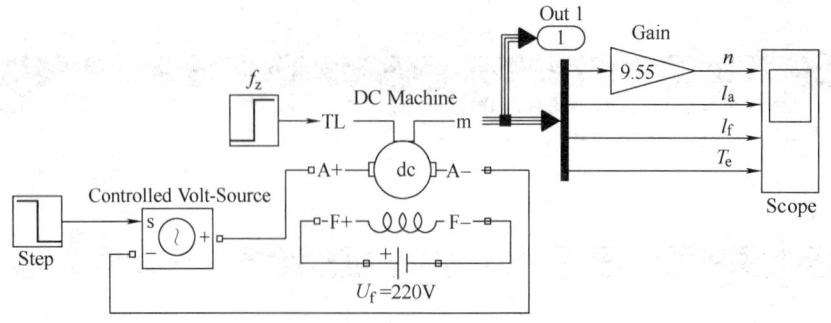

图 8-45 他励式直流电动机正向回馈制动系统的仿真模型

该仿真模型实质上就是一个调压调速系统。有关模块的参数设置如下。

①电枢电压给定信号模块的参数设置：Step 初始值为 220，在 1.5s 时刻从 220 跳变到 110，下降幅度较大，出现正向回馈制动运行状态。

②负载给定信号模块的参数设置：$t=0$ 时刻，负载从 0 阶跃到 10。

3) 系统的仿真、仿真结果的输出及结果分析。在 MATLAB 的模型窗口打开 "Simulation" 菜单，单击 "Start" 命令后，系统开始进行仿真，仿真结束后可输出仿真结果。

图 8-46 显示的分别是直流电动机正向回馈制动的转速、电枢电流、励磁电流和电磁转矩曲线。

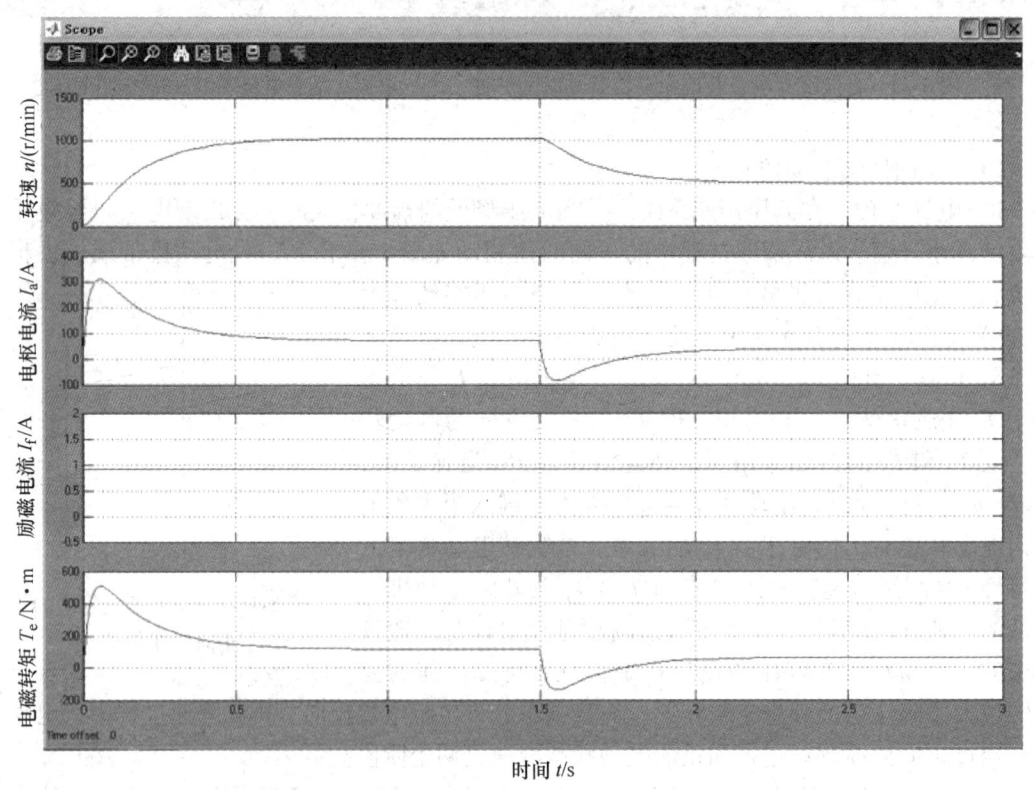

图 8-46 直流电动机正向回馈制动的转速、电枢电流、励磁电流和电磁转矩曲线

由图 8-46 可以看出，电动机原工作于正向电动运行状态，转速为正，在 $t=1.5\mathrm{s}$ 时刻，电枢正电压下降一半，这时出现正向回馈制动状态，电枢电流和电磁转矩改变方向。在回馈制动阶段转速为正，而电磁转矩为负，符合制动特征，如图中 $t\approx 1.5\sim 1.7\mathrm{s}$ 阶段所示的波形。

（2）反向回馈制动仿真

他励式直流电动机反向回馈制动运行的机械特性如图 8-47 所示。

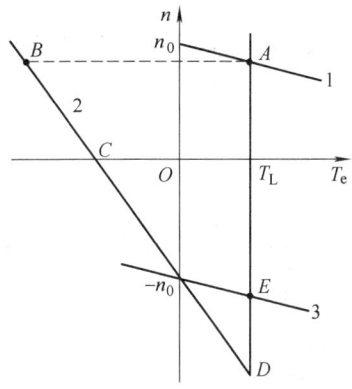

1）电气原理。电动机原工作在 A 点，以 n_A 提升重物。现将电源反接，同时串入大电阻，进行反接制动。工作点由 $A\to B\to C$，在 C 点 $n=0$，停止提升重物。此时，如果不及时切除电源，那么电动机就会在电磁转矩 T_e 和负载转矩 T_L 的共同作用下反向起动，经反向电动状态到 $n=-n_0$、$T_\mathrm{e}=0$ 后，电动机在 T_L 作用下继续加速，使 $|-n|>|-n_0|$，$E_\mathrm{a}>U_\mathrm{N}$，$I_\mathrm{a}$ 与 E_a 同方向，进入第Ⅳ象

图 8-47 反向回馈制动运行的机械特性图

限，电动机运行于反向回馈制动状态，直到 D 点为止，以 n_D 转速下放重物。

2）建模方法。根据电气原理分析，可得到他励直流电动机反向回馈制动系统的仿真模型，如图 8-48 所示。

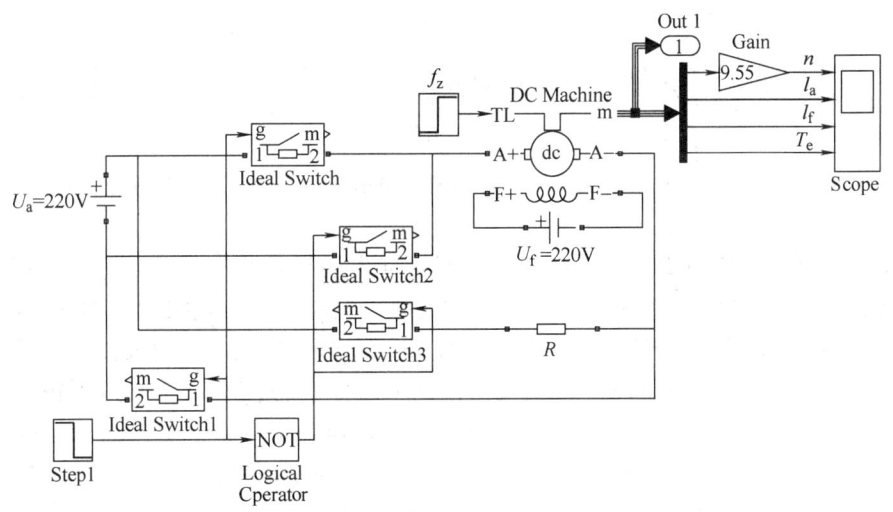

图 8-48 他励式直流电动机反向回馈制动系统的仿真模型

该仿真模型实质上是一个反接制动系统。有关模块的参数设置如下。

①理想开关控制信号模块的参数设置：Step1 初始值为 1，在 $t=2\mathrm{s}$ 时刻从 1 跳变到 0。控制理想开关将电枢正电源切除，同时将负电源和制动电阻接入。

②负载给定模块的参数设置：$t=0$ 时刻，负载从 0 阶跃到 250。

③电枢回路电阻 $R=1\Omega$。

3）系统的仿真、仿真结果的输出及结果分析。在 Matlab 的模型窗口打开"Simulation"菜单，单击"Start"命令后，系统开始进行仿真，仿真结束后可输出仿真结果。

图 8-49 显示的分别是直流电动机反向回馈制动时的转速、电枢电流、励磁电流和电磁转矩曲线。

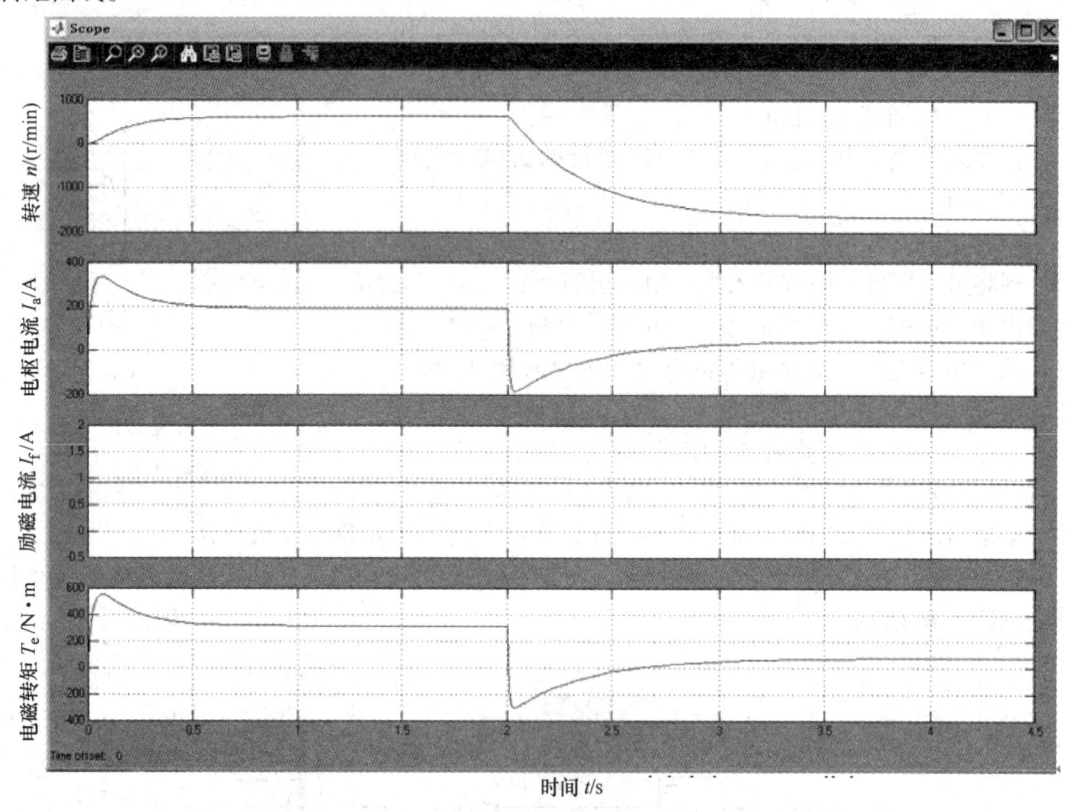

图 8-49 直流电动机反向回馈制动时的转速、电枢电流、励磁电流和电磁转矩曲线

由图 8-49 所示可以看出，电动机原工作于正向电动运行状态，转速为正，在 $t=2\text{s}$ 时刻，将电枢正电压变为负，并串入制动电阻。这时，电动机工作在图 8-47 所示的机械特性的 $B\sim C$ 段，对应于图 8-49 所示的 $t\approx 2\sim 2.15\text{s}$ 段，在这一阶段，电动机转速为正，电磁转矩为负，属于反接制动运行状态；在机械特性的 $C\sim(-n_0)$ 段，对应于图 8-49 所示的 $t\approx 2.15\sim 2.7\text{s}$ 段，这一阶段，电动机转速为负，电磁转矩为负，属于反向电动运行状态；在机械特性的 $-n_0-D$ 段，对应于图 8-49 所示的 $t\approx 2.7\sim 4.5\text{s}$ 段。在这一阶段，电动机转速为负，电磁转矩为正，属于反向回馈制动运行状态。这正是本例介绍的内容。

8.4 面向电气原理结构图的交流电动机拖动系统仿真

面向电气原理结构图的交流电动机拖动系统仿真内容包括典型的交流电动机起动、调速和制动仿真。调速方面主要介绍后续课程"电力拖动自动控制系统"中不涉及的内容。

8.4.1 交流电动机拖动系统的起动仿真

1. 交流电动机的直接起动仿真

（1）直接起动电气原理

采用一把三相闸刀或磁力起动器，将交流电动机直接接通额定电压的交流电源。直接起动的特点是起动电流大，一般在 7.5kW 以下的电动机都可以直接起动。

（2）建模方法

根据电气原理结构，可得到交流电动机直接起动系统的仿真模型，如图 8-50 所示。

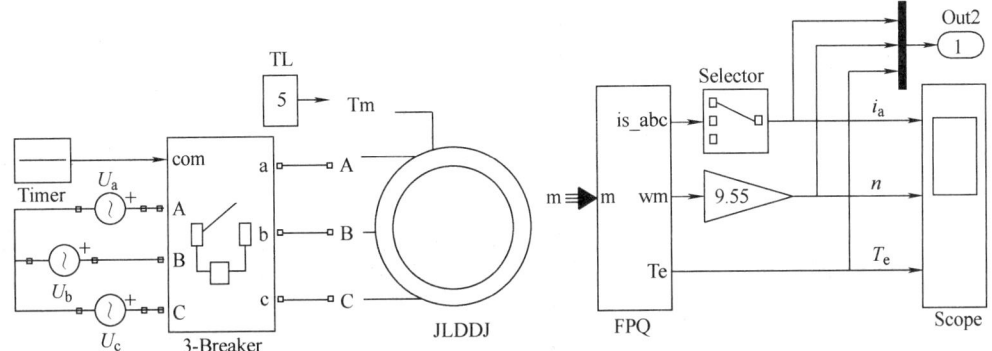

图 8-50　交流电动机直接起动系统的仿真模型

该仿真模型中新增的模块和提取途径如下所述。

1）交流电压源模块：SimPowerSystems/Electrical sources/AC Voltage Source，作为定子电源。

2）三相断路器模块：SimPowerSystems/Elements/Three-Phase Breaker；作为电源开关。

3）交流电动机模块：SimPowerSystems/Machines/Asynchronous Machine SI Units，作为被控对象。

4）电机测试信号分配器模块：SimPowerSystems/Machines/Machine Measurement Demux；选择交流电动机的某些信号进行输出。

5）选择开关模块：Simulink/Signal Routing/Selector，本例选择三相中的第一相。

有关模块的参数设置如下所述。

1）交流电压源模块的参数设置：电源 A 相的参数设置对话框如图 8-51 所示。B、C 相参数设置区别是相位依次滞后 120°。

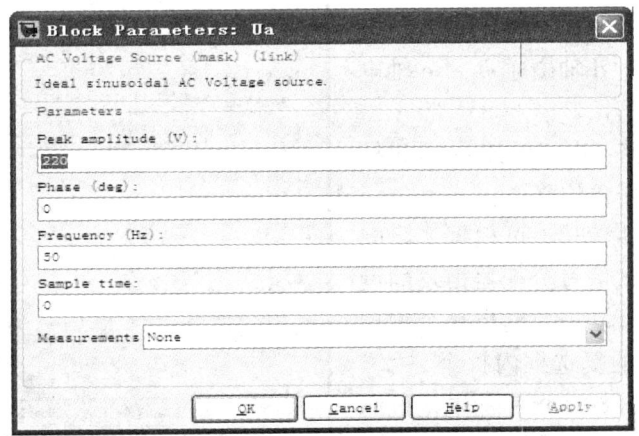

图 8-51　电源 A 相的参数设置对话框

2)三相断路器取默认值。

3)交流异步电动机和电机测试信号分配器的参数设置。在 SimPower System 工具箱中有一个电机模块库,模块库中有两个异步电动机模型,一个是标幺值单位制(PU unit)下的异步电动机模型,另一个是国际单位制(SI unit)下的异步电动机模型,本系统采用后者。国际单位制下的异步电动机模型符号如图 8-52a 所示,电机测试信号分配器模块符号如图 8-52b 所示。

描述异步电动机模块性能的状态方程包括电气和机械两个部分。电气部分有 5 个状态方程,机械部分有两个状态方程该模块有 4 个输入端子,4 个输出端子。前 3 个输入端子(A, B, C)为电机的定子电压输入,第 4 输入端一般接负载,为加到电机轴上的机械负载,该端子可直接接 Simulink 信号。模块的前 3 个输出端子(a, b, c)为转子电压输出,一般短接在一起,或连接其他附加电路,当异步电动机为笼型电动机时,电动机模块符号将不

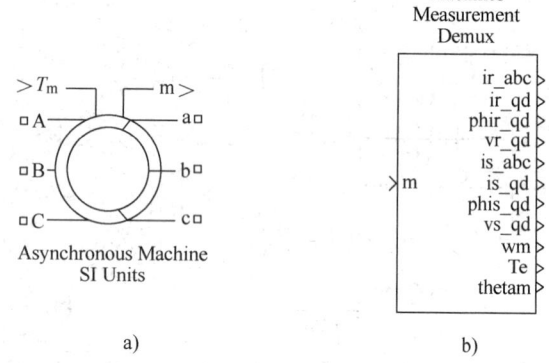

图 8-52 异步电动机模块符号和电机测试信号分配器模块符号
a)国际单位制下的异步电动机模型符号
b)电机测试信号分配器模块符号

显示输出端子(a, b, c)。第 4 输出端为 m 端子,它返回一系列电动机内部信号(共 21 路),供给电动机测试信号分路器模块的输入 m 端子,该模块的 21 路输出信号构成如下所述。

第 1 到第 3 路:转子电流 i_{ra}、i_{rb}、i_{rc}。

第 4 到第 9 路:同步 d-q 坐标系下的转子信号,依次为 q 轴电流 i_{qr},d 轴电流 i_{dr};q 轴磁通 ψ_{qr},d 轴磁通 ψ_{dr};q 轴电压 V_{qr},d 轴电压 V_{dr}。

第 10 到第 12 路:定子电流 i_{sa}、i_{sb}、i_{sc}。

第 13 到第 18 路:同步 d-q 坐标系下的定子信号,依次为 q 轴电流 i_{qs},d 轴电流 i_{ds};q 轴磁通 ψ_{qs},d 轴磁通 ψ_{ds};q 轴电压 V_{qs},d 轴电压 V_{ds}。

第 19 到第 21 路:电机转速 ω_m,机械转矩 T_e,电动机转子角位移 θ_m。

具体要输出哪些信号,可根据实际问题,通过电动机测试信号分配器模块的设置对话框来进行选择,需要输出哪个物理量,只要在其前面的复选框内打个"√"即可。详细选择见图 8-53 所示的电动机测试信号分配器参数设置对话框。

异步电动机的参数可通过电动机模块

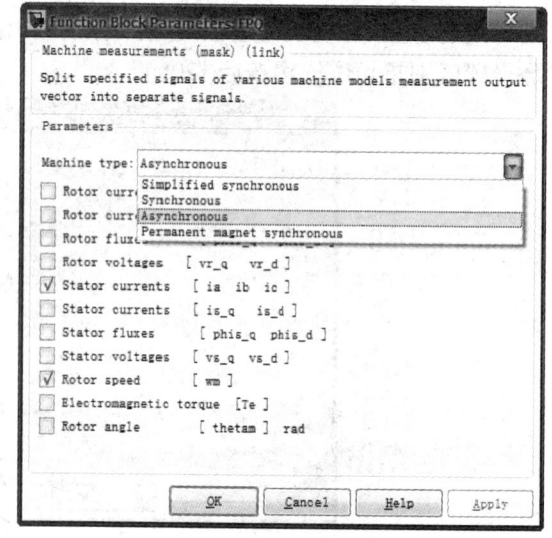

图 8-53 "电动机测试信号分配器参数设置"对话框

的参数对话框来输入，如图 8-54 所示。

有关参数设置如下所述。

绕组类型（Rotor type）列表框：分绕线转子（Wound）和笼型（Squirrel-cage）两种，此处选后者。

参考坐标系（Reference frame）列表框：有静止坐标系（Stationary）、转子坐标系（Rotor）和同步旋转坐标系（Synchronous），此处选同步旋转坐标系。

额定参数：额定功率 P_n（单位：kW），线电压 V_n（单位：V），频率 f（单位：Hz）。

定子电阻 R_s（Stator）（单位：Ohms）和漏感（L_{1s}）（单位：H）。

转子电阻 R_r（Rotor）（单位：Ohms）和漏感（L_{1r}）（单位：H）。

互感（Mutual inductance）L_m（单位：H）；转动惯量（Inertia）J（单位：kg·m^2）；极对数 P。

详细数据见图 8-54 所示的异步电动机参数设置对话框中的选项。

4）定时器的参数设置：$t=0$ 时刻，从 0 阶跃到 1。

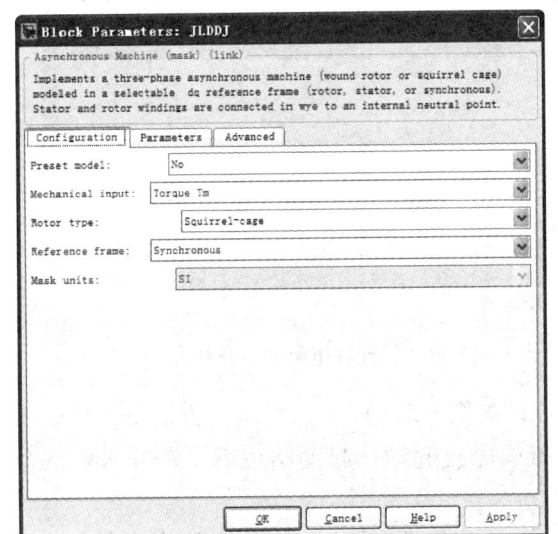 

图 8-54　"异步电动机参数设置"对话框

（3）系统的仿真、仿真结果的输出及结果分析

在 MATLAB 的模型窗口打开"Simulation"菜单，单击"Start"命令后，系统开始进行仿真，仿真结束后可输出仿真结果。

图 8-55 显示的分别是交流电动机直接起动时的定子 A 相电流、转速和电磁转矩曲线。

由图 8-55 可以看出，当直接起动时，起动电流很大，达到 60A。但在很短的时间内，速度和转矩等参数均趋于稳定状态，说明电动机的起动性能好。

这种起动方法的优点是操作简便，起动设备简单；缺点是起动电流大，会引起电网电压波动。

2. 交流电动机定子串电阻或电抗器起动仿真

（1）定子串电阻或电抗器起动的电气原理

当交流电动机起动时，在定子回路中串联电阻或电抗，起动电流在电阻或电抗上产生压降，降低了定子绕组上的电压，起动电流也随之减小。由于大型电动机串电阻起动能耗太大，所以多采用串电抗进行减压起动。

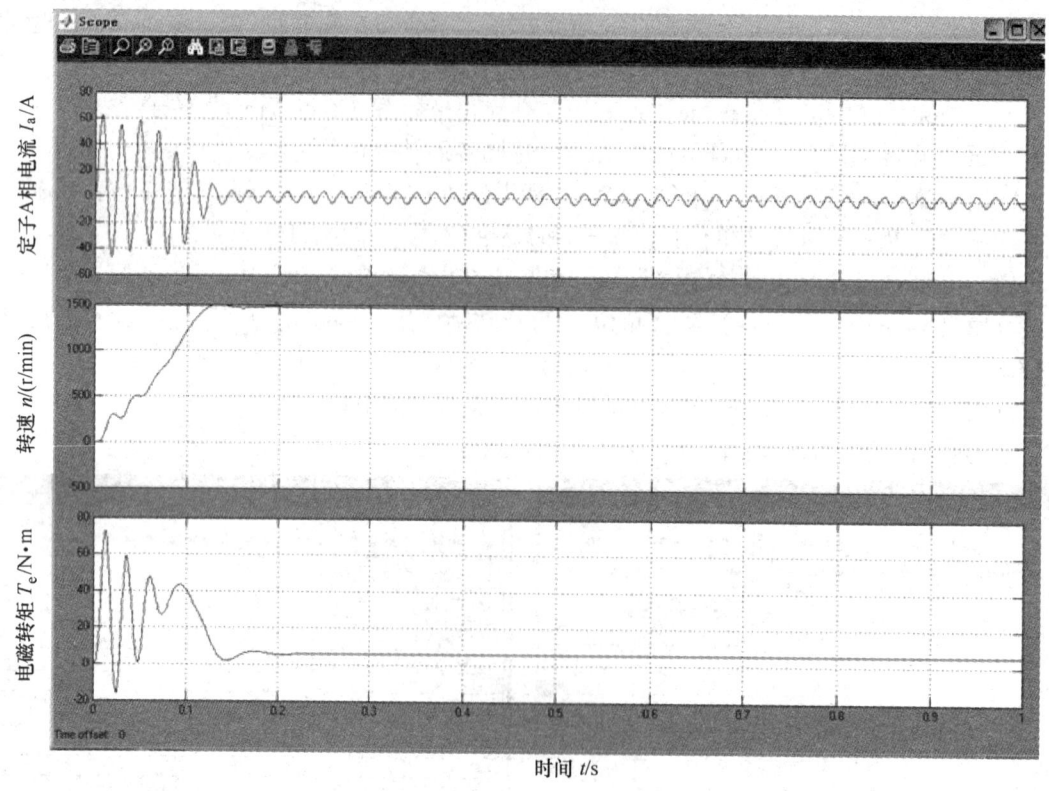

图 8-55　交流电动机直接起动时的定子 A 相电流、转速和电磁转矩曲线

交流电动机定子串电阻或电抗器降压起动原理如图 8-56a)、b) 所示。方法是，当电动机起动时，先合 KM_1，将 KM_2 断开，串入电阻或电抗起动；起动结束后，断开 KM_1，合 KM_2 运行，电源直接与电动机联结。

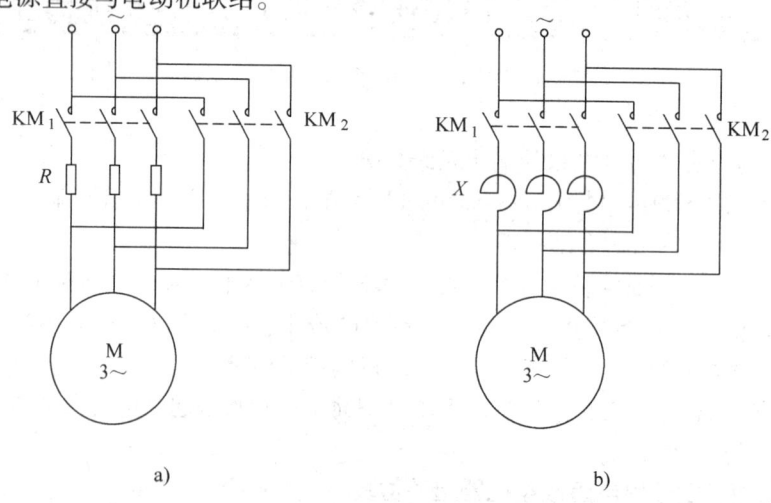

图 8-56　交流电动机定子串电阻或电抗器降压起动原理图
a) 定子串电阻降压起动原理图　b) 定子串电抗降压起动原理图

(2) 建模方法

根据电气原理结构图,可得到交流电动机定子串电阻或电抗器起动系统的仿真模型,分别如图 8-57 和图 8-58 所示。

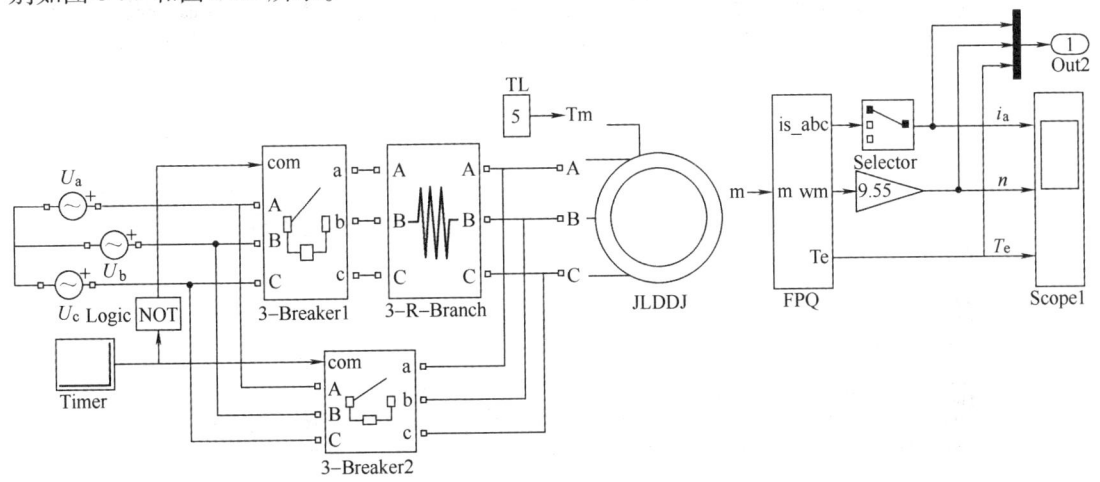

图 8-57 交流电动机定子串电阻起动系统的仿真模型

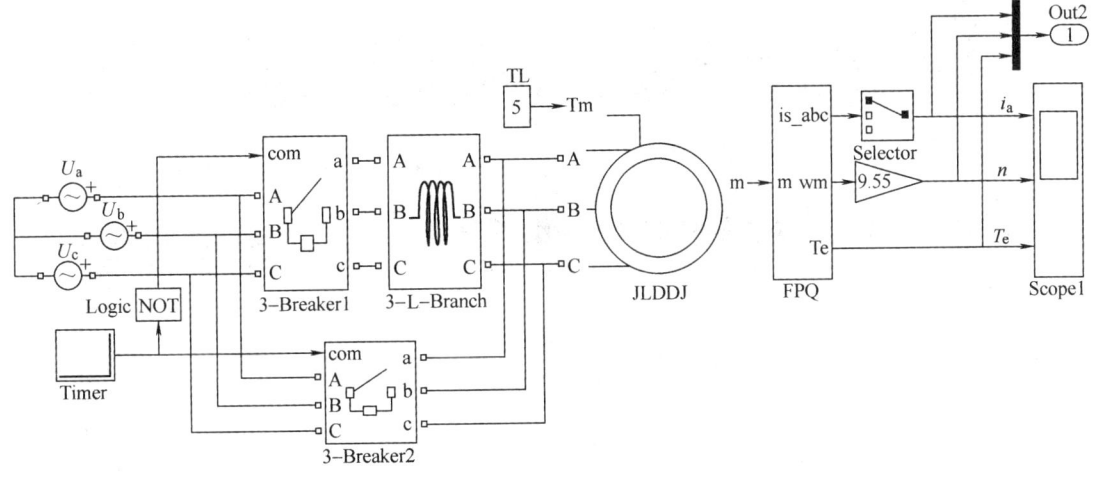

图 8-58 交流电动机定子串电抗起动系统的仿真模型

该仿真模型中新增的模块是三相 RLC 负载,其提取途径如下。

三相 RLC 负载模块:SimPowerSystems/Elements/Three-Phase Series RLC Branch。

有关模块的参数设置如下。

1) 三相电阻模块参数 $R=5\Omega$。

2) 三相电抗器模块参数 $L=0.016H$。

3) 定时器的参数设置:串电阻起动,$t=0.4s$ 时刻,从 0 阶跃到 1;串电抗器起动,$t=0.8s$ 时刻,从 0 阶跃到 1。

(3) 系统的仿真、仿真结果的输出及结果分析

在 MATLAB 的模型窗口打开"Simulation"菜单,单击"Start"命令后,系统开始进行仿真,仿真结束后可输出仿真结果。

图 8-59 和图 8-60 显示的分别是交流电动机串电阻和串电抗器起动时的定子 A 相电流、转速和电磁转矩曲线。

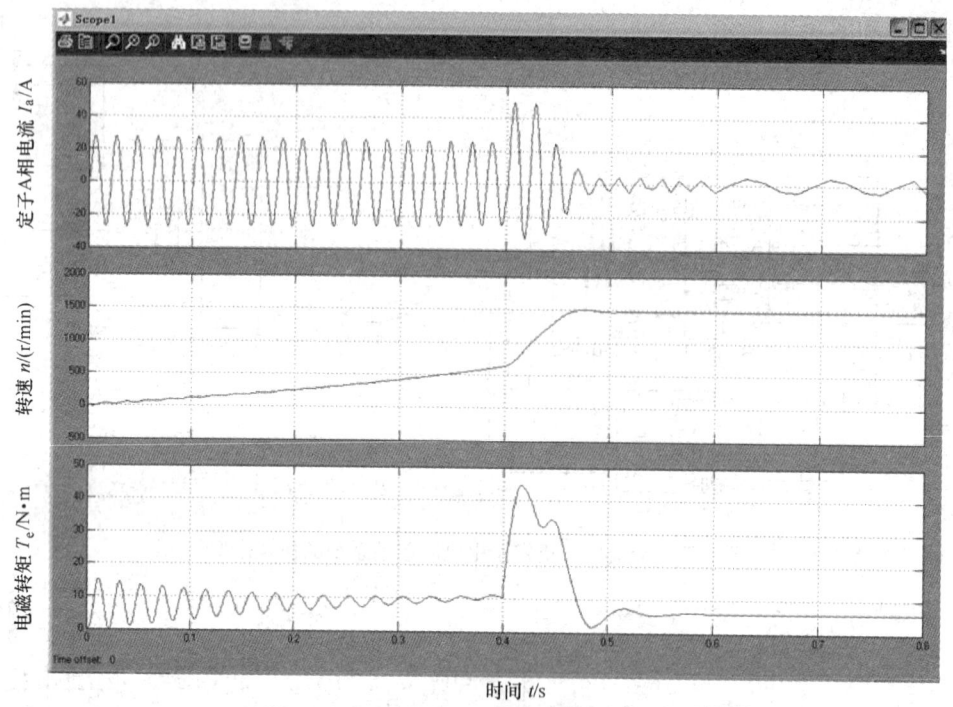

图 8-59　交流电动机串电阻起动时的定子 A 相电流、转速和电磁转矩曲线

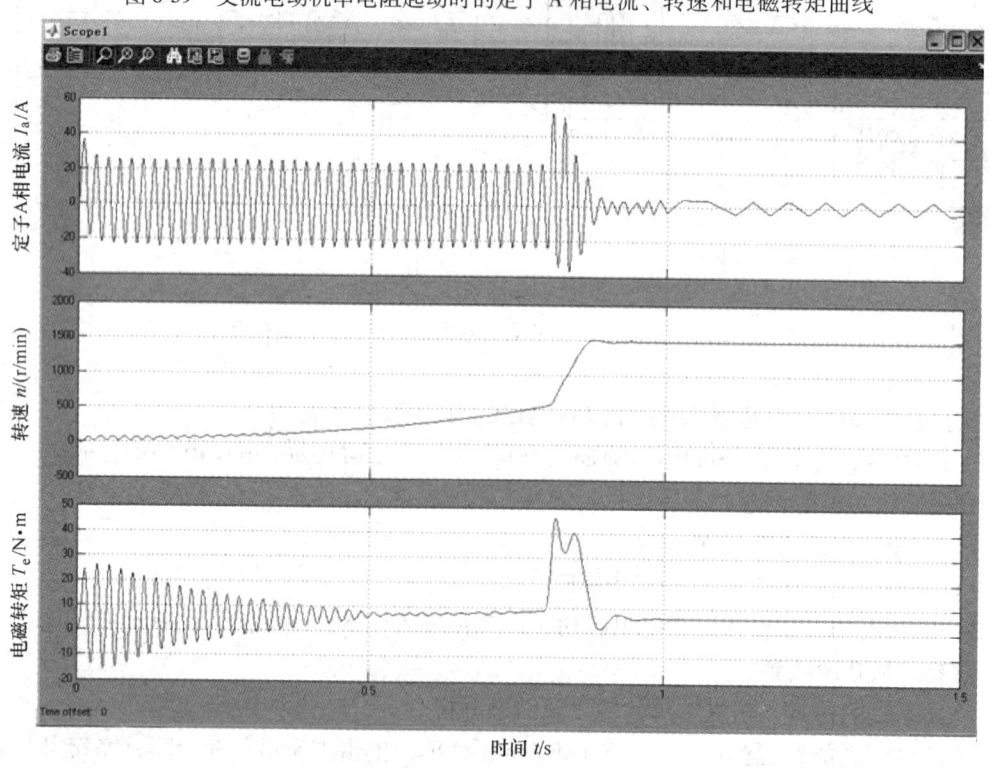

图 8-60　交流电动机串电抗器起动时的定子 A 相电流、转速和电磁转矩曲线

由图 8-59 和图 8-60 可以看出，在定子电路中串接电阻或电抗器，降低了定子绕组端电压，起动转矩与端电压的平方成正比。与直接起动相比，起动电流与起动转矩明显地变小了。因此，该方法的优点是起动电流冲击小，运行可靠，起动设备构造简单。

3. 交流电动机变压器降压起动仿真

（1）变压器降压起动的电气原理

通过变压器可降低加到电动机定子上的电压。变压器降压起动的原理结构如图 8-61 所示。起动时，合上 KM_2，经变压器降压起动，然后断开 KM_2，合上 KM_1 运行。与定子回路中串联电阻或电抗器的效果有些类似。

（2）建模方法

根据电气原理结构图，可得到交流电动机变压器降压起动系统的仿真模型，如图 8-62 所示。

该仿真模型中新增的变压器模块提取途径如下。

变压器模块：SimPowerSystems/Elements/Three-Phase Transformer（Two Windings）。

有关模块的参数设置如下所述。

1）定时器的参数设置：在 $t=0.4s$ 时刻，从 0 阶跃到 1。

2）三相变压器模块参数设置。其对话框如图 8-63 所示。

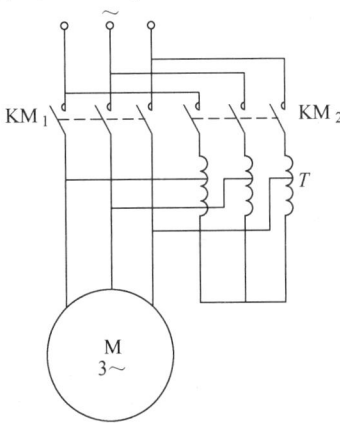

图 8-61　变压器降压起动原理结构图

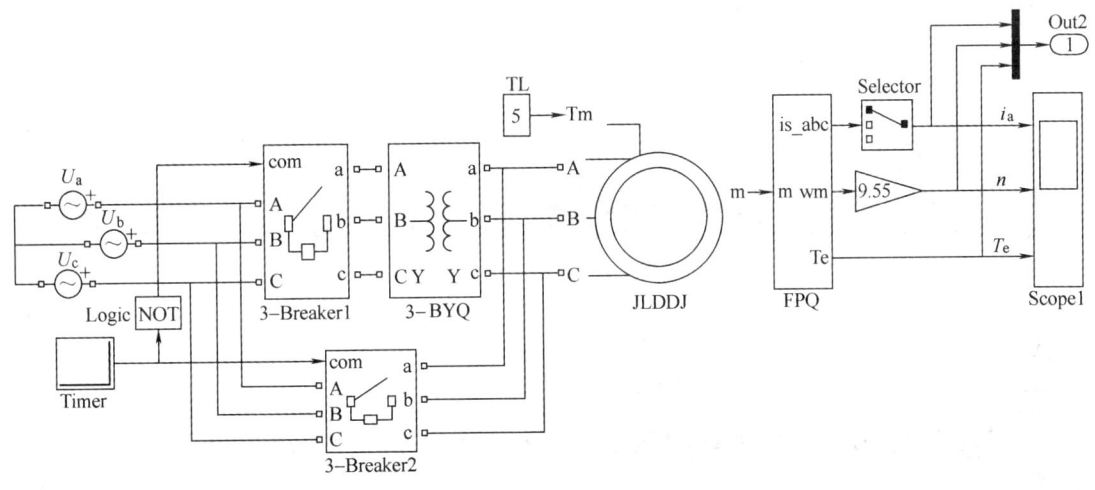

图 8-62　交流电动机变压器降压起动系统的仿真模型

（3）系统的仿真、仿真结果的输出及结果分析

在 MATLAB 的模型窗口打开"Simulation"菜单，单击"Start"命令后，系统开始进行仿真，仿真结束后可输出仿真结果。

图 8-64 显示的分别是交流电动机变压器降压起动时的定子 A 相电流、转速和电磁转矩曲线。

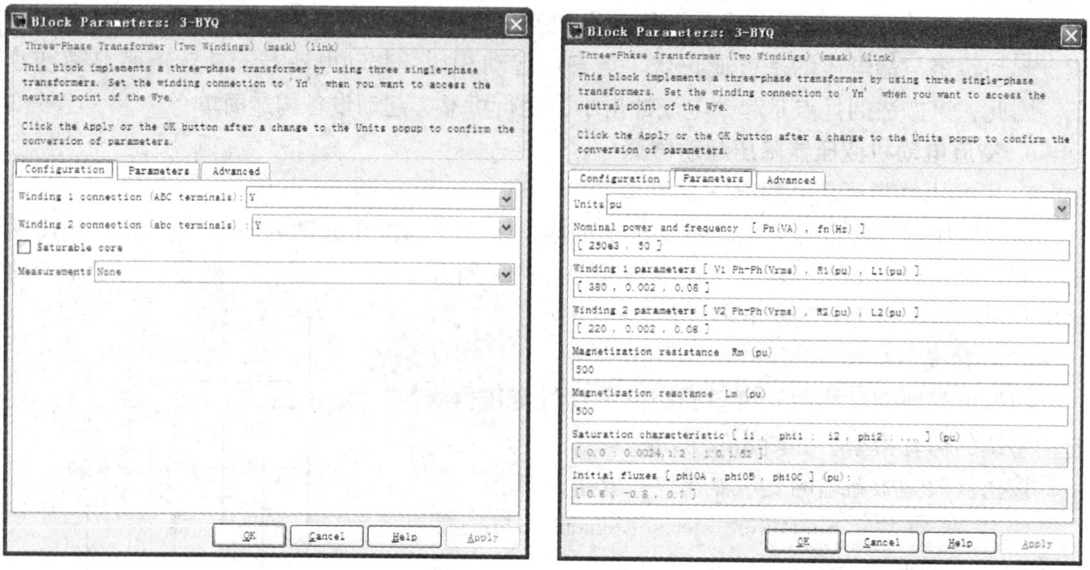

a)

b)

图 8-63 变压器参数设置对话框

a) 变压器的绕组联结方式　b) 变压器的参数设置

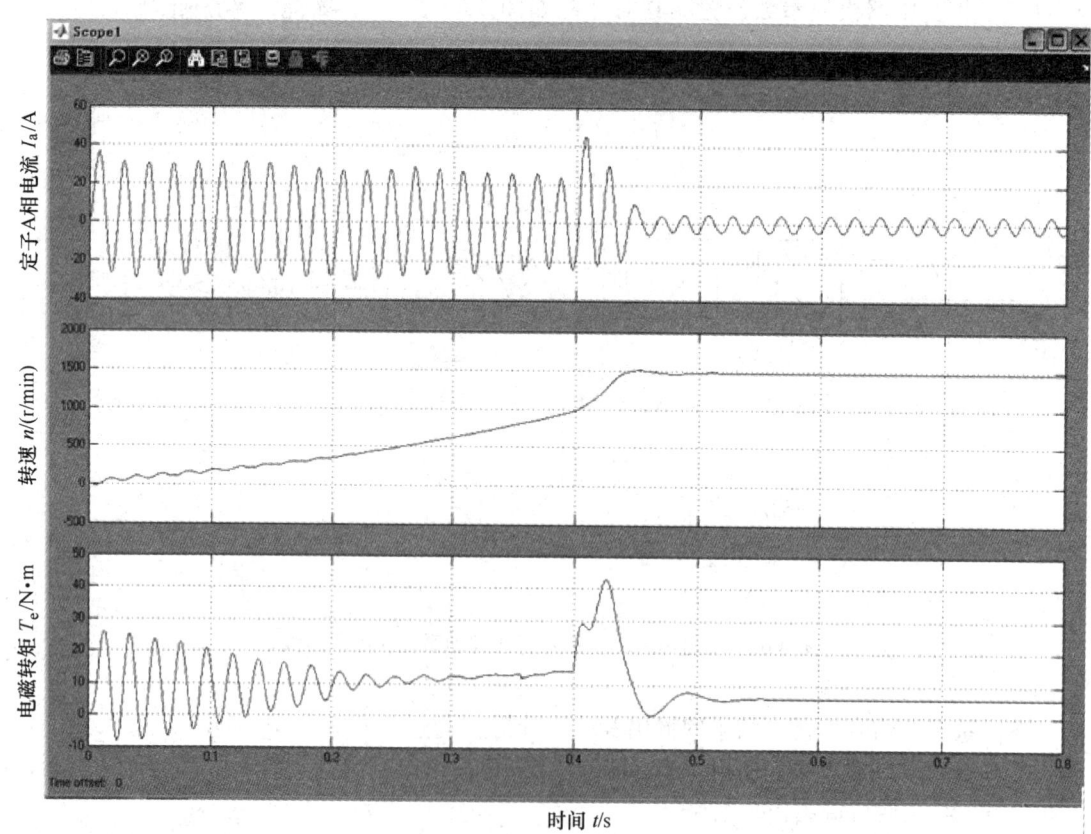

图 8-64 交流电动机变压器降压起动时的定子 A 相电流、转速和电磁转矩曲线

由图 8-64 可以看出，在定子电路中串变压器，降低了定子绕组的端电压，而起动转矩与端电压的平方成正比，故起动电流与起动转矩明显地变小了。

4. 绕线转子电动机转子回路串电阻起动仿真

（1）绕线转子电动机转子回路串电阻起动的电气原理

转子串电阻分级起动是指在绕线转子异步电动机转子回路中串多级电阻，起动时逐级切除串接的电阻的起动方法。图 8-65 为绕线转子异步电动机转子串 3 级电阻的分级起动原理接线图与机械特性。起动过程如下：在起动时，接通定子绕组电源，KM_1、KM_2、KM_3 断开，3 级起动电阻 R_{c1}、R_{c2}、R_{c3} 全部串入转子回路中，其机械特性如图 8-65b 中曲线 1 所示。绕线转子异步电动机拖动负载转动，转速 n 沿曲线 1 上升。当转矩降到 T_{st2} 转速升到 b 点时，KM_3 闭合，转子回路串接的三相电阻 R_{c3} 被短接，电动机立即切换到特性曲线 2，运行点从 b 点平移到 c 点，转速 n 再沿曲线 2 上

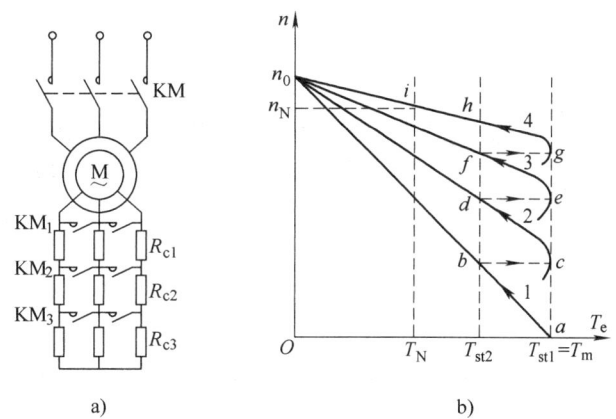

图 8-65 绕线转子电动机转子串 3 级电阻的分级起动
原理接线与机械特性图
a）原理接线图 b）3 级机械特性图

升。当转速升到 d 点时，切除电阻 R_{c2}。这样电阻逐段被切除，电动机逐段加速，直到在固有特性上的 i_1 点稳定运行为止，起动过程结束。

（2）建模方法

根据电气原理结构图，可得到交流绕线转子异步电动机转子回路串电阻起动系统的仿真模型，如图 8-66 所示。

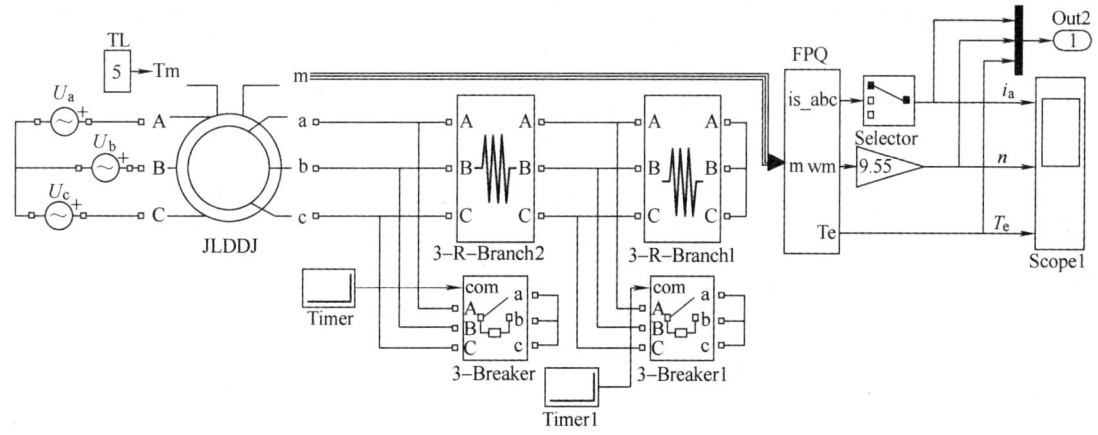

图 8-66 交流绕线转子异步电动机转子回路串电阻起动系统的仿真模型

该仿真模型中没有新增的模块。

有关模块的参数设置如下所述。

1）定时器 Timer 的参数设置：在 $t=1s$ 时刻，从 0 阶跃到 1。

2）定时器 Timer1 的参数设置：在 $t=0.5\text{s}$ 时刻，从 0 阶跃到 1。

3）转子回路串联电阻 $R_{st1}=10\Omega$，$R_{st2}=5\Omega$。

(3) 系统的仿真、仿真结果的输出及结果分析

在 MATLAB 的模型窗口打开"Simulation"菜单，单击"Start"命令后，系统开始进行仿真，仿真结束后可输出仿真结果。

图 8-67 显示的分别是绕线转子异步电动机转子串电阻起动时的定子 A 相电流、转速和电磁转矩曲线。

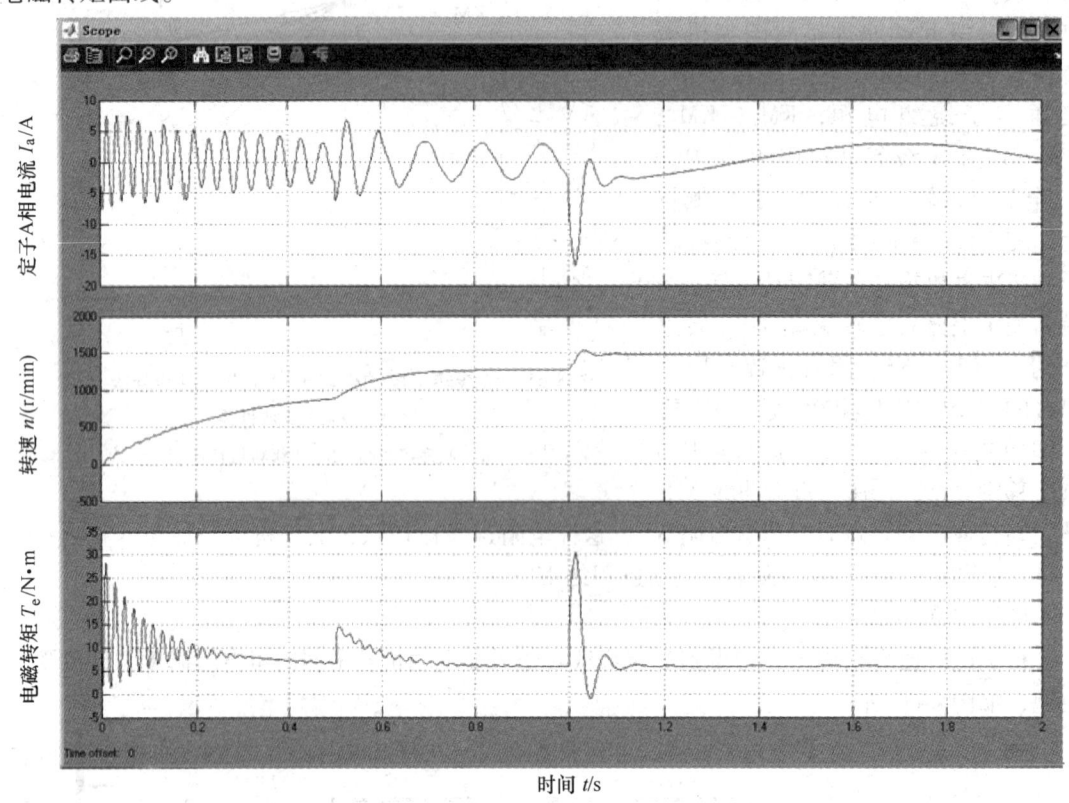

图 8-67 绕线转子异步电动机转子串电阻起动时的定子 A 相电流、转速和电磁转矩曲线

本例仿真采用二级起动，这样，转速就能一点一点地平缓上升。由图 8-67 所示可见，绕线转子异步电动机定子接额定电压、转子每相串入起动电阻，电动机开始起动，在 0.5s 时，切除第一段电阻。在切除电阻的瞬间，由于机械惯性转速来不及变化，电流增大，随着转速的升高，电流减小。在 1s 时刻切除第二段电阻，其过程同第一段。这样，逐级切除电阻，直至加速到稳态运行点为止，整个起动过程结束。

5. 交流电动机软起动仿真

（1）电动机软起动的电气原理

常用的电动机软起动方法有恒流起动法、斜坡电压起动法、转矩控制起动法和电压控制起动法。其中，斜坡电压起动法是用电子软起动方法实现电动机起动时定子电压由小到大斜坡线性上升的。只要将参考文献 [12] 中的交流调压调速系统的给定信号由恒值改成线性斜坡信号即可。

（2）建模方法

以交流调压调速系统为基础的交流电动机斜坡电压软起动仿真模型如图 8-68 所示。详细的建模和参数设置见参考文献［12］。

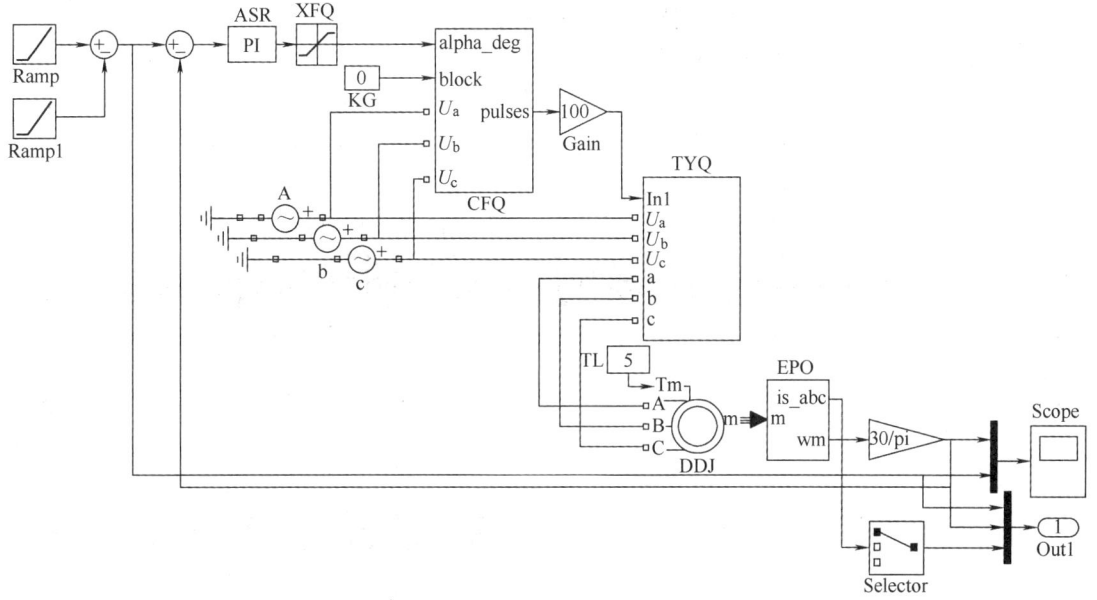

图 8-68　交流电动机斜坡电压软起动仿真模型

（3）系统的仿真、仿真结果的输出及结果分析

在 MATLAB 的模型窗口打开"Simulation"菜单，单击"Start"命令后，系统开始进行仿真，仿真结束后可输出仿真结果。

图 8-69 显示的是交流电动机斜坡电压软起动时的转速和给定电压信号曲线。

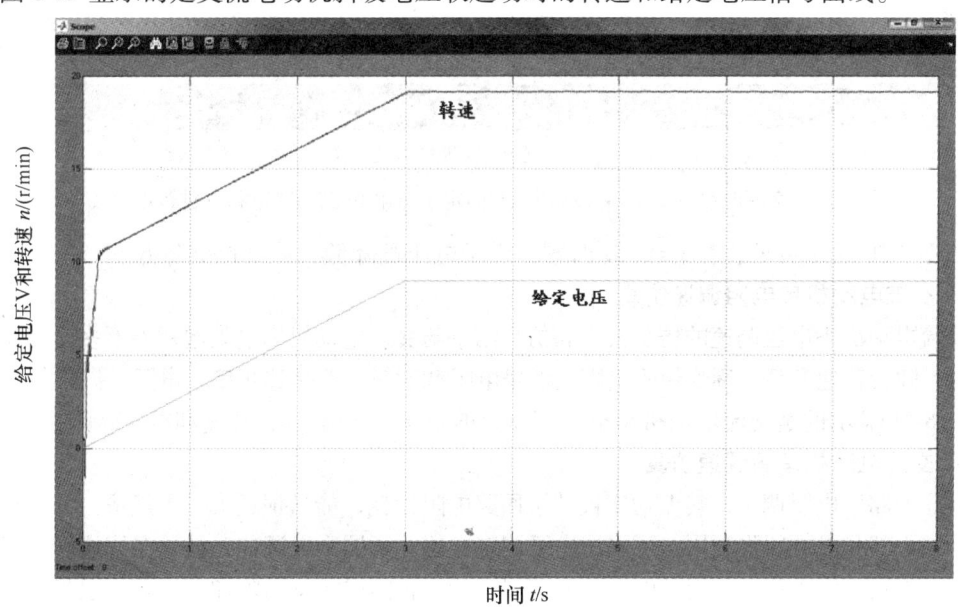

图 8-69　交流电动机斜坡电压软起动时的转速和给定电压信号曲线

8.4.2 交流电动机拖动系统的调速仿真

本节介绍的交流电动机的所有调速方法都是有级调速。利用现代电力电子技术实现的交流无级调速方法将在后续交流调速技术课程中介绍。

1. 交流电动机变压器降压调速仿真

交流电动机变压器降压调速的仿真模型和仿真结果与交流电动机变压器降压起动差不多。当降压起动时，随着转速升高，定子电压逐步增加；而调压调速时一般是逐步降低定子电压。

图 8-70 显示的是交流电动机变压器降压调速时的定子 A 相电流、转速和电磁转矩曲线。

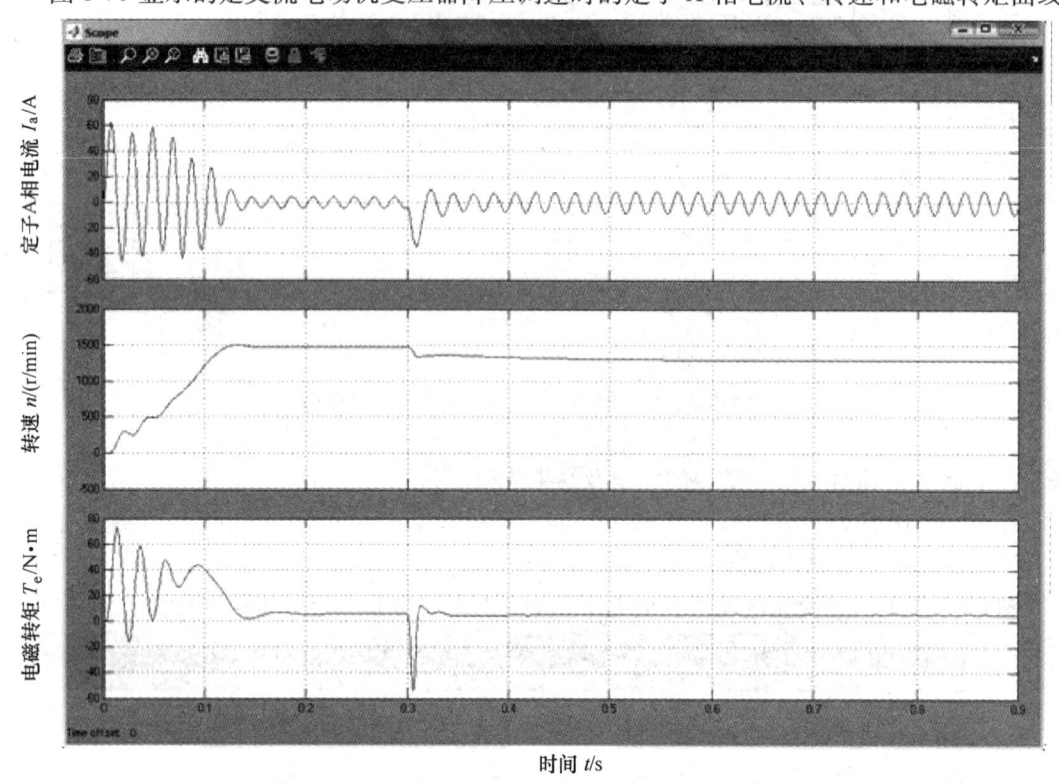

图 8-70 交流电动机变压器降压调速时的定子 A 相电流、转速和电磁转矩曲线

由图 8-70 所示可见，在 $t=0.3\text{s}$ 时刻，定子电压被降低，速度也被降低。

2. 交流电动机串电阻调速仿真

交流电动机串电阻调速的仿真模型和仿真结果与交流电动机串电阻起动差不多。当串电阻起动时，随着转速升高，逐步切除电阻；而串电阻调速时一般是逐步串入电阻，以降低转速。

图 8-71 显示的是交流电动机串电阻调速时的定子 A 相电流、转速和电磁转矩曲线。

3. 交流电动机串级调速仿真

转子回路串电阻调速，转差功率被转子回路电阻消耗，能量损耗大，不经济。为使调速时转差功率大部分能被回收利用，可采用串级调速方法。所谓串级调速，就是在绕线转子异步电动机转子电路中串入一个与转子电势频率相同、相位相同或相反的附加电动势，通过改变附加电动势的大小来实现调速。串级调速系统的详细建模方法和参数设置见参考文献 [12]。

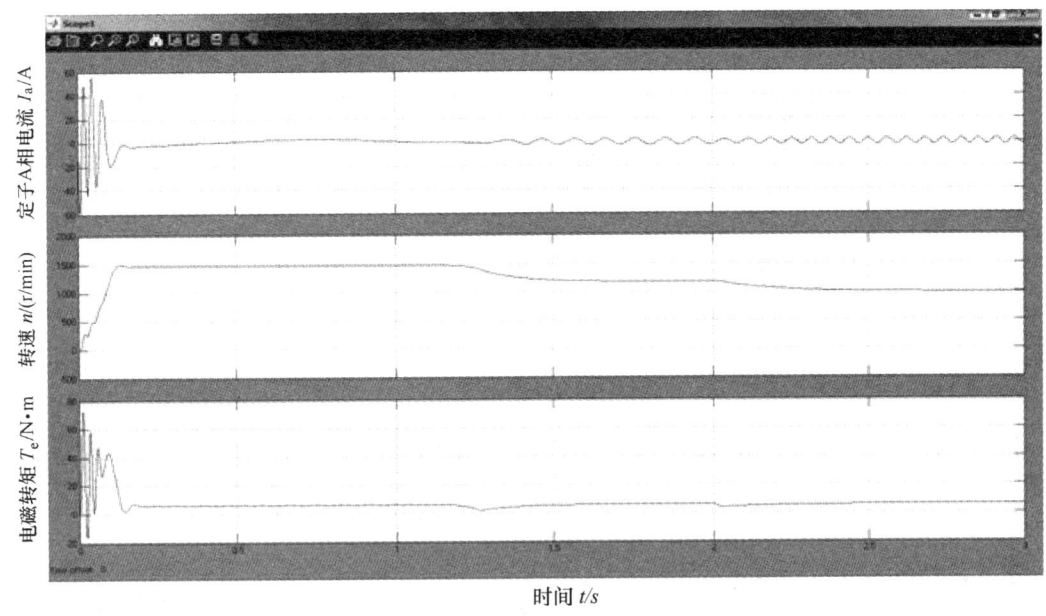

图 8-71 交流电动机串电阻调速时的定子 A 相电流、转速和电磁转矩曲线

4. 交流电动机变频调速仿真

（1）变频调速的电气原理

由 $n_0 = 60f_1/p$ 可知，改变 f_1，即改变 n_0，从而调节 n。变频调速需要变频电源，可采用电力电子变频装置，这部分内容将在交流调速技术课程中进行专门的介绍。下面通过几个不同频率交流电压源的切换来实现变频调速。

（2）建模方法

根据电气原理分析，可得到交流电动机变频调速系统的仿真模型，如图 8-72 所示。

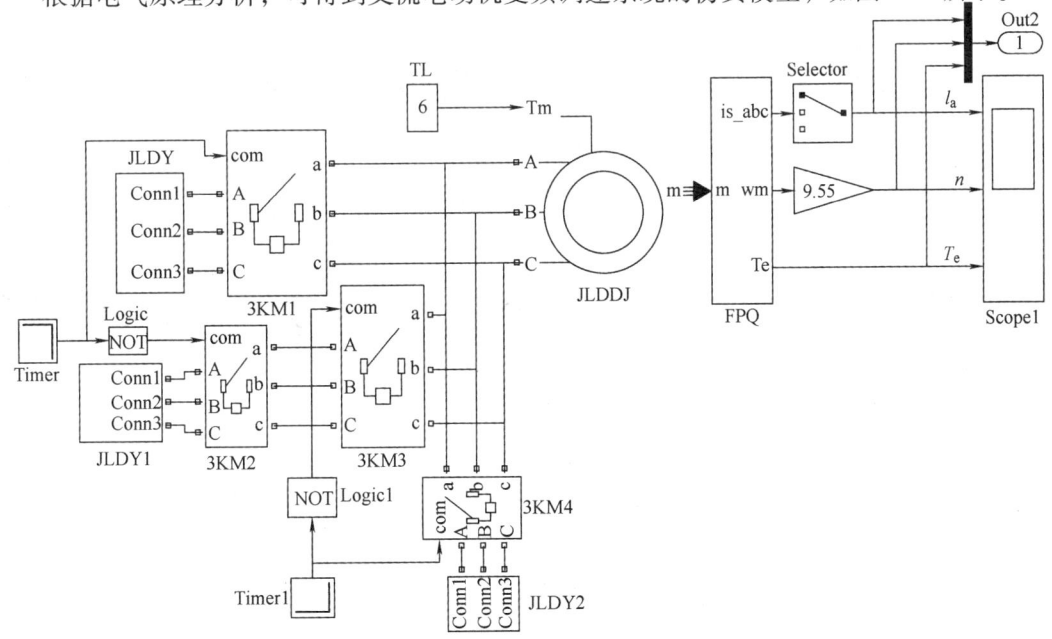

图 8-72 交流电动机变频调速系统的仿真模型

其中,三相交流电源子系统 JLDY 结构示意图如图 8-73 所示。它是一个频率为 50Hz 的三相对称交流电源。JLDY1 和 JLDY2 是频率分别为 40Hz 和 35Hz 的三相对称交流电源。

有关模块的参数设置如下所述。

1) 定时器 Timer 的参数设置:在 $t=1s$ 时刻,从 1 阶跃到 0。

2) 定时器 Timer1 的参数设置:在 $t=2s$ 时刻,从 0 阶跃到 1。

(3) 系统的仿真、仿真结果的输出及结果分析

在 MATLAB 的模型窗口打开"Simulation"菜单,单击"Start"命令后,系统开始进行仿真,仿真结束后可输出仿真结果。

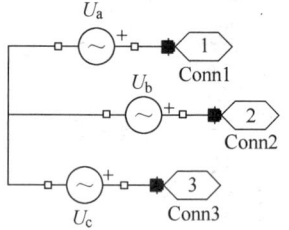

图 8-73 三相交流电源子系统 JLDY 结构示意图

图 8-74 显示的分别是交流电动机变压器变频调速时的定子 A 相电流、转速和电磁转矩曲线。

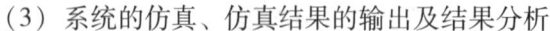

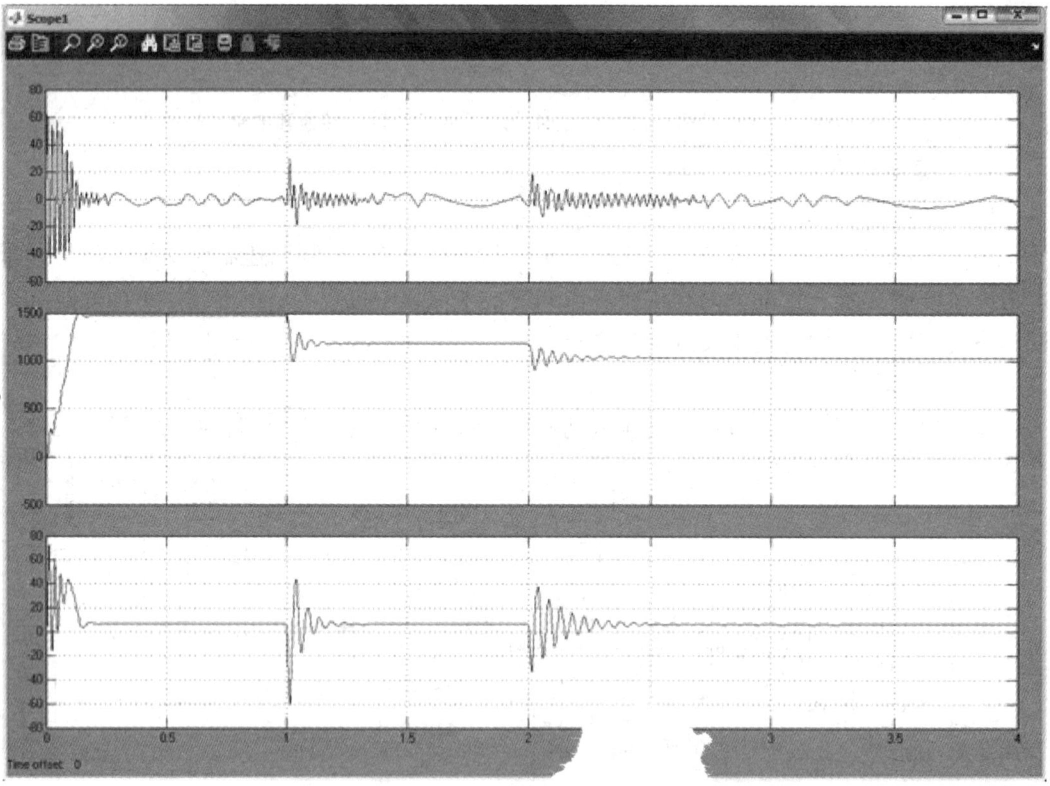

图 8-74 交流电动机变压器变频调速时定子 A 相电流、转速和电磁转矩曲线

下降到 40Hz、$t=2s$ 时刻、

转状态。在制动时,电动机的

电磁转矩方向与转子转动方向相反，起着制止转子转动的作用，电动机由轴上吸收机械能并转换成电能。电动机制动有制动停车、加快减速过程和变加速运动为等速运动等作用，制动的主要方法有能耗制动、反接制动和回馈制动。

1. 交流电动机自然停车仿真

（1）自然停车的电气原理

当交流电动机正常运行时，通过电气开关切除加到电动机定子上的电源，而不加其他的制动措施，这就是自然制动的工作过程。电动机空载制动比负载时制动时间长。

（2）建模方法

根据电气原理结构图，可得到交流电动机自然制动系统的仿真模型，如图 8-75 所示。该仿真模型中没有新增的模块。

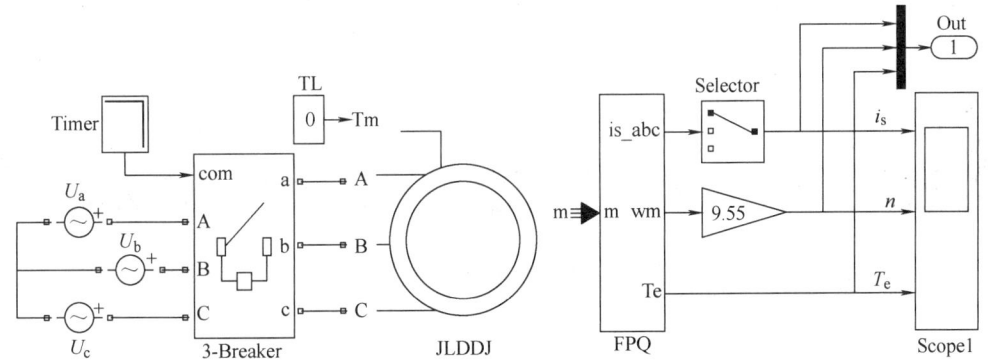

图 8-75 交流电动机自然制动系统的仿真模型

有关模块的参数设置如下所述。

1）定时器的参数设置：在 $t=2s$ 时刻，从 1 阶跃到 0；开关从闭合转换到断开，将电动机电源切除，电动机自然制动停车。

2）负载设置为零，表示空载，也为了防止倒拉反转。

（3）系统的仿真、仿真结果的输出及结果分析

在 MATLAB 的模型窗口打开"Simulation"菜单，单击"Start"命令后，系统开始进行仿真，仿真结束后可输出仿真结果。

图 8-76 显示的分别是交流电动机自然制动时的定子 A 相电流、转速和电磁转矩曲线。

由图 8-76 可以看出，在 $t=2s$ 时刻切除定子电源，电动机自然制动停车，且停车时间较长。

2. 交流电动机能耗制动仿真

（1）能耗制动的电气原理

在图 8-77a 中，将 KM_1 断开，KM_2 接通，让电动机从三相电源断开，使定子绕组通入一定大小的直流励磁电流。转子由于惯性继续旋转，转子绕组切割定子绕组产生的恒定磁场，感应电动势和电流，转子载流导体在磁场中受到电磁力的作用，产生与转向相反的转矩，电动机进入制动状态。随着转速的降低，制动转矩也随之减少，到 $n=0$ 时，$T_e=0$，故可用于准确停车。

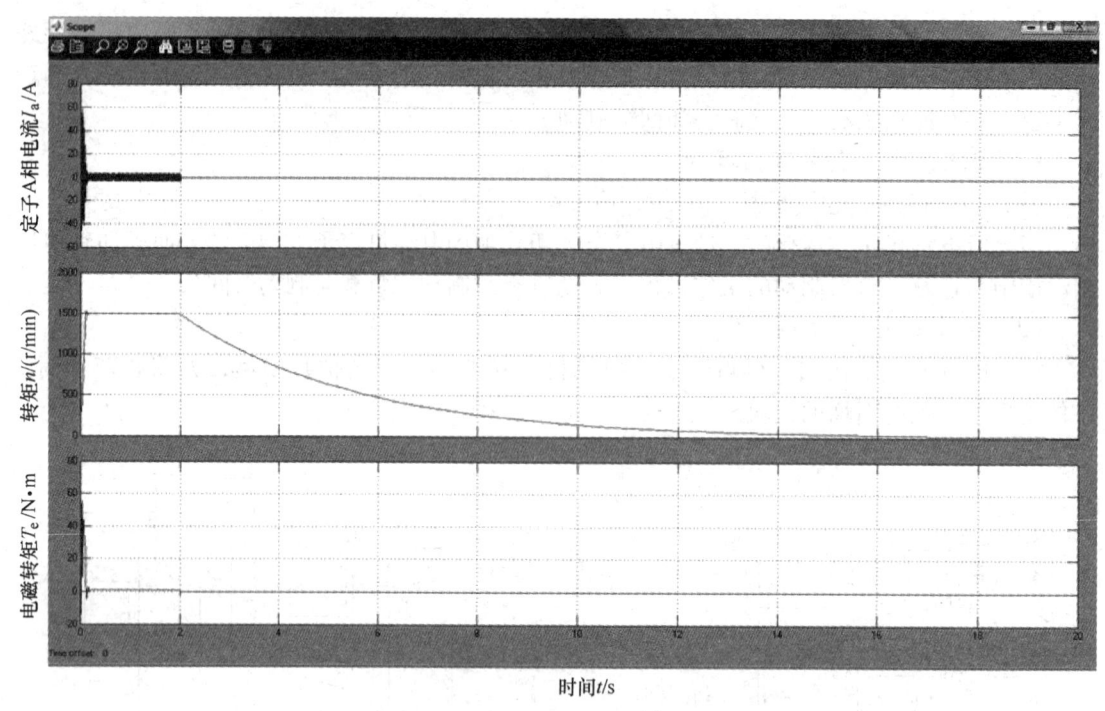

图 8-76 交流电动机自然制动时的定子 A 相电流、转速和电磁转矩曲线

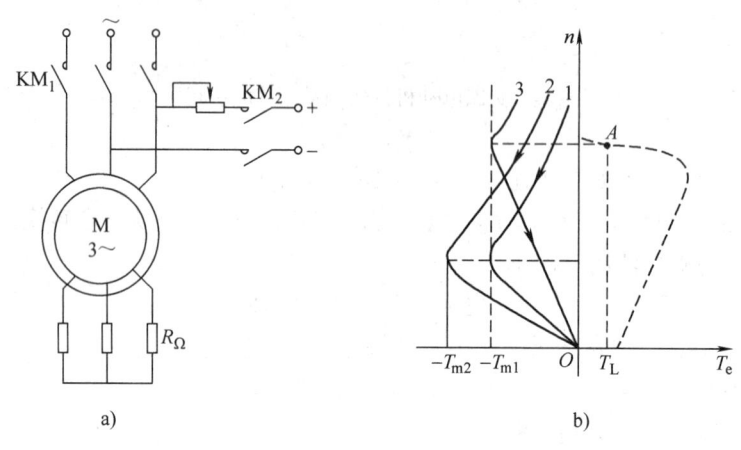

图 8-77 异步电动机能耗制动的电路图及机械特性图
a) 电路图　b) 机械特性图

(2) 建模方法

根据电气原理图，可得到交流电动机能耗制动系统的仿真模型，如图 8-78 所示。

定时器 Timer 的参数设置：在 $t=0.6\mathrm{s}$ 时刻，从 1 阶跃到 0，开始能耗制动。其他参数如图上标注所示。

(3) 系统的仿真、仿真结果的输出及结果分析

在 MATLAB 的模型窗口打开"Simulation"菜单，单击"Start"命令后，系统开始进行仿真，仿真结束后可输出仿真结果。

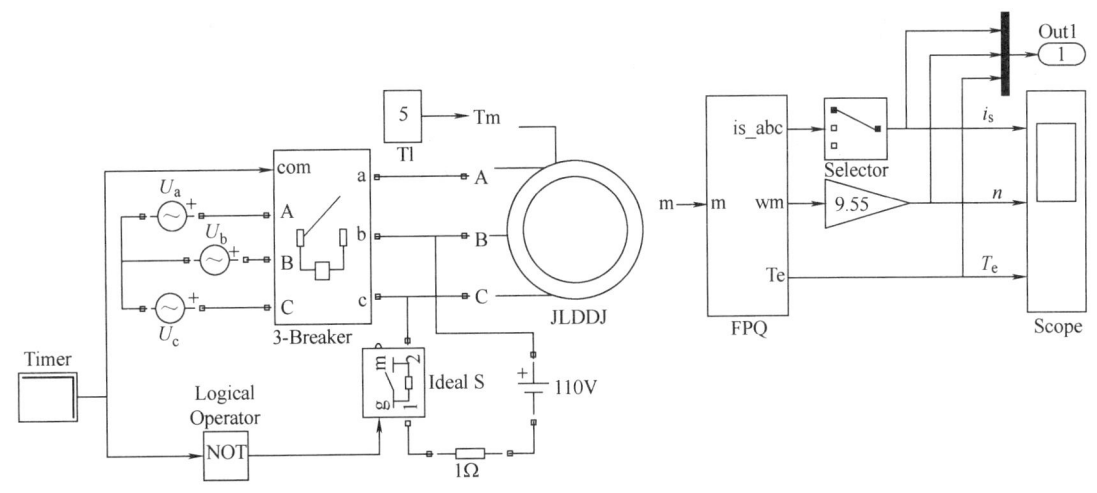

图 8-78 交流电动机能耗制动系统仿真模型

图 8-79 显示的分别是交流电动机能耗制动时的定子 A 相电流、转速和电磁转矩曲线。

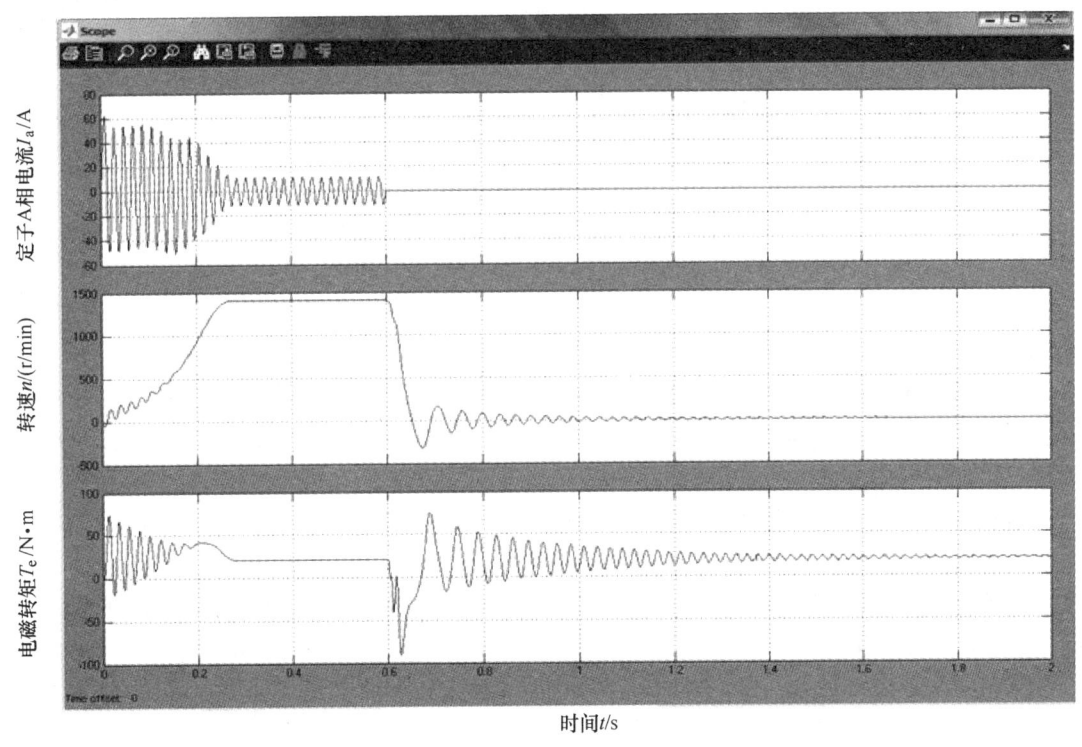

图 8-79 交流电动机能耗制动时的定子 A 相电流、转速和电磁转矩曲线

由图 8-79 可以看出，交流电动机在额定三相对称正弦电压下直接起动，很快进入稳定的电动运行状态，在 $t=0.6\mathrm{s}$ 时三相开关断开，单相开关闭合，在电动机 B、C 两相加入 110V 的直流电源，电动机进入能耗制动状态。制动时，旋转的转子导体切割定子磁场感应出电流，它与静止磁场相互作用产生与转子转向相反的电磁转矩，电动机很快减速，制动性

质的电磁转矩逐渐减小，最终导致电动机停车。与自然制动相比停车时间缩短了不少。

3. 交流电动机正反转运行和反接制动仿真

（1）交流电动机正、反转运行和反接制动的电气原理

交流电动机要实现正反转运行，只要交换定子三相电源的任意两相，改变电源相序就可以实现反转运行。从电源反相序电磁转矩为负到转速由原来的正向下降到零的这一阶段即为反接制动。

（2）建模方法

根据电气原理分析，可得到交流电动机正、反转运行和反接制动的仿真模型，如图 8-80 所示。

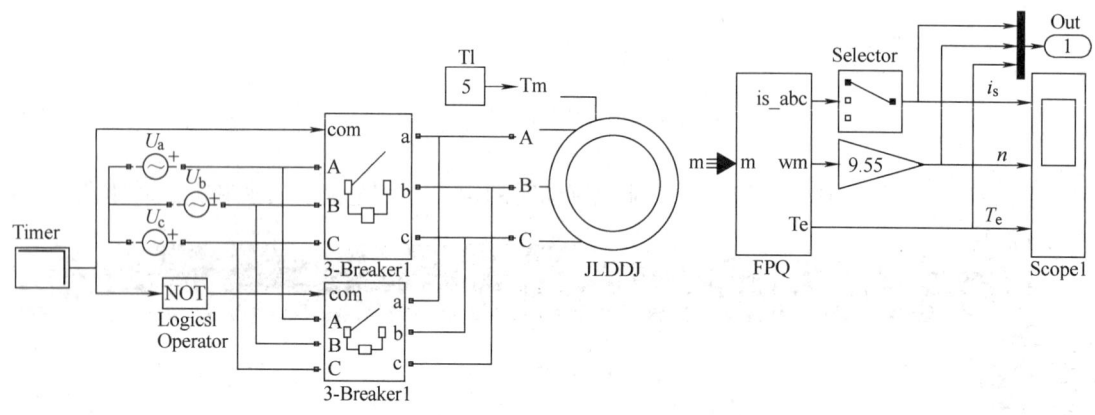

图 8-80　交流电动机正、反转运行和反接制动仿真模型

定时器 Timer 的参数设置：在 $t=1s$ 时刻，从 1 阶跃到 0，开始反转。其他参数如图上标注所示。

（3）系统的仿真、仿真结果的输出及结果分析

在 MATLAB 的模型窗口打开"Simulation"菜单，单击"Start"命令后，系统开始进行仿真，仿真结束后可输出仿真结果。

图 8-81 显示的分别是交流电动机正、反转运行和反接制动时的定子 A 相电流、转速和电磁转矩曲线。

由图 8-81 所示可以看出，在 $t=0s$ 接入三相对称正相序交流电源，电动机正向直接起动，很快进入稳定的电动运行状态，在 $t=1s$ 时切除正相序电源接入负相序电源，电动机进入反向制动及其运行状态。在 t 为 $1\sim1.1s$ 之间，转速从正向原稳定速度下降到 0，而此时电磁转矩为负，这一阶段即为反接制动阶段。

4. 交流电动机反向回馈制动仿真

（1）反向回馈制动的电气原理

当交流电动机拖动位能性恒转矩负载且电源为负相序时，电动机会高速运行于第Ⅳ象限，此时电磁转矩为 T_e，转速为 $-n$，如图 8-82 中的 B 点所示。拖动位能负载三相异步电动机在正向电动状态运行时，如果采用反接制动停车，那么当转速降到 $n=0$ 时若不采取停车措施，则电动机将会反向起动，最后运行于反向回馈制动状态。

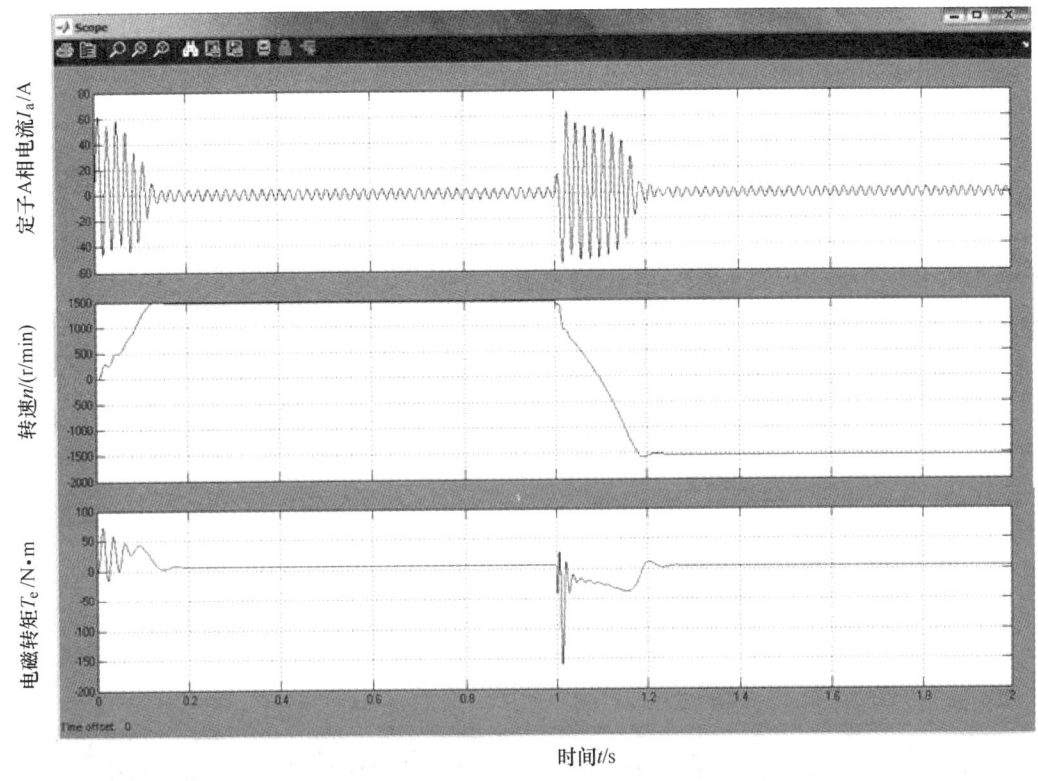

图 8-81 交流电动机正、反转运行和反接制动时的定子 A 相电流、转速和电磁转矩曲线

（2）建模方法

根据电气原理分析，可得到交流电动机反向回馈制动的仿真模型，如图 8-83 所示。

定时器 Timer 的参数设置：在 $t=1s$ 时刻，从 1 阶跃到 0，开始反转，然后进入反向回馈制动状态。其他参数如上图标注所示。

（3）系统的仿真、仿真结果的输出及结果分析

在 MATLAB 的模型窗口打开"Simulation"菜单，单击"Start"命令后，系统开始进行仿真，仿真结束后可输出仿真结果。

图 8-84 显示的分别是交流电动机正反转运行、反接制动和反向回馈制动时的定子 A 相电流、转速和电磁转矩曲线。

由图 8-84 可以看出，在 $t=0s$ 接入三相对称交流正相序电源，电动机正向起动，进入稳定的电动运行状态，在 $t=1s$ 时切除正相序电源接入负相序电源，电动机进入反向制动及其运行状态。在 t 为 1~1.05s 之间，转速从正向原稳定速度下降到 0，而此时电磁转矩为负，这一阶段即为反接制动阶段。在 t 为 1.05~1.12s 之间，转速从 0 变化到负的稳定运行速度，而此时电磁转矩也为负，这一阶段即为反

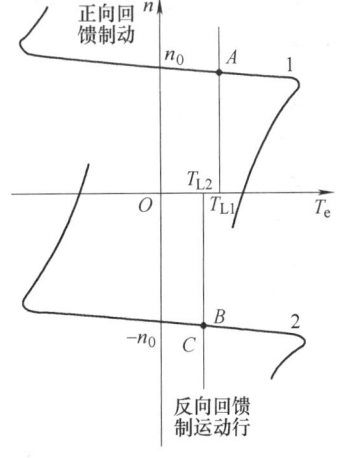

图 8-82 三相交流电动机反向
回馈制动运行
1—固有机械特性
2—负相序固有机械特性

向电动阶段。而在 t 为 $1.15 \sim 2s$ 之间，转速为负的稳态速度，此时电磁转矩为正，这一阶段则为反向回馈制动阶段。此时，负载转矩与电磁转矩相平衡，电动机稳定运行在第Ⅳ象限。

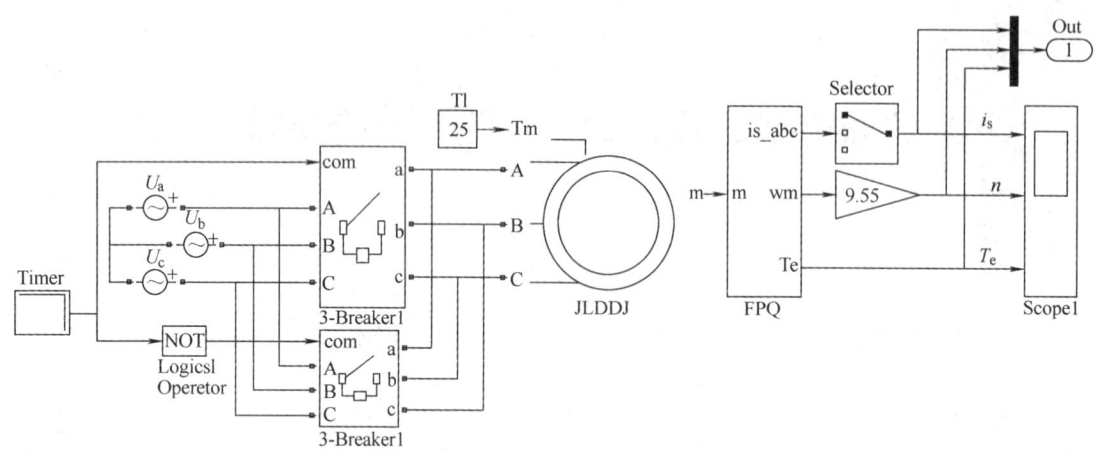

图 8-83　交流电动机反向回馈制动的仿真模型

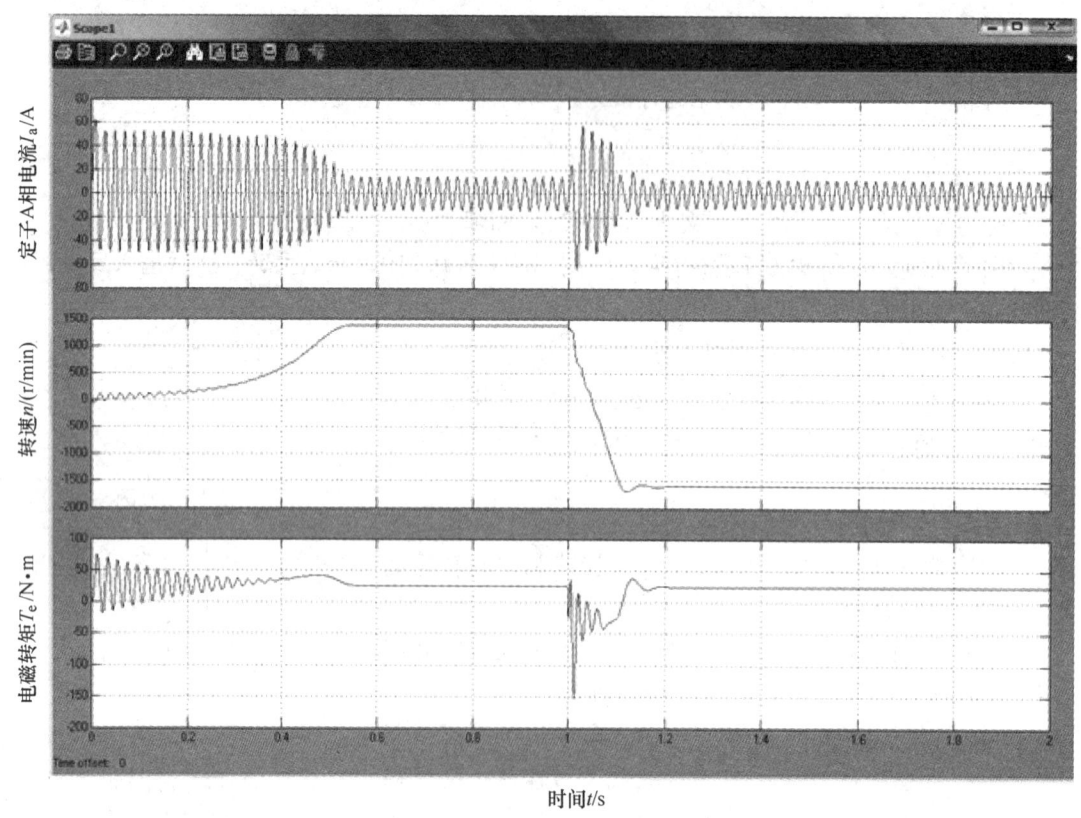

图 8-84　交流电动机正反转运行、反接制动和反向回馈制动时的定子 A 相电流、
转速和电磁转矩曲线

8.5 面向电气原理结构图的变压器运行仿真

变压器是电力系统的重要组成部分，它的电磁特性影响着整个电力系统的性能和正常运行。变压器的主要功能是将电力系统的电压升高或降低，以利于电能被合理输送、分配和使用。

变压器按磁路特性，可以分为线性变压器和饱和变压器；按线圈个数，可以分为双绕组变压器和三绕组变压器；按相数，可以分为单相变压器和三相变压器。

线性变压器的原理是通过磁路的耦合作用，把交流电从一次送到二次，利用绕制在同一铁心上的原绕组和副绕组匝数的不同，把原绕组的电压和电流线性地从一种数量等级变换为副绕组的另一种等级。双绕组线性变压器的一个线圈作为输入，接入电源后形成一个回路，称为一次回路；另一线圈作为输出，接入负载后形成另一个回路，称为二次回路。三绕组变压器的结构和原理原则上与双绕组变压器没有什么区别，故它可以代替两台双绕组变压器。可以将三相变压器看成是3个单相变压器的组合。

一次、二次绕组感应电动势的大小之比称为变比 k，电流流经铁心时会产生主磁通和漏磁通，实际的一次绕组具有电阻，受它们影响，一次、二次绕组的电压之比近似等于变比。只要 $k \neq 1$，一次、二次绕组的电压就不相等，从而实现了变压的目的。

线性变压器的磁路是线性的，因此二次绕组电压电流的波形与初级绕组相似，只是大小不同而已。当激励电源随时间以频率 f 作正弦变化时，主磁通和初级绕组的漏磁通都随时间交变，频率为 f。二次电压在电路和磁路的配合下，以频率 f 正弦变化。

本节单相变压器的仿真分析主要包括空载运行和负载运行分析，由此验证变压器的变压、变流和变阻抗功能；对三相变压器，除了进行空载运行和负载运行分析外，还将通过仿真判断变压器的联结组别，进行有关情况分析。

8.5.1 单相变压器的运行仿真

1. 单相变压器空载运行仿真

（1）单相变压器空载运行的电气原理

图 8-85 所示是变压器空载运行的电气原理图。

当变压器空载运行时，交流电源电压 u_1 在一次绕组中产生交流电流 i_0，i_0 称为一次空载电流，也称为励磁电流。它流过一次绕组产生磁动势 $i_0 N_1$，这一磁通势将产生变压器的空载磁通，空载磁通分成两部分，一部分为主磁通 Φ，另一部分为漏磁通 $\Phi_{1\sigma}$。二次绕组是靠主磁通感应电动势的，变压器的能量也只能靠主磁通来传递。

当空载运行时，变压器一、二次电压、感应电动势和电流比的关系为 $\dfrac{U_1}{U_{20}} \approx \dfrac{E_1}{E_2} = \dfrac{N_1}{N_2} = k$。

（2）建模方法

图 8-86 是采用面向电气原理结构图方法构作的单相变压器空载运行的仿真模型。

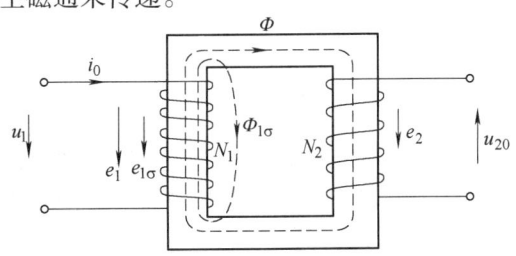

图 8-85 变压器空载运行的电气原理图

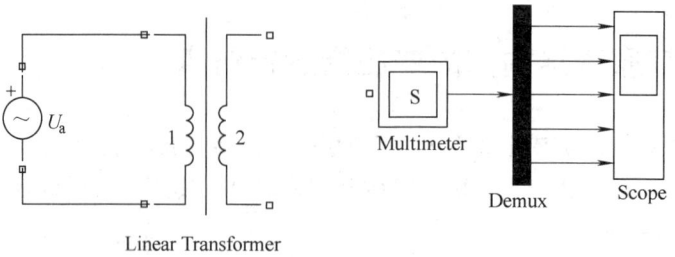

图 8-86　单相变压器空载运行的仿真模型

下面对模块的建模与参数设置进行说明。

1）模型中主要模块的提取途径。

①交流电压源模块：SimPowerSystems/Electrical sources/AC Voltage Source。

②单相线性变压器模块：SimPowerSystems/Elements/Linear Transformer。

③万用表模块：SimPowerSystems/Measurements/Multimeter。

④分路器模块：Simulink/Signal Routing/Demux。

⑤示波器模块：Simulink/Sinks/Scope。

2）典型模块的参数设置。双击相关模块的图标，打开该模块参数设置对话框，设置相关参数。

①交流电压源模块的参数设置。其对话框如图 8-87 所示。

②单相线性变压器模块的参数设置。其对话框如图 8-88 所示。线性变压器模型的单位制有 SI 和 pu 两种，此处选择 SI 单位制，如图 8-88a 所示。

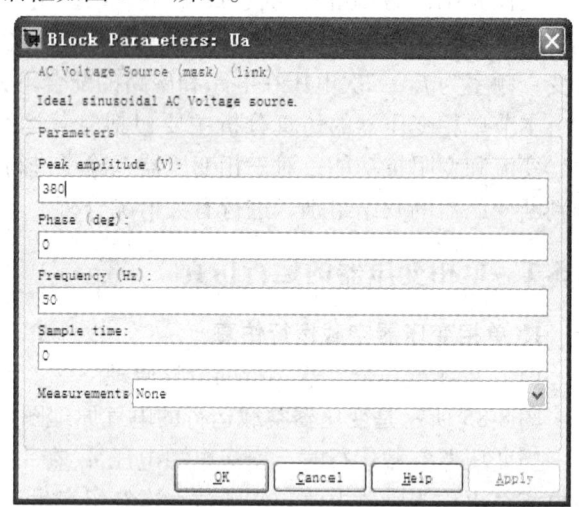

图 8-87　"交流电压源模块的参数设置"对话框

a. 额定功率和频率。变压器额定功率为 P_n，单位是伏安（VA）；额定频率为 f_n，单位是赫兹（Hz），它要与所选激励源的频率保持一致。此处选择 [250e6，50]。

b. 线圈 1 参数。它包括额定电压 V1，单位是 V；线圈 1 的电阻和漏电感。此处选择 [400 0 0]。

c. 线圈 2 参数。它包括额定电压 V2，单位是 V；它的值若小于 V1，则为降压变压器；若大于 V1，则为升压变压器，线圈 2 的电阻和漏电感。此处选择 [200 0 0]。

这样可以计算得到变比 $k = \dfrac{U_1}{U_{20}} = 2$。

d. 三绕组变压器。若选定这个复选框，则可以得到一个三绕组变压器，此时相当于两个双绕组变压器。否则，模块就是一个双绕组变压器。

e. 绕组 3 参数。它包括额定电压 V3，单位是 V；它的值若小于 V1，则为降压变压器；若大于 V1，则为升压变压器，绕组 3 的电阻和漏电感。如果三绕组变压器复选框没有被选定,那么绕组3的参数为无效。本例没有选择三绕组变压器。

f. 励磁电阻和电感。励磁电阻和电感模拟的是铁心有功损耗和无功损耗。此处选择[1e4 1e3]。

g. 被测量选项。被测量有多种选择:选择绕组电压可以测量线性变压器模块的各绕组端电压;选择绕组电流可以测量流经线性变压器模块的线圈电流;选择磁化电流可以测量线性变压器模块的磁化电流;选择所有电流电压可以测量以上所有的量。此处选择测量所有电流电压,如图8-88b所示。

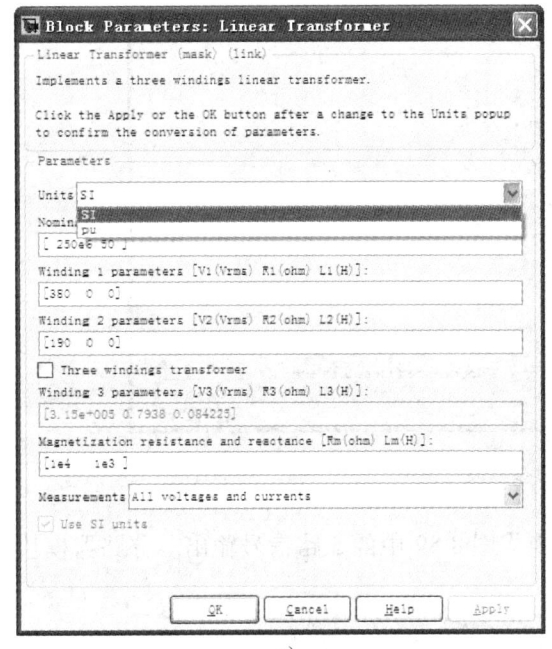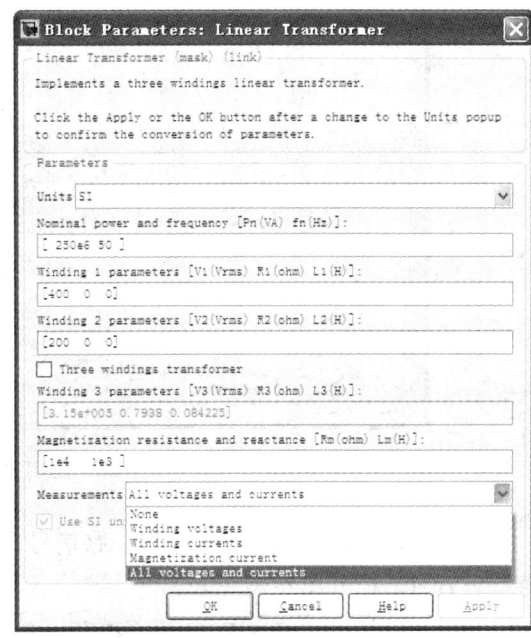

a) b)

图8-88 "单相线性变压器模块的参数设置"对话框

a) 变压器单位制选择 b) 变压器被测量选项

h. 模拟一个理想变压器模型。只要将各绕组电阻和电感设为0,励磁电阻和电感都设为inf。线性变压器测量量如表8-1所示。

表8-1 线性变压器的测量表

测 量 量	符 号	测 量 量	符 号
线圈电压	U_{w1}, U_{w2}	磁化电流	I_{mag}
线圈电流	I_{w1}, I_{w2}		

③万用表模块的参数选择。利用万用表模块可以显示仿真过程中所需观察的测量量。万用表的参数设置窗口如图8-89所示。

在图8-89所示的对话框中,左边一列为在图8-88b中所有选中测量(Measurements)功能的参数,右边一列为选择进行输出处理(例如显示等)的参数。本例中线性变压器模型选择了测量表8-1表示的各测量量,所以在左边一列有5个参数,选中后,用鼠标左键单击中间的最上一个按钮圈就可以将选定的参数添加到右边一栏。中间的其他几个按钮分别为向上（Up）、向下（Down）、移除（Remove）和正负（+/-）调整功能。下面左侧的按钮为更新（Update）左侧备选测量参数功能。

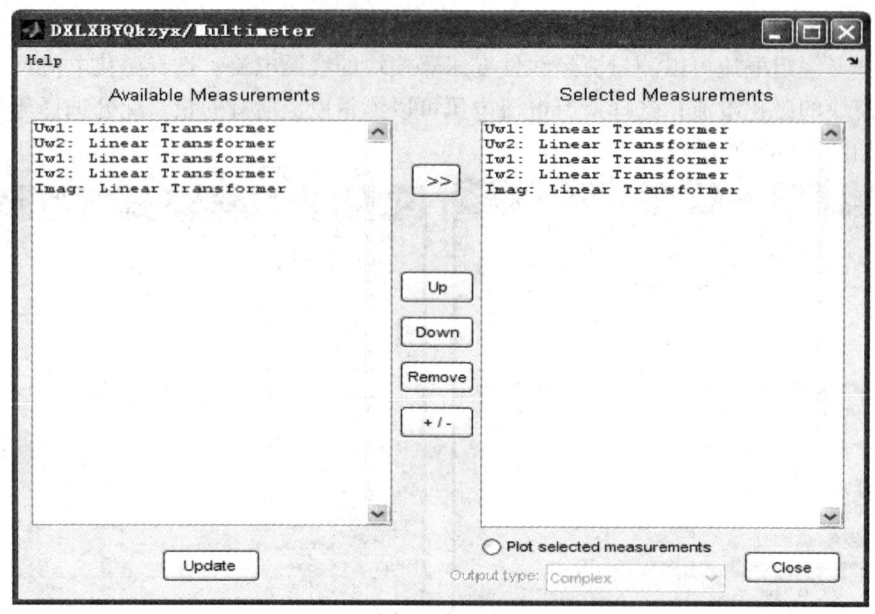

图 8-89　万用表的参数设置窗口

④分路器模块的参数设置。将一路信号转换成图 8-89 中的 5 路信号输出。分路器模块参数设置对话框如图 8-90 所示。

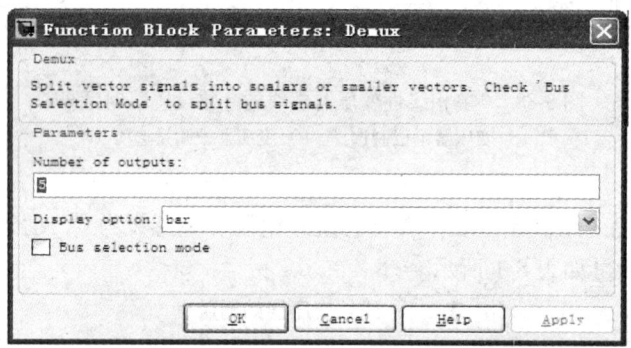

图 8-90　"分路器模块参数设置"对话框

⑤示波器模块的参数设置。示波器模块的参数设置对话框如图 8-91 所示。

示波器的坐标轴数要与被测信号数一致，在图 8-91 中 Limit data points to last 的值也要设大一些。

（3）系统的仿真、仿真结果的输出及结果分析

在 MATLAB 的模型窗口打开"Simulation"菜单，单击"Start"命令后，系统开始进行仿真，仿真结束后可输出仿真结果。

图 8-92 显示的是变压器空载时一、二次电压，一、二次电流和励磁电流的仿真曲线。

246

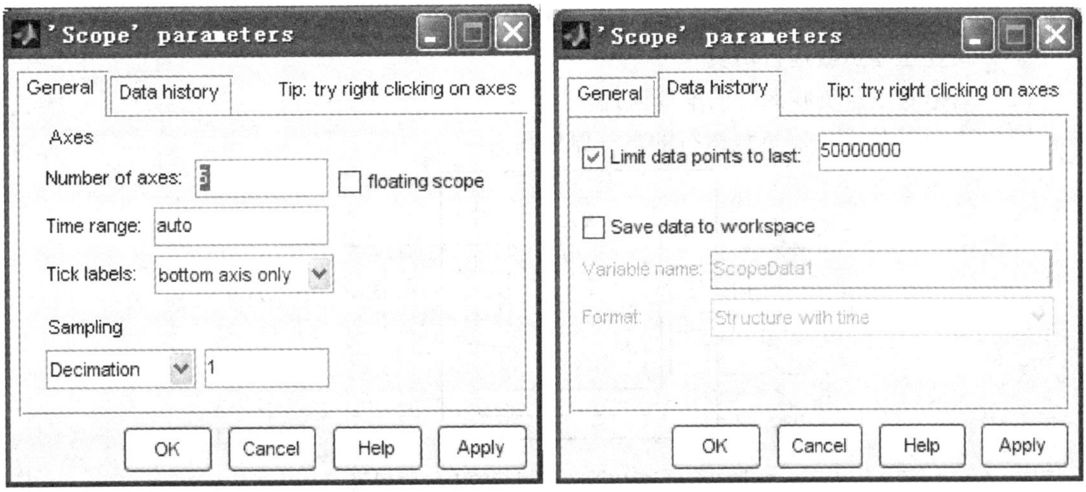

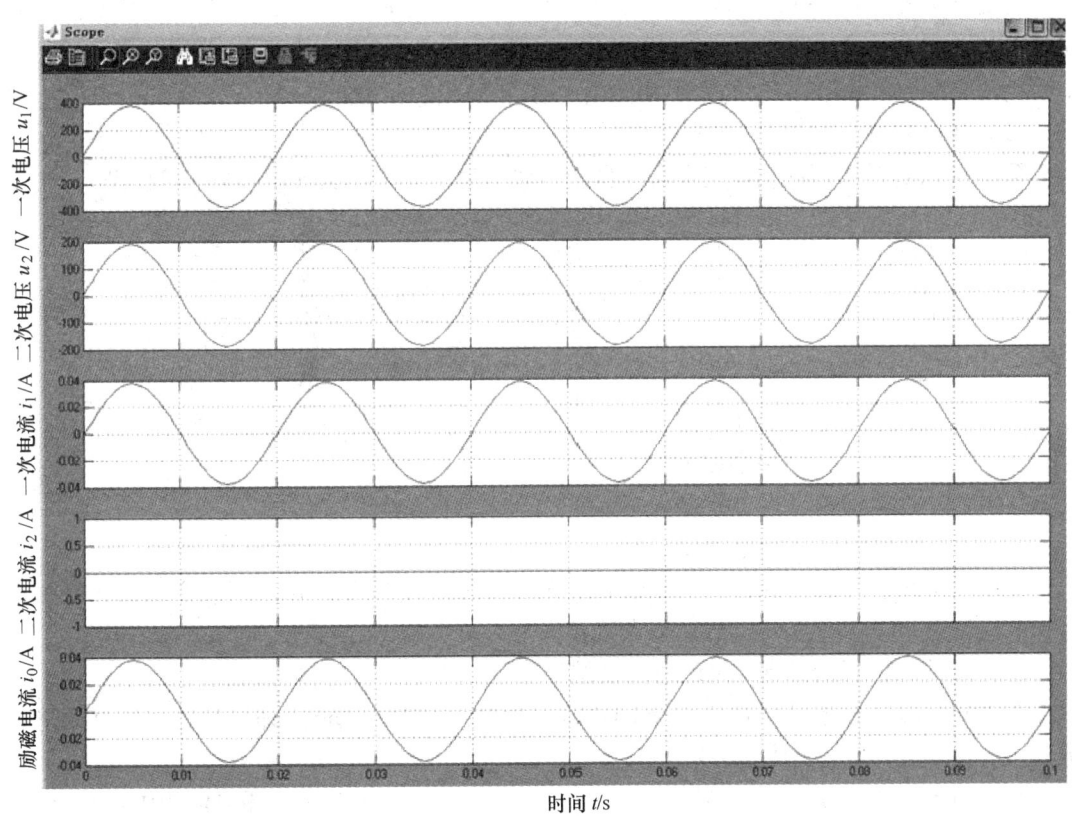

图 8-91 "示波器模块的参数设置" 对话框

图 8-92 变压器空载时一、二次电压，一、二次电流和励磁电流的仿真曲线

由仿真曲线可以看出，由于变压器电压比 $k = \dfrac{U_1}{U_{20}} = 2$，当一次电压 U_1 为 380V（电压、电流均用峰值分析，下同），二次电压开路电压 U_{20} 为 190V，且同频率、同相位；由于二次

开路，二次电流为0；此时一次电流等于励磁电流。

2. 单相变压器负载运行仿真

（1）单相变压器负载运行的电气原理

图8-93所示是变压器负载运行的电气原理图。

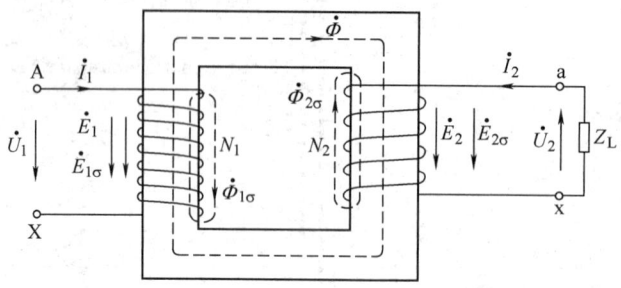

图8-93　变压器负载运行的电气原理图

当变压器负载运行时，一次AX接交流电压$\dot{U}_1$，二次ax与负载Z_L联接。与空载运行不同的是，二次ax与负载接通，二次绕组中有电流$\dot{I}_2$流过，负载上的电压为$\dot{U}_2$。显然，$\dot{I}_2$大小和相位取决于负载阻抗Z_L的大小和性质（容性、感性、阻性）。

（2）建模方法

图8-94所示是采用面向电气原理结构图方法构建的变压器负载运行的仿真模型。

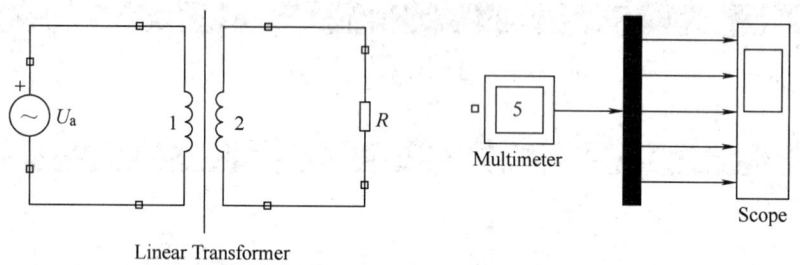

图8-94　变压器负载运行的仿真模型

在仿真模型中只是增加了一个负载电阻$R = 190\Omega$，变压器设置为理想变压器，励磁电阻和电感设为inf。其他都与空载运行参数相同。

（3）系统的仿真、仿真结果的输出及结果分析

在MATLAB的模型窗口打开"Simulation"菜单，单击"Start"命令后，系统开始进行仿真，仿真结束后可输出仿真结果。

图8-95显示的是变压器负载时一、二次电压，一、二次电流和励磁电流的仿真曲线。

由仿真曲线可以看出，由于变压器电压比$k = 2$，当一次电压U_1为380V时，二次电压为190V，且同频率、同相位；由于一次负载为$R = 190\Omega$的电阻，所以二次电流为1A，一次电流只有二次电流的一半，根据图8-93所示的参考方向，一次电流与二次电流方向相反；由于为理想变压器，励磁电阻和电感为无穷大，所以励磁电流为0。如果励磁电阻和电感为有限值，例如取默认值［500 500］，那么变压器负载时一、二次电流和励磁电流的仿真曲线如图8-96所示。

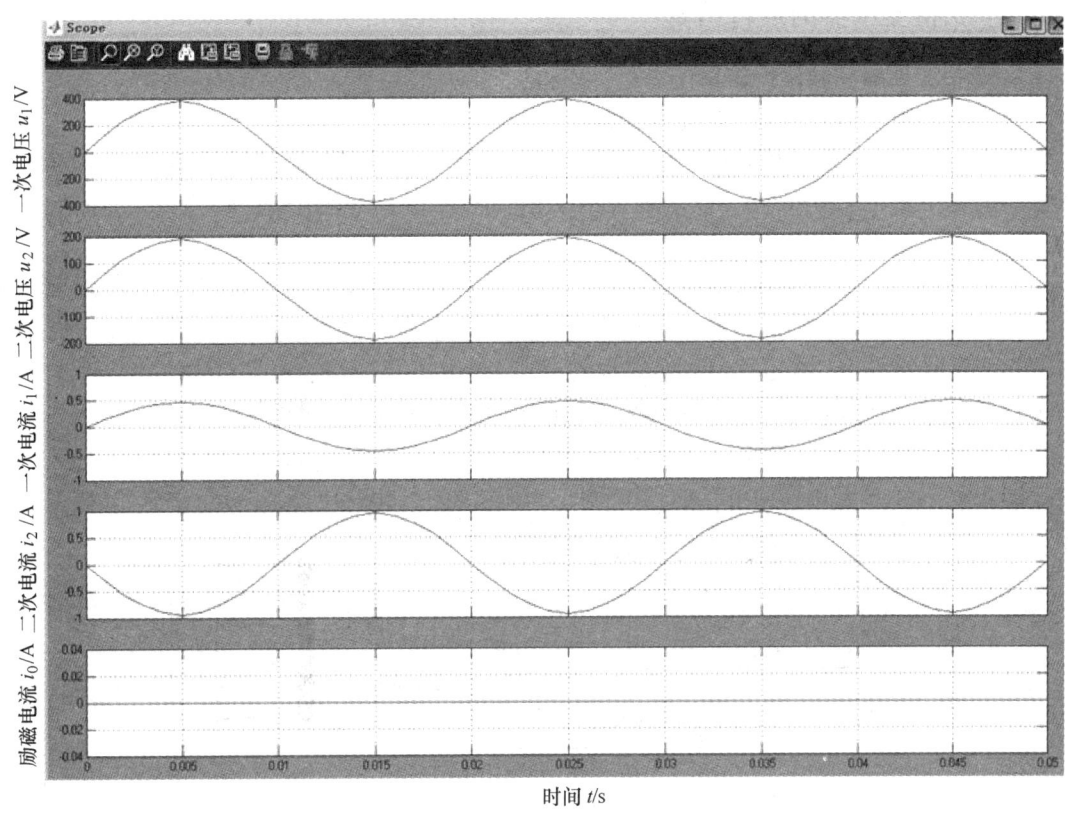

图 8-95 变压器负载时一、二次电压,一、二次电流和励磁电流仿真曲线

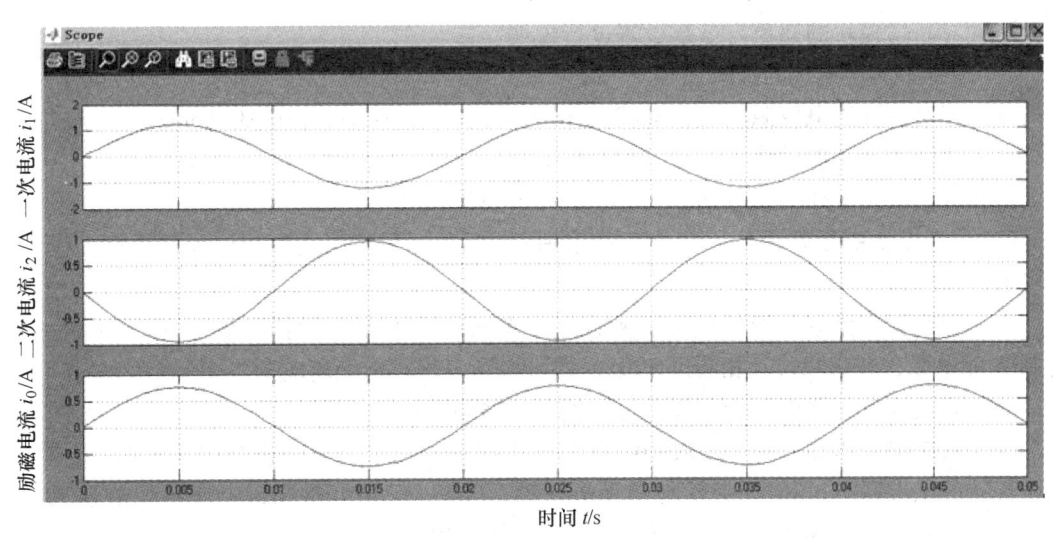

图 8-96 变压器负载时一、二次电流和励磁电流的仿真曲线

由图 8-96 仿真曲线可以看出,在考虑励磁电阻和电感为有限值后,励磁电流不等于 0,此时变压器一次电流等于励磁电流加上理想变压器时的二次电流。

8.5.2 三相变压器的运行仿真

1. 三相变压器空载运行仿真

(1) 三相变压器空载运行的电气原理

用3个单相变压器便可以组成一台三相变压器。三相变压器在电路上是互相联结的,而在磁路上互相独立。用A、B、C分别表示三相变压器的一次绕组端;a、b、c分别表示它的二次绕组端。

在电力系统中,三相变压器是对称的,即大小一样,相位互差120°,在三相变压器中每一相参数的大小是一样的。若一次侧接上三相对称电压,二次侧带三相对称负载,那么此时三相变压器的一、二次电压分别是对称的,则3个相的电流当然也是对称的。变压器的这种运行状态叫做对称运行。电力变压器正常的运行状态基本上是对称运行。

(2) 建模方法

图 8-97 所示是采用面向电气原理结构图方法构建的三相变压器空载运行的仿真模型。

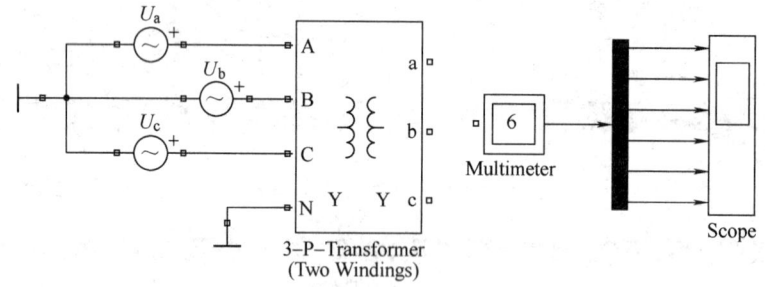

图 8-97 三相变压器空载运行的仿真模型

下面对新增模块的建模与参数设置进行说明。

1) 模型中新增模块的提取途径。

①三相对称交流电压源模块:SimPowerSystems/Electrical sources/AC Voltage Source。

②三相线性变压器模块:SimPowerSystems/Elements/Three Phase Transformer。

③接地模块:SimPowerSystems/Elements/Ground。

2) 典型模块的参数设置。双击相关模块的图标,打开该模块参数设置对话框,设置相关参数。

①三相对称交流电压源模块的参数设置。A 相电压源参数设置与如图 8-87 所示一样,复制 A 相电源,并将相位互相错开 120°,即可得到三相对称交流电源。

②三相线性变压器模块的参数设置。其对话框如图 8-98 所示。

三相双绕组变压器的一、二次绕组有下列连接方式:①Y 无中性线的星形联结;②Y_n 有中性线的星形联结;③Y_g 带接地的星形联结;④$\triangle_1$ 三角形联结,电压相位滞后星形联结 30°;⑤$\triangle_{11}$ 三角形联结,电压相位领先星形联结 30°。

变压器模块会根据所选择的联结方式自动刷新。其中,如果一次绕组选择 Y 联结、引出中性线端的方式,那么模块就会自动添加一个名为 N 的输入端口;如果变压器二次绕组也选择了这种联结方式,模块就会自动添加一个名为 n 的输出端口。

三相线性变压器模型的单位制有 SI 和 pu 两种,此处选择 SI 单位制,如图 8-98b 所示。

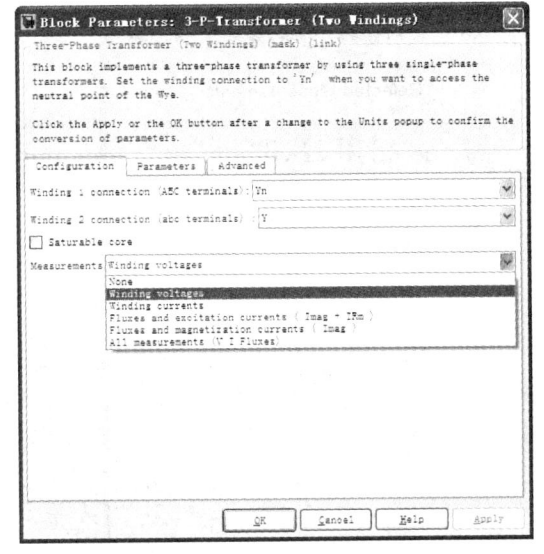
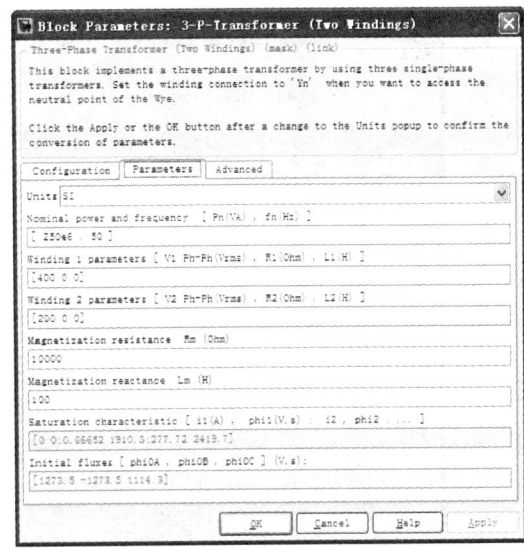

a) b)

图 8-98 三相线性变压器模块的参数设置对话框

a) 三相变压器连接方式和测量项选择 b) 三相变压器参数设置

三相双绕组变压器的参数如下。

a. 额定功率和频率。变压器额定功率为 P_n，单位是伏安（VA）；额定频率为 f_n，单位是赫兹（Hz），它要与所选激励源的频率保持一致。此处选择 [250e6，50]。

b. 绕组 1（ABC）三相Y_n联结，参数包括额定电压 V1，单位是 V；绕组 1 的电阻和漏电感。此处选择 [400 0 0]。

c. 绕组 2（abc）三相 Y 联结，参数包括额定电压 V2，单位是 V；它的值若小于 V1，则为降压变压器；若大于 V1，则为升压变压器，绕组 2 的电阻和漏电感。此处选择 [200 0 0]。

d. 饱和铁心复选框：不选。一旦选定，变压器将变成一个三相饱和变压器，此时模块会自动刷新，励磁电感将被饱和特性栏和定义初始磁通复选框所代替。否则，饱和特性栏和定义初始磁通复选框的参数是无效的。

e. 励磁电阻 $R_m = 10$kΩ。

f. 励磁电感 $L_m = 100$H。

g. 被测量选项。被测量有多种选择：选择绕组电压可以测量三相变压器模块各绕组的相电压；选择绕组电流可以测量流经三相变压器模块各绕组的相电流；选择磁通和励磁电流可以测量三相变压器模块的磁通和励磁电流；选择磁通和磁化电流可以测量三相变压器模块的磁通和磁化电流；选择所有电流、电压以及磁通和磁化电流可以测量上述各量。此处选择测量绕组电压，如图 8-98a 所示。

③万用表模块的参数选择。利用万用表模块可以显示仿真过程中所需观察的测量量。万用表的参数设置窗口如图 8-99 所示。

由于有 6 路信号输出，所以分路器参数也设置为 6，而示波器的坐标轴数要与被测信号数一致，故也设为 6。

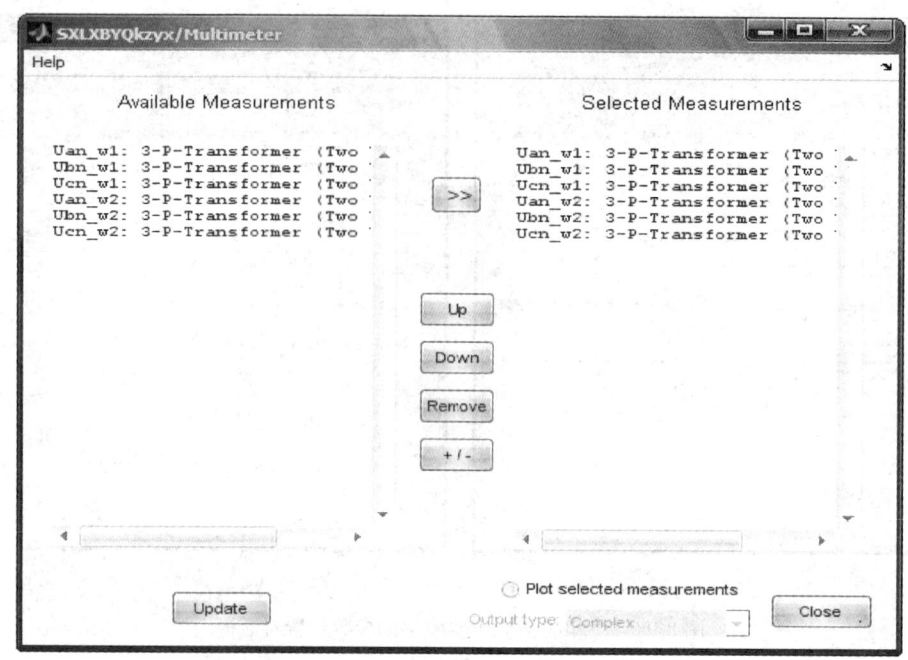

图 8-99　万用表的参数设置窗口

(3) 系统的仿真、仿真结果的输出及结果分析

在 MATLAB 的模型窗口打开"Simulation"菜单，单击"Start"命令后，系统开始进行仿真，仿真结束后可输出仿真结果。

图 8-100 显示的是变压器空载时三相一次侧相电压、二次侧相电压的仿真曲线。

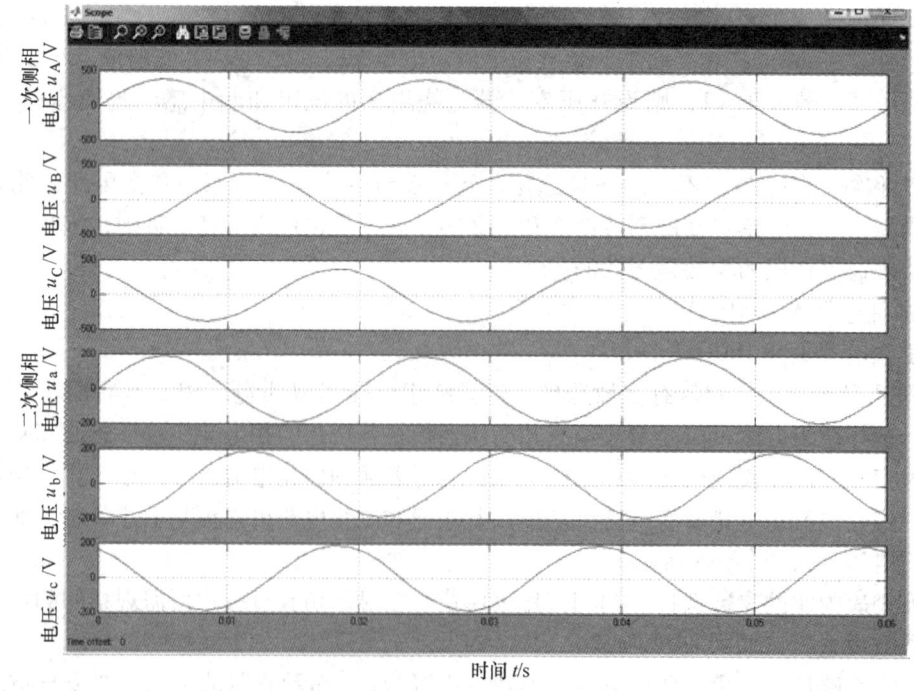

图 8-100　变压器空载时三相一次侧相电压、二次侧相电压的仿真曲线

252

由仿真曲线可以看出，变压器电压比 $k=2$，当一次侧相电压为 380V 时，二次侧开路相电压 U_{20} 为 190V，且同频率、同相位，各相电压相位互差 120°。

2. 三相变压器负载运行仿真

（1）三相变压器负载运行电气原理

在三相变压器空载电路的基础上，二次侧接上负载，这就是三相变压器的负载运行。

（2）建模方法

图 8-101 所示是采用面向电气原理结构图方法构建的三相变压器负载运行的仿真模型。

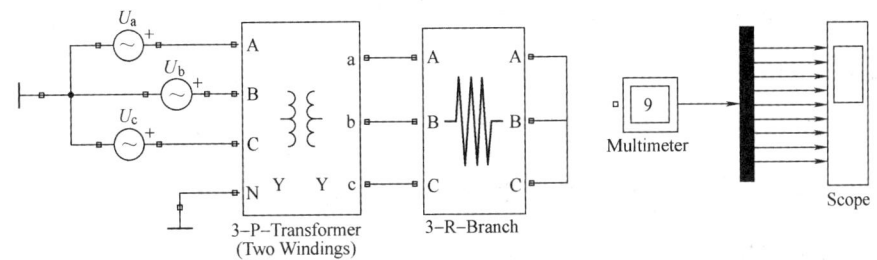

图 8-101 三相变压器负载运行的仿真模型

变压器负载为的 $R=190\Omega$ 电阻。万用表的参数设置窗口如图 8-102 所示。

由于有 9 路信号输出，所以分路器参数设置为 9，而示波器的坐标轴数要与被测信号数一致，故也设为 9。

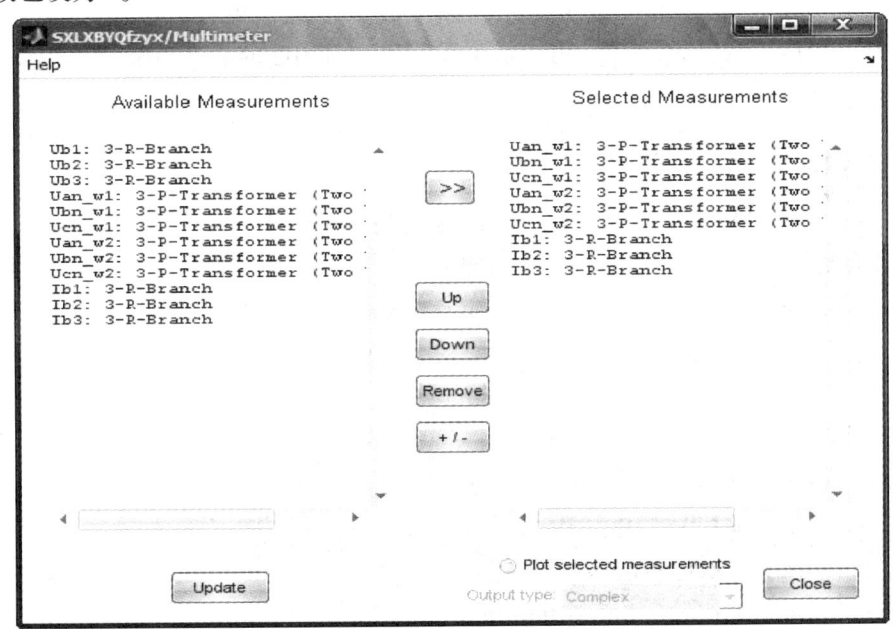

图 8-102 万用表的参数设置窗口

（3）系统的仿真、仿真结果的输出及结果分析

在 MATLAB 的模型窗口打开"Simulation"菜单，单击"Start"命令后，系统开始进行仿真，仿真结束后可输出仿真结果。

图 8-103 显示的是三相变压器负载时三相一次相电压、二次相电压和二次相电流的仿真曲线。

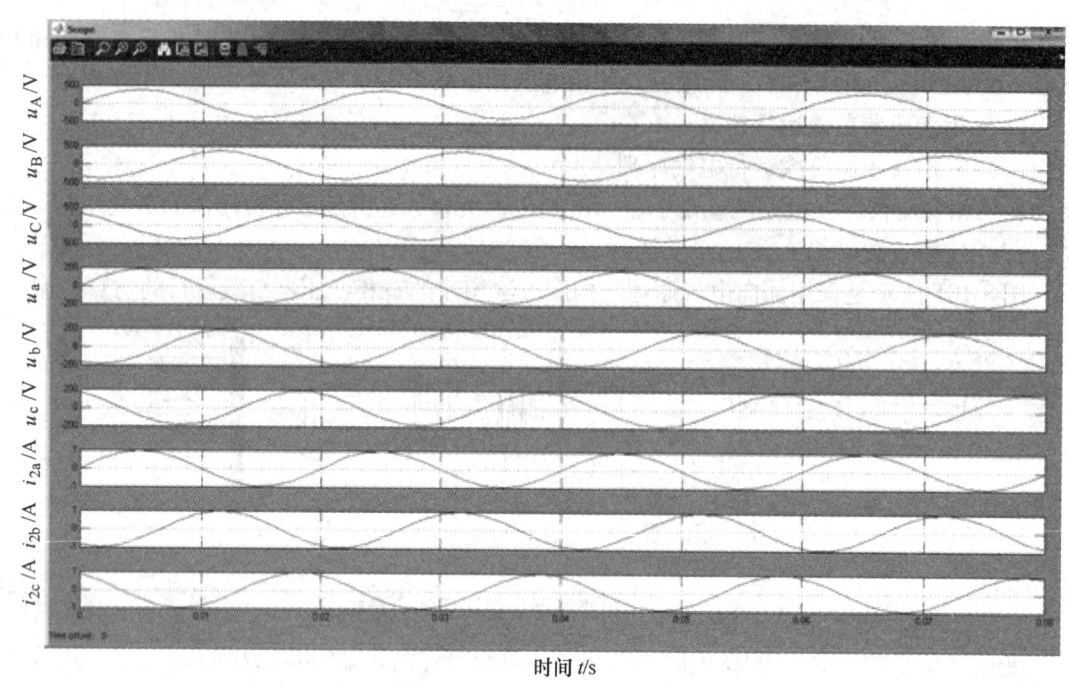

时间 t/s

图 8-103 三相变压器负载时三相一次相电压、二次相电压和相电流的仿真曲线

由仿真曲线可以看出，由于变压器电压比 $k=2$，当一次侧相电压为 380V 时，二次侧相电压为 190V，且为三相对称电压；由于二次负载为 $R=190\Omega$ 的电阻，所以二次侧相电流为 1A，也为三相对称电流。

8.5.3 三相变压器的联结组别仿真

变压器的联结组别采用时钟表示法，就是把高压侧的电压相量看做时钟的长针（分针），并固定地指向 0 点（12 点）；将低压侧电压相量看做时钟的短针（时针），短针所指的钟点数，称为变压器的标号（组别）。高低压绕组可以分别采用星形或三角形联结方法，用 Y（y）和 D（d）表示。Y 联结有中性线的用 $Y_N(y_0)$ 表示。

当变压器采用不同联结组别时，影响一次电压和二次电压之间的相位关系和幅值关系。利用 Simulink 中的信号汇总（Mux）模块将变压器的一次和二次电压波形显示在同一个窗口，可以很好地比较一、二次电压的电压相位和幅值之间的关系。

1. 三相变压器连接组别 Y，d11 仿真

（1）三相变压器连接组别 Y，d11 电气连结

三相变压器 Y，d11 联结组的电气连结和相量图如图 8-104 所示。

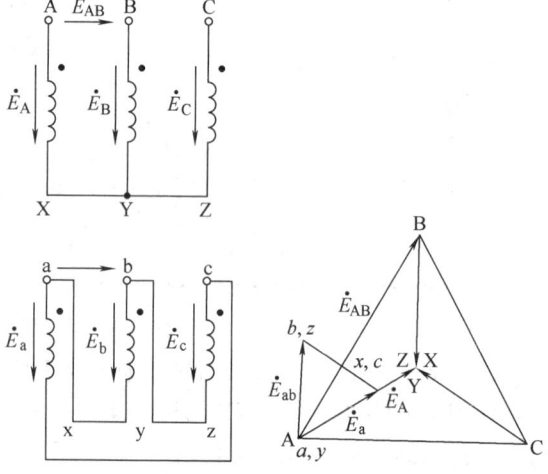

图 8-104 三相变压器 Y，d11 联结组的电气联结和相量图

(2) 建模方法

根据图 8-104 所示的电气联结结构，可得到三相变压器 Y，d11 联结组的仿真模型，如图 8-105 所示。

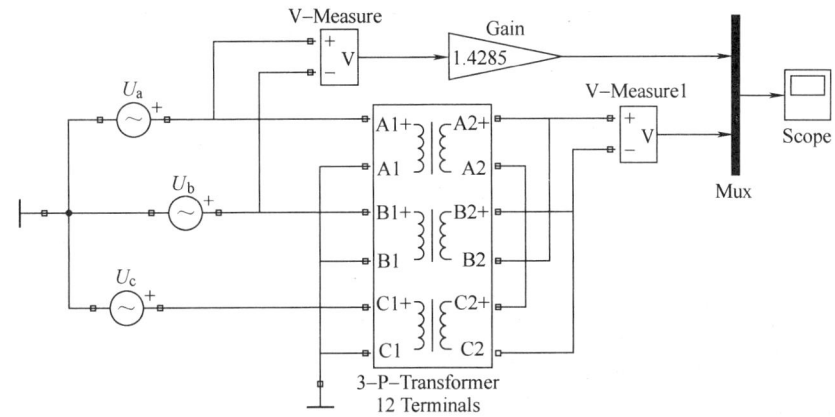

图 8-105 三相变压器联结 Y，d11 联结组的仿真模型

图中包括三相 12 端子的线性变压器模块、三相对称电压源模块和增益（Gain）模块。为了能够更好地比较一次电压和二次电压的相位关系，将两个电压信号通过信号汇总模块（Mux）后输出给示波器，这样在示波器中两个波形能够在同一个窗口中显示。增益模块将一次电压测量值经过比例调整，使两个相比较的电压在示波器中幅值相近，方便观察它们之间的相位。

1）仿真模型中模块的提取途径。

①接地模块：SimPowerSystems/Elements/Ground。

②三相对称交流电压源模块：SimPowerSystems/Electrical sources/AC Voltage Source。

③电压测量模块：SimPowerSystems/Measurements/Voltage Measurement。

④增益模块：Simulink/Math Operations/Gain。

⑤三相 12 端子变压器模块：SimPowerSystems/Elements/Three Phase Transformer 12 Terminals。

⑥信号汇总模块：Simulink/Signal Routing/Mux。

⑦示波器模块：Simulink/Sinks/Scope。

2）典型模块的参数设置。

①三相对称交流电压源模块的参数设置。A 相电压源为峰值 220V 初相位为 0 的正弦交流电源，复制 A 相电源，并将相位互相错开 120°即可得到三相对称交流电源。

②增益模块的参数设置。该模块的功能是使显示在同一个示波器中的一次电压和二次电压幅值相等，以便于比较它们之间的相位关系。

③三相 12 端子变压器模块的参数设置。其对话框如图 8-106 所示。

a. 额定功率和频率。三相变压器额定功率为 P_n，单位是伏安（VA）；额定频率为 f_n，单位是赫兹（Hz），它要与所选激励源的频率保持一致。此处选择 [10e6，50]。

b. 绕组 1 参数。它包括相电压 V1；绕组 1 的电阻和漏电感。此处选择 [10e3 0.002 0.05]。

c. 线圈 2 参数。它包括额定电压 V2；绕组 2 的电阻和漏电感。此处选择 [25e3 0.002 0.05]。

d. 励磁分支。励磁电阻和励磁电感，此处选择 [500 500]。

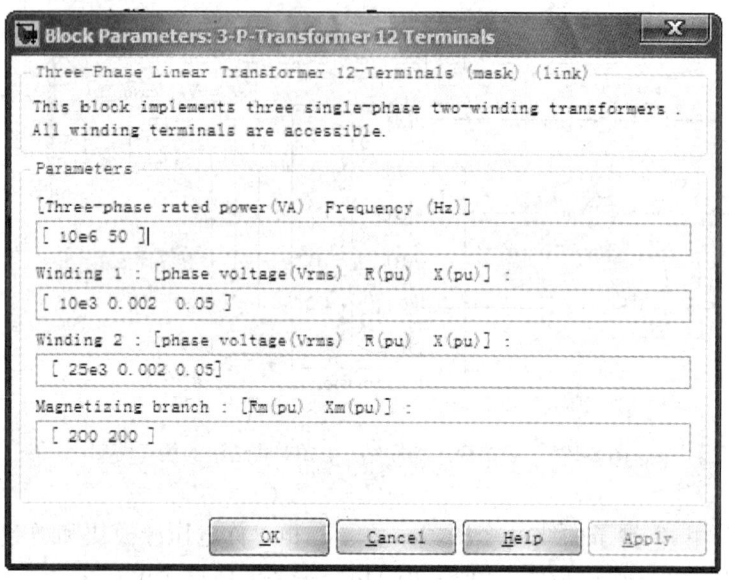

图 8-106 "三相 12 端子变压器模块的参数设置"对话框

(3) 系统的仿真、仿真结果的输出及结果分析

在 MATLAB 的模型窗口打开"Simulation"菜单，单击"Start"命令后，系统开始进行仿真，仿真结束后可输出仿真结果。

图 8-107 显示的是三相变压器 Y，d11 联结时一、二次电压的相位关系。

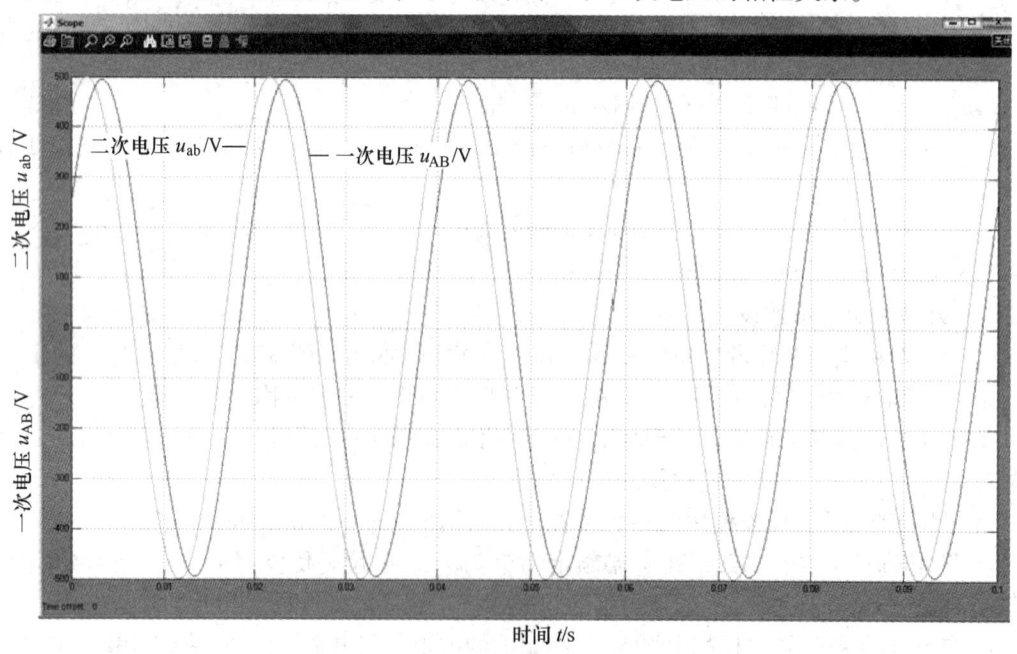

图 8-107 三相变压器 Y，d11 联结时一、二次电压的相位关系图

由仿真曲线可以看出，三相变压器一、二次电压相位符合 Y，d11 联结的相位关系，二次侧电压超前一次侧对应相电压 30°。

2. 三相变压器联结组别 Y，y6 仿真

（1）三相变压器联结组别 Y，y6 电气联结

三相变压器 Y，y6 联结组的电气联结和相量如图 8-108 所示。

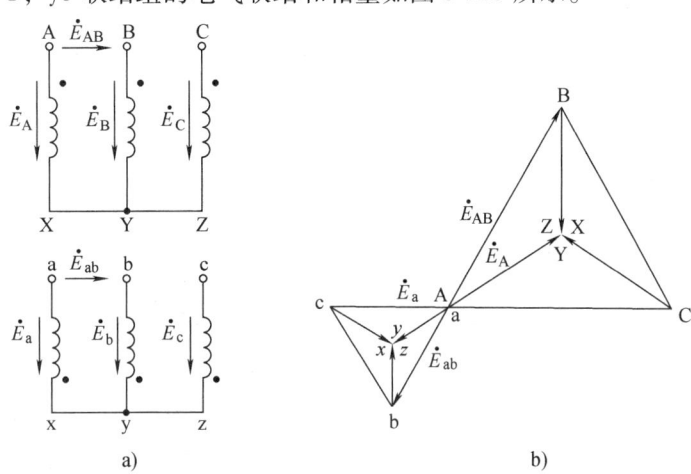

图 8-108 Y，y6 联结组的电气联结和相量图
a）电气联结图　b）相量图

（2）建模方法

根据图 8-108 所示的电气联结，可得到三相变压器 Y，y6 联结组的仿真模型，如图 8-109 所示。

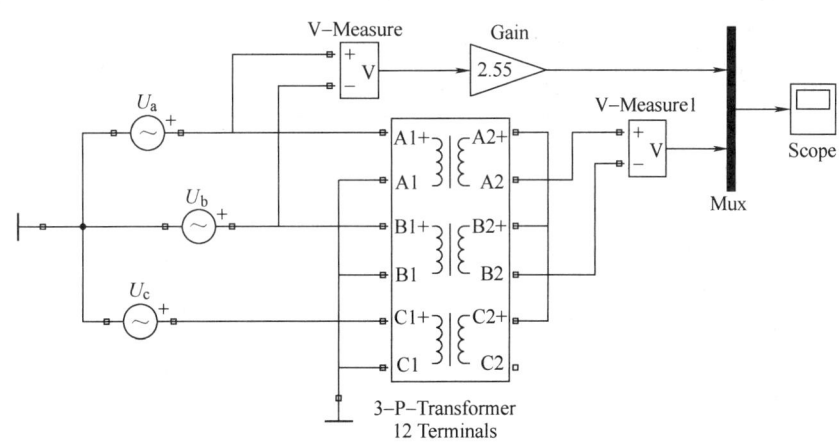

图 8-109 三相变压器 Y，y6 联结组的仿真模型

不同联结组别的差别主要是三相 12 端子变压器模块输入、输出端口联结方式的不一样（请注意它们的区别），而所用到的模块及其他们参数的差别并不大。

（3）系统的仿真、仿真结果的输出及结果分析

在 MATLAB 的模型窗口打开"Simulation"菜单，单击"Start"命令后，系统开始进行

仿真，仿真结束后可输出仿真结果。

图 8-110 显示的是三相变压器 Y，y6 联结时一、二次电压的相位关系。

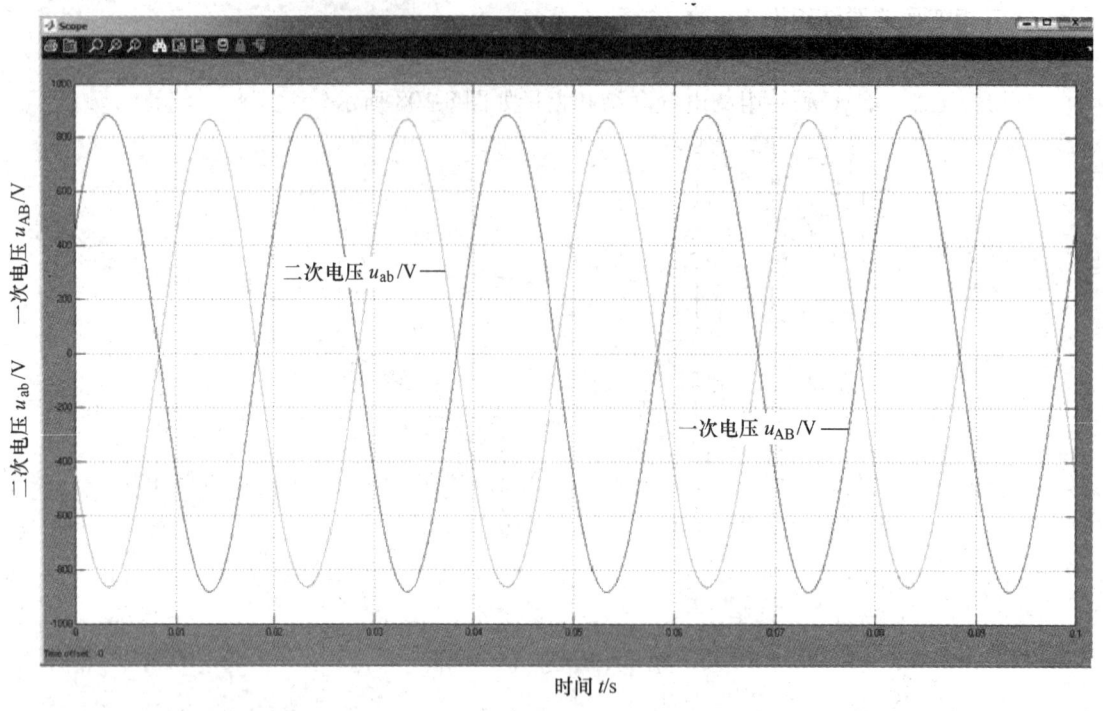

图 8-110　三相变压器 Y，y6 联结时一、二次电压的相位关系图

由仿真曲线可以看出，三相变压器一、二次电压相位符合 Y，y6 联结的相位关系。二次侧电压超前对应一次侧相电压 180°。

3. 三相变压器联结组别 Y，y4 仿真

（1）三相变压器联结组别 Y，y4 电气联结

三相变压器 Y，y4 联结组的电气联结和相量图如图 8-111 所示。

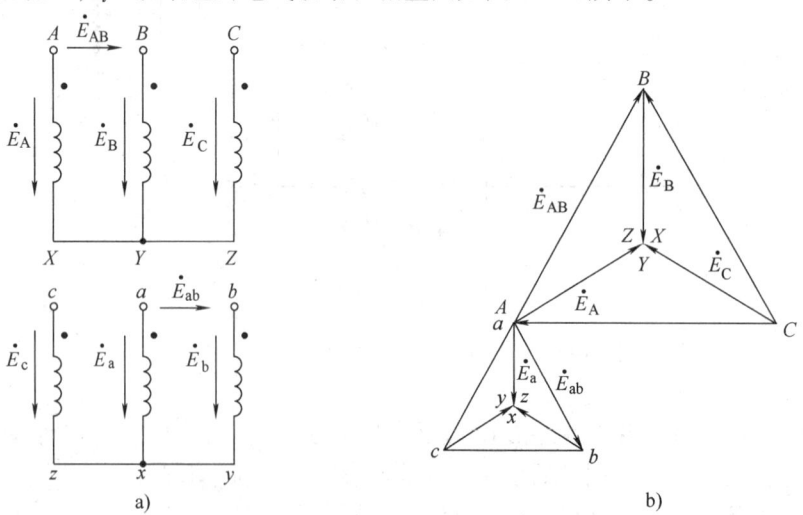

图 8-111　Y，y4 联结组的电气联结和相量图

(2) 建模方法

根据图 8-111 所示的电气联结结构,可得到三相变压器联结组别 Y,y4 的仿真模型,如图 8-112 所示。

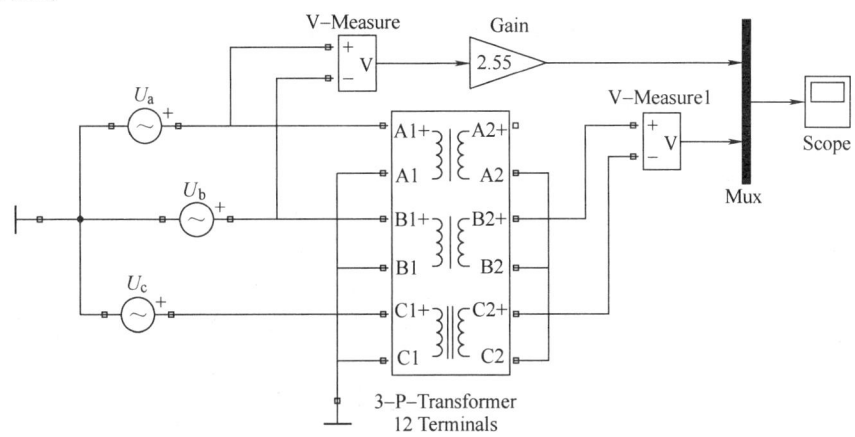

图 8-112　三相变压器联结组别 Y,y4 的仿真模型

注意,三相 12 端子变压器模块输入、输出端口的联结方式。

(3) 系统的仿真、仿真结果的输出及结果分析

在 MATLAB 的模型窗口打开"Simulation"菜单,单击"Start"命令后,系统开始进行仿真,仿真结束后可输出仿真结果。

图 8-113 显示的是三相变压器 Y,y4 联结时一、二次电压的相位关系。二次侧相电压滞后一次侧对应相电压 120°。

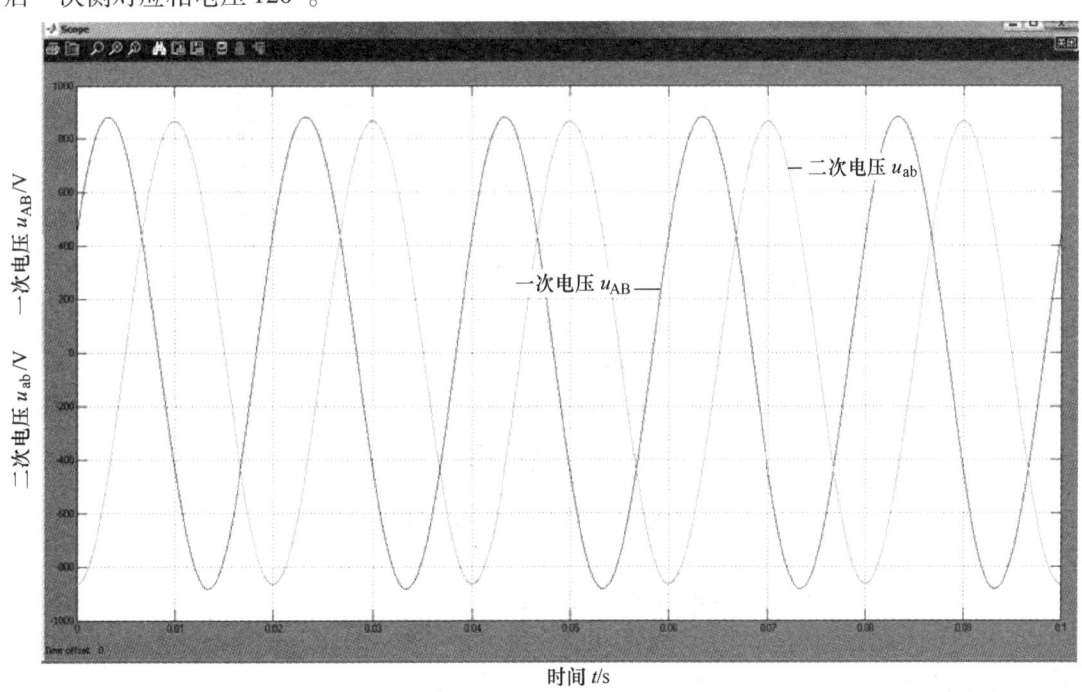

图 8-113　三相变压器 Y,y4 联结时一、二次电压的相位关系图

由仿真曲线可以看出，三相变压器一、二次电压相位符合 Y，y4 联结的相位关系。

4. 三相变压器联结组别 Y，y0 仿真

（1）三相变压器联结组别 Y，y0 电气联结

三相变压器 Y，y0 联结组的电气联结和相量图如图 8-114 所示。

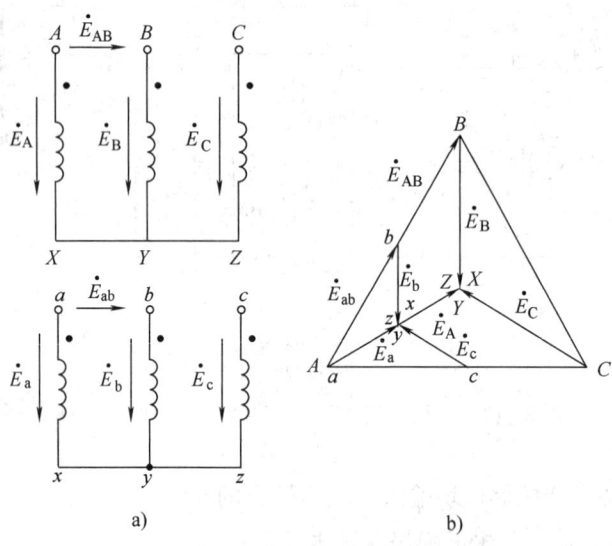

图 8-114　三相变压器 Y，y0 联结组的电气联结和相量图

（2）建模方法

根据图 8-114 所示的电气联结结构，可得到三相变压器联结组别 Y，y0 的仿真模型，如图 8-115 所示。

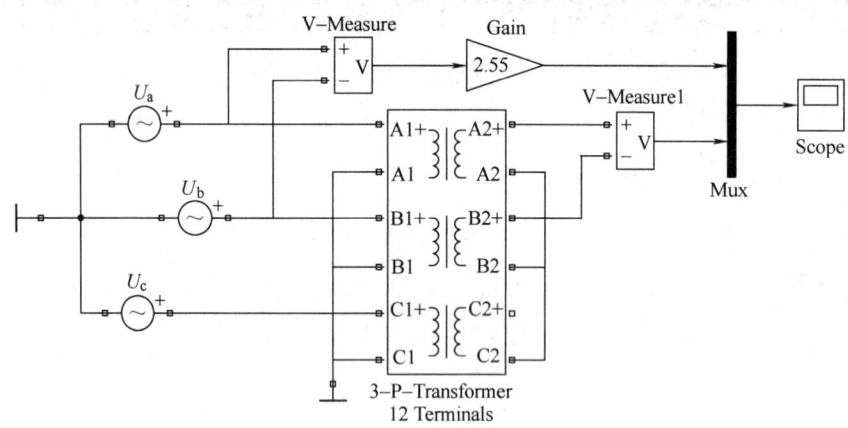

图 8-115　三相变压器联结组别 Y，y0 的仿真模型

（3）系统的仿真、仿真结果的输出及结果分析

在 MATLAB 的模型窗口打开"Simulation"菜单，单击"Start"命令后，系统开始进行仿真，仿真结束后可输出仿真结果。

图 8-116 显示的是三相变压器 Y，y0 联结时一、二次电压的相位关系。

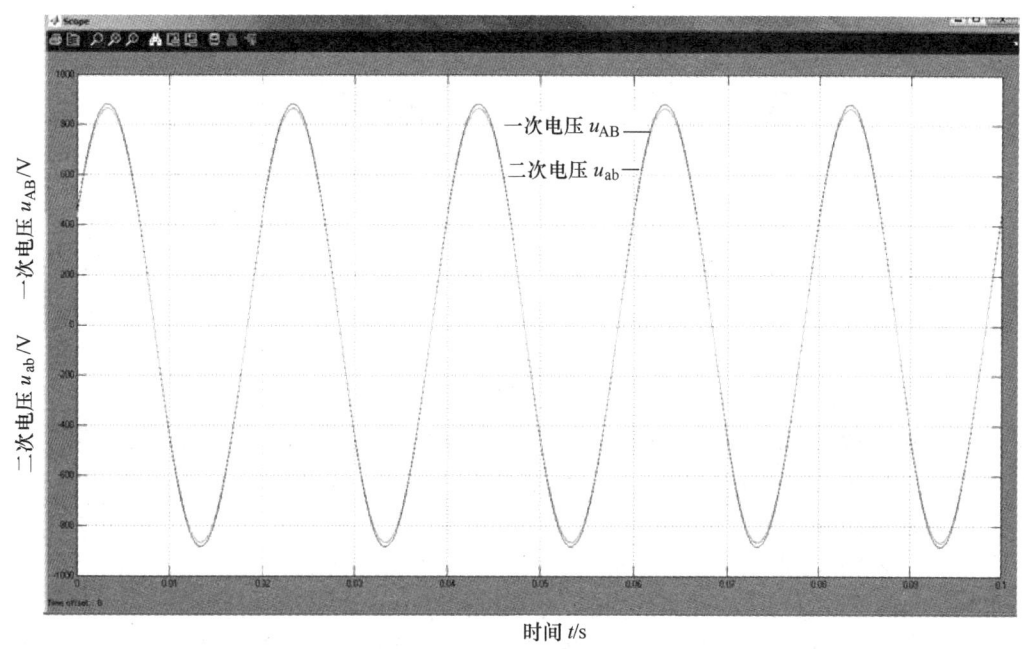

图 8-116 三相变压器 Y,y0 联结时一、二次电压的相位关系图

由仿真曲线可以看出,三相变压器一、二次电压相位符合 Y,y0 联结的相位关系,两者同相位。

第 9 章 电机与拖动基础实验指导书

9.1 电机实验的基本要求

电机实验课的目的在于培养学生掌握基本的实验方法与操作步骤，学会根据实验目的、实验内容及实验设备拟定实验线路，选择所需仪表，确定实验步骤，测定所需数据，进行分析研究，得出必要的结论，从而完成实验报告。在整个实验过程中，学生必须集中精力，认真做好实验。下面，对实验过程提出下列基本要求。

1. 实验前的准备

实验前，学生应复习书中的有关章节，认真研读实验指导书，了解实验内容、目的、方法及步骤，明确实验过程中应注意的问题，并按照实验内容准备记录抄表等。

学生实验前应写好预习报告，经指导教师检查确认做好了实验前的准备工作后，方可开始进行实验。

2. 实验过程

(1) 建立小组，合理分工

每次实验都要以小组为单位进行，每组由 4~5 人组成。对于实验中的接线、调节负载、调节电压或电流、记录数据等工作，每人要有明确的分工，以保证实验操作协调，数据记录准确可靠。

(2) 选择组件和仪表

实验前应先熟悉该次实验所用的组件，记录电机铭牌和选择仪表量程，然后依次排列组件和仪表，以便于测取数据。

(3) 按图接线

根据实验电路图及所需要的组件、仪表，按图接线，力求简单明了。接线原则是，先串联主回路，再接并联支路。为查找线路方便，每路可用相同颜色的导线或插头。

(4) 起动电机，观察仪表

在正式开始实验之前，先熟悉仪表刻度，并记录下倍率，然后按一定规范起动电动机，观察所有仪表是否正常（如指针正、反向是否超满量程等）。如果出现异常，就应立即切断电源，排除故障；如果一切正常，即可正式开始实验。

(5) 测取数据

在预习时，对电机的实验方法及所测数据的大小要做到心中有数。在正式实验时，根据实验步骤逐次测取数据。

(6) 教师审阅及物品整理

实验完毕，需将数据交指导教师审阅。经指导教师认可后，才能拆线，并要把实验的所有组件、导线及仪器等物品整理好，做到认真负责，有始有终。

3. 实验报告

实验报告是根据在实测数据和实验中观察发现的问题，经过分析、研究或讨论后写出的心得体会。实验报告要简明扼要，字迹清楚，图表整洁，结论明确。

实验报告应包括以下内容：

1）实验名称、专业班级、学号、姓名、实验日期等。
2）实验中所用组件的名称、编号及电机铭牌数据等。
3）实验项目、绘出的实验所用线路、仪表量程、电阻器阻值、电源端编号等。
4）数据的整理和计算。
5）按记录及计算数据画出的曲线。

学生要根据数据和曲线进行计算和分析，说明实验结果与理论是否相符。可对某些问题提出一些自己的见解，并最后写出结论。应将实验报告写在一定规格的报告纸上，保持整洁。

在每次实验后，每人应独立完成一份报告，按时送交指导教师批阅。

9.2 实验安全操作规程

为了按时完成电机实验，确保实验时的人身安全与设备安全，要严格遵守以下有关的安全操作规程。

1）实验时，人体不可接触带电线路。
2）在接线或拆线时，都必须在切断电源的情况下进行。
3）在学生独立完成接线或改接线路后，必须经实验指导教师检查和允许，并在通知组内其他同学引起注意后，方可接通电源。在实验中如发生事故，就应立即切断电源，经查清问题和妥善处理故障后，才能继续进行实验。
4）若要直接起动电机，则应检查功率表及电流表的量程是否符合要求，是否有短路，以免损坏仪表或电源。
5）接通总电源或实验台控制屏上电源的操作，应由实验指导人员来完成，其他人只能在指导人员允许后才能操作。学生不得自行合闸。

9.3 实验指导书

9.3.1 实验1 电机认识实验

1. 实验内容

1）了解 MEL 系列电机系统教学实验台中的直流稳压电源、涡流测功机、变阻器、多量程直流电压表、电流表、毫安表及直流电动机的使用方法。
2）用伏安法测直流电动机和直流发电机电枢绕组的直流电阻。
3）直流仪表、转速表和变阻器的选择。
4）他励直流电动机的起动、调速及改变转向。

2. 实验目的

1）学习电机实验的基本要求与安全操作规程。

2）认识直流电机实验中常用的电机、仪表、变阻器等组件及使用方法。

3）熟悉他励电动机（即并励电动机按他励方式）的接线、起动、改变电机方向与调速的方法。

3. 预习要点

1）如何正确选择使用仪器仪表，特别是电压表、电流表的量程。

2）当起动直流他励电动机时，为什么在电枢回路中需串联起动变阻器？若不联结变阻器，则会产生什么后果？

3）当起动直流电动机时，应将励磁回路联结的磁场变阻器调至什么位置？为什么？若励磁回路被断开造成失磁时，则会产生什么严重后果？

4）直流电动机调速及改变转向的方法。

4. 实验设备及仪器

实验室可提供由浙江大学某公司生产的 MEL 系列电机系统教学实验台及其相关配件，如：

1）MEL 系列电机系统教学实验台主控制屏（MEL-I、MEL-IIA、B）。

2）电机导轨及测功机、转速转矩测量（MEL-13）或电机导轨及校正直流发电机。

3）并励直流电动机 M03。

4）220V 直流可调稳压电源（位于实验台主控制屏的下部）。

5）电机起动箱（MEL-09）。

6）直流电压、毫安、安培表（MEL-06）。

5. 实验步骤

（1）用伏安法测电枢绕组的直流电阻

1）参考实验电路。用伏安法测电枢绕组的直流电阻的原理如图 9-1 所示。图中 U 为可调直流稳压电源，R 为 3000Ω 磁场调节电阻（MEL-09），V 为直流电压表（MEL-06），A 为直流安培表（MEL-06），M 为直流电机电枢。

2）建议实验步骤。

①经检查接线无误后，逆时针调节磁场调节电阻 R，使之为最大。将直流电压表量程选为 300V 档，直流安培表量程选为 2A 档。

②按顺序按下主控制屏"闭合"按钮，可调直流稳压电源开关以及复位开关，建立直流电源，并调节直流电源输出至 220V。

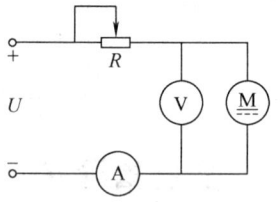

图 9-1 用伏安法测电枢绕组直流电阻的原理图

调节 R 使电枢电流达到 0.2A（如果电流太大，就可能由于剩磁的作用使电机旋转而无法进行测量；如果此时电流太小，就可能由于接触电阻而产生较大的误差），迅速测取电机电枢两端的电压 U_M 和电流 I_a。将电机转子分别旋转 1/3 和 2/3 周，再测取 U_M、I_a，填入表 9-1 中。

③增大 R（逆时针旋转），使电流分别达到 0.15A 和 0.1A，用上述方法测取 6 组数据，填入表 9-1 中。取 3 次测量的平均值作为实际直流电阻值，即 $R_a = \dfrac{R_{a1} + R_{a2} + R_{a3}}{3}$。

表9-1 用伏安法测电枢直流电阻的数据表　　　　　　　室温____℃

序　号	U_M/V	I_a/A	R/Ω		R_a 平均$/\Omega$	R_{aref}/Ω
1			R_{a11}	R_{a1}		
			R_{a12}			
			R_{a13}			
2			R_{a21}	R_{a2}		
			R_{a22}			
			R_{a23}			
3			R_{a31}	R_{a3}		
			R_{a32}			
			R_{a33}			

表中，$R_{a1} = (R_{a11} + R_{a12} + R_{a13})/3$，$R_{a2} = (R_{a21} + R_{a22} + R_{a23})/3$，$R_{a3} = (R_{a31} + R_{a32} + R_{a33})/3$。

④计算基准工作温度时的电枢电阻。由实验测得的电枢绕组电阻值为实际冷态电阻值，冷态温度为室温。按下式换算到基准工作温度时的电枢绕组电阻值，即

$$R_{aref} = R_a \frac{235 + \theta_{ref}}{235 + \theta_a}$$

式中，R_{aref}为换算到基准工作温度时的电枢绕组电阻（Ω）；R_a为电枢绕组的实际冷态电阻（Ω）；θ_{ref}为基准工作温度，对于E级绝缘为75℃；θ_a为实际冷态时电枢绕组的温度（℃）。

（2）直流仪表、转速表和变阻器的选择

直流仪表和转速表量程是根据电机额定值和在实验中可能达到的最大值来选择的。选用的变阻器，要根据实验要求，并按电流的大小来选择串联、并联或串并联的接法。

1）电压量程的选择。如测量电动机两端为220V的直流电压，则选用直流电压表为300V的量程档。

2）电流量程的选择。因为直流并励电动机的额定电流为1.1A，所以测量电枢电流的电表可选用2A量程档；而额定励磁电流小于0.16A，测量励磁电流的毫安表即可选用200mA的量程档。

3）电机额定转速为1600r/min，若采用指针表和测速发电机，则应选用1800r/min的量程档；若采用光电编码器，则不需要进行量程选择。

4）变阻器的选择。变阻器选用的原则是由实验中所需阻值和流过变阻器最大电流来确定的。在本实验中，电枢回路调节电阻选用MEL-09组件的100Ω/1.22A电阻，磁场回路调节电阻选用MEL-09的3000Ω/200mA可调电阻。

（3）他励直流电动机的起动

1）参考实验电路。他励式直流电动机电路图如图9-2所示。

图中R_1为电枢调节电阻（MEL-09）；R_f为磁场

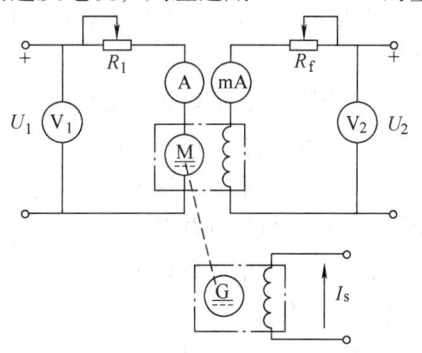

图9-2 他励式直流电动机电路图

调节电阻（MEL-09）；M 为并励式直流电动机 M03；G 为涡流测功机；I_S 为电流源，位于 MEL-13，由"转矩设定"电位器进行调节。实验开始时，将 MEL-13"转速控制"和"转矩控制"选择开关扳向"转矩控制"，"转矩设定"电位器逆时针旋到底；U_1 为可调直流稳压电源；U_2 为直流电机励磁电源；V_1 为可调直流稳压电源自带电压表；V_2 为直流电压表，量程为 300V 档，位于 MEL-06；A 为可调直流稳压电源自带电流表；mA 为毫安表，位于直流电机励磁电源部件。

2）建议实验步骤。

①按图 9-2 所示接线，检查 M、G 之间是否用联轴器连接好，电动机导轨和 MEL-13 的连接线是否接好，电动机励磁回路接线是否牢靠，仪表的量程和极性选择是否正确。

②将电机电枢调节电阻 R_1 调至最大，磁场调节电阻 R_f 调至最小，转矩设定电位器（位于 MEL-13）逆时针调到底。

③开起控制屏的总电源控制钥匙开关至"开"位置，按次序按下绿色"闭合"按钮，打开励磁电源船形开关和可调直流电源船形开关，按下复位按钮，此时，直流电源的绿色发光二极管亮，指示直流电压已建立，旋转电压调节电位器，使可调直流稳压电源输出 220V 电压。

④减小 R_1 电阻至最小。

（4）他励式直流电动机的调速

1）分别改变串入电动机 M 电枢回路的调节电阻 R_1 和励磁回路的调节电阻 R_f。

2）调节转矩设定电位器，注意转矩不要超过 $1.1\text{N}\cdot\text{m}$。

可通过以上这两种情况，分别观察转速的变化。

（5）改变他励直流电动机的转向

将电枢回路调节电阻 R_1 调至最大值，"转矩设定"电位器逆时针调到零。可先断开可调直流电源的船形开关，再断开励磁电源的开关，使他励电动机停机，将电枢或励磁回路的两端接线对调后，再按前述步骤起动电动机，观察电动机的转向及转速表的读数。

6. 注意事项

1）当他励式直流电动机起动时，需将励磁回路串联的电阻 R_f 调到最小，先接通励磁电源，使励磁电流最大，同时必须将电枢串联起动电阻 R_1 调至最大，然后方可接通电源，使电动机正常起动。起动后，将起动电阻 R_1 调至最小，使电机正常工作。

2）当他励式直流电动机停机时，必须先切断电枢电源，然后断开励磁电源。同时，必须将电枢串联电阻 R_1 调回最大值，励磁回路串联的电阻 R_f 调到最小值，为下次起动做好准备。

3）测量前，应注意仪表的量程和极性及其接法。

7. 实验报告

1）画出并励式直流电动机电枢串电阻起动的接线图。说明当电动机起动时，应将起动电阻 R_1 和磁场调节电阻 R_f 调到什么位置？为什么？

2）增大电枢回路调节电阻，电机的转速将如何变化？增大励磁回路的调节电阻，转速又将如何变化？

3）用什么方法可以改变直流电动机的转向？

4）为什么要求并励式直流电动机磁场回路的接线牢靠？

9.3.2 实验2 并励式直流电动机实验

1. 实验内容

（1）并励直流电动机的工作特性和机械特性

保持 $U = U_N$ 和 $I_f = I_{fN}$ 不变，测取 n；T_2；$n = f(I_a)$ 及 $n = f(T_2)$，其中 T_2 为输出转矩。

（2）并励直流电动机的调速特性

1）改变电枢端电压的调速。保持 $U = U_N$、$I_f = I_{fN}$ = 常数，T_2 = 常数，测取 $n = f(U_a)$。

2）改变励磁电流的调速。保持 $U = U_N$，T_2 = 常数，$R_1 = 0$，测取 $n = f(I_f)$。

（3）观察能耗制动过程。

2. 实验目的

1）掌握用实验方法测取并励式直流电动机的工作特性和机械特性。

2）掌握并励式直流电动机的调速方法。

3. 预习要点

1）什么是直流电动机的工作特性和机械特性？

2）直流电动机的调速原理是什么？

4. 实验设备及仪器

实验室可提供由浙江大学某公司生产的 MEL 系列电机系统教学实验台及其相关配件，如：

1）MEL 系列电机教学实验台的主控制屏（MEL-I、MEL-IIA、B）。

2）电机导轨及涡流测功机、转矩转速测量（MEL-13）或电机导轨及编码器、转速表。

3）可调直流稳压电源（含直流电压、电流、毫安表）。

4）直流电压、毫安、安培表（MEL-06）。

5）直流并励电动机。

6）波形测试及开关板（MEL-05）。

7）三相可调电阻 900Ω（MEL-03）。

5. 实验步骤

（1）并励式直流电动机的工作特性和机械特性

1）参考实验电路。并励直流电动机的实验电路如图 9-3 所示。

图中 U_1 为可调直流稳压电源；R_1、R_f 为电枢调节电阻和磁场调节电阻，位于 MEL-09；mA、A、V_2 为直流毫安、电流、电压表（MEL-06）；G 为涡流测功机；I_s 为涡流测功机励磁电流调节，位于 MEL-13。

2）建议实验步骤。

①将 R_1 调至最大，R_f 调至最小，毫安表量程为 200mA，电流表量程为 2A 档，电压表量程为 300V 档，检查涡流测功机与 MEL-13 是否相连；将 MEL-13 "转速控制" 和 "转矩控制" 选择开关扳向 "转矩控制"，"转矩设定" 电位器逆时针旋到底；打开船形开关，按实验1的方法起动直流电机，使电机旋转，并调整电机的旋转方向，使电机正转。

②在将直流电机正常起动后，将电枢串联电阻 R_1

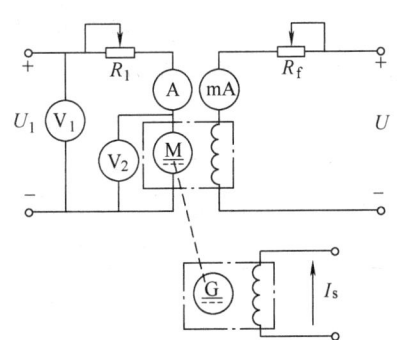

图 9-3 并励式直流电动机的实验电路图

调至零,调节直流可调稳压电源的输出至 220V,再分别调节磁场调节电阻 R_f 和"转矩设定"电位器,使电动机达到额定值,即 $U = U_N = 220V$,$I_a = I_N$,$n = n_N = 1600 \text{r/min}$,此时直流电机的励磁电流 $I_f = I_{fN}$(额定励磁电流)。

③在保持 $U = U_N$ 和 $I_f = I_{fN}$ 不变的条件下,逐次减小电动机的负载,即逆时针调节"转矩设定"电位器,测取电动机电枢电流 I_a、转速 n 和转矩 T_2,将测取数据 7~8 组填入表 9-2 中。

表 9-2 并励式直流电动机实验数据表 $U = U_N = 220V$ $I_f = I_{fN} =$ ___ A $K_a =$ ___ Ω

实验数据	I_a/A							
	n/(r/min)							
	T_2/N·m							
计算数据	P_2/W							
	P_1/W							
	η/%							
	$\triangle n$/%							

(2)并励直流电动机的调速特性

1)改变电枢端电压的调速。

①按上述方法起动直流电机后,将电阻 R_1 调至零,并同时调节负载、电枢电压和磁场调节电阻 R_f,使电机的 $U = U_N$,$I_a = 0.5I_N$,$I_f = I_{fN}$,记录此时的 $T_2 =$ ___ N·m。

②保持 T_2 及 $I_f = I_{fN}$ 不变,逐次增加 R_1 的阻值,即降低电枢两端的电压 U_a,将 R_1 从零调至最大值,每次测取电动机的端电压 U_a、转速 n 和电枢电流 I_a,共取 7~8 组数据填入表 9-3 中。

表 9-3 改变电枢端电压的调速数据表 $I_f = I_{fN} =$ ___ A $T_2 =$ ___ N·m

U_a/V								
n/(r/min)								
I_a/A								

2)改变励磁电流的调速。

①在直流电动机起动后,将电枢调节电阻 R_1 和磁场调节电阻 R_f 调至零,调节可调直流电源的输出为 220V,调节"转矩设定"电位器,使电动机的 $U = U_N$,$I_a = 0.5I_N$,记录此时的 $T_2 =$ ___ N·m。

②保持 T_2 及 $I_f = I_{fN}$ 不变,逐次增加磁场电阻 R_f 值,直至 $n = 1.3n_N$ 为止,每次测取电动机的 n、I_f 和 I_a,共取 7~8 组数据填写入表 9-4 中。

表 9-4 改变励磁电流的调速数据表 $U = U_N = 220V$ $T_2 =$ ___ N·m

n/(r/min)								
I_f/A								
I_a/A								

(3) 观察并励式直流电动机的能耗制动过程

1) 参考实验电路。并励直流电动机能耗制动电路如图9-4所示。

图中 U_1 为可调直流稳压电源；R_1、R_f 为直流电动机电枢调节电阻和磁场调节电阻（MEL-09）；R_L 为采用 MEL-03 中两只 900Ω 电阻的并联阻值；S 为双刀双掷开关（MEL-05）。

2) 建议实验步骤。

①将开关 S 合向"1"端，R_1 调至最大，R_f 调至最小，起动直流电动机。

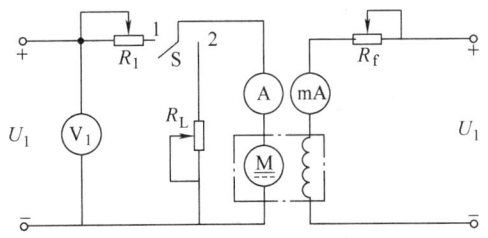

图9-4 并励式直流电动机能耗制动电路图

②在电动机运行正常后，从电机电枢的一端拔出一根导线，使电枢开路，电动机处于自由停机状态，记录停机时间。

③重复起动电动机，待运转正常后，把 S 合向"2"端，记录停机时间。

④选择不同 R_L 阻值，观察对停机时间的影响。

6. 实验报告

1) 由表9-2计算出 P_2 和 η，并绘出 n、T_2、$\eta = f(I_a)$ 及 $n = f(T_2)$ 的特性曲线。

电动机输出功率 $P_2 = 0.105nT_2$。式中输出转矩 T_2 的单位为 N·m，转速 n 的单位为 r/min，电动机输入功率 $P_1 = UI$。

电动机效率 $\eta = \dfrac{P_2}{P_1} \times 100\%$。

电动机输入电流 $I = I_a + I_{fN}$。

由工作特性求出转速变化率 $\Delta n = \dfrac{n_0 - n_N}{n_N} \times 100\%$。

2) 绘出并励式电动机调速特性曲线 $n = f(U_a)$ 和 $n = f(I_f)$。分析在恒转矩负载时两种调速的电枢电流变化规律以及两种调速方法的优缺点。

3) 能耗制动时间与制动电阻 R_L 的阻值有什么关系？为什么？该制动方法有什么缺点？

7. 思考题

1) 并励式直流电动机的速度特性 $n = f(I_a)$ 为什么是略微下降？是否会出现上翘现象？为什么？上翘的速度特性对电动机运行有何影响？

2) 当电动机的负载转矩和励磁电流不变时，减小电枢端压，为什么会引起电动机转速降低？

3) 当电动机的负载转矩和电枢端电压不变时，减小励磁电流会引起转速的升高，为什么？

4) 并励式直流电动机在负载运行中，当磁场回路断线时，是否一定会出现"飞速"现象？为什么？

*9.3.3 实验3 他励式直流电动机机械特性实验

1. 实验内容

1) 他励式直流电动机的电动及回馈制动特性。

2) 他励式直流电动机的电动及反接制动特性。

3）他励式直流电动机的能耗制动特性。

2. 实验目的

了解他励式直流电动机在各种运转状态下的机械特性。

3. 预习要点

1）改变他励式直流电动机的机械特性有哪些方法？

2）他励式直流电动机在什么情况下从电动机运行状态进入回馈制动状态？他励式直流电动机回馈制动时的能量传递关系、电动势平衡方程式及机械特性又是什么情况？

3）他励式直流电动机反接制动时的能量传递关系、电动势平衡方程式及机械特性。

4. 实验设备及仪器

实验室可提供由浙江大学某公司生产的 MEL 系列电机系统教学实验台及其相关配件，如下所述。

1）MEL 系列电机系统教学实验台主控制屏。

2）电机导轨及转速表（MEL-13、MEL-14）。

3）三相可调电阻 900Ω（MEL-03）。

4）三相可调电阻 90Ω（MEL-04）。

5）波形测试及开关板（MEL-05）。

6）直流电压、电流、毫安表（MEL-06）。

7）电机起动箱（MEL-09）。

5. 实验步骤

（1）他励式直流电动机的电动及回馈制动特性

1）参考实验电路。他励式直流电动机的机械特性测定实验电路如图 9-5 所示。

图中 M 为并励式直流电动机 M12（接成他励式），$U_N = 220V$，$I_N = 0.55A$，$n_N = 1600 r/min$，$P_N = 80W$，励磁电压 $U_f = 220V$，励磁电流 $I_f < 0.13A$；G 为并励式直流电动机 M03（接成他励式），$U_N = 220V$，$I_N = 1.1A$，$n_N = 1600 r/min$；直流电压表 V_1 为 220V 可调直流稳压电源自带，V_2 的量程为 300V（MEL-06）；直流电流表 mA_1、A_1 分别为 220V 可调直流稳压电源自带毫安表、安倍表；mA_2、A_2 分别选用量程为 200mA、5A 的毫伏表、安培表（MEL-06）；R_1 选用 900Ω 电阻（MEL-03）、R_2 选用 180Ω 电阻（MEL-04 中两 90Ω 电阻相串联）、R_3 选用 3000Ω 磁

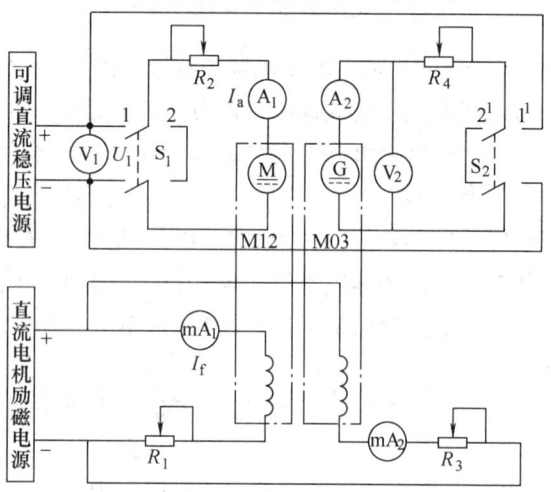

图 9-5 他励式直流电动机的机械特性
测定实验电路图

场调节电阻（MEL-09）、R_4 选用 2250Ω 电阻（用 MEL-03 中两只 900Ω 电阻相并联、再加上两只 900Ω 电阻相串联）；开关 S_1、S_2 选用 MEL-05 中的双刀双掷开关。

接好线路后，在开起电源前，检查开关、电阻等设置：①将开关 S_1 合向"1"端，S_2 合向"2'"端；②将电阻 R_1 调至最小值，R_2、R_3、R_4 阻值调至最大位置；③确保直流励磁

电源船形开关和220V可调直流稳压电源船形开关在断开位置。

2）建议实验步骤。

①按次序先按下绿色"闭合"电源开关、再合励磁电源船型开关和220V电源船形开关，使直流电动机M起动运转，调节直流可调电源，使V_1读数为$U_N=220V$，调节R_2阻值至零。

②分别调节直流电动机M的磁场调节电阻R_1、发电机G磁场调节电阻R_3、负载电阻R_4（先调节相串联的900Ω电阻旋钮，调到零后用导线短接，以免烧毁熔断器，再调节900Ω电阻相并联的旋钮），使直流电动机M的转速$n_N=1600r/min$，$I_f+I_a=I_N=0.55A$，此时$I_f=I_{fN}$，记录此值。

③保持电动机的$U=U_N=220V$、$I_f=I_{fN}$不变，改变R_4及R_3阻值，测取M在额定负载至空载范围的n、I_a，共取5~6组数据，将数据填入表9-5中。

表9-5 他励式直流电动机的电动数据表　　$U_N=220V$　$I_{fN}=$____A

I_a/A						
$n/(r/min)$						

④拆掉开关S_2的跨接线，调节R_3，使发电机G的空载电压达到最大（不超过220V），并且极性与电动机的电枢电压相同。

⑤保持电枢电源电压$U=U_N=220V$，$I_f=I_{fN}$，把开关S_2合向"1'"端，把R_4值减小，直至为零（先调节相串联的900Ω电阻旋钮，调到零用导线短接以免烧毁熔断器）为止；再调节R_3阻值，使阻值逐渐增加，使电动机M的转速升高，当A_1表的电流值为0时，此时电动机转速为理想空载转速，若继续增加R_3阻值，则电动机进入第Ⅱ象限回馈制动状态运行，直至电流接近0.8倍额定值（实验中应注意电动机转速不超过2100r/min）为止。

测取电动机M的n、I_a，共取5~6组数据，将数据填入表9-6中。

表9-6 他励式直流电动机的回馈制动数据表　　$U_N=220V$　$I_{fN}=$____A

I_a/A						
$n/(r/min)$						

因为$T_e=C_M\Phi I_a$，而$C_M\Phi$为常数，所以$T_e\propto I_a$。为简便起见，只要求$n=f(I_a)$特性即可。他励式直流电动机回馈制动特性如图9-6所示。

（2）他励式直流电动机的电动及反接制动特性（如图9-7所示）

1）参考实验电路。在断电的条件下，对图9-5进行如下改动。

①R_1为MEL-09的3000Ω磁场调节电阻，R_2为MEL-03的900Ω电阻，R_3不用，R_4不变。

②将S_1合向"1"端，S_2合向"2'"端（跨接线拆掉），把发电机G的电枢两个插头对调。

2）建议实验步骤。

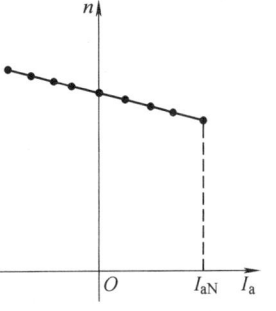

图9-6 他励式直流电动机的回馈制动特性图

①在未合上电源前,将 R_1 置最小值,R_2 置 300Ω 左右,R_4 置最大值。

②按前述方法起动电动机,测量发电机 G 的空载电压是否与直流稳压电源极性相反,若极性相反,则可把 S_2 合向"1'"端。

③调节 R_2 为 900Ω,调节直流电源电压 $U = U_N = 220V$,调节 R_1 使 $I_f = I_{fN}$,保持以上值不变,逐渐减小 R_4 阻值,电动机减速直至零为止,再继续减小 R_4 阻值,此时电动机工作于反接制动状态运行(第Ⅳ象限)。

④再减小 R_4 阻值,直至电动机 M 的电流接近 0.8 倍 I_N 为止,测取电动机在第Ⅰ、第Ⅳ象限的 n、I_a,共取 5~6 组数据,记录于表 9-7 中。

为简便起见,绘出 $n = f(I_a)$ 曲线。他励式直流电动机的反接制动特性如图 9-7 所示。

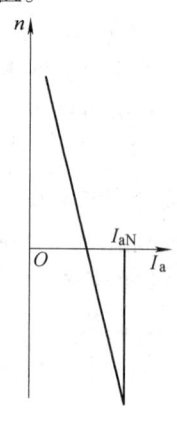

图 9-7 他励式直流电动机的反接制动特性图

(3)他励式直流电动机的能耗制动特性

1)参考实验电路。在图 9-5 中,R_1 用 3000Ω,R_2 改为 360Ω(采用 MEL-04 中两只 90Ω 电阻相串联),R_3 采用 MEL-03 中的 900Ω 电阻,R_4 仍用 2250Ω 电阻。

表 9-7 他励式直流电动机电动及反接制动数据表 $R_2 = 900Ω$ $U_N = 220V$ $I_{fN} = $____A

I_a/A						
n/(r/min)						

2)建议实验步骤。操作前,把 S_1 合向"2"端,R_1、R_2 和 R_3 均置最大值,R_4 置 300Ω(把两只串联电阻调至零位置,并用导线短接,把两只并联电阻调在 300Ω 位置),将 S_2 合向"1'"端。

按前述方法起动发电机 G(此时作为电动机使用),调节直流稳压电源,使 $U = U_N = 220V$;调节 R_1,使电动机 M 的 $I_f = I_{fN}$;调节 R_3,使发电机 G 的 $I_f = 80mA$;调节 R_4,并先使 R_4 阻值减小,使电动机 M 的能耗制动电流 I_a 接近 $0.8I_{aN}$,将数据记录于表 9-8 中。

表 9-8 他励直流电动机的能耗制动数据表 1 $R_2 = 360Ω$ $I_{fN} = $____A

I_a/A						
n/(r/min)						

调节 R_2 的 180Ω,重复上述实验步骤,测取 n、I_a,共取 6~7 组数据,记录于表 9-9 中。

表 9-9 他励直流电动机的能耗制动数据表 2 $R_2 = 360Ω$ $I_{fN} = $____A

I_a/A						
n/(r/min)						

当忽略不变损耗时,可近似认为电动机轴上的输出转矩等于电动机的电磁转矩 $T_e = C_M \Phi I_a$,他励电动机在磁通 Φ 不变的情况下,其机械特性可以由曲线 $n = f(I_a)$ 来描述。绘出以上两条能耗制动特性曲线 $n = f(I_a)$,如图 9-8 所示。

6. 注意事项

当调节串并联电阻时,要按电流的大小而相应调节串联或并联电阻,以防止电阻因过电流而烧毁熔断丝。

7. 实验报告

根据实验数据,分别绘出电动机运行在第Ⅰ、第Ⅱ、第Ⅳ象限的制动特性 $n=f(I_a)$ 及能耗制动特性 $n=f(I_a)$。

8. 思考题

1)在回馈制动实验中,如何判别电动机运行在理想空载点?

2)直流电动机从第Ⅰ象限运行到第Ⅱ象限转子旋转方向不变,试问电磁转矩的方向是否也不变?为什么?

3)对于 M-G 实验机组,当电动机 M 从第Ⅰ象限运行到第Ⅳ象限时,其转向反了,而电磁转矩方向不变,为什么?作为负载的 G,从第Ⅰ到第Ⅳ象限,其电磁矩方向是否改变?为什么?

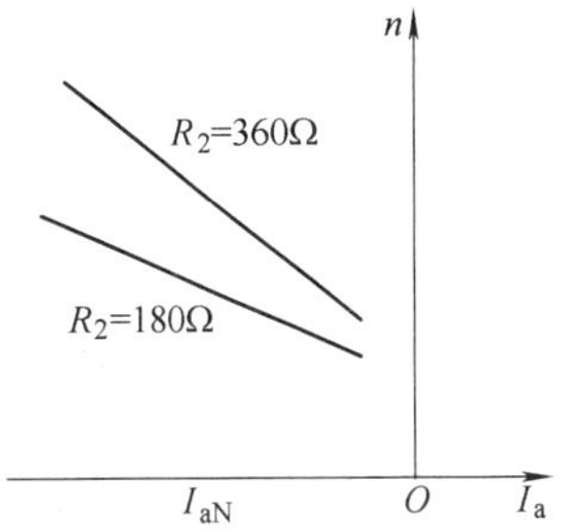

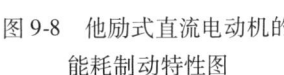

图 9-8 他励式直流电动机的能耗制动特性图

9.3.4 实验 4 直流发电机实验

1. 实验内容

(1)他励直流发电机

1)空载特性。保持 $n=n_N$,使 $I_a=0$,测取 $U_{a0}=f(I_f)$。

2)外特性。保持 $n=n_N$,使 $I_f=I_{fN}$,测取 $U_a=f(I_a)$。

3)调节特性。保持 $n=n_N$,使 $U_a=U_{aN}$,测取 $I_f=f(I_a)$。

(2)并励直流发电机

1)观察自励过程。

2)测定外特性。

2. 实验目的

1)用实验方法测定直流发电机的运行特性,并根据所测得的运行特性评定该被测试直流发电机的有关性能。

2)通过实验,观察并励发电机的自励过程和自励条件。

3. 预习要点

1)什么是发电机的运行特性?在实验中对于不同的特性曲线,哪些物理量应保持不变,哪些物理量应测取?

2)当进行空载实验时,为什么必须单方向调节励磁电流?

3)并励发电机的自励条件有哪些?当发电机不能自励时,应如何处理?

4. 实验设备及仪器

实验室可提供由浙江大学某公司生产的 MEL 系列电机系统教学实验台及其相关配件,如:

1)MEL 系列电机教学实验台主控制屏。

2)电机导轨和加载装置及转矩转速测量组件(MEL-13)。

3)直流并励电动机 M03。

4)直流稳压电源(位于主控制屏下部)。

5)直流电压、毫安、安培表。

6)波形测试及开关板（MEL-05）。

7)三相可调电阻900Ω（MEL-03）。

8)三相可调电阻90Ω（MEL-04）。

9)电机起动箱（MEL-09）。

5. 实验步骤

（1）他励式直流发电机的空载特性、外特性和调节特性

1)参考实验电路。他励式直流发电机的接线图如图9-9所示。

G 为直流发电机 M01，$P_N = 185W$，$U_N = 220V$，$I_N = 1.1A$，$n_N = 1600r/min$；M 为直流电动机 M03，按他励式接法；S_1、S_2 为双刀双掷开关，位于 MEL-05；R_1 为电枢调节电阻 100Ω/1.22A，位于 MEL-09；R_{f1} 为磁场调节电阻 3000Ω/200mA，位于 MEL-09；R_{f2} 为磁场调节变阻器，采用 MEL-03 最上端 900Ω 变阻器，并采用分压器接法；R_2 为发电机负载电阻，采用 MEL-03 中间端和下端变阻器，采用串并联接法，阻值为 2250Ω（900Ω 与 900Ω 电阻串联加上 900Ω 与 900Ω 并联）。调节时先调节串联部分，当负载电

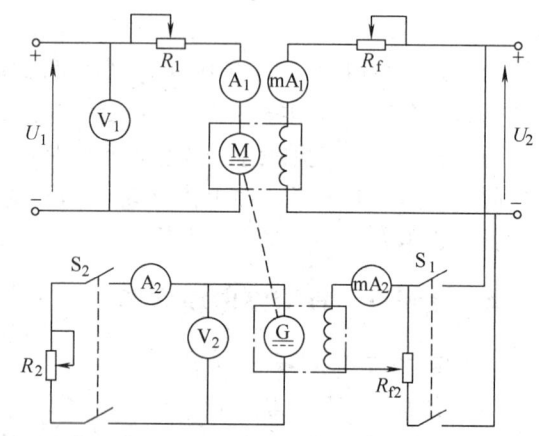

图9-9 他励式直流发电机的接线图

流大于0.4A时用并联部分，将串联部分阻值调到最小，并用导线短接，以避免烧毁熔断器；mA_1、A_1 为分别为毫安表和电流表，位于直流电源上；U_1、U_2 分别为可调直流稳压电源和电机励磁电源；V_2、mA_2、A_2 分别为直流电压表（量程为300V档）、直流毫安表（量程为200mA档）和直流安倍表（量程为2A档）。

2)建议空载特性的实验步骤。

①打开发电机负载开关 S_2，合上励磁电源开关 S_1，接通直流电机励磁电源，调节 R_{f2}，使直流发电机励磁电压最小，mA_2 读数最小。此时，注意选择各仪表的量程。

②调节电动机电枢调节电阻 R_1 至最大，磁场调节电阻 R_{f1} 至最小，起动可调直流稳压电源（先合上对应的船形开关，再按下复位按钮，此时，绿色工作发光二极管亮，表明直流电压已正常建立），使电机旋转。

③从数字转速表上观察电机的旋转方向，若电机反转，则可先停机，将电枢或励磁两端接线对调，重新起动，电机转向应符合正向旋转的要求。

④调节电动机电枢电阻 R_1 至最小值，可调直流稳压电源调至220V，再调节电动机磁场电阻 R_{f1}，使电动机（发电机）转速达到1600r/min（额定值），并在以后整个实验过程中始终保持此额定转速不变。

⑤调节发电机磁场电阻 R_{f2}，使发电机空载电压达 $U_0 = 1.2U_N$ 为止。

⑥在保持电机额定转速（1600r/min）的条件下，从 $U_0 = 1.2U_N$ 开始，单方向调节分压器电阻 R_{f2}，使发电机励磁电流逐次减小，直至 $I_{f2} = 0$ 为止。

每次测取发电机的空载电压 U_0 和励磁电流 I_{f2}，只取7~8组数据，填入表9-10中。其

中 $U_0 = U_N$ 和 $I_{f2} = 0$ 两点必测，应在 $U_0 = U_N$ 附近测点较密。

表 9-10　他励式直流发电机的空载特性实验数据表　　$n = n_N = 1600 \text{r/min}$

U_0/V							
I_{f2}/A							

3）建议外特性的实验步骤

①在空载实验后，把发电机负载电阻 R_2 调到最大值（即把 MEL-03 中间和下端的变阻器逆时针旋转到底），合上负载开关 S_2。

②同时调节电动机磁场调节电阻 R_{f1}、发电机磁场调节电阻 R_{f2} 和负载电阻 R_2，使发电机的 $n = n_N$，$U_a = U_N(200\text{V})$，$I_a = I_{aN}(0.5\text{A})$。该点为发电机的额定运行点，其励磁电流称为额定励磁电流 $I_{f2} = \underline{}$ A。

③在保持 $n = n_N$ 和 $I_{f2} = I_{f2N}$ 不变的条件下，逐渐增加负载电阻，即减少发电机负载电流，使额定负载在空载运行点的范围内，每次测取发电机的电压 U_a 和电流 I_a，直到空载（断开开关 S_2）为止，共取 6~7 组数据，填入表 9-11 中。其中额定和空载两点必测。

表 9-11　他励式直流电动机的外特性实验数据表　　$n = n_N = 1600 \text{r/min}$　$I_{f2} = I_{f2N}$

U_a/V							
I_a/A							

4）建议调节特性的实验步骤

①断开发电机负载开关 S_2，调节发电机磁场电阻 R_{f2}，使发电机空载电压达额定值（$U_N = 200\text{V}$）。

②在保持发电机 $n = n_N$ 条件下，合上负载开关 S_2，调节负载电阻 R_2，逐次增加发电机输出电流 I_a，同时相应调节发电机励磁电流 I_{f2}，使发电机端电压保持额定值 $U_a = U_{aN}$，从发电机的空载至额定负载范围内每次测取发电机的输出电流 I_a 和励磁电流 I_{f2}，共取 5~6 组数据，填入表 9-12 中。

表 9-12　他励直流发电机的调节特性实验数据表　　$n = n_N = 1600 \text{r/min}$　$U_a = U_{aN} = 200\text{V}$

U_a/V							
I_a/A							

（2）并励式直流发电机

1）参考实验电路。并励式直流发电机的实验接线图如图 9-10 所示。

图中 R_1、R_{f1} 分别为电动机电枢调节电阻和磁场调节电阻，位于 MEL-09；A_1、mA_1 分别为直流电流表和毫安表，位于可调直流电源和励磁电源上；mA_2、A_2 分别为直流毫安表和电流表，位于 MEL-06；R_{f2} 为 MEL-03 中两只 900Ω 电阻相串联，将其调至最大；R_2 采用 MEL-03 中间端和下端变阻器，采用串并联接法，阻值为 2250Ω；S_1、S_2 为位于 MEL-05；V_1、V_2 为直流电压表，其中 V_1 位于直流可调电源上，V_2 位于 MEL-06。

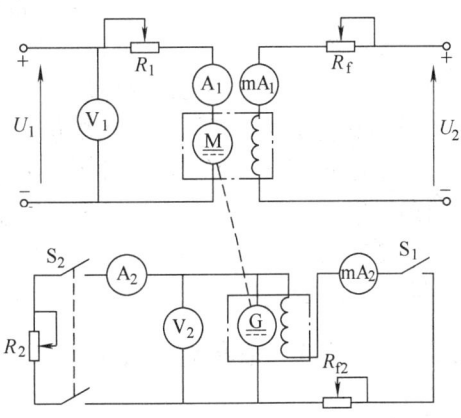

图 9-10　并励式直流发电机的实验接线图

2）观察自励过程建议的实验步骤。

①断开主控制屏电源开关，即按下红色按钮，钥匙开关拨向"关"位置。

②断开 S_1、S_2，按前述方法（他励式发电机空载特性实验）起动电动机，调节电动机转速，使发电机的转速 $n = n_N$，用直流电压表测量发电机是否有剩磁电压，若无剩磁电压，则可将并励绕组改接为他励进行充磁。

③合上开关 S_1，逐渐减少 R_{f2}，观察电动机电枢两端电压，若电压逐渐上升，则说明满足自励条件；若不能自励建压，则将励磁回路的两个端头对调连接即可。

3）测定外特性建议的实验步骤。

①在并励式发电机电压建立后，调节负载电阻 R_2 到最大，合上负载开关 S_2，调节电动机的磁场调节电阻 R_{f1}、发电机的磁场调节电阻 R_{f2} 和负载电阻 R_2，使发电机 $n = n_N$，$U = U_N$，$I = I_N$。

②使 R_{f2} 值和 $n = n_N$ 不变，逐步减小负载，直至 $I = 0$ 为止。从额定到负载运行范围内，每次测取发电机的电压 U 和电流 I，共取 6~7 组数据，填入表 9-13 中，其中额定和空载两点必测。

表 9-13 并励式直流发电机的外特性实验数表 $n = n_N = 1600 \text{r/min}$ $R_{f2} = \underline{\quad} \Omega$

U/V									
I/A									

6. 注意事项

1）当起动直流电动机时，应先把 R_1 调到最大，R_{f2} 调到最小，在起动完毕后，再把 R_1 调到最小。

2）当测定外特性时，当电流超过 0.4A 时，必须将 R_2 中串联的电阻调至零，以免损坏。

7. 实验报告

1）根据他励直流发电机的空载特性实验数据，绘出其空载特性曲线。

2）在同一坐标上，绘出他励式发电机的外特性曲线，并计算电压变化率，即

$$\Delta U = \frac{U_0 - U_N}{U_N} \times 100\%$$

3）绘出他励式发电机的调整特性曲线。

8. 思考题

1）并励式发电机不能建立电压有哪些原因？

2）分析直流发电机产生电压变化率的原因。

3）在发电机转速不变的条件下，为什么当负载增加时，要保持端电压不变，而必须增加励磁电流？

4）在发电机-电动机组成的机组中，当发电机负载增加时，为什么机组的转速会变低？为了保持发电机的转速 $n = n_N$，应如何进行调节？

9.3.5 实验5 单相变压器实验

1. 实验内容

1）空载实验。测取空载特性 $U_0 = f(I_0)$，$P_0 = f(U_0)$。

2) 短路实验。测取短路特性 $U_K = f(I_K)$，$P_K = f(I_K)$。

3) 负载实验。

①纯电阻负载。保持 $U_1 = U_{1N}$、$\cos\varphi_2 = 1$ 的条件下，测取 $U_2 = f(I_2)$。

②阻感性负载。保持 $U_1 = U_{1N}$、$\cos\varphi_2 = 0.8$ 的条件下，测取 $U_2 = f(I_2)$。

2. 实验目的

1) 通过空载和短路实验，测定变压器的电压比和参数。

2) 通过负载实验，测取变压器的运行特性。

3. 预习要点

1) 变压器的空载和短路实验有什么特点？一般将实验中电源电压加在哪一方较合适？

2) 在变压器空载和短路实验中，各种仪表应怎样连接才能使测量误差最小？

3) 如何用实验方法测定变压器的铁耗及铜耗？

4. 实验设备及仪器

实验室可提供由浙江大学某公司生产的 MEL 系列电机系统教学实验台及其相关配件，如：

1) MEL 系列电机教学实验台主控制屏（含交流电压表、交流电流表）。

2) 功率因数表（MEL-20 或含在主控制屏内）。

3) 三相组式变压器（MEL-01）或单相变压器（在主控制屏的右下方）。

4) 三相可调电阻 900Ω（MEL-03）。

5) 波形测试及开关板（MEL-05）。

6) 三相可调电抗（MEL-08）。

5. 实验方法

（1）空载实验

1) 参考实验电路。变压器空载实验接线图如图 9-11 所示。

变压器选用 MEL-01 三相组式变压器中的一只或单独的组式变压器。在进行实验时，将变压器低压绕组 2U1、2U2 接电源，高压绕组 1U1、1U2 开路。A、V_1、V_2 分别为交流电流表、交流电压表。具体配置因采购设备型号的不同有所差别。若设备为 MEL-Ⅰ

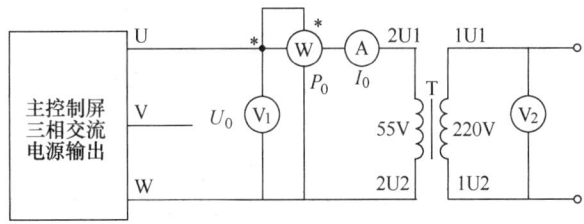

图 9-11 变压器空载实验接线图

系列，则交流电流表、电压表为指针式模拟表，量程可根据需要选择；若设备为 MEL-Ⅱ 系列，则上述仪表为智能型数字仪表，量程可自动也可手动选择。仪表数量也可能由于设备型号不同而不同。若电压表只有一只，则只能交替观察变压器的一、二次电压读数；若电压表有两只或 3 只，则可同时接上仪表。W 为功率表，根据采购的设备型号不同，或接在主控屏上或为单独的组件（MEL-20 或 MEL-24），在接线时，需注意电压绕组和电流绕组的同名端，以避免接错线。

2) 建议空载实验步骤。

①在三相交流电源断电的条件下，将调压器旋钮逆时针方向旋转到底，并合理选择各仪表的量程。变压器的额定容量 $P_N = 77W$，$U_{1N}/U_{2N} = 220V/55V$，$I_{1N}/I_{2N} = 0.35A/1.4A$。

②合上交流电源总开关，即按下绿色"闭合"开关，顺时针调节调压器旋钮，使变压器空载电压 $U_0 = 1.2U_N$。

③逐次降低电源电压，在 $1.2 \sim 0.5 U_N$ 的范围内；测取变压器的 U_0、I_0、P_0，共取 6~7 组数据，记录于表 9-14 中。其中，$U = U_N$ 的点为必测点，在该点附近的测点应密些。为了计算变压器的电压比，在 U_N 以下测取原方电压的同时测取副方电压，填入表 9-14 中。

④在测量数据后，断开三相电源，以便为下次实验做好准备。

表 9-14　变压器空载实验数据表

序　号	实验数据				计算数据
	U_0/V	I_0/A	P_0/W	$U_{1U1 \cdot 1U2}$	$\cos\varphi_2$
1					
2					
3					
4					
5					
6					
7					

(2) 短路实验

1) 参考实验电路。变压器短路实验接线图如图 9-12 所示（在每次改接线路时，都要关断电源）。实验时，应将变压器 T 的高压绕组接电源，低压绕组直接短路。

A、V、W 分别为交流电流表、电压表、功率表，选择方法同空载实验。

2) 建议短路实验步骤。

①断开三相交流电源，将调压器旋钮逆时针方向旋转到底，即使输出电压为零。

②合上交流电源绿色"闭合"

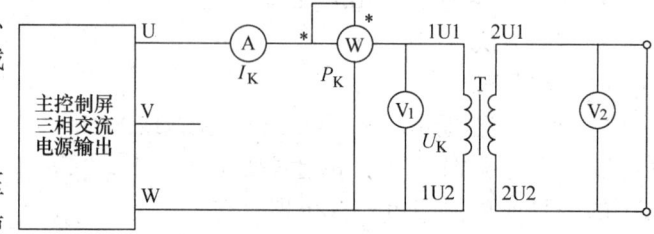

图 9-12　变压器短路实验接线图

开关，接通交流电源，逐次增加输入电压，直到短路电流等于 $1.1I_N$ 为止。在 $0.5 \sim 1.1 I_N$ 范围内，测取变压器的 U_K、I_K、P_K，共取 6~7 组数据，并记录于表 9-15 中。其中 $I = I_K$ 的点为必测点，并记录实验时周围的环境温度（℃）。

表 9-15　变压器短路实验数据表　　室温 $\theta =$ ＿＿℃

序　号	实验数据			计算数据
	U_K/V	I_K/A	P_K/W	$\cos\varphi_k$
1				
2				
3				
4				
5				
6				

（3）负载实验

1）参考实验电路。变压器负载实验接线如图 9-13 所示。

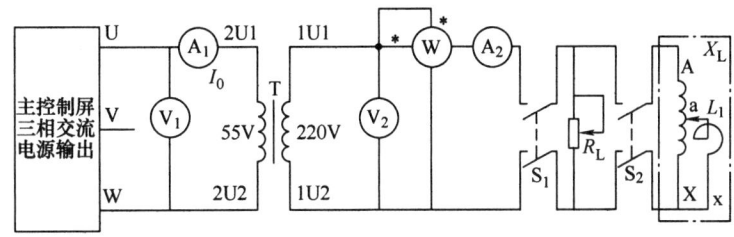

图 9-13　变压器负载实验接线图

将变压器 T 的低压绕组接电源，高压绕组经过开关 S_1 和 S_2 接到负载电阻 R_L 和电抗 X_L 上。R_L 选用 MEL-03 的两只 900Ω 电阻相串联，X_L 选用 MEL-08。开关 S_1、S_2 采用 MEL-05 的双刀双掷开关，电压表、电流表、功率表（含功率因数表）的选择同空载实验。

2）建议纯电阻负载的实验步骤。

①未上主电源前，将调压器调节旋钮逆时针调到底，S_1、S_2 断开，负载电阻才到最大。

②合上交流电源，逐渐升高电源电压，使变压器输入电压 $U_1 = U_N = 55V$。

③在保持 $U_1 = U_N$ 的条件下，合下开关 S_1，逐渐增加负载电流，即减小负载电阻 R_L 的值，从空载到额定负载范围内，测取变压器的输出电压 U_2 和电流 I_2。

④在测取数据时，$I_2 = 0$ 和 $I_2 = I_{2N} = 0.35A$ 为必测点。共取数据 6~7 组，并记录于表 9-16 中。

表 9-16　变压器纯电阻负载实验数据表　　$\cos\varphi_2 = 1$　$U_1 = U_N = 55V$

序　号	1	2	3	4	5	6	7
U_2/V							
I_2/A							

3）建议阻感性负载（$\cos\varphi_2 = 0.8$）实验步骤（选做）。

①用电抗器 X_L 和 R_L 并联作为变压器的负载，将 S_1、S_2 打开，将电阻及电抗器调至最大，即将变阻器旋钮和调压器旋钮逆时针调到底。

②合上交流电源，调节电源输出使 $U_1 = U_{1N}$。

③合上 S_1、S_2，在保持 $U_1 = U_{1N}$ 及 $\cos\varphi_2 = 0.8$ 条件下，逐渐增加负载，在空载到额定负载范围内，测取变压器 U_2 和 I_2，共测取数据 6-7 组，并记录于表 9-17 中。其中 $I_2 = 0$ 和 $I_2 = I_{2N}$ 两点为必测点。

表 9-17　变压器阻感性负载实验数据表　　$\cos\varphi_2 = 0.8$　$U_1 = U_{1N} = 55V$

序　号	1	2	3	4	5	6	7
U_2/V							
I_2/A							

6. 注意事项

1）在变压器实验中，应注意电压表、电流表、功率表的合理布置。

2）对短路实验的操作要快，否则变压器绕组发热会引起电阻变化。

7. 实验报告

（1）计算电压比

由空载实验测取变压器的一、二次电压的 3 组数据，分别计算出电压比，然后取其平均值作为变压器的电压比 K。

$$K = \frac{U_{1U1.1U2}}{U_{2U1.2U2}}$$

（2）绘出空载特性曲线和计算励磁参数

1）绘出空载特性曲线 $U_0 = f(I_0)$，$P_0 = f(U_0)$，$\cos\varphi_0 = f(U_0)$。式中，$\cos\varphi_0 = \dfrac{P_0}{U_0 I_0}$。

2）计算励磁参数

从空载特性曲线上查出对应于 $U_0 = U_N$ 时的 I_0 和 P_0 值，并由下式算出励磁参数，即

$$Z_m \approx Z_0 = \frac{U_0}{I_0}, \quad R_m \approx R_0 = \frac{P_0}{I_0^2}, \quad X_m \approx X_0 = \sqrt{Z_m^2 - R_m^2}$$

（3）绘出短路特性曲线和计算短路参数

1）绘出短路特性曲线 $U_K = f(I_K)$，$P_K = f(I_K)$，$\cos\varphi_K = f(I_K)$。

2）计算短路参数。从短路特性曲线上查出对应于短路电流 $I_K = I_N$ 时的 U_K 和 P_K 值，由下式算出实验环境温度为 $\theta/°C$ 的短路参数。

$$Z_k = \frac{U_k}{I_k}, \quad R_k = \frac{P_k}{I_k^2}, \quad X_k = \sqrt{Z_k^2 - R_k^2}$$

折算到低压方，即

$$Z_K' = \frac{Z_K}{K^2}, \quad R_K' = \frac{R_K}{K^2}, \quad X_K' = \frac{X_K}{K^2}$$

由于短路电阻 R_k 随温度而变化，因此，算出的短路电阻应按国家标准换算到基准工作温度 75℃ 时的阻值。

$$R_{k75} = R_k \frac{234.5 + 75}{234.5 + \theta}, \quad Z_{k75} = \sqrt{R_{k75}^2 + X_k^2}$$

式中，234.5 为铜导线的常数，若用铝导线常数，则应改为 228。

阻抗电压 $U_K = \dfrac{I_N Z_{K75}}{U_N} \times 100\%$，$U_{KR} = \dfrac{I_N R_{K75}}{U_N} \times 100\%$，$U_{KX} = \dfrac{I_N X_K}{U_N} \times 100\%$。

$I_K = I_N$ 时的短路损耗 $P_{KN} = I_N^2 R_{K75}$。

（4）计算变压器的电压变化率 $\Delta U = \dfrac{U_{20} - U_2}{U_{20}} \times 100\%$

1）绘出 $\cos\varphi_2 = 1$ 和 $\cos\varphi_2 = 0.8$ 两条外特性曲线 $U_2 = f(I_2)$，由特性曲线计算出 $I_2 = I_{2N}$ 时的电压变化率，即

$$\Delta U = \frac{U_{20} - U_2}{U_{20}} \times 100\%$$

2）根据实验求出的参数，算出 $I_2 = I_{2N}$、$\cos\varphi_2 = 1$ 和 $I_2 = I_{2N}$、$\cos\varphi_2 = 0.8$ 时的电压变化率 $\Delta U = U_{KR}\cos\varphi_2 + U_{KX}\sin\varphi_2$。

将两种计算结果进行比较，并分析不同性质的负载对输出电压的影响。

(5) 绘出被试变压器的效率特性曲线

$$\eta = \left(1 - \frac{P_0 + I_2^{*2} P_{KN}}{I_2^* P_N \cos\varphi_2 + P_0 + I_2^{*2} P_{KN}}\right) \times 100\%$$

1) 用间接法算出当 $\cos\varphi_2 = 0.8$ 不同负载电流时的变压器效率，记录于表 9-18 中。

表 9-18　变压器效率数据表　$\cos\varphi_2 = 0.8$　$P_0 = $ ____ W　$P_{KN} = $ ____ W

I_2^*/A	P_2/W	η	I_2^*/A	P_2/W	η
0.2			0.8		
0.4			1.0		
0.6			1.2		

式中，$I_2^* P_N \cos\varphi_2 = P_2$（W）；$P_{KN}$ 为变压器 $I_K = I_N$ 时的短路损耗（W）；P_0 为变压器 $U_0 = U_N$ 时的空载损耗（W）。

2) 由计算数据绘出变压器的效率曲线 $\eta = f(I_2^*)$。

3) 计算被试变压器 $\eta = \eta_{\max}$ 时的负载系数 $\beta_m = \sqrt{\dfrac{P_0}{P_{KN}}}$。

9.3.6　实验6　三相变压器实验

1. 实验内容

1) 测定电压比。

2) 空载实验。测取空载特性 $U_0 = f(I_0)$，$P_0 = f(U_0)$，$\cos\varphi_0 = f(U_0)$。

3) 短路实验。测取短路特性 $U_K = f(I_K)$，$P_K = f(I_K)$，$\cos\varphi_K = f(I_K)$。

4) 纯电阻负载实验。保持 $U_1 = U_{1N}$、$\cos\varphi_2 = 1$ 的条件下，测取 $U_2 = f(I_2)$。

2. 实验目的

1) 通过空载和短路实验，测定三相变压器的电压比和参数。

2) 通过负载实验，测取三相变压器的运行特性。

3. 预习要点

1) 如何用双瓦特计法测三相功率，空载和短路实验应如何合理布置仪表？

2) 三相心式变压器的三相空载电流是否对称？为什么？

3) 如何测定三相变压器的铁耗和铜耗？

4) 变压器空载和短路实验应注意哪些问题？电源应加在哪一方较合适？

4. 实验设备及仪器

实验室可提供由浙江大学某公司生产的 MEL 系列电机系统教学实验台及其相关配件，如：

1) MEL 系列电机教学实验台主控制屏（含交流电压表、交流电流表）。

2) 功率及功率因数表（MEL-20 或含在主控制屏内）。

3) 三相心式变压器（MEL-01）或单相变压器（在主控制屏的右下方）。

4) 三相可调电阻 900Ω（MEL-03）。

5) 波形测试及开关板（MEL-05）。

6) 三相可调电抗（MEL-08）。

5. 实验方法及步骤

（1）测定电压比

1）参考实验电路。三相变压器电压比实验接线如图 9-14 所示。被试变压器选用 MEL-02 三相三绕组心式变压器，额定容量 $P_N = 152/152/152W$，$U_N = 220/63.5/55V$，$I_N = 0.4/1.38/1.6A$，$Y/\triangle/Y$ 接法。实验时只用高、低压两组绕组，而不用中压绕组。

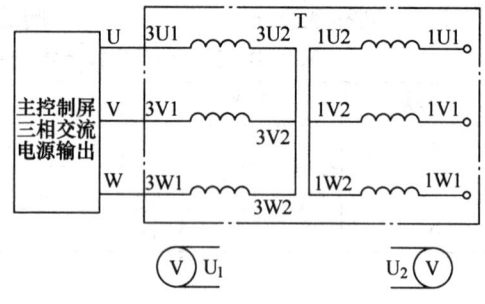

2）建议电压比实验步骤。

①在三相交流电源断电的条件下，将调压器旋钮逆时针方向旋转到底，并合理选择各仪表量程。

图 9-14　三相变压器变比实验接线图

②合上交流电源总开关，即按下绿色"闭合"开关，顺时针调节调压器旋钮，使变压器空载电压 $U_0 = 0.5U_N$，测取高、低压绕组的线电压 $U_{1U1.1V1}$、$U_{1V1.1W1}$、$U_{1W1.1U1}$、$U_{3U1.3V1}$、$U_{3V1.3W1}$、$U_{3W1.3U1}$，记录于表 9-19 中。

表 9-19　变压器变比实验数据表

U/V		K_{UV}	U/V		K_{VW}	U/V		K_{WU}	$K = 1/3(K_{UV} + K_{VW} + K_{WU})$
$U_{1U1.1V1}$	$U_{3U1.3V1}$		$U_{1V1.1W1}$	$U_{3V1.3W1}$		$U_{1W1.1U1}$	$U_{3W1.3U1}$		

表中，$K_{UV} = U_{1U1.1V1}/U_{3U1.3V1}$，$K_{VW} = U_{1V1.1W1}/U_{3V1.3W1}$，$K_{WU} = U_{1W1.1U1}/U_{3W1.3U1}$。

（2）空载实验

1）参考实验电路。三相变压器空载实验电路如图 9-15 所示。变压器 T 选用 MEL-02 三相心式变压器。实验时，将变压器低压绕组接电源，高压绕组开路。

A、V、W 分别为交流电流表、交流电压表、功率表。具体配置因所采购设备型号的不同有所差别。若设备为 MEL-I 系列，则交流电流表、电压表为 3 组指针式模拟表，量程可根据需要选择，功率表采用单独的组件（MEL-20 或 MEL-24）；若设备为

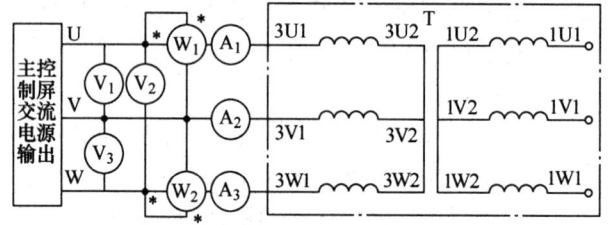

图 9-15　三相变压器空载实验电路图（MEL-1、MEL-11A）

MEL-II系列，则上述仪表为智能型数字仪表，量程可自动选择也可手动选择，功率表含在主控屏上。仪表数量也可能由于设备型号不同而不同。故不同的实验台，其接线图也不同。

当用功率表接线时，需注意电压和电流的同名端，以避免接错线。

2）建议空载实验步骤。

①接通电源前，先将交流电源调到输出电压为零的位置。合上交流电源总开关，即按下绿色"闭合"开关，顺时针调节调压器旋钮，使变压器空载电压 $U_0 = 1.2U_N$。

②逐次降低电源电压，在 $1.2 \sim 0.5U_N$ 的范围内，测取变压器的三相线电压、电流和功率，共取 6~7 组数据，记录于表 9-20 中。其中 $U = U_N$ 的点为必测点，在该点附近测的点应密些。

③测量数据以后,断开三相电源,以便为下次实验做好准备。

表 9-20 变压器空载实验数据表

序号	实验数据							计算数据			
	U_0/V			I_0/A			P_0/W				
	$U_{3U1.3V1}$	$U_{3V1.3W1}$	$U_{3W1.3U1}$	I_{3U10}	I_{3V10}	I_{3W10}	P_{01}	P_{02}	U_0/V	I_0/A	P_0/W	$\cos\varphi_0$
1												
2												
3												
4												
5												
6												

(3)短路实验

1)参考实验电路。三相变压器短路实验电路图 1 如图 9-16 所示。将变压器高压绕组接电源,低压绕组直接短路。

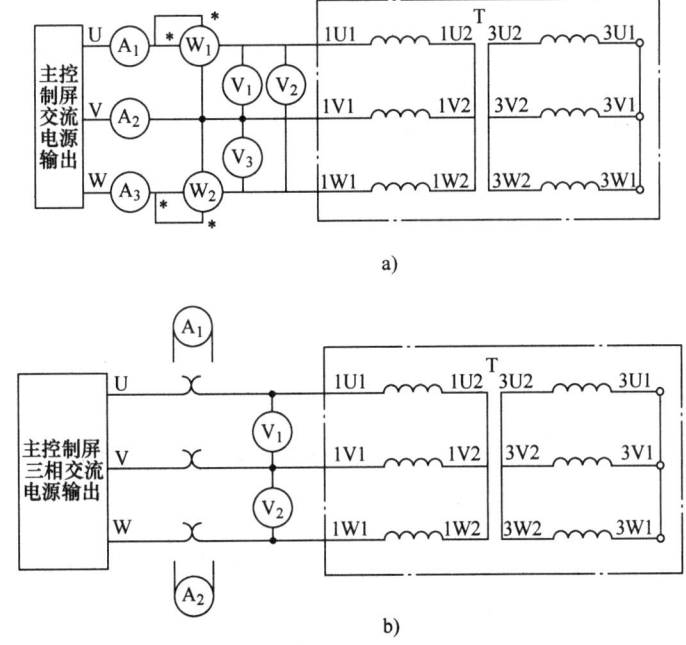

图 9-16 三相变压器短路实验电路图 1
a) MEL-1、MEL-11A b) MEL-11B

2)建议短路实验步骤。接通电源前,将交流电压调到输出电压为零的位置,接通电源后,逐渐增大电源电压,使变压器的短路电流 $I_K = 1.1I_N$。然后逐次降低电源电压。在 1.1~0.5I_N 的范围内,测取变压器的三相输入电压、电流及功率,共取 4~5 组数据,记录于表 9-21 中,其中 $I_K = I_N$ 点为必测点。实验时,记下周围的环境温度(°C),作为绕组的实际温度。

表 9-21 变压器短路实验数据表 θ = ____ °C

序号	实验数据								计算数据			
	U_K/V			I_K/A			P_K/W		U_K/V	I_K/A	P_K/W	$\cos\varphi_K$
	$U_{1U1,1V1}$	$U_{1V1,1U1}$	$U_{1W1,1U1}$	I_{1U1}	I_{1V1}	I_{1W1}	P_{K1}	P_{K2}				
1												
2												
3												
4												
5												

(4) 纯电阻负载实验

1) 参考实验电路。三相变压器短路实验电路图2如图9-17所示。变压器低压绕组接电源，高压绕组经开关S(MEL-05)接负载电阻R_L，R_L选用3只1800Ω电阻（MEL-03中的900Ω和900Ω相串联）。

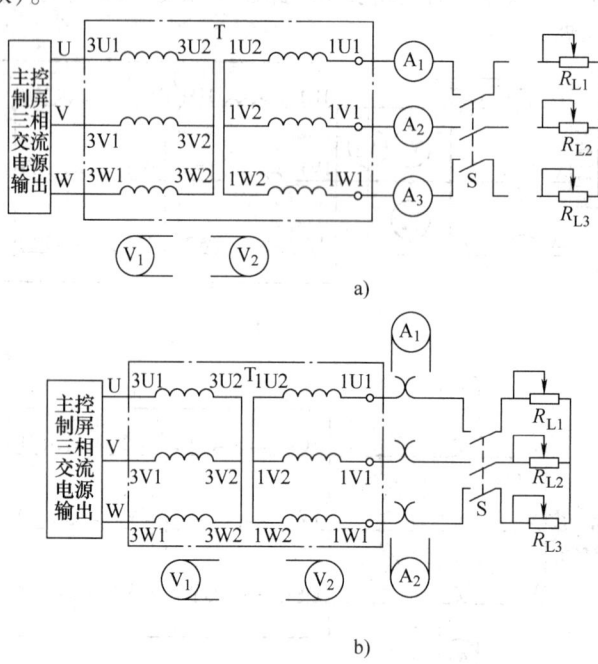

图 9-17 三相变压器短路实验电路图 2
a) MEL-1、MEL-11A b) MEL-11B

2) 建议的纯电阻负载实验步骤。

①将负载电阻R_L调至最大，合上开关S_1接通电源，调节交流电压，使变压器的输入电压$U_1 = U_{1N}$。

②在保持$U_1 = U_{1N}$的条件下，逐次增加负载电流，从空载到额定负载范围内，测取变压器三相输出线电压和相电流，共取5~6组数据，记录于表9-22中，其中$I_2 = 0$和$I_2 = I_N$两点为必测点。

表 9-22　变压器纯电阻负载实验数据表　　$U_{UV} = U_{1N} = $ _____ V；$\cos\varphi_2 = 1$

序号	U/V				I/A			
	$U_{1U1.1V1}$	$U_{1V1.1W1}$	$U_{1W1.1U1}$	U_2	I_{1U1}	I_{1V1}	I_{1W1}	I_2
1								
2								
3								
4								
5								

6. 注意事项

在三相变压器实验中，应注意电压表、电流表和功率表的合理布置。当进行短路实验时操作要快，否则绕组发热会引起电阻变化。

7. 实验报告

（1）计算变压器的电压比

根据实验数据，计算出各相的电压比，然后取其平均值作为变压器的电压比。

$$K_{UV} = \frac{U_{1U1.1V1}}{U_{3U1.3V1}}, \quad K_{VW} = \frac{U_{1V1.1W1}}{U_{3V1.3W1}}, \quad K_{WU} = \frac{U_{1W1.1U1}}{U_{3W1.3U1}}$$

（2）根据空载实验数据，绘出空载特性曲线，并计算励磁参数

1）绘出空载特性曲线 $U_0 = f(I_0)$，$P_0 = f(U_0)$，$\cos\varphi_0 = f(U_0)$。式中，$U_0 = (U_{3U1.3V1} + U_{3V1.3W1} + U_{3W1.3U1})/3$，$I_0 = (I_{3U10} + I_{3V10} + I_{3W10})/3$，$P_0 = P_{01} + P_{02}$，$\cos\varphi_0 = \frac{P_0}{U_0 I_0}$。

2）计算励磁参数。从空载特性曲线上查出对应于 $U_0 = U_N$ 时的 I_0 和 P_0 值，并由下式算出励磁参数，即

$$Z_m = \frac{U_0}{\sqrt{3} I_0}, \quad R_m = \frac{P_0}{3 I_0^2}, \quad X_m = \sqrt{Z_m^2 - R_m^2}。$$

（3）绘出短路特性曲线和计算短路参数

1）绘出短路特性曲线 $U_K = f(I_K)$，$P_K = f(I_K)$，$\cos\varphi_K = f(I_K)$。式中，$U_K = (U_{1U1.1V1} + U_{1V1.1W1} + U_{1W1.1U1})/3$，$I_K = (I_{1U1} + I_{1V1} + I_{1W1})/3$，$P_K = P_{K1} + P_{K2}$，$\cos\varphi_K = \frac{P_K}{\sqrt{3} U_K I_K}$。

2）计算短路参数。从短路特性曲线查出对应于 $I_K = I_N$ 时的 U_K 和 P_K 值，并由下式算出实验环境温度 θ°C 时的短路参数，即

$$Z_k = \frac{U_k}{\sqrt{3} I_k}, \quad R_k = \frac{P_k}{3 I_k^2}, \quad X_k = \sqrt{Z_k^2 - R_k^2}$$

折算到低压侧有

$$Z_K' = \frac{Z_K}{K^2}, \quad R_K' = \frac{R_K}{K^2}, \quad X_K' = \frac{X_K}{K^2}$$

换算到基准工作温度的短路参数为 R_{K75} 和 Z_{K75}，计算出阻抗电压，即

$$U_K = \frac{\sqrt{3} I_N Z_{K75}}{U_N} \times 100\%, \quad U_{KR} = \frac{\sqrt{3} I_N R_{K75}}{U_N} \times 100\%, \quad U_{KX} = \frac{\sqrt{3} I_N X_K}{U_N} \times 100\%。$$

$I_K = I_N$ 时的短路损耗 $P_{KN} = 3I_N^2 R_{K75}$。

(4) 计算变压器的电压变化率 $\Delta U = \dfrac{U_{20} - U_2}{U_{20}} \times 100\%$

1) 根据实验数据绘出 $\cos\varphi_2 = 1$ 时的特性曲线 $U_2 = f(I_2)$，由特性曲线计算出 $I_2 = I_{2N}$ 时的电压变化率，即

$$\Delta U = \dfrac{U_{20} - U_2}{U_{20}} \times 100\%$$

2) 根据实验求出的参数，算出当 $I_2 = I_{2N}$、$\cos\varphi_2 = 1$ 时的电压变化率 $\Delta U = U_{KR}\cos\varphi_2 + U_{KX}\sin\varphi_2$。

(5) 绘出被试变压器的效率特性曲线

$$\eta = \left(1 - \dfrac{P_0 + I_2^{*2} P_{KN}}{I_2^* P_N \cos\varphi_2 + P_0 + I_2^{*2} P_{KN}}\right) \times 100\%$$

1) 用间接法算出当 $\cos\varphi_2 = 0.8$ 时不同负载电流时的变压器效率，并记录于表 9-23 中。

表 9-23　变压器效率数据表　　$\cos\varphi_2 = 0.8$　$P_0 = $ ____ W　$P_{KN} = $ ____ W

I_2^*/A	P_2/W	η	I_2^*/A	P_2/W	η
0.2			0.8		
0.4			1.0		
0.6			1.2		

式中，$I_2^* P_N \cos\varphi_2 = P_2$（W）；$P_N$ 为变压器的额定容量；P_{KN} 为变压器 $I_K = I_N$ 时的短路损耗（W）；P_0 为变压器 $U_0 = U_N$ 时的空载损耗（W）。

2) 计算被试变压器 $\eta = \eta_{max}$ 时的负载系数 $\beta_m = \sqrt{\dfrac{P_0}{P_{KN}}}$。

9.3.7　实验7　三相异步电动机的机械特性实验

1. 实验内容

1) 测定三相绕线转子异步电动机在电动状态和回馈制动状态下的机械特性。
2) 测定三相绕线转子异步电动机在反接制动状态下的机械特性。

2. 实验目的

了解三相绕线转子异步电动机在各种运行状态下的机械特性。

3. 预习要点

1) 如何利用现有设备测定三相绕线转子异步电动机的机械特性。
2) 测定三相异步电动机在各种运行状态下的机械特性应注意哪些问题？
3) 如何根据所测得的数据计算被试电动机在各种运行状态下的机械特性？

4. 实验设备及仪器

实验室可提供由浙江大学某公司生产的 MEL 系列电机系统教学实验台及其相关配件，如：

1) MEL 系列电机系统教学实验台主控制屏。
2) 电机导轨及测速表（MEL-13、MEL-14）。

3）直流电压、电流、毫安表。

4）三相可调电阻器900Ω（MEL-03）。

5）三相可调电阻器900Ω（MEL-04）。

6）波形测试及开关板（MEL-05）。

5. 实验方法及步骤

（1）测定三相绕线转子异步电机电动及回馈制动状态下的机械特性

1）参考实验电路。三相绕线转子异步电动机机械特性实验电路如图9-18所示。

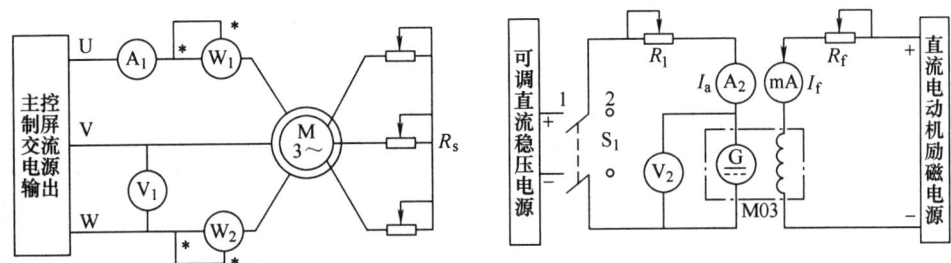

图9-18 三相绕线转子异步电动机机械特性实验电路图

图中M为三相绕线转子异步电动机M09，Y接法；G为直流并励电动机M03（他励接法）；R_s选用三组90Ω电阻（每组为MEL-04，90Ω电阻）；R_1选用675Ω电阻（在MEL-03中，450Ω电阻和225Ω电阻相串联）；R_f选用3000Ω电阻（在电机起动箱中，磁场调节电阻）；V_2、A_2、mA分别为直流电压、电流、毫安表，采用MEL-06或直流在主控制屏上；V_1、A_1、W_1、W_2为交流电压、电流、功率表，在主控制屏上；S_1选用MEL-05中的双刀双掷开关。

仪表量程和开关及电阻的选择如下。

① V_2的量程为300V档，mA的量程为200mA档，A_2的量程为2A档。

②将R_s阻值调至零，R_1、R_f阻值调至最大。

③开关S_1合向"2"端。

④将三相调压旋钮逆时针到底，直流电机励磁电源船形开关和220V直流稳压电源船形开关在断开位置，并将直流稳压电源调节旋钮逆时针到底，使电压输出最小。

2）建议实验步骤。

①按下绿色"闭合"按钮，接通三相交流电源，调节三相交流电压输出为180V（注意观察电机转向是否符合要求），并在以后的实验中保持不变。

②接通直流电机励磁电源，调节R_f阻值，使I_f=95mA并保持不变。接通可调直流稳压电源的船形开关和复位开关，在开关S_1的"2"端测量电机G的输出电压极性，先使其极性与S_1开关"1"端的电枢电源相反。在R_1为最大值的条件下，将S_1合向"1"端。

③调节直流稳压电源和R_1的阻值（先调节R_1中的450Ω电阻，当将其减到零时，用导线短接，再调节225Ω电阻，同时调节直流稳压电源），使电动机从堵转（约200r/min左右）到接近于空载状态，其间测取发电机G的U_a、I_a、n及电动机M的交流电流表A、功率表P_I、P_{II}的读数，共取8~9组数据，并记录于表9-24中。

表9-24 异步电动机电动实验数据表 $U=200\text{V}$, $R_\text{S}=0$, $I_\text{f}=$____mA

U_a/A									
I_a/A									
$n/(\text{r/min})$									
I_1/A									
P_I/W									
P_II/W									

④当电动机 M 接近空载而转速不能被调高时,将 S_1 合向 "2" 位置,调换发电机 G 的电枢极性,使其与"直流稳压电源"同极性。调节直流电源,使其与 G 的电压值接近相等,将 S_1 合至"1"端,减小 R_1 阻值直至为零(用导线短接 900Ω 相串联的电阻)为止。

⑤升高直流电源电压,使电动机 M 的转速上升,当电动机转速为同步转速时,异步电动机功率接近于零,若继续调高电枢电压,则异步电动机从第Ⅰ象限进入第Ⅱ象限,再到发电制动状态,直至异步电动机 M 的电流接近额定值为止,测取电动机 M 的定子电流 I_1、功率 P_I、P_II、转速 n 和发电机 G 的电枢电流 I_a,电压 U_a,填入表9-25 中。

表9-25 异步电动机回馈制动实验数据表 $U=200\text{V}$; $I_\text{f}=$____A

U_a/A									
I_a/A									
$n/(\text{r/min})$									
I_1/A									
P_I/W									
P_II/W									

(2) 测定三相绕线转子异步电机电动及反接制动状态下的机械特性

1) 参考实验电路。在断电的条件下,把 R_S 的 3 只可调电阻调至 90Ω,拆除 R_1 的短接导线,并调至最大为 2250Ω,将直流发电机 G 接到 S_1 上的两个接线端对调,使直流发电机输出电压极性和"直流稳压电源"极性相反,将开关 S_1 合向左边,逆时针将直流稳压电源的调节旋钮旋转到底。

2) 建议实验步骤。

①按下绿色"闭合"按钮,调节交流电源输出为 200V,合上励磁电源船形开关,调节 R_f 的阻值,使 $I_\text{f}=95\text{mA}$。

②按下直流稳压电源的船形开关和复位按钮,起动直流电源,将开关 S_1 合向右边,让异步电动机 M 带上负载运行,减小 R_1 阻值(先减小 1800Ω 0.41A,当减至最小时,用导线短接,再减小 450Ω 0.82A),使异步发电机转速下降,直至为零为止。

③继续减小 R_1 阻值或调高电枢电压值,异步电机即进入反向运转状态,直至其电流接近额定值为止,测取发电机 G 的电枢电流 I_a、电压 U_a 值和异步电动机 M 的定子电流 I_1、P_I、P_II、转速 n,共取 8~9 组数据,填入表9-26 中。

表 9-26 异步电动机反接制动实验数据表　　$U = 200\text{V}$；$I_\text{f} = 95\text{mA}$

U_a/A									
I_a/A									
$n/(\text{r/min})$									
I_1/A									
P_I/W									
P_II/W									

6. 注意事项

当调节串、并联电阻时，要按电流的大小而相应调节，以防止电阻器过电流而烧坏。

7. 实验报告

根据实验数据，绘出三相绕线转子异步电动机运行在 3 种状态下的机械特性。

8. 思考题

1）在回馈制动实验中，如何判别电动机是否运行在同步转速点？

2）在实验过程中，为什么电机电压降到 200V？根据此电压下所得的数据，要计算出全压下的机械特性应做如何处理？

9.3.8　实验 8　三相异步电动机的起动与调速（综合性实验）

1. 实验内容

1）异步电动机直接起动。

2）异步电动机星-三角形（Y-△）换接起动。

3）自耦变压器起动。

4）绕线转子异步电动机转子绕组串入可变电阻器起动。

5）绕线转子异步电动机转子绕组串入可变电阻器调速。

2. 实验目的

通过实验掌握异步电动机的起动和调速的方法。

3. 预习要点

1）异步电动机有哪些起动方法和技术指标？

2）异步电动机的调速方法。

4. 实验设备及仪器

实验室可提供由浙江大学某公司生产的 MEL 系列电机系统教学实验台及其相关配件，如：

1）MEL 系列电机系统教学实验台主控制屏（含交流电压表）。

2）指针式交流电流表。

3）电机导轨及测功机、转矩转速测量（MEL-13、MEL-14）。

4）电机起动箱（MEL-09）。

5）笼型异步电动机（M04）。

6）绕线转子异步电动机（M09）。

5. 实验方法及步骤

（1）三相笼型异步电动机直接起动实验

1）参考实验电路。三相笼型异步电动机直接起动实验电路如图 9-19 所示。电机绕组为 △接法。

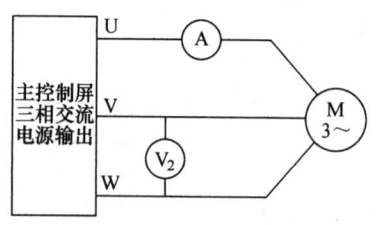

起动前，把转矩转速测量实验箱（MEL-13）中"转矩设定"电位器旋钮逆时针调到底，"转速控制"、"转矩控制"选择开关扳向"转矩控制"，检查电机导轨和 MEL-13 的连接是否良好。

仪表的选择：交流电压表为数字式或指针式均可，交流电流表则为指针式。

图 9-19　笼型异步电动机直接起动实验电路图

2）建议实验步骤。

①把三相交流电源调节旋钮逆时针调到底，合上绿色"闭合"按钮。调节调压器，使输出电压达电机额定电压 220V，使电机起动旋转。电机起动后，观察 MEL-13 中的转速表，若出现电机转向不符合要求，则必须切断电源，调整相序，再重新起动电机。

②断开三相交流电源，待电动机完全停止旋转后，接通三相交流电源，使电机全压起动，观察电机起动瞬间的电流值。

注：按指针式电流表偏转最大位置所对应的读数值计量。电流表受起动电流冲击，显示的最大值虽不能完全代表起动电流的读数，但用它可与下面几种起动方法的起动电流作定性比较。

③断开三相交流电源，将调压器退到零位。用螺钉旋具插入测功机堵转孔中，将测功机转子堵住。

④合上三相交流电源，调节调压器，观察电流表，使电机达 2～3 倍额定电流，读取电压值 U_K、电流值 I_K、转矩值 T_K，填入表 9-27 中。注意，在试验时，通电时间不应超过 10s，以免绕组过热。

对应于额定电压的起动转矩 T_{ST} 和起动电流 I_{ST} 比按下式计算 $T_{ST} = \left(\dfrac{I_{ST}}{I_K}\right)^2 T_K$。式中，$I_K$ 为起动试验时的电流值（A）；T_K 为起动试验时的转矩值（N·m）。$I_{ST} = \left(\dfrac{U_N}{U_K}\right) I_K$，式中，$U_K$ 为起动试验时的电压值（V）；U_N 为电机额定电压（V）。

表 9-27　电机堵转时的实验数据表

测　量　值			计　算　值	
U_K/V	I_K/A	T_K/N·m	T_{st}/N·m	I_{st}/A

（2）三相异步电动机星-三角形（Y-△）起动实验

1）参考实验电路。三相异步电动机星-三角形（Y-△）起动实验电路如图 9-20 所示。电压表、电流表的选择同前，开关 S 选用 MEL-05。

2）建议实验步骤。

①起动前，把三相调压器退到零位，三刀双掷开关合向右边（Y）接法。合上电源开

关，逐渐调节调压器，使输出电压升高至电机额定电压 $U_N=220V$，断开电源开关，待电机停转。

②待电机完全停转后，合上电源开关，观察起动瞬间的电流，然后把 S 合向左边（△接法），使电机进入正常运行，整个起动过程结束，观察起动瞬间电流表的显示值，并与其他起动方法作定性比较。

(3) 三相异步电动机自耦变压器降压起动实验

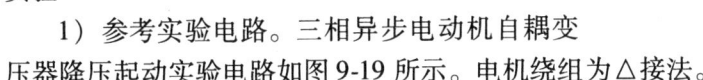

图 9-20 三相异步电动机星-三角形（丫-△）起动实验电路图

1) 参考实验电路。三相异步电动机自耦变压器降压起动实验电路如图 9-19 所示。电机绕组为△接法。

2) 建议实验步骤。

①先把调压器退到零位，合上电源开关，调节调压器旋钮，使输出电压达 110V，断开电源开关，待电机停转。

②待电机完全停转后，再合上电源开关，使电机经自耦变压器降压起动，观察电流表的瞬间读数值，经一定时间后，调节调压器，使输出电机达电机额定电压 $U_N=220V$，整个起动过程结束。

(4) 三相绕线转子异步电动机转子串可变电阻器起动实验

1) 参考实验电路。三相绕线转子异步电动机转子串可变电阻器起动实验电路如图 9-21 所示。电机定子绕组为丫接法。转子串入的电阻由刷形开关来调节，调节电阻采用 MEL-09 的绕线转子电机起动电阻（分 0，2，5，15，∞ 五档），将 MEL-13 中"转矩控制"和

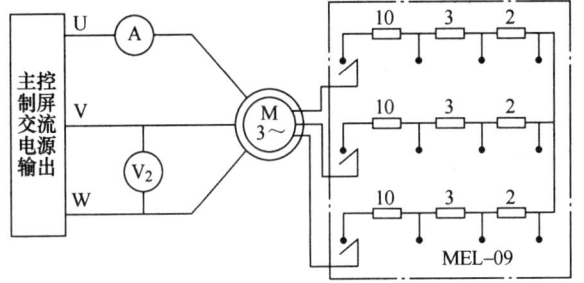

图 9-21 三相绕线转子异步电动机转子串可变电阻器起动实验电路图

"转速控制"开关扳向"转速控制"，将"转速设定"电位器旋钮顺时针调节到底。

2) 建议实验步骤。

①起动电源前，把调压器退至零位，将起动电阻调节为零。

②合上交流电源，调节交流电源使电机起动。注意电机转向是否符合要求。

③在定子电压为 180V 时，逆时针调节"转速设定"电位器到底，这时绕线转子电机转动缓慢（只有几十转），读取此时的转矩值 T_{st} 和 I_{st}。

④用刷形开关切换起动电阻，分别读出起动电阻为 2Ω、5Ω、15Ω 的起动转矩 T_{st} 和起动电流 I_{st}，填入表 9-28 中。

注意：试验时的通电时间不应超过 20s，以免绕组过热。

表 9-28 异步电动机转子串电阻起动实验数据表 $U=180V$

R_{st}/Ω	0	2	5	15
$T_{st}/(N\cdot m)$				
I_{st}/A				

(5) 三相绕线转子异步电动机转子串可变电阻器调速实验

1) 参考实验电路。实验线路同前。在 MEL-13 中，将"转矩控制"和"转速控制"选择开关扳向"转矩控制"，"转矩设定"电位器逆时针转到底，"转速设定"电位器顺时针转到底。在 MEL-09 中，将"绕线转子电机起动电阻"调节到零。

2) 建议实验步骤。

①合上电源开关，调节调压器输出电压至 $U_N = 220\text{V}$，使电机空载起动。

②调节"转矩设定"电位器调节旋钮，使电动机输出功率接近额定功率，并保持输出转矩 T_2 不变，改变转子附加电阻，分别测出对应的转速，记录于表 9-29 中。

表 9-29 异步电动机转子串电阻调速实验数据表　　$U = 220\text{V}$；$T_2 = $ ＿＿ N·m

R_{st}/Ω	0	2	5	15
$n/(\text{r/min})$				

6. 实验报告

1) 比较异步电动机不同起动方法的优缺点。

2) 由起动试验数据求下述 3 种情况下的起动电流和起动转矩。

①外施额定电压 U_N。（直接起动）

②外施电压为 $U_N/\sqrt{3}$。（Y-△起动）

③外施电压为 U_K/K_A。式中，K_A 为起动用自耦变压器的电压比。（自耦变压器起动）。

3) 绕线转子异步电动机转子绕组串入电阻对起动电流和起动转矩的影响。

4) 绕线转子异步电动机转子绕组串入电阻对电动机转速的影响。

7. 思考题

1) 起动电流与外施电压成正比，起动转矩与外施电压的平方成正比在什么情况下才能成立？

2) 起动时的实际情况和上述假定是否相符？不相符的主要因素是什么？

参 考 文 献

[1] 顾绳谷. 电机及拖动基础(上、下册)[M]. 4版. 北京：机械工业出版社，2007.
[2] 周定颐. 电机及电力拖动[M]. 3版. 北京：机械工业出版社，2008.
[3] 刘启新. 电机与拖动基础[M]. 北京：中国电力出版社，2005.
[4] 吴浩烈. 电机及电力拖动基础[M]. 重庆：重庆大学出版社，1996.
[5] 彭鸿才. 电机原理及拖动[M]. 2版. 北京：机械工业出版社，2007.
[6] 唐介. 电机与拖动[M]. 2版. 北京：高等教育出版社，2007.
[7] 汤天浩. 电机及拖动基础[M]. 北京：机械工业出版社，2008.
[8] 曾成碧，赵莉华. 电机学[M]. 北京：机械工业出版社，2008.
[9] 洪乃刚. 电力电子、电机控制系统的建模和仿真[M]. 北京：机械工业出版社，2010.
[10] 刘凤春，等. 电机与拖动MATLAB仿真与学习指导[M]. 北京：机械工业出版社，2008.
[11] 潘晓晟，郝世勇. MATLAB电机仿真精华50例[M]. 北京：机械工业出版社，2007.
[12] 周渊深. 交直流调速系统与MATLAB仿真[M]. 北京：中国电力出版社，2007.

 # 精品教材推荐

电子工艺与技能实训教程

书号：ISBN 978-7-111-34459-9
定价：33.00元　　作者：夏西泉　刘良华
推荐简言：

　　本书以理论够用为度、注重培养学生的实践基本技能为目的，具有指导性、可实施性和可操作性的特点。内容丰富、取材新颖、图文并茂、直观易懂，具有很强的实用性。

综合布线技术

书号：ISBN 978-7-111-32332-7
定价：26.00元　　作者：王用伦　陈学平
推荐简言：

　　本书面向学生，便于自学。习题丰富，内容、例题、习题与工程实际结合，性价比高，有实用价值。

集成电路芯片制造实用技术

书号：ISBN 978-7-111-34458-2
定价：31.00元　　作者：卢静
推荐简言：

　　本书的内容覆盖面较宽，浅显易懂；减少理论部分，突出实用性和可操作性，内容上涵盖了部分工艺设备的操作入门知识，为学生步入工作岗位奠定了基础，而且重点放在基本技术和工艺的讲解上。

通信终端设备原理与维修 第2版

书号：ISBN 978-7-111-34098-0
定价：27.00元　　作者：陈良
推荐简言：

　　本书是在2006年第1版《通信终端设备原理与维修》基础上，结合当今技术发展进行的改编版本，旨在为高职高专电子信息、通信工程专业学生提供现代通信终端设备原理与维修的专门教材。

SMT基础与工艺

书号：ISBN 978-7-111-35230-3
定价：31.00元　　作者：何丽梅
推荐简言：

　　本书具有很高的实用参考价值，适用面较广，特别强调了生产现场的技能性指导，印刷、贴片、焊接、检测等SMT关键工艺制程与关键设备使用维护方面的内容尤为突出。为便于理解与掌握，书中配有大量的插图及照片。

MATLAB应用技术

书号：ISBN 978-7-111-36131-2
定价：22.00元　　作者：于润伟
推荐简言：

本书系统地介绍了MATLAB的工作环境和操作要点，书末附有部分习题答案。编排风格上注重精讲多练，配备丰富的例题和习题，突出MATLAB的应用，为更好地理解专业理论奠定基础，也便于读者学习及领会MATLAB的应用技巧。